JN316627

ドイツ社会学とマックス・ヴェーバー

――草創期ドイツ社会学の固有性と現代的意義――

茨木竹二　編

まえがき

茨木竹二

以下の諸論稿は、二〇一〇年十一月二十日から二十二日にかけて、いわき明星大学において開催された〈ドイツ社会学研究会〔Japanische Arbeitsgemeinschaft für Deutsche Soziologie＝JADS〕主催／いわき明星大学人文学部現代社会学科並びに同大学院人文学研究科社会学専攻共催／日本社会学史学会後援〉「第三回　日本―ドイツ社会学会議（Die 3. Deutsch-Japanische Soziologenkonferenz）」に寄せられた報告原稿、もしくはその改稿や訳稿である。その際の主題は、「草創期ドイツ社会学の固有性と現代的意義（Die Eigenart der deutschen Soziologie zur Zeit ihrer Gründung und ihre Bedeutung für die Gegenwart）」であり、そしてそれらの内容は、およそ〈ドイツ社会学の成立と影響／M・ヴェーバーと同時代人の社会学／M・ヴェーバーの社会学〉に区分された。但し、実際の報告は、特に司会者や翻訳者の都合により、必ずしもその通りに行われたわけではない。とはいえ、こうした内容により、本書では標題に「ドイツ社会学とマックス・ヴェーバー」を当てがい、またそれらの区分にしたがって内容を改めて編成し直した次第である。

更に、当会議の次第は、およそ以下に示す通りであったが、それと共にまたその主な要領も、従来とほぼ同様である。まず、共通言語は日本語、独語及び英語で、報告は各四十分。次に、予め提出された独文原稿は邦訳され、口述の都度翻訳者により読上げられた。また、日本側の要旨は長めの独文ないし英文で、それらすべてが当日冊子として配布された。それから、質疑応答は二十分、総括討論は六十分で、その都度通訳の島村賢一氏（放送大学非常勤講師）によって、精力的且つ手際良く媒介された。ただ、いずれも議論が旺盛で、実際には倍近い時間を要した。

尚、C・ザイファート氏は、会議の直前体調不良のため、残念ながら欠席であった。但し、氏の報告原稿は既に提出され、邦訳されていたので、当日読上げられ、また討議にも付すことによって、喜んで収録させていただいた次第である。

――十一月二十日（土）、午後――

開催校挨拶　いわき明星大学学長　関口武司

開会挨拶・事務報告　ドイツ社会学研究会世話人代表　茨木竹二（いわき明星大学教授）

〈ドイツ社会学の成立と影響〉

報告（1）「ドイツにおける社会学とドイツ社会学」フォルカー・クルーゼ（ドイツ・ビーレフェルト大学教授）（翻訳）小松君代（四国大学教授）／齋藤理恵（日本アイ・ビー・エム㈱）――司会　宇都宮京子（東洋大学教授）

報告（2）「相異性の文化人類学、共通性の文化人類学」クレメンス・アルプレヒト（ドイツ・コブレンツ大学教授）（翻訳）伊藤美登里（大妻女子大学教授）――司会　石丸純一（いわき明星大学教授）

――十一月二十一日（日）、午前――

報告(3)「ドイツ社会学会設立以前のオーストリアの社会学者の組織」カール・アッハム(オーストリア・グラーツ大学名誉教授)(翻訳)小林純(立教大学教授)――司会　小島定(福島大学教授)
〈M・ヴェーバーと同時代人の社会学〉
報告(4)「ジンメルとヴェーバーの行為理論」富永健一(東京大学名誉教授)――司会　折原浩(東京大学名誉教授)
――同、午後――
報告(5)「規定的な開始か?―第1回ドイツ社会学会大会の意義」ヨハネス・ヴァイス(ドイツ・カッセル大学名誉教授)(翻訳)大鐘武(元大妻女子大学教授)――司会　カール・アッハム(オーストリア・グラーツ大学名誉教授)
報告(6)「G・イェリネクとヴェーバー」佐野誠(奈良教育大学教授)――司会　雀部幸隆(名古屋大学名誉教授)
報告(7)「W・ゾンバルトの資本主義精神とヴェーバー」竹林史郎(ドイツ・ビーレフェルト大学講師)――司会　小林純(立教大学教授)
報告(8)「ヴェーバーとヴェルフリン」茨木竹二(いわき明星大学教授)/齋藤理恵(日本アイ・ビー・エム㈱)――司会　ヨハネス・ヴァイス(ドイツ・カッセル大学名誉教授)
――十一月二十二日(月)、午前――
〈M・ヴェーバーの社会学〉
報告(9)「ニーチェからヴェーバーへ」横田理博(電気通信大学准教授)――司会　橋本直人(神戸大学准教授)
報告(10)『「経済と社会』(旧稿)の社会学的基礎範疇と体系的統合」折原浩(東京大学名誉教授)――司会

茨木竹二（いわき明星大学教授）

特別報告（11）「社会経済学の系譜と社会学の方法適用論」コンスタンス・ザイファート（ドイツ・チュービンゲン大学名誉教授）（翻訳）鈴木宗徳（法政大学准教授）

〈総括討論〉——司会　茨木竹二（いわき明星大学教授）

——同、午後——

ところで、当会議の開催時期については、以下でもふれるように、二十年前の第一回より十年間隔の申し合わせであったので、本来なら二〇一一年に、それも前二回に倣えば、一般に諸般の事情から開催や参加の便宜が得られやすい三月（年度）末に、また此度も当てがいかねなかった。更に、その場合には私共ドイツ社会学研究会も、一九八一年の設立であるから、序に何らか三十周年を祝うこともできそうであった。しかし、私共研究会の目的からすれば、ドイツ社会学会第1回会議の百周年に因んで一年早めた方がより有意義で、且つまた三月よりも、最近では既に入試が始まって大学では多用になるとはいえ、何らかその合間を見て冬に入る前の頃が、（特に再度となるドイツ側）参加者には、時節柄より快適のように思われ、そのように配慮した次第であった。

今にしてみれば、実にそれが幸いであった。もしそうでなく、その後の三月末であれば、むろん十一日のいわゆる〝東日本大震災〟や〝大津波〟に伴う〝原発事故〟のため、少なくとも此地で当会議を開催することは、全く不可能であった。いわき市では、沿岸地域の甚大な〝津波災害〟を除けば、〝震度六弱〟の〝本震〟とそれに誘発された〝震度五弱〟の〝断層地震〟を含む〝余震〟は、当初は激しく且つ以後も長く頻発したとはいえ、一部を除けば、その間の被災はさほど著しくなかった。因みにいわき明星大学では、二十日過ぎには学生と教職員全員の無事が確認され、そして施設の損壊は軽微であった。

また〝放射線量〟も、〝原発〟から約四〇～六〇キロの周辺でありながら、おそらく特に風向きが幸いして、以後も相当に少なく、それによる地場産業への〝影響〟を除けば、人体へのそれや〝環境汚染〟は、将来的には別として、直接的にはあまり危惧されたほどではない。但し、当初の〝ライフラインや交通網の寸断〟、〝物資の不足〟及び〝物流の停止〟等の程度は、おそらく他の〝被災地〟と同様であったと思われる。

しかも、加えていわゆる〝風評被害〟が、直ちにそうした〝停止〟に表われたように、実に様々に且つ深刻にのしかかってきた。元はといえばそれは、当初官房長官がいわき市も、〝屋内退避区域〟に該当するとして、単にその一部であったにも拘らず、限定しないで説明し、また各種メディアもそれに倣って報道したことに、そもそも帰されよう。そして、以後それに対する国内・外の過敏な反応は、あえて逐一枚挙するまでもないであろう。したがって、そうした状況では、当会議を実施する機会など、到底得られようはずもなかった。

しかし、それは先の通り、幸いにも失われずにすんだ。とはいえ、その前に私共が失った先達の存在は、誠に大きかった。というのは、二〇〇九年五月、当会議「第一回」の発起人であり、またその「第二回」にも寄稿を賜った元(西)ドイツ社会学会会長・エアランゲン＝ニュルンベルク大学名誉教授、ヨアヒム・マッテス先生が、そして同年八月には、私共社会学研究会の設立発起人並びに世話人代表としてそれら「第一／二回」を主宰された元東京外国語大学学長・名誉教授、鈴木幸壽先生が、甚だ惜しくも逝去されたからである。お二人ともその数ヶ月前まで、当会議の実現を大いに喜ばれ期待しておられたので、開会に当ってその旨参加者にお伝えし、一同改めて深く追悼申し上げた次第である。ところが更に同年九月、当研究会の設立者並びに世話人として、同じく「第一／二回」の実施に重要な役割を担われた元日本社会学史学会会長・慶應義塾大学名誉教授、横山寧夫先生も誠に残念ながら既に亡くなられていたことを、当会議終了の後に知らされた次第である。先生にも、当会議についてお伝えしていたので、必ずや喜んでいただけたに相違なく、茲で改めて心より追悼の意を表したい。

かくして此度は、大いなる後ろ盾を欠いて甚だ心もとない会議の主宰であれば、またその成果公刊も実に尋常ならざる事態の中、集中が困難な作業であった。にも拘らず、不十分ながら、どうにか事を成し遂げられたのは、何より多くの関係者・諸機関の実質的で多大な御援助と御協力のお蔭である。特に、まずいわき明星大学には、施設の使用のみならず、同人文学部現代社会学科並びに大学院人文学研究科社会学専攻からも、大半の実施費用まで御支援を、その上双方の教職員と院生・学生にも、会議の準備・運営に多大な御協力を賜った。また、いわき市役所都市交流課にも、特にドイツ側参加者を市内見学に御招待いただいた。以上すべてに対し、更には上記の報告・翻訳・司会・通訳者の他参加者及び本書の執筆者にも、茲で改めて心より御礼申し上げる次第である。

（二〇一一年九月）

ドイツ社会学とマックス・ヴェーバー／目次

目　次

草創期ドイツ社会学の固有性と現代的意義——論議の基調と課題＊

茨木竹二

ドイツの社会学に関心を持つ者なら、おそらく周知のように、その第1回会議（Der erste Deutsche Soziologentag）は一九一〇年十月、今（二〇一〇年）からちょうど百年前に開催された。またその前年には、ドイツ社会学会（Die Deutsche Gesellschaft für Soziologie）も設立されている。そしてその代表的な設立メンバーには、ドイツとオーストリアの傑出した諸々の社会・文化科学者、特にG・ジンメル、W・ゾンバルト、F・テンニエス及びM・ヴェーバーが、名を連ねていた。

ところで、それ以降の展開を見渡す上で、M・ライナー・レプジウスが七〇年代末に指摘した観点は格別重要である。すなわち彼によれば、「当初数十年間のドイツ（的な）社会学から、ドイツにおける国際的志向の一社会学になってしまった」のである。[1] また、そのような考察の仕方に関しては、フリートリッヒ・H・テンブルックが八〇年代の中頃に向けた次のような批判も、直ちに想起される。すなわち、「ドイツ社会学はこうした展開過程において、その（意味解明的社会学としての）独自な刻印を、また自ら〝実証主義的〟と称される科学理解も貫徹することにより——〝人間の廃棄〟を代償として——著しく喪失してしまった」というわけである。[2]

そこで、こうした事情において今や時宜に適い且つ重要と思われるのは、およそヴィルヘルム第二帝政期におけるドイツ社会学の歴史的成立経緯と特殊な刻印は、現在の視座と時局的問題状況においてどのように描き出されるか、考究することである。

もっとも、国際化した〝実証主義的〟社会学の従来の展開は、以後なお共通の傾向として看取される。但し、七〇年代以降アメリカにおいてこうした社会学は、その〝非歴史(学)的性格〟のために、疑義に晒される[3]。また、九〇年代以降ドイツでは、いわゆる〝歴史(学的)社会学への回帰〟も認められる[4]。そしてその中心には、依然十分な知識と綿密な解明が不足してはいるものの、M・ヴェーバーの「(意味解明的)社会学」が位置している。

それから、日本の社会学においては、標題に『(〜の)歴史社会学』と付された著作が、その視座と方法はあまり明瞭ではないものの、かなり頻繁に見受けられる。尚、それらが少なくとも原則的に明瞭となれば、こうした研究もドイツ社会学の特殊な刻印に、おそらく接近することであろう。そこでこうした動向は、私共が前回(第二回)の会議(二〇〇一年、於いわき明星大学)の主題に、「歴史社会学とマックス・ヴェーバー」を選んだ理由であった[5]。

したがって、ドイツ社会学研究会は、此度「第三回　日本―ドイツ社会学会議」(その第一回開催、一九九一年より十年間隔で行われる予定の会期)を一年ほど早め、ドイツ社会学会　第1回会議の百周年を機縁として、且つ「草創期ドイツ社会学の固有性と現代的意義」を主題として、開催することとなった次第である。

但し、このような会議においてそうした「固有性」を、およそ「比類のないもの」あるいは「一回的なもの」として、しかも当時の思想を全体として考察することにより、統一的に把握することは、むろん不可能である。

しかし、こうした目標にいつか将来到達するため、諸々の生産的端緒と適切な観点を呈示し且つ考究することは、やはり有意義なことであろう。[6]

ところで、こうした関連においてはカルロ・アントーニの著書、『歴史主義から社会学へ』(原典初版、一九四〇)が、格別注目される。何故なら彼は、「歴史主義の提起した問題から、〈類型的〉社会学への、ドイツ思想の推移、あるいは顚落の過程」を(その一つの固有性として)、「主に出身と関心において非常にちがった思想家たちに共通の傾向」を、そうした過程において確定することにより、探究しようとしたからである。[7]

なるほど、アントーニによるとこうした課題の精神史的取扱いが、少なくともそのような観点において同時代の思想家六名(ディルタイ、トレルチ、マイネッケ、ヴェーバー、ホイジンハ、ヴェルフリン)の公分母を示すことに成功するかぎり、生産的であることは何ら疑いがない。しかしながら、とりわけ以下のように、そこには根本的な問題が隠れたままである。

すなわち、アントーニはヴェーバーに、しかもこれまた例にもれず「倫理」論文[8]に、格別強く力点を置くのであり、それによって以下のように把握する。「ヴェーバーが研究した〈原因関係〉は、ただ予定の教義〔Dogma〕と〈資本主義の精神〉との間の関係であり…また、教義は――ここに根本〔本質〕的なものがあるのだが――二つの〈結果〔Wirkungen〕〉、一つは論理的結果、すなわち宿命論と、もう一つは実践的心理的結果、すなわち信者たちが神に選ばれることの〈保証〉を得ようとする欲求をもっている。[9]」そしてそれによってアントーニは、一方でヴェーバーの認識目標を、彼が「倫理」論文の冒頭で以下を注記していたように、およそ的確に再現している。つまり、「…この書〔『キリスト教の諸教会の社会教説』(一九一二)〕の著者〔トレルチ〕が諸宗教の教義〔L e h r e――教説〕に重点をおいているのに対して、私は実際生活に対するそれらの影響〔die praktische W i r k u n g der

Religion——宗教の実践的作用〉を問題としている」と。[10]

しかしながら、他方でアントーニの把握は、カルヴァンの『キリスト教綱要』(第三版、一五四三)における「予定説」、すなわちヴェーバーにとって最も重要な探究の客体に関しては、後述するように、全く正しくない。それどころか、彼には教義自体が問題ではなく、むしろ正に「宗教の実践的作用」が、それも「プロテスタンティズムの職業倫理・禁欲」という形態において問題なのである。だからこそ、またR・バクスターの『聖徒の永遠の憩い』(一六四九)や『キリスト教指針』(一六七三)も、とりわけ重要なのである。

言換えれば、ヴェーバーはカルヴァンのかの作品を実在根拠として〝引証〟しているのではなく、それよりはむしろ己れにとって一つの重要な認識根拠として、K・ミュラーの「ウェストミンスター信仰告白」(一九〇三)を、「職業倫理・禁欲」の理想型概念を暫定的に例解するために、「引照」しているわけである。そしてそれは、B・フランクリンの小論「富まんとする者への忠告」(一七三六)と「若き職人への助言」(一七四八)を、彼の「職業道徳」の実在根拠としてでなく、F・キュルンベルガーの小説『アメリカ嫌悪』(一八五四)を、「資本主義の精神」の理想型概念を暫定的に例解するために「引照」しているのと、正に同様なのである。[11]

更に、幾分詳論すれば、ヴェーバー社会学の「合理主義的」方法、ないし行為の「合理的〈意味〉解明」における「認識手段・根拠」としての資料の取扱いや操作は、そもそも「一般に知れ渡った確かな事実や知識」に基づいている。すなわち、「我々は〈以下の行為が〉どのような意味を表しているか、全く明瞭に理解する…。それと正に同じく、誰かが我々に〈よく知られた〈bekannt〉〉として確実な〈geltenden〉〈経験的諸事実〉と与えられた目的から、適用されるべき類いの〈手段〉からして〈我々の経験知〈Erfahrungen〉に従えば〉一義的に生じる〈因果的〉帰結を、彼の〈目的合理的〉行為において、引き出す場合である」(自訳)。[12] ところが、アントーニは以下を主張する。

「ヴェーバーの誤謬は…予定の恐るべきこの教義が、どのようにして経済活動の讃美という形であらわ〔sich…umsetzen――転化〕されることができたかの証明の仕方にある。彼の引用する文献は、カルヴァンの神学的著作ではなく、バクスターやバニヤンの教化の書より成立っている。カルヴァンの思想の分析が欠けており、それ故、教義はそれ自身としてではなく、それが作り出すことにあずかって力があった倫理的精神状態において観察されている。問題は、その真の中心点、すなわち思想においてではなく、思想の外部の〈心理的作用〉において把握されている。」「ヴェーバーは〔教義の〕論理的原則と実際的〈結果〉とを区別しながら、じつは既に前者に固有の〔内在する〕ものである〈資本主義的〉性格を後者に限定したのであった。じっさい原因の中に欠けている何物かが作用〔結果〕の中に存在するというのは、全く奇妙であるだろう。[13]」

しかし、既述のとおり、ヴェーバーは教義自体ではなく、むしろ宗教の実践的作用を取扱っているわけであり、それによって教義史でなければ、学説史でもなく、むしろいわば作用史ないし生活様式史を志向しているのである。何となれば彼には、「プロテスタンティズムの職業倫理・禁欲」の以後の展開〔転化〕を、その因果関係における原因として追究するには、それ以外には可能でないように、おそらく考えられたからであろう。だからこそ、彼はその展開を十七及び十八世紀の文化・社会的諸条件の下で、そうした周界を統一的な布置状況として、且つその際如上の「精神」に、ただ経済心情・形態のみならず、また生活営為の意味も含ませることによって、考察したに違いないのである。

因みに、こうした文脈においては、G・イェリネクが既に一八九五年の「人権宣言論」〔原典初版〕で論及した以下の所見が、特に指摘されるべきである。「…学説というものは、もし具体的な歴史的・社会的事情において、それが影響力〔Wirkungen――作用〕を及ぼすために準備された土台〔Boden――土壌〕がなければ、それ自体では何かを生み出す力があるわけでは決してない。もしある理念の学説上の起源がわかっても、それで、その理念がいかなる実際上の意義をもったかということの歴史もわかったことには決してならない。政治史は今日においても依然として、あまりに多く学説史であって、制度そのものの歴史があまりに少い。[14]」こうした意味で生活様式史と制度史とは、原則的に相応し且つ相互に通じ合っているものと、見なされるべきである。

そこで、先に引用したアントーニによるヴェーバーの因果帰属に対する「奇妙であろう」という批判は、おそらく既に古びた自然・実証主義的偏見としての因果同等性に、おそらく帰されるべきであろう。[15]にも拘らず、最後にアントーニは、およそ以下のように総括する。「いわゆる〈ドイツ社会学〉はよりおおいなる緻密さと哲学的心理的〔ママ――洞〕察力とによって古いフランスやイギリスの社会学とは区別されると主張されている。〔註65〕しかし、これは異論をさしはさむ余地ある称讃である。なるほど、ジンメル、テンニエス、フィアカントなどの社会学が、〈形式〉、〈関係〉、〈構造〉のような社会性の探究に、新カント主義、〈記述的分析的心理学〉、〈現象学的〉方法を適用したことは、事実であるが、また、他方、洗練された洞察力をこのように使用することは、思弁的前提をもってなされた社会学の空しさ、すなわち、経験的法則や概念に論理的範疇の形式的威厳を惜しげもなく与えるという曖昧さを暴露したことも事実である。」そしてその結果、また「この哲学的心理的主張から解放されることにヴェーバーは成功しなかった」とも論結する。[16]

すなわち、アントーニは、「註（65）」で、正に『歴史主義から社会学へ』の先行研究に当るR・アロンの『現代ドイツ社会学』（原典初版、一九三五）を参照指示し、そこでは既に「ドイツ社会学」が、そもそも哲学的歴史主義的伝統に立脚しながらも、むしろその論理的・方法的諸問題との批判的取組みを積極的に展開したことにたいし、より幅広く且つ奥深い考察をもって、本来「自然・実証主義的」なイギリス・フランス社会学から明確に区別されているのを一応顧慮しながらも、結局は「哲学的心理的思弁に基づく社会学」、ないし「形式論理的な概念（類型）構成」から、またヴェーバーも同様に解放されていない、というように批判するわけである。

したがって以上の批判は、今日の社会学が実証主義を自認する限り依然拘束される典型的諸問題を、既に孕むものといえよう。しかし私共は、当会議において主題を論議するに当り、できるだけそれらを回避すべきなのである。(17)

注

＊本稿は、元々上記会議の開会挨拶の原稿として、主にドイツ側参加者向けに用意したものを、またＪ・ヴァイス氏に校訂もしていただき（それにたいし、氏には茲で改めて感謝申し上げたい）、更にそうした成稿（Eröffnungsansprache――Zur Bedeutung und Problematik der Konferenzthema〔開会挨拶――会議の主題の意義と問題性〕）を、此度およそ逐語的に邦訳したものである。但しそれは、邦語による実際の挨拶では、以下でも断るように、時間の制約上大半を割愛せざるをえなかったので、日本側参加者には多分その部分が伝わりにくかったことであろう。とはいえこの成稿は、当日配布された冊子、「報告原稿・要旨」に収められているので、茲で一応全訳し、但し部分的に加筆し、また脚注も添えた次第である。尚、以下引用は、ほとんどすべて参照のために用いること、そしてまた文中の〔　〕は、筆者による補足とする。

(1) M. Rainer Lepsius, Die Entwicklung der Soziologie nach dem zweiten Weltkrieg 1945 bis 1967, in: G. Lüschen (Hg.) Deutsche Soziologie seit 1945, Kölner Zeitschrift für Soziologie und Sozialpsychologie, Sonderheft 21/1979, Opladen, S. 25

（2）Friedrich H. Tenbruck, Die Unbewältigten Sozialwissenschaften oder Die Abschaffung des Menschen, Graz/Wien/Köln 1984, S. 231f.

（3）例えば特に、Benjamin Nelson, Max Weber, Ernst Troeltsch, Georg Jellinek as Comparative Histrical Sociologists, in: Sociological Analysis, 1975. vol. 36

（4）例えば特に、Volker Kruse, Von der historischen Nationalökonomie zur historischen Soziologie, in: Zeitschrift für Soziologie, Jg. 19. Heft 3. 1990 及び K. W. Nörr/B. Schefold/F. Tenbruck (Hg.), Geisteswissenschaften zwischen Kaiserreich und Republik, Stuttgart 1994

（5）鈴木幸壽／山本鎮雄／茨木竹二編『歴史社会学とマックス・ヴェーバー（上／下）』（理想社、二〇〇三年）

（6）以上が、上記開会挨拶の口述部分であった。

（7）Carlo Antoni, Vom Historismus zur Soziologie (übers. von W. Goetz) Stuttgart〔=Goetz〕, S. 5――カルロ・アントーニ（讃井鉄男訳）『歴史主義から社会学へ』（未來社、一九七三年）〔=讃井訳〕、7頁――いずれも原典は、Dallo storicismo alla sociologia, Firenze 1940 である。特に同書は、ヴェーバーを中心的に取扱っているので、また如上の主題論議にとっても、肯定的であれ否定的であれ、最も早期の一例として、ことによるとまた一つの典型ともなりえよう。

（8）「プロテスタンティズムの倫理と資本主義の精神」――ここでアントーニが典拠として掲げている文献は、当該原典の初版のようであり、„Die protestantische Ethik und des Geist des Kapitalismus", Arch. f. Sozialwissenschaft und Sozialpolitik, 1904-1905. と注記され〔Goetz, S. 197〕、序にまた『宗教社会学論集Ⅰ（Gesammelte Aufsätze zur Religionssoziologie, Bd. I, Tübingen 1920）〔=RS I〕』におけるその改訂他についてもふれられている。但し、彼が取上げている当該箇所は、改訂版でも内容的には変更がないので、便宜上以下ではそれ〔=RS I〕とその大塚久雄訳（岩波書店、二〇〇一年）〔=『大塚訳』〕を取扱うことにしたい。

（9）Goetz, S. 206――『讃井訳』186～187頁。但し、宿命論に関しては、ヴェーバーによって論理的帰結として、単に可能性が仮定されているだけで、実質的には排除されている。

（10）RS I, S. 18――『大塚訳』13～14頁。

（11）そのように、ヴェーバーの時代に刊行されている文献――それらは、〝実在論的概念・学説史〟にとっては、第二次文献に相当しよう―が取上げられているのは、正に「予定説」やフランクリン「道徳」が、当時まで広く行き渡っていることを示す「経験的事実・知識（共通認識）」として、そもそもそれらの「作用」を知る上で、次注でも言及するように、特に重要な手段や根拠となるのである。
と同時にまた、そうした「事実・知識」は、およそ「本来の語用や文法等の規範には合わないものの、事実として世間一般に広く用いられている言葉（文句）」の意味で、むしろ「慣用句・慣用語」ないし「成句・成語」として定型表現ともなっているわけである。但しまたそれ故、それらの「確実性（Gültigkeit）」を保証するには、必要に応じて専門的判断を仰ぐにしくはないことにもなる。

尚、その意味で更にヴェーバーが取扱っている「コリント一、七・二〇」や「箴言、二二・二九」及び Beruf や calling は、〝聖（書の章）句〟や〝聖（書の文）語〟ではなく、むしろ「（聖書に由来する）成句や成語」としてである、と解されるべきである。ところが、最近の特に羽入辰郎による激烈な批難の書、『マックス・ヴェーバーの犯罪』（ミネルヴァ書房、二〇〇二年）では、後者が前者と、また上述のように認識根拠が実在根拠と、更には以下にふれる如き「作用史（因果的認識）」が「教義史（規範的認識）」（ないし「実在〈論的概念・学説〉史」）と、いずれも混同されている。そこで、こうした無理解ないし誤解は、アントーニと同じ轍を踏むものとして、およそ六十年前への退歩というべきであろう。

しかもそうした問題は、同書に対して矢継ぎ早に反論を展開した折原浩の諸批判や、それら批難―反論をめぐる（橋本努／矢野善郎編）『日本マックス・ウェーバー論争』（ナカニシヤ出版、二〇〇八年）でも、殆んど顧慮されていないように受取られる。それどころか、こともあろうに、羽入の同書の基となっている諸論文やそれらの一部に、学位や学会賞が授けられていることもあってか、その内容はむしろ色濃く尾を引いているようである。しかし、こうした状況では、せいぜい（言語文献学的な）実証主義の段階における停滞として、当該研究の進歩を期待することは、全く不可能であろう――詳しくは、茨木竹二『「倫理」論文の解釈問題』（理想社、二〇〇八年）、及び同上「〈倫理〉論文における慣用語（句）としての取扱い」（『理想』第688号、二〇一二年）を参照。

(12) Max Weber, Soziologische Grundbegriffe, in: Grundriss der Sozialökonomik, Ⅲ. Abteilung, Wirtschaft und Gesellschaft (Erster Teil, Kap. Ⅰ.), Tübingen 1922, S. 2――阿閉吉男／内藤莞爾訳『社会学の基礎概念』（角川書店、一九六五年）では10頁参照。

(13) Goetz, S. 210, S. 215f.-216――『讃井訳』191、195頁。

(14) G. Jellinek, Die Erklärung der Menschen-und Bürgerrechte, 3. Aufl., München u. Leipzig 1919, S. 41-42――初宿正典訳『イェリネック対ブトミー　人権宣言論争』（みすず書房、一九九五年）、81頁。尚、同書の底本は第4版であるが、いずれの原典においても、当該箇所の文意は変わっていない。

(15) 例えば特にE・デュルケムは、（田辺寿利訳）『社会学的方法の規準』（（底本は初版、一八九五）有隣堂出版、一九六六年、171頁以下）において、「社会学の証明方法」としての「比較的方法」ないし「間接的実験」に関して、「同じひとつの原因には常に同じ一つの結果が対応するという原則の重要性」を強調している。（E. Durkheim, Les règles de la méthode sociologique, P.U.F. 11e ed. paris 1950, p.127)。但しこの原則は、いわゆる「生成の範疇」としては、いわば「一つの（空・時間的）状態」において「あるものの上にある別のものが継起すること（Aufeinanderfolge)」、すなわち「内在的生成」を前提しているのみで、却って「異った二つ（以上）の状態」において「あるものから全く別のものが変成する」こと（Nacheinanderfolge)」、すなわち「跳躍的生成」を顧慮していないように受取られる。しかし、ヴェーバー当時、前者は自然科学においてももはや使用されず、また彼もむしろ後者を使用しているのに、アントーニはそれを顧慮していない。尚、如上の「範疇」については、特にW. Windelband, Einleitung in die Philosophie, 2. Aufl., Tübingen 1919（初版、一九一四), S. 138ff. ——清水清訳『ヴィンデルバント 哲学概論』（玉川大学出版部、一九六九年）、162頁以下——を参照。

(16) Goetz, S. 237-238——『讃井訳』214～215頁。

(17) また、如上の典型的諸問題には、特に先の注で指摘した羽入の批難も、むろん含まれる。尚、ヴェーバーが、当時それらを既に伴っていた歴史派国民経済学の方法的論理的諸問題を、かの方法論的取組みを通してどのように克服したかについては、茨木竹二「マックス・ヴェーバーにおける独断論の克服と歴史社会学の生成」（前掲、『歴史社会学とマックス・ヴェーバー（下）』1～92頁）を参照。

文献

Antoni, Carlo, Vom Historismus zur Soziologie (übers. von W. Goetz) Stuttgart（カルロ・アントーニ著、讃井鉄男訳『歴史主義から社会学へ』未來社、一九七三年）

Durkheim, Émil, Les règles de la méthode sociologique, P.U.F. 11e ed. paris 1950（エミール・デュルケム著、田辺寿利訳『社会学的方法の規準』有隣堂出版、一九六六年）

Jellinek, Georg, Die Erklärung der Menschen- und Bürgerrechte, 3. Aufl., München u. Leipzig 1919（ゲオルク・イェリネック著、初宿正典訳『イェリネック対ブトミー 人権宣言論争』みすず書房、一九九五年）

Kruse, Volker, Von der historischen Nationalökonomie zur historischen Soziologie, in: Zeitschrift für Soziologie, Jg. 19. Heft 3. 1990

Lepsius, M. Rainer, Die Entwicklung der Soziologie nach dem zweiten Weltkrieg 1945 bis 1967, in: G. Lüschen (Hg.) Deutsche Soziologie seit 1945, Kölner Zeitschrift für Soziologie und Sozialpsychologie, Sonderheft 21/1979, Opladen

Nelson, Benjamin, Max Weber, Ernst Troeltsch, Georg Jellinek as Comparative Histrical Sociologists, in: Sociological Analysis, 1975. vol. 36

Nörr, K. W./Schefold, B./Tenbruck, F. (Hg.), Geisteswissenschaften zwischen Kaiserreich und Republik, Stuttgart 1994

Tenbruck, Friedrich H., Die Unbewältigten Sozialwissenschaften oder Die Abschaffung des Menschen, Graz/Wien/Köln 1984

Weber, Max, Die protestantische Ethik und der ≫Geist≪ des Kapitalismus, Gesammelte Aufsätze zur Religionssoziologie, Bd. I, 1920（マックス・ヴェーバー著、大塚久雄訳『プロテスタンティズムの倫理と資本主義の精神』岩波文庫、二〇〇一年）

Weber, Max, Soziologische Grundbegriffe, in: Grundriss der Sozialökonomik, Ⅲ. Abteilung, Wirtschaft und Gesellschaft (Erster Teil, Kap. I.), Tübingen 1922（マックス・ヴェーバー著、阿閉吉男／内藤莞爾訳『社会学の基礎概念』角川書店、一九六五年）

Windelband, Wilhelm, Einleitung in die Philosophie, 2. Aufl., Tübingen 1919（ヴィルヘルム・ヴィンデルバント著、清水清訳『ヴィンデルバント　哲学概論』玉川大学出版部、一九六九年）

茨木竹二『「倫理」論文の解釈問題——M・ヴェーバーの方法適用論も顧慮して』理想社、二〇〇八年

茨木竹二「マックス・ヴェーバーにおける独断論の克服と歴史社会学の生成」（鈴木幸壽／山本鎮雄／茨木竹二編『歴史社会学とマックス・ヴェーバー〈下〉』理想社、二〇〇三年）

茨木竹二「〈倫理〉論文における慣用語（句）の取扱い」（『理想』第688号、二〇一二年）
折原浩『ヴェーバー学のすすめ』未來社、二〇〇三年
折原浩『ヴェーバー学の未来――「倫理」論文の読解から歴史・社会科学の方法会得へ』未來社、二〇〇五年
折原浩『学問の未来――ヴェーバー学における末人跳梁批判』未來社、二〇〇五年
折原浩『大衆化する大学院――一個別事例にみる研究指導と学位認定』未來社、二〇〇六年
橋本努／矢野善郎編『日本マックス・ヴェーバー論争――「プロ倫」読解の現在』ナカニシヤ出版、二〇〇八年
羽入辰郎『マックス・ヴェーバーの犯罪――〈倫理〉論文における資料操作の詐術と「知的誠実性」の崩壊』ミネルヴァ書房、二〇〇二年

〈ドイツ社会学の成立と影響〉

ドイツ語圏社会学の初期の活動の場としてのヴィーンとグラーツ

——一九〇〇年ころのオーストリアにおける社会科学者の団体活動——

カール・アッハム
小林　純　訳

ドイツ語圏では、一九〇九年にベルリンで設立された「ドイツ社会学会」(Deutsche Gesellschaft für Soziologie＝以下DGS）よりも前に、社会科学者の多数の組織が存在した。通例は、一八五八年に設立された「経済学者会議」、およびそれよりはるかに重要な一八七三年設立の「社会政策学会」(1)が挙げられる。後者は一八九四以降にはオーストリア・グループをも有した。同じ言語文化圏に属するとはいえ、ドナウ王朝のドイツ語の邦（Land）において一九〇九年以前にすでに存在していた社会科学者の組織は通例言及されない——王朝のハンガリー系、スラブ系の組織などそもそも話題にならない。(2)このことは、一九〇九年一月三日に行なわれたDGS設立集会への招待状に署名した三十九名の中に、ルドルフ・ゴルトシャイト、ルード・モーリッツ・ハルトマン、マックス・アードラーという少なくとも三名のヴィーン「社会学会」(„Soziologische Gesellschaft“ in Wien）の会員がいることを考えただけでも、奇妙なことである。ヴィーンの「社会学会」は、一九〇七年に設立されたドイツ語圏最初の社会学者の組織である。この学会は、一九〇八年、つまりいずれにせよDGSの設立よりも前にグラーツで設立された「社会学会」(„Soziologische Gesellschaft“ in Graz）のモデルの役を担った。ヴィーンの学会は、社会学史上これまた一般には無視されている一八九五年設立の「社会科学教育協会」(Socialwissenschaftlicher Bildungsverein) を起源とした。以下、本稿ではこの三つの組織を扱う。

一

一九〇〇年ころのオーストリア＝ハンガリー王朝の国民は、それまですでに二つの潮流を著しい脅威と感じていた。一つには、いわゆる帝国諸邦各地での民族主義的な運動があり、他方では、一八五〇年代以来の、到来が遅い分だけ急激な工業化と経済的自由主義化という社会的変動があった。これに加え、信頼のゆるぎの加速の結果として、将来展望や日常の確実さが全体として動揺し、失われていくという感情が様々な形で起こってきた。その中で、王朝という形でまとめられてきた多民族国家のかかえる対立的構造があらわになった。一方では、年老いたフランツ・ヨーゼフ皇帝はいまだ「神のご加護」をもつものとされ、他方では、数十年来成長してきた諸民族が――たとえいまだ王朝国家の枠内とはいえ――自治を要求した。科学は十九世紀中葉以来国家および教会の後見から解放され、労働者運動はますます無視し難い発言力を示した。帝国内部の遠心力は、外側からもしばしば強められた。一九〇〇年ころ、ハプスブルク帝国は、ドイツ人、ハンガリー人、チェコ人、ポーランド人、スロヴァキア人、ルテニア（ウクライナ）人、セルビア人、クロアティア人、スロヴェニア人、イタリア人とその他を抱えていた。そして帝国議会のすべての議員が議会内で母語を用いる権利を有していた。実際、十を下らぬ言語が認められていた。ドイツ語、チェコ語、ポーランド語、ルテニア語、セルビア語、クロアティア語、スロヴェニア語、イタリア語、ルーマニア語、そしてロシア語である。

一九〇〇年ころのハプスブルク王朝の歴史的社会的状況の主要問題を示そうというのであれば、それは民族政策的、精神的（社会心理学的）、そして社会経済的な問題ということになる。それらは、

（1）いわゆる民族問題に関わる。これは、言語的、エスニック＝文化的には比較的均質なドイツ帝国では問題にならなかった。

（2）もっぱら貴族・富裕市民層に帰属する人々の間に生じてきた、生活環境すべてにわたる相対化と歴史化の感情にかかわる。これは、エスニック＝宗教的な面で多様なハプスブルク王朝内での人口移動過程および新たな社会運動によって引き起こされた感情である。

（3）いわゆる「社会問題」に関わる。これは、農村住民が帝国の様々な地域から都市の集住中心地へと移住してきた結果として、また彼らが、工業化の進展に伴って生まれた諸条件に充分満足のいく制度的適応をみせなかったことの結果として、生じた。

（一）民族問題。民族問題は多くの社会科学的研究の中で取り上げられていた。ここでは四人の著作者にのみ言及するだけでよかろう。まずルートヴィヒ・グンプロヴィッチと彼の『人種と国家』（一八七五）、『オーストリア＝ハンガリーにおける諸民族の権利と言語』（一八七九）、『社会学と政治』（一八九二）。次にグスタフ・ラッツェンホーファー。彼は個人主義的社会哲学から出発したが、グンプロヴィッチに感化されて彼と交遊を結んだ社会科学の著作者で、三巻本の『政治の本質と目的』（一八九三）がある。そしてカール・レンナー。彼はのちに第一共和制の首相、第二共和制の大統領となる。ここでは（ジュノプティクスの筆名で発表した）『国家と民族』（一八九九）を挙げておく。最後にオットー・バウアー。戦間期のオーストリア社会民主党の精神的・政治的指

導者であり、彼が初期に出した『民族問題と社会民主主義』(一九〇七)を挙げておく。これらすべての著作では、文化的特性と社会経済的諸条件、そして超民族的法秩序の装いの下で民族的利益の政治的・法的実現をはかる可能性、この三つの関連がとりわけ重要なテーマとなっている。ここからまた、国際主義と国民意識の間で、そして社会改革と文化的伝統の間に生じる諸関係について、密度の濃い議論がなされた。

(二) 歴史相対主義の問題。ドナウ王朝における歴史主義と文化相対主義はとりわけ独特の姿をとった。他のヨーロッパ諸国においてはせいぜい民族学的認識の成果であったものが、民族的に多様なドナウ王朝の地では、ある程度意識の内部に織り込まれた生活感情なのであった。ここではすべては相対的であり、ある人にはそうであったものが別の人には別様に思われる、という経験を積んできた。社会の上層にとっては、このような認識と自己の将来についての高まりゆく不安とが結びつき、逆に社会的承認と上昇をめぐって闘う中層・下層にとっては、旧来の生活・思考形態の相対化は自らの生活状態の積極的な変化が可能であることを約束するものだった。

哲学的・学問的認識が歴史的に変化可能なものだということへの洞察に基づいた認識論的相対主義の二人の古典的代表者が、一九〇〇年頃のオーストリアでは哲学者のリヒャルト・ヴァーレとフリッツ・マウトナーであった。[3] ヴァーレとマウトナーは、若い頃にはともにエルンスト・マッハと緊密な関係にあったが、マッハの見解をときに劇的に急進化させた。一切の認知を流動化させる相対主義ではなくて、相関的な所与性の証明をこそ問題としたマッハの指向性を受け継いだのは、彼と交遊があり、彼に背を押された哲学者で心理学者のヴィルヘルム・イェルザレムであった。イェルザレムは、一九〇九年に雑誌『未来』に掲載された論稿「認識の社会学」により、近代の知識社会学・科学社会学の創設者の一人となった。われわれの認識のこうした社会学化および心理学化という方向に対して、すでにその少し前、かつてヴィーンでフランツ・ブレンターノの下に学んだエドムント・フッサールが、二巻本の『論理学研究』(一九〇一／〇二)で対抗していた。

こうした歴史主義的思考は、しばらくヴィーンで活動し、大きな影響力をもった法哲学者・法制史家のイェーリンクとイェリネクによって準備された。イェーリンクはこの地で一八七二年、後に各国で翻訳された有名な講演「権利をめぐる闘争」を行い、またイェリネクは同年、この地で書き上げた学位論文「法、不正、刑罰の社会倫理的意義」により専門家の承認をいちはやく得ていた。こうした著作に表われた価値的現象の社会学化、歴史化に対してはすでにフランツ・ブレンターノが「倫理的認識の起源」(一八八九)、また後にはフッサールが有名な論稿「厳密な学としての哲学」(一九一〇／一一)で対抗した。

(三)　社会問題。十九世紀後半以降、とりわけ重要となったのが社会問題である。ドナウ王朝における政治と社会科学は、他のヨーロッパ諸国におけると同様、党派をこえて社会問題に規定されていた。社会科学者たちに特徴的だったのは、家父長的な弱者救済策の姿勢である。この姿勢は、ハプスブルク王朝ではヨーゼフ二世を通じて様々に異なる民族および宗教グループにむけて比較的開かれた形で実践されており、一九〇〇年以降の諸政党にあってさえなお有力だった(4)。

科学の分野でも、この社会政策的活動は内容豊かに論じられた。ここでとくに挙げておくべきは、経済学者エミール・ザックスの初期の研究『労働階級の住宅事情とその改良』(一八六九)、のちにチェコスロヴァキア初代大統領となったトマス・G・マサリクの研究『近代文明の社会的大量現象としての自殺』(一八八一)、ヨーゼフ・ポッパー＝リュンコイスの社会政策的改良計画、ルートヴィヒ・テレキィの労働者保護および社会医療の先駆的研究、ルーヨ・ブレンターノの社会政策の著作、そしてローザ・マイレーダーの近代的女性政策の研究、である。

十九世紀末のオーストリアでは、一方ではローレンツ・フォン・シュタインの公共福祉と「社会王制」の考え方に、他方ではアルベルト・シェフレの有機体論的国家論に指向していた社会学理論は、全体の福祉を目指す感情を稼働してはいたが、社会問題の経験的所与性にたいしては充分な考慮を払ってはいなかった。(5) これに対し、むしろこれを考慮していたのがルートヴィヒ・グンプロヴィッチの業績である。彼はオーストリア唯一の古典的社会学者で、しばしば社会学的紛争理論の父とされる。(6)

オーストリアの経験的社会研究では、とくに社会統計の分野に力点が置かれた。ハプスブルク王朝のエスニック＝文化的な、そして社会的に極めて多層をなす構成を前に、その複雑さを考慮した統計調査は非常に大きな効用をもった。統計は、広い範囲にわたって統治行政活動と支配のための知識には不可欠な要素となったのである。この関連では、とくに『オーストリア王朝の民族誌』全三巻の著者カール・フォン・ツェルニヒ＝ツェルンハウゼンと、カール・テオドーア・フォン・イナマ＝シュテルネックが挙げられるべきである。彼らの業績は、女帝マリア・テレジアの下で始められ、その息子ヨーゼフ二世に引継がれた同種の努力の、いわば輝かしい締めくくりをなしている。前者が『一八四八年以降のオーストリア王朝の統計表』によってその方法論で国際的にも先駆けた人物だったのに対し、後者は、一八九〇年にオーストリア人口調査の電子計算機による中央集計作業を初めて行った人物である。のちに中央統計局となる統計中央委員会は、彼のもとで世界的に認められた組織となった。このような展開があったことにより、オーストリアではかなり早期から状況に即した社会政策のための基礎を創出することが可能となった。

二

ドイツでは、社会学が、この社会学という名を称する大学の専門教育分野として成立したのは、ようやく第一次大戦後になってからのことであり、またオーストリアではやっと第二次大戦後のことだった。この分野の学術的制度化について先駆的だったのはフランスであり、すでに一八七二年には最初の「社会学会」が、そして一八九三年には、やはりパリで、国際社会学協会が設立された。一八九三〜一九〇九年には十人のドイツ＝オーストリア人社会科学者が会員になっている。先頭に立ったのは、オーストリア学派経済学の頭目カール・メンガー・フォン・ヴォルフェンスグリュンとルートヴィヒ・グンプロヴィッチである。(7) ドイツ最初の有力な社会科学者組織としては、すでに言及したように、一八七三年に「社会政策学会」が設立され、その二十二年後つまり一八九五年にヴィーンの「社会科学教育協会」が設立された。(8)

ヴィーン「社会科学教育協会」は、オーストリアにおいて「社会科学」という概念が形成されるにあたって先駆的役割を果たした。そのさい、この言葉の意味は、ドイツにおける「社会政策学会」の場合と同様に広く捉えられた。高名な代表的研究者が携わった学問分野の幅の広さは印象的だ。例えば、ルード・モーリッツ・ハルトマンはローマ史・中世史の第一人者であり、エミール・ライヒは文学者（しかもハルトマンと同様に国民大学運動の創始者）で、エミール・フォン・フュルトは法学者で社会経済学者にして市民的自由派の「社会政策党」の市会議員、ヨーゼフ・レートリッヒは国法・行政学の大学教授、ルートヴィヒ・テレキィ――社会民主主義労働者党指導者のフィクトール・アードラーの主治医であった――は先に触れたように近代的社会医療の先駆者である。

カール・レンナーは法学者・法社会学者（以前同じくヴィーンで活動し、法の活動を諸民族・諸階級・諸個人・諸国家権力の闘争として解明した法理論家ルドルフ・イェーリンクおよびゲオルク・イェリネクの後継者である）、カール・フュルトミュラーは教育学者・国民教育者・学校改革者であった。さらに以下の社会学者がこれに加わる。すなわち、進化論の立場から社会問題の解決に取り組み、組織の活動にきわめて積極的だったルドルフ・ゴルトシャイト、階級・民族対立の高名な理論家であるオットー・バウアー、のちにフランクフルト社会研究所の創設者となり、それによって批判理論の養父となるカール・グリュンベルク、オストロマルクス主義のおよそ非因習的な、つまり超越論的な代表者マックス・アードラー、そして人種論や、またのちにはナショナリズムおよびドイツ心性史に取り組んだフリードリヒ・ヘルツ、である。科学史的にとくに重要なのは、しばしば哲学者としてのみ扱われる二人の会員、ルドルフ・アイスラーとヴィルヘルム・イェルザレムである。アイスラーは、例えば伝説的な三巻本の『哲学の概念および表現辞典』（一九〇〇）と、のちの『カント・レキシコン』（一九三〇）の著者として名をなしたにとどまらず、社会学の最初の歴史的体系的教科書の著者でもあった。彼の『社会学』は一九〇三年にゲッシェン文庫として発行された。またヴィルヘルム・イェルザレムも、既述のごとく、知識社会学・科学社会学の創設者の一人として知られている。

「社会科学教育協会」のすくなからぬ会員は政治家としても活動していた。この関連でとくに重要なのは、様々な専門分野と政治的指向の代表者たちによって幾度か行なわれた社会政策調査である。たとえば、一八九九／一九〇〇年度には協会の住宅調査が行なわれており——ここでは法学者エミール・フォン・フュルトが住宅政策の専門家として挙げられるべきだ——、一九〇〇／一九〇一年度には勤労学生事情についての、一九〇一／一九〇二年度にはヴィーンの工業の衛生状態についての調査が行われた。

フリードリヒ・ヘルツが「社会科学教育協会」のためにまとめた文献リストは、テーマから見ると、協会の社会政策的な位置を示している。挙げられたテーマは、住宅問題、労働者保護、アルコール中毒、自治体政策、女性問題、労働組合、企業者団体、農業問題、協同組合、国民教育をとくに考慮した教育制度、民族問題、人種問題、反ユダヤ人主義、である。さらに一般的テーマとしては、恐慌、価値論、通貨問題、社会主義、がある。(9) いずれにせよ教育協会の会員には、社会理論的問題のみならず、芸術史や美学の問題を扱うことは、上記の政策的――実践的指向性と結びついていると思われた。そのことはとくに協会の講演会活動に示されている。(10)

一九〇七年創立のヴィーン「社会学会」は「社会科学教育協会」を母体として成立した。ドイツ語圏で最初のこの「社会学会」が、既述のごとく、一九〇八年春にグラーツで生まれた同名の団体のモデルとなった。

三

「社会科学教育協会」およびそれから生まれたヴィーン「社会学会」の組織と活動を考察すると、まず目を引くのは、極めて学際的な指向性であるが、同時に――数的には社会民主主義的およびマルクス主義的な政治家および社会科学者が優位ではあるが――政治的立場および社会科学的研究方法の多様性も目立っている。社会理論の面では、マルクスないしグンプロヴィッチの名に結びつく紛争理論と並んで、進化論が学会の社会科学的見解を規定した。その主唱者は、ややラマルク主義に近いルドルフ・ゴルトシャイトであった。(11) この人物は、ルドルフ・アイスラーや、また長いことヴィルヘルム・イェルザレムもそうであったように、大学外の会員としてヴィーンの二つの社会科学の団体に所属し、文筆家として、また社会科学者として世に現れた。

社会学者としてのゴルトシャイトは、とくに、『全体意志の倫理学——社会哲学的研究』（一九〇二）と『高次発展と人間経済——社会生物学の基礎』（一九一一）で知られた。ゴルトシャイトは、すでに一九〇二年、学問的な処女作で、心理学的・進化論的認識に立った「合理的」倫理学を定式化するという目標を追求しており、彼はそれを基礎として同時代の国家の状態を批判し、それをより良き国家モデルに置き替えようと試みたのである。友人のパウル・カマラー[12]が考えていたような新ラマルク主義の見解を基礎として、ゴルトシャイトは、通例説かれている進化論とは対照的に、人間の能動的な適応を強調した。それは人間が自己の環境条件を変化させ、そのことによって自己の精神的・生物学的運命——なぜならこれこそが人間の心理物理的枠組にとって本質的なものであるから——をも自らの関与で作り上げることを可能にする、というのである。それゆえにこそゴルトシャイトは、進化の代わりに「高次発展」の語を繰り返し用いたのである。[13]

ゴルトシャイトの関与は、ヴィーンの社会学会の設立のみならず、ドイツ社会学会（ＤＧＳ）の設立にも著しい功績があった。その彼が、ＤＧＳの最も著名といえる会員マックス・ヴェーバーと極めて不和な関係にあった。[14]ヴェーバーは、「社会政策学会」内で広まっていて、彼には疑わしいものと映った「評価的科学」という傾向への対抗軸の形成を、ＤＧＳの設立に期待していたのであって、一九〇九年三月七日、つまり一九〇九年一月三日の設立の直後の集会でゴルトシャイトが提起し、出席の会員にも受け入れられた提案にはひどく痛めつけられた気分になった。その提案とは、「集会は、ベルリン支部をただちに設立する準備を幹部会に委託する。ベルリン支部は、この夏に三ないし四回の宣伝講演を行なうこととする」というものであった。[15]ヴェーバーは、「学問的性格、すなわち〈倫理的〉、政治的等の目的のための一切の宣伝の排除が絶対条件となる」[16]ことが保証されるのを望んだのであるが、ゴルトシャイトや他の会員たちの関心は、政治的影響力の行使を目的に、社会学のためにより公汎な世論を獲得することに強く向けられていた。こうして一九一〇年の第一回社会学者会議の準備および会議期間中に、ヴェーバーがゴルトシャイトおよび彼の支持者とのみならずDGS全体と軋轢をうむ結果となった。第一回会議では、ヴェーバーが起草した学会の目的を定めた規約第一条にいろいろ激しい批判が出された。第一条は「学会の目的は、純粋に学問的な研究と調査の実施を通じて、純粋に学問的な作業の成果公表と支援を通じて、そして定期的に開かれるドイツ社会学者会議の組織を通じて、社会学的な認識を促進することである。学会は、社会学のあらゆる学問的方向性と方法に等しく余地を認め、なんらかの実践的（倫理的、宗教的、政治的、審美的等の）目的を主張することを拒む」とされていた。[17] これに対して辛辣さをも含んで応酬し、それによりかなりの好評をえたのがゴルトシャイトであり、これ以降、彼との接触をヴェーバーは一切拒んだ。ヴェーバーは「ゴルトシャイト氏みたいにネバネバした虫のような人物と長く争う神経は持ってない」と手紙で書いている。[18] 彼はまず一九一一年には幹部会から、そして一九一二年には最終的にDGSの委員会からも離れた。

ヴィーン「社会学会」でも、またとくに「社会科学教育協会」でも、ゴルトシャイトがよく行なっていた実践的・政治的評価を学問的言説体系に盛り込むことは、もしそうした見解がその団体の特定の構成員の党派的思想に対応するものだとしたら、心地よいものとは言えないであろう。例えば一九一四年の社会政策学会におけるルードト・モーリッツ・ハルトマンやカール・グリュンベルクの一定の発言は、そのことを証明している。[19]

四

静態と動態という観点から初期のオーストリア社会学を考察するなら、その形成期から前述の二人、すなわちルドルフ・アイスラーとヴィルヘルム・イェルザレムを簡単に見ておくのが目的にかなうと思われる。哲学者ルドルフ・アイスラーは、社会学者としては社会的なるものの構造・過程分析を行なっていた。彼の『社会学』（一九〇三）[20]は、前述のように、ドイツ語圏でこの分野の最初の教科書であった。彼はそこで、一方で社会発生的考察を行い——同時に方法論的にも社会的因果性の問題を扱った——、他方で社会の形式社会学的構造分析を重視した。アイスラーはこれを二重の観点で行なった。一つには、広義の社会的なるもの、つまり「社会的形象」に関わらせて。もう一つには、狭義の社会的なるもの、つまり社会的関係ないし「社会的集団」に関わらせた。社会的形象とは、ヘーゲルの継承の中で「客観的精神」と呼ばれたものに対応し、言語、神話、宗教、法、習俗（倫理 Sitte）、学問、芸術等、すなわち精神の客体化を包括するものである。社会的集団では、家族、群れ、氏族、種族、党派、身分そして国家といった類型の公式・非公式の組織が、すなわち社会的関係の客体化が問題となる。

エルンスト・マッハの励ましをうけた教育学者・哲学者にして社会学者のヴィルヘルム・イェルザレムは、一八九一年にヴィーン大学に職位請求論文を提出し、とくに一九〇七年にはウィリアム・ジェイムズの哲学の主著『プラグマティズム』を独訳した。彼は死去の年一九二三年にようやくヴィーン大学の哲学・教育学の正教授に任命された。知識社会学におけるイェルザレムの開拓者としての役割についてはすでに触れたが、彼は、発生的認識論の最初期の提唱者の一人とみなされるべきである。この理論は、コンラート・ローレンツを継承する中でようやくその意義が認められた。[21] イェルザレムは、理論的に考える人間の能力は、文化発展にとってこの上なく重要な個性化と同様に、長い時間をかけて発展してきたのであり、それゆえ、人間の理性が、無時間的で不変なものとしてずっと同じもののままであるような論理的構造だと信じることは誤りであることがわかる、と説いた。

それゆえ彼は、「有機的なるものと精神的なるものを考察するときには進化論の形を採る厳格な経験主義をますます強く支持する」と自覚したのである。[22]

とくにエルンスト・マッハとアドルフ・シュテーアの影響をうけて、「社会科学教育協会」とヴィーン「社会学会」の個々のメンバーのなかにも、方法論的問題に対する関心が現われていた。このことは、イェルザレムとアイスラーの著作においてのみならず、オストロ＝マルクス主義の著名な主唱者たちについても、確認できる。とくにマックス・アードラーと彼の書『学問をめぐる論争における因果性と目的論』（一九〇四）にそれが当てはまる。ここには後の社会科学の科学理論にとっての根基の一つがある。

五

一九〇八年春、グラーツに設立された「社会学会」[23]にとっては、同名のヴィーンの組織が手本をなしていた。グラーツの組織は、形式的には二十七年間継続したが、その活動は遅くとも一九二三年ころには止んでしまい、会員の学問的広がりの点でも、学会の活動の集約度に関しても、ヴィーンの二つの社会科学者の組織とは競うべくもなかった。とはいえグラーツは、オーストリア社会学史にとり重要な場であった。

・ここには一八七五年以来ルートヴィヒ・グンプロヴィッチが暮らしていた。彼はオーストリア唯一の古典的社会学者であり、この地で一八七六〜一九〇八年には大学で教えていた。[24]グラーツで仕事をしていたグンプロヴィッチは、『社会学要綱』（一八八五）を著し、書名で「社会学」なる分野名称を用いたドイツ語圏最初の人物である。

・二人の学者のおかげでグラーツは近代的犯罪社会学の生誕の地となっている。一八六八年から一八七二年までヴィーンで教鞭をとった偉大な法理論家ルドルフ・イェーリンクの弟子、フランツ・フォン・リストは、グラーツで一八七六年に刑法の教授職位資格を得たが、のちに彼の「法の目的」という考え方が刑法に受け継がれて、刑法罰の社会化および当時の刑法による囚人の社会復帰にたいして多大な貢献をなした。すでに一八七五年、つまりリストの一年前に同じく刑法教授資格を得たユリウス・ヴァルガは、その後、犯罪学におけるラベリング理論の開拓者となった。

・ここグラーツではオーストリアで初めて、しかも一九〇八／〇九年冬学期以来規則的に、アルフレート・ギュルトラーによって、法学部で国家学を学ぶ学生に必修科目として社会学の講義が行なわれた。[25]

・この地ではグラーツ「社会学会」の出版物として、オーストリアで初めて社会学の名称を明示した叢書、「社会学領域の時事問題」が発行された。

・またこの地では、少しのちに、名前からしてすでに社会学を明示したオーストリアで最初の大学の制度が見られた。それは一九二〇年にフーゴー・シュピッツァーによって哲学部に設立された「哲学的社会学ゼミナール」である。[26]

グラーツの「社会学会」設立のきっかけをなしたのはグンプロヴィッチの七十歳の誕生日であった。学会の歴史を振り返ると、社会科学的関心は二人の会員に集中する。一人はルートヴィヒ・グンプロヴィッチ、もう一人は一九一一年以来大学教師として活動したヨーゼフ・アロイス・シュンペーターである。

グンプロヴィッチは一八七六年一二月に一般国家学で教授資格請求を行い、一八八二年に員外教授となったのち、一八九三年三月九日には行政学とオーストリア国法学の正教授に任命された。一八九三年にはパリの国際哲学協会の設立メンバーであったグンプロヴィッチだが、がんを病み、一九〇七年以来視力を失った妻とはかり一九〇九年夏に二人で自殺した。彼の名声は、すでに最初の『人種と国家』（一八七五）および『人種闘争――社会学的研究』（一八八三）で打ち立てられたが、その出版以来、グンプロヴィッチの名は人類の多元発生理論および民族集団間の征服および変成による国家発生の理論と直接に結びつけられた。だがそこからこの書の著者は、大きく歪められて人種主義者、軍事主義者、そして社会ダーウィン主義者とされた。この事情は、実際のところ彼のもっと重要な著作『社会学要綱』の適切な受容にとって、不利に働いた。

彼は、アメリカの社会学者レスター・フランク・ウォードとの往復書簡が示すように[27]、学部同僚の間では孤立感を抱いており、多くの弟子を周りに集めることがなかったとはいえ、のちに外国で名をなすこととなる若干の研究者にとって、彼の存在は大きな意義をもっていた。例えばオットー・フォン・ツヴィーディネック＝ジューデンホルストがいた。彼の『社会政策』（一九一一）はドイツ語圏の当該領域における傑出した業績の一つである。またのちに有名となったイタリアの社会学者フランコ・ロドルフォ・サヴォルニャンがいた。彼は著作の中で直接グンプロヴィッチに言及している。さらには、のちにフランクフルト大学で統計学教授として活躍したフランツ・ジジェク、また同領域でヴィーン大学の教師として活動したフーゴー・フォルヒャーがいた。またここで、独学者として初期のドイツ語圏における政治社会学の確立に与ったグスタフ・ラッツェンホーファーも挙げるべきである。彼はグンプロヴィッチと個人的にも学問的にも緊密な関係をむすんでいた。ラッツェンホーファーは、職業は陸軍少尉で上級軍事裁判所長官であったが、とくに三巻本『政治の本質と目的』（一八九三）と

『社会学的認識。社会生活の実証的哲学』(一八九八)により第一次大戦以前の外国で、とくにアメリカで、高い評価を得ていた。さらにグンプロヴィッチには、率直に評価していたグラーツの同僚が一人いた。ユリウス(ジューラ)・ヴァルガである。彼は一八七五年にグラーツ大学で刑法の職位請求を行ない、その後、刑法と刑事訴訟法の教授として、さらには法哲学と国際法でも大学で活躍した。国際的に高い名声のあった学者であるヴァルガは、ここグラーツで一八九三/九四年~一八九七/九八年に「犯罪人類学と犯罪社会学」の講義を行い、今日ではラベリング・アプローチ、分類法理論の創設者とされている。[28]

グラーツの「社会学会」でグンプロヴィッチと並んで著名な会員は、すでに触れたヨーゼフ・アロイス・シュンペーターである。彼は一九一一年——学部内ではただ二人の支持者のみ、つまりは学部の反対に抗して——、皇帝フランツ・ヨーゼフ一世「使徒陛下」の至上の決定に基づきグラーツ大学経済学教授に招聘された。[29]シュンペーターはツェルノヴィッツ大学からグラーツに来て、名目的には一九二一年まで赴任していたが、実際には一九一八年以降はいなかった。グンプロヴィッチと同じくシュンペーターも、やはりこの地は居心地が良くなく、グラーツの学生もまた彼を好まなかった。そのため一九一二年十月には学生たちが、総長に学問的野心の旺盛すぎるこの社会経済学者から教授職を取りあげさせよう、という動きを見せた。この、グラーツでの教員活動がちょうど始まるというときに、彼は傑作の一つ『経済発展の理論』(一九一二)を公刊したのである。[30]近代的企業者類型、あるいは企業者的革新についての重要な研究は、そのすべてといっていいほど、この分野ではまさに原型と見なされる彼の研究に言及している。さらにこの著の前に、もう一冊の非常に注目される経済理論的専門書がすでに出されていたが、彼はその中で、「方法論的個人主義」と名付けた思考様式を示していた。[31]同時に彼は、マルクス主義的社会科学者ルドルフ・ゴルトシャイトやオットー・ノイラートとのみならず、オイゲン・フォン・

フィリポヴィッチやフリードリヒ・フォン・ヴィーザー、オットマール・シュパン、さらにはグンプロヴィッチに影響を受け、この時期にはカールスルーエ工科大学で経済学教授をしていたオットー・フォン・ツヴィーディネック＝ジューデンホルストといった著名な経済学者たちとも対立した。

いずれにせよここでシュンペーターにとって重要だったことは、彼自身が主張したのではない規範的立場を排除することよりも、むしろ、言説体系から理論的認識という僭称をもって登場する主観的評価の立場を排除することだった。そうでなければ、一九〇九年の価値判断論争では論敵の一人だったオットー・ノイラート――マルクス主義的社会科学者で後に共産主義的ミュンヒェン評議会政府の社会化大臣にしてヴィーン学団では物理主義の主唱者――の大学職位請求の問合せに、彼が同意したという事情は、説明がつかない。彼がこの件に関して、一九一六／一七年当時、法学部長として教授会に提案した記録がある。(32)

グラーツ時代のシュンペーターには、『経済発展の理論』の他にも重要な論稿がある。一九一四年に出されたマックス・ヴェーバー編の「社会経済学要綱」に収録の「理論と方法の諸画期」は、死後に出された『経済分析の歴史』で世に知られた彼の偉大な学史家としての姿を予知させるものであった。他にも「分配理論の基礎原理」（一九一六）や「帝国主義の社会学」（一九一九）がある。

六

グラーツの「社会学会」は、専門領域の多様性に関しても、学問的に重要な会員の数の点でも、前掲のヴィーンの二団体には及ばない。学会にはグンプロヴィッチやシュンペーター、ヴィルヘルム・イェルザレム、ドイツ社会学の大物フェルディナント・テンニエス、ハンガリーの著名な社会学者の一人でブダペスト市立図書館長でもあったエルヴィン・サボーといった人々と並んで、著名な会員がいたのは事実である。また何人かの専門領域の代表的社会学者がグラーツの「社会学会」で報告した。例えば、設立の年にはヴィルヘルム・イェルザレムや、形式社会学と関係理論の著名な代表者アルフレート・フィアカントが、翌年には、後に政治社会学で名を成すロベルト・ミヒェルスが報告した。活動的な会員の中で、芸術ないし学術的に重要な業績をあげた人物として地元を越えて専門的評価を受けたものは、エルンスト・デチェイを例外として誰もいなかった。[33]これは、ヴィーンにルドルフ・アイスラーやヴィルヘルム・イェルザレム、あるいはルドルフ・ゴルトシャイトがいたことを想起すれば、ヴィーンとはやはり際立った違いである。それゆえ、グラーツの「社会学会」とは、「もともとあったであろうものがそのままにとどまった」もの、つまり「学問やジャーナリズム、教育といった領域から学術的専門分野として向上しゆく社会学への関心を広く示し、また覚醒させようという『地元の大人物たち』の尽力であった、というラインハルト・ミュラーの見方には同意すべきである。[34]

とはいえある点においてグラーツ「社会学会」は成功を収めた。学会の叢書「社会学領域の時事問題」の制度化である。叢書は一九一八年から一九三一年の間に、全体で四シリーズ、計十二冊を発行した。その各々の号の表紙には『社会学領域における時事問題。編集者ユリウス・ブンツェル、共同編集者シュンペーター／シュピッツァー／テンニエス』[35]と書かれていた。ここではそれぞれの号に示されたタイトルからいくつか拾っておこう。

フェルディナント・テンニエス『人類と民族』（一九一八）、カール・プルジブラム『将来の経済政策の基本思想』（一九一八）、シュンペーター『租税国家の危機』（一九一八）、マクシミリアン・ライヤー『現代の国家形態。王朝、共和国、連邦、国家連合』（一九一九、第二増訂版一九二三）、フェルディナント・テンニエス『永続的平和への途？』（一九二六）、カール・プルジブラム『国際社会政策の諸問題』（一九二七）、ユリウス・バープ『社会学からみた劇場』（一九三一）[36]。

公刊された著作の著者たちに代表される専門分野の広さはかなりのものである。それは哲学・芸術理論に始まり法・経済分野から歴史にまで渡っている。叢書「社会学の領域における時事問題」に二人の偉大な経済学史家が登場したという事実はとりわけ刺激的である。一人はヨーゼフ・シュンペーターで、彼の大著『経済分析の歴史』は一九五四年の死後出版で、二番目の妻エリザベス・ブーディ・シュンペーターの編集である。もう一人はカール・プルジブラムで、彼の大冊『経済思想の歴史』もやはり遺著であって、残念ながら未完であり、ジョン・ホプキンス大学出版会の編集で一九八三年に出版された[37]。プルジブラムはすでに一九一二年に『個人主義的社会哲学の成立』を出版しており、これは、社会・経済分析における「方法論的個人主義」の基本的立場をシュンペーター『理論経済学の本質と主要内容』（一九〇八）と共有する著作である。

七

本稿で見てきたドナウ王朝のドイツ語圏中核国における三つの社会学の団体の創設は、濃厚な経験を伴う歴史的変化の時期にあたっている。それは、新たな科学的発見と技術的考案の時代、また労働事情や公教育や一般道徳の転換が、さらには人口学的な条件の転換が起こった時代であった。後者は人口増加という点でも、また社会的文化的に異質な住民グループ間の対立をしばしばもたらした人口移動の形態という点でも、転換の時代だった。

それゆえ、ここにこうして姿をなした社会の、また旧帝国のドイツ＝オーストリア部分の地理的なあり方ゆえに特質を刻印された社会総体の、根本的な転換が問題となっていたのである。

もろもろの言語、宗教、民族・文化的グループの融合そして対立の場としてのヴィーンは、旧王朝にあっては、うたがいなく、あたかも実験室におけるがごとく、社会的構造と過程がもっともうまく観察でき、また分析できるような場であった。ヴィーンでは貴族、市民層、多数のプロレタリア化した農民を含む労働者層という相異なった社会層が、軍隊、官庁、教会の中央官僚組織の成員とともに生きていた。これに対応して、時代の政治的運動の諸制度と諸要素も、つまり大政党であるキリスト教社会党と社会民主党の、また多数の分派を含む自由主義政党の、党中央部や指導者も、この地では目に見えるものだったのである。

グラーツは、ヴィーンの状況とは異なり、地方の孤立性という性質をもっていた。このことは交際を好む人間には何かと不便ではあった。けれども、グンプロヴィッチがいろいろな社会的政治的集団形成の相互間および各々の内部の紛争多き諸関係を、いわば遠くから眺めて、一部は極めて刺激的な仕方で分析できたのは、ある程度はこの孤立性のおかげだったように思われる。彼の著作活動が、例えばラッツェンホーファーやスモール、ウォード、ミヒェルス、オッペンハイマー、あるいは最近ならI・L・ホロウィッツといった様々な人物に与えた影響については知られている。

たとえばオーギュスト・コントやあるいはカール・マルクスといったそれまでの多くの社会科学者とは異なり、グンプロヴィッチは、歴史の特定の目的とか確定的な経過をあらかじめ示すような歴史理論をなんら持ってはいなかった。彼は当初、支配なき社会の実現可能性というユートピア思想を導きの糸としていたが、これをある時点で捨てた。残念ながらそこからみれば後退ではあるのだが、彼はそれでも、権力の統禦や抑制は可能であると確信した。あらゆる生起の、変わることなくたえず繰り返して現われる基本構成――連帯と対立、秩序と無秩序、適応と抵抗――という彼の見解は、歴史的転換の問題への直面という問いに対する複数の答え方の、一つにすぎなかった。だがこの、社会学者の答というよりは、むしろ少なからぬ同僚たちにはどちらかと言えばメランコリックな歴史哲学者の答は、はたして充分な現実味をもっていただろうか？ドナウ王朝の運命を振り返り、今日的な視点からみると、それはきわめて現実主義的だったと思われる。

一九〇〇年ころのヨーロッパはその世界的影響力の頂点にあった。そしてドナウ王朝では晩期封建制の威光と芸術的学問的分野の素晴らしい成果とが、民族的文化的異質性と社会的諸問題の存在をその輝きの影に押し隠した。二十年後にハプスブルク帝国は瓦解し、王朝はなくなり、アメリカの世紀が始まった。

注

（1）例えば、グラーツァー「一九〇九年以前の社会学の学術組織」を参照せよ。
（2）ここでとくに言及すべきは、すでに一九〇一年にブダペストで社会学会が設立されたことである。(Társadalomtudományi Társaság)
（3）ヴァーレはとりわけ、ときにまさしくニヒリズム的と映る書『哲学発展の終局までの史的眺望』（一八九五）の著者として、のちには『英知の悲喜劇』（一九一五）――第一次大戦開始の一九一四年のクリスマスに脱稿――で知られ、マウトナーはとくに二巻本の『哲学事典』（一九一〇／一一）で知られた。
（4）これについては、インゲ・ツェリンカ『権威的社会国家。国家的福祉生成期における共感を通じた権力獲得』を見よ。
（5）この展開については、例えば、トランス「オーストリアにおける社会学の成立　一八八五〜一九三五」を見よ。

(6) グンプロヴィッチについては、モツェティックの模範的な「反時代的社会学者グンプロヴィッチ」、及び筆者の「グンプロヴィッチと世紀転換期オーストリアにおける社会学的紛争理論の始まり」を参照せよ。さらには注(24)に挙げたヴァイラーの二本の論文もみよ。

(7) 会員には他に以下の者がいた。オイゲン・フォン・ベーム＝バヴェルク、アントン・メンガー、イナマ＝シュテルネック、フィリポヴィッチ、エミール・ライヒ、ルドルフ・ゴルトシャイト、ルドルフ・アイスラー、ヴィルヘルム・イェルザレム。

(8) この会の会員が強力に関与したことによって、一九〇七年にヴィーンの「社会学会」が設立され——人的にみると前者から多くが後者に入っていた——、そして一年後にはグラーツ「社会学会」が生まれた。オーストリア社会学創成期のおそらくはもっとも詳しい歴史家であるラインハルト・ミュラーの三つの価値ある研究では、その展開が跡づけられており、これに負うところが大きい。「忘れられた産婆役。グラーツ社会学会の歴史」(一八八九)、「大学人パーリアと参加するディレッタント——グラーツにおける社会学の黎明期」(一九九八)、「先駆者たちの時代。ヴィーン『社会科学教育協会』一八九五〜一九〇八」(二〇〇四)。

(9) 前注のミュラー論文を見よ。(MÜLLER 2004, S. 24f.)

(10) 同上。(S. 30-34.)

(11) ゴルトシャイトについては、とくにヴィトリサル『ゴルトシャイトの社会ラマルク主義。人間の関与と社会ダーウィン主義の間の環境理論的思想家』およびフリッツ、ミクル＝ホルケ『ゴルトシャイト。財政社会学と倫理的社会科学』を参照せよ。

(12) 生物学者パウル・カマラーは、かつて話題となったサンバガエルの実験で獲得形質の遺伝を証明しようとした。実験結果を誤ったのではという嫌疑がかけられた彼は、一九二六年に自殺した。二〇〇九年、チリの生物学者アレグザンダー・ヴァルガス (Alexander Vargas) は『実験動物学ジャーナル (*Journal of Experimental*

Zoology)』への寄稿で、発生理論の後成説的観点からカマラーの異説を弁護した。とくに彼は新たな実験の機運を開いたのだが、それはカマラーによってはもはや再開されるべくもなかった。

(13) ゴルトシャイト『国家社会主義か資本主義か。国債問題解決に向けた財政社会学的貢献』(一九一七)、『経済の社会化か国家の破産か。一つの清算計画』(一九一九)。

(14) これに関してはミクル＝ホルケ「ヴェーバーとゴルトシャイト。社会学転換期の対立者」を見よ。

(15)『マックス・ヴェーバー全集：書簡の部　第六巻』七二二頁を見よ。

(16) 同。九一頁。

(17)『第一回ドイツ社会学者会議議事録』(*Verhandlungen des 1. deutschen Soziologentages*, Tübingen 1911) V頁。

(18)『マックス・ヴェーバー全集：書簡の部　第七巻』七三三頁を見よ。

(19) ミクル＝ホルケ（注（14）の文献)、二七六〜二八〇頁。

(20) アイスラー『社会学。人間社会の成立・発展の教説』

(21) この関連ではイェルザレム『哲学入門』、とくに§二九、三九、四九を参照せよ。ドイツ語圏の哲学、社会学ではこの分野は極めて不十分にしか認められておらず、トーピッチュの研究、とくに『認識と幻想。世界観の基本構造』は例外的である。

(22) 前注のイェルザレムの書、三六〇頁をみよ。

(23) 以下については注（8）で挙げたミュラーの論稿（1989; 1998）を見よ。

(24) これについては、ヴァイラー「グラーツにおけるグンプロヴィッチの学問的経歴。職位請求から助教授任命までの資料　一八七六〜一八八二」、同「グラーツにおけるグンプロヴィッチの学問的経歴。助教授任命から名誉教授までの時代の分析と資料　一八八三〜一九〇八」を見よ。

(25) それまでグンプロヴィッチのほかには、グラーツ大学神学部の教会法の教授、ヨハン・ハリンク（Johann Haring）が、社会理論の授業を開いていていただけである。

(26) ミュラー論文（一九九八）二八一頁を見よ。「哲学的社会学」という表現はゲオルク・ジンメルから採ったのではないか。シュピッツァーは自然科学の哲学および芸術哲学と文学についても一連の論文を書いた。彼の典型的なものとして以下のものが挙げられる。「物活論の始源と意義について。哲学的研究」（一八八三）、「哲学と有機的自然科学の関係について。講演」（一八八三）、「自然科学の系統理論と方法論の考察」（一八八六）、「現代美学の批判的研究」（一八九七）。

(27) ゲラ編『ウォード＝グンプロヴィッチ往復書簡』を見よ。

(28) プロープスト「ラベリング・アプローチ。オーストリアの犯罪学理論」を参照せよ。

(29) シュンペーターについては多くの文献があるが、とくにマックロウ『イノヴェーションの予言者。シュンペーターと創造的破壊』を見よ。またアッハム「社会学者シュンペーター」を見よ。

(30) これについては筆者の説明（Acham 2011）を参照せよ。

(31)『理論経済学の本質と主要内容』。グンプロヴィッチはシュンペーターと異なり集合的な見方をとった。社会的なるものの存在論に関しては異なる見解だったものの、シュンペーターは、社会階級の中にそして階級間に生じる紛争についてのグンプロヴィッチの一定の見方を評価した。一九二七年に出された論文「同質的エスニック環境における社会階級」（Die sozialen Klassen im ethnisch homogenen Milieu）も、シュンペーターがグンプロヴィッチにたいして抱いた評価の一表現である。グンプロヴィッチから初期に受けた影響をシュンペーターは後年に至るも否定していない。

(32) これについては、グラーツの大学法学部文書が語っている。（Universitätsarchiv Graz Jur. Fak. Prot. 1916/17, Index H, Tagessordnungspunkt 14 der Sitzung vom 29. November 1916.）

(33) エルンスト・デチェイは、高く評価された音楽史の専門研究書を何冊も著した。そこから幾つか挙げれば、とくに『フーゴー・ヴォルフ』全四巻、『ブルックナー。ある生の試み』、『フーゴー・ヴォルフ。生と歌』、『ヨハン・シュトラウス』、『フランツ・レハール』、『クロード・ドビュッシー伝』、『ドビュッシーの作品』。

(34) ミュラー論文（一九九八）二九四頁参照。すでに一九八九年の論文（七頁）でもその判断がなされている。八九年論文ではそのすぐ後の七〜一一頁に、グラーツ「社会学会」の精神的プロフィールに関して、幹部会員についての有益な伝記的示唆がある。

(35) ユリウス・ブンツェル（Julius Bunzel）はグラーツ市財務局の重責を担っていたが、一九二〇年代にはヴィーンに移り住んだ。

(36) これらの復刻版が、アルフォンス・ジルバーマン（Alphons Silbermann）の序文を付してエンケ（Ferdinand Enke Verlag, Stuttgart）から一九七四年に出された。

(37) 本書のドイツ語版は一九九二年に二巻本で初めて出版され、一九九八年にはポケット版が出された。

文献

ACHAM, Karl: Schumpeter-the sociologist, in: Christian Seidl (Hg.), *Lectures on Schumpeterian Economics*, Berlin-Heidelberg u. a. 1984, S. 155–172.

――――――: Ludwig Gumplowicz und der Beginn der soziologischen Konflikttheorie im Österreich der Jahrhundertwende, in: Britta Rupp-Eisenreich, Justin Stagl (Hg.): *Kulturwissenschaften im Vielvölkerstaat: Zur Geschichte der Ethnologie und verwandter Gebiet in Österreich, ca. 1780 bis 1918* (=Ethnologica Austriaca, 1), Wien 1995, S. 170–207.

―――――― (Hg.): *Rechts-Sozial-und Wirtschaftswissunschaften aus Graz*, Wien 2011, S. 391–394.

ADLER, Max: *Kausalität und Teleologie im Streite um die Wissenschaft*, 1904.

BAUER, Otto: *Die Nationalitätenfrage und die Sozialdemokratie*, 1907.（丸山・倉田他訳『民族問題と社会民主主義』御茶の水書房）

BRENTANO, Franz: *Vom Ursprung sittlicher Erkenntnis*, 1889.（水地宗明訳「道徳的認識の源泉について」、『世界の名著五一』中央公論社所収）

DÉCSEY, Ern(e)st: *Hugo Wolf*, 4 Bde., Berlin-Leipzig 1903–1906.

-------------------------: *Bruckner. Versuch eines Lebens*, Berlin 1919.

-------------------------: *Hugo Wolf. Das Leben und das Lied*, 3.–6. Aufl., Berlin 1919.

-------------------------: *Johann Strauß. Ein Wiener Buch*, Stuttgart 1922.

-------------------------: *Franz Lehár*, Wien-München 1924.

-------------------------: *Claude Debussy. Biographie*, Graz 1936; *Debussys Werke*, Graz-Wien 1949.

EISLER, Rudolf: *Wörterbuch der philosophischen Begriffe und Ausdrücke*, 1900.

----------------------: *Soziologie. Die Lehre von der Entstehung und Entwicklung der menschlichen Gesellschaft*, Leipzig 1903.

----------------------: *Kant-Lexikon*, 1930.

FRITZ, Wolfgang u. Gertraud MIKL-HORKE: *Rudolf Goldscheid. Finanzsoziologie und ethische Sozialwissenschaft*, Wien-Berlin-Münster 2007.

GELLA, Aleksander (Hg.): *The Ward-Gumplowicz Correspondence: 1897–1909*. Translated and with an Introduction by A. G., New York 1971.

GLATZER, Wolfgang: Die akademische soziologische Vereinigung seit 1909, im Internet unter www.soziologie.

de/index.php?id=14.

GOLDSCHEID, Rudolf: *Zur Ethik des Gesamtwillens. Eine sozialphilosophische Untersuchung*, 1902.

--------------------------------: *Höherentwicklung und Menschenökonomie. Grundlegung der Sozialbiologie*, 1911.

--------------------------------: *Staatssozialismus oder Kapitalismus. Ein finanzsoziologischer Beitrag zur Lösung des Staatsschulden-Problems*, 4. und 5. Aufl., Wien 1917.

--------------------------------: *Sozialisierung der Wirtschaft oder Staatsbankerott. Ein Sanierungsprogramm*, Wien 1919.

GUMPLOWICZ, Ludwig (Ludwik): *Raçe und Staat*, 1875.

---: *Das Recht der Nationalitäten und Sprachen in Österreich-Ungarn*, 1879.

---: *Der Rassenkampf-Sociologische Untersuchungen*, 1883.

---: *Sociologie und Politik*, 1892.

HUSSERL, Edmund: *Logische Untersuchungen*, 1901/02.（立松弘孝訳『論理学研究』みすず書房、全四巻）

-----------------------------: Philosophie als strenge Wissenschaft, 1910/11.（佐竹哲雄訳『厳密な学としての哲学』岩波書店。小池稔訳「厳密な学としての哲学」、『世界の名著五一』中央公論社所収）

JELLINECK, Georg: *Die sozialethische Bedeutung von Recht, Unrecht und Strafe*, 1872.（大森英太郎訳『法・不法及刑罰の社会倫理的意義』岩波文庫）

JHERING, Rudolf von: Der Kampf ums Recht, 1872.（村上淳一訳『権利のための闘争』岩波文庫）

JERUSALEM, Wilhelm: *Einleitung in die Philosophie* (1899), 9. und 10. Aufl., Wien-Leipzig 1923.

McCRAW, Thomas K.: *Prophet of Innovation. Joseph Schumpeter and Creative Destruction*, Cambridge, Mass.-London, England 2007 (deutsch: Joseph A. Schumpeter. Eine Biografie, Hamburg 2008).

MASARYK, Tomáš G.: *Selbstmord als sociale Massenerscheinung der modernen Civilisation*, 1881.

MAUTHNER, Fritz: *Wörterbuch der Philosophie*, 1910/11.

MIKL-HORKE, Gertraude: Max Weber und Rudolf Goldscheid: Kontrahenten in der Wendezeit der Soziologie, in: *Sociologia Internationalis* 42 (2004), S. 265–285.

MOZETIC, Gerald: Ein unzeitgemäser Soziologe: Ludwig Gumplowicz, in: *Kölner Zeitschrift für Soziologie und Sozialpsychologie*, 37 (1985), S. 621–647.

MÜLLER, Reinhard: Vergessene Geburtshelfer. Zur Geschichte der Soziologischen Gesellschaft in Graz (1908-1935), in: *Archiv zur* [später: *für die*] *Geschichte der Soziologie in Österreich. Newsletter* (Graz), Nr. 3, November 1989, S. 3–25.

---------------------------: Universitäre Parias und engagierte Dilettanten-Die Anfange der Soziologie in Graz, in: *Historisches Jahrbuch der Stadt Graz* (Red. F. Bouvier, H Valentinitsch), Band 27/28, Graz 1998, S. 281–302.

---------------------------: Die Stunde der Pioniere. Der Wiener "Socialwissenschaftliche Bildungsverein" 1895 bis 1908, in: Andreas Balog, Gerald Mozetic (Hg.): *Soziologie in und aus Wien*, Frankfurt a. M.-Berlin u. a. 2004, S. 17–48.

PŘIBRAM, Karl: *Geschichte des ökonomischen Denkens*, Frankfurt am Main: Suhrkamp 1998. (PRIBRAM: *A History of Economic Reasoning*, 1983.) ＊訳者注　英語圏ではPribram（プリブラム）と表記されることがある。

PROBST, Karlheinz: Der Labeling-approach, eine österreichische kriminologische Theorie, in: *Österreichische Richterzeitung* (Wien), Jg. 55, Nr. 3 (März 1977), S. 45-51.

RATZENHOFER, Gustav: *Wesen und Zweck der Politik*, 1893.

------------------------: *Die sociologische Erkenntnis. Positive Philosophie des socialen Lebens*, 1898.（宮崎市八訳述「社会学的認識論」『社会哲学新学説体系（二）』新潮社所収）

RENNER, Karl (Synopticus): *Staat und Nation*, 1899.（太田仁樹訳「国家と民族」『岡山大学経済学会雑誌』三二（二）・（三））

SAX, Emil: *Die Wohnungszustände der arbeitenden Klassen und ihre Reform*, 1869.

SCHUMPETER, Joseph Alois: *Das Wesen und der Hauptinhalt der theoretischen Nationalökonomie*, Leipzig 1908.（大野・安井・木村訳『理論経済学の本質と主要内容』岩波文庫）

------------------------: *Theorie der ökonomischen Entwicklung*, 1911.（塩野谷・中山・東畑訳『経済発展の理論』岩波文庫）

------------------------: Epochen der Dogmen-und Methodengeschichte, 1914.（中山・東畑訳『経済学史』岩波文庫）

------------------------: Das Grundprinzip der Verteilungstheorie, 1916.（三輪悌三訳『貨幣・分配の理論』（東洋経済新報社）所収）

------------------------: *Die Krise des Steuerstaats*, 1918.（木村・小谷訳『租税国家の危機』岩波文庫）

------------------------: "Zur Soziologie der Imperialismen", 1919.（都留重人訳『帝国主義と社会階級』（岩波書店）所収）

------------------------: *Geschichte der ökonomischen Analyse* (deutsch), 1965.（東畑精一訳『経済分析の歴史』岩波書店、全七冊）

SPITZER, Hugo: *Über Ursprung und Bedeutung des Hylozoismus. Eine philosophische Studie*, Graz 1881.

---------------------: *Ueber das Verhältniss der Philosophie zu den organischen Naturwissenschaften*. Vortrag, Leipzig 1883.

---------------------: *Beiträge zur Deszendenztheorie und zur Methodologie der Naturwissenschaft*, Leipzig 1886.

---------------------: *Kritische Studien zur Aesthetik der Gegenwart*, Wien 1897.

TOPITSCH, Ernst: *Erkenntnis und Illusion. Grundstrukturen unserer Weltauffassung*, 2., überarb. und erw. Auflage, Tübingen 1988.（碧海純一訳『認識と幻想』木鐸社）

TORRANCE, John: Die Entstehung der Soziologie in Österreich 1885-1935, in: Wolf LEPENIES (Hg.), *Geschichte der Soziologie. Studien zur kognitiven, sozialen und historischen Identität einer Disziplin*. Übersetzungen von Wolf-Hagen KRAUTH, Bd. 3, Frankfurt a. M. 1981 (=suhrkamp taschenbuch wissenschaft, 367), S. 443–495.

WAHLE, Richard: *Geschichtlicher Überblick über die Entwicklung der Philosophie bis zu ihrer letzten Phase*, 1895.

-----------------------: *Die Tragikomödie der Weisheit*, 1915.

WEBER, Max: Briefe, in: *Max Weber Gesamtausgabe*, Bd. 6, Tübingen 1994.

------------------: Briefe, in: *Max Weber Gesamtausgabe*, Bd. 7, Tübingen 1998.

WEILER, Bernd: Die akademische Karriere von Ludwig Gumplowicz in Graz: Materialien zur Habilitation und Ernennung zum Extraordinarius (1876-1882), in: Archiv für die Geschichte der Soziologie in Österreich, *Newsletter* Nr. 21 (Jänner 2001), S. 3–19.

---------------------: Die akademische Karriere von Ludwig Gumplowicz in Graz: Analysen und Materialien aus der Zeit von der Ernennung zum Extraordinarius bis zur Emeritierung (1883-1908), in: Archiv für die

Geschichte der Soziologie in Österreich, *Newsletter* Nr. 25 (April 2004), S.3–54.

WITRISAL, Georg: *Der Soziallamarckismus Rudolf Goldscheids. Ein milieutheoretischer Denker zwischen humanitärem Engagement und Sozialdarwinismus*, Diplomarbeit Graz 2004.

ZELINKA, Inge: *Der autoritäre Sozialstaat. Machtgewinn durch Mitgefühl in der Genese staatlicher Fürsorge*, Wien-Münster 2005.

ZWIEDINECK-SÜDENHORST, Otto von: *Sozialpolitik*, 1911.

ドイツにおける社会学とドイツ社会学

——一九〇〇年頃の歴史主義革命と「ドイツ」社会学の成立——

フォルカー・クルーゼ
小松君代／齋藤理恵 訳

茨木教授は今回その招聘状で、M・ライナー・レプジウスが一九五〇年代のドイツ戦後社会学に関する論文（一九七九年）で適切に把握したある区別を、引き合いに出している。「二〇年代にその固有な特色を国際的に認められた〈ドイツ社会学〉から、本質的に世界的な発展に順応するドイツにおける社会学が形成されたのである」(Lepsius 1979, S. 25)。この「ドイツ社会学」の下に何が理解されうるのかについては、レプジウスはこのテキストでは言及していない。百年前に開催された第一回ドイツ社会学会議の参加者リストが示しているように、次の規定が広範囲にドイツ全ての社会学者に当てはまる訳ではないが、ドイツ固有の貢献は、多様な構想上のバリエーションにおいて、精神科学的あるいは文化科学的な社会学を創案したことにある。私の寄稿の主要問題である、精神科学的な社会学はどのようにして成立しえたのであろうか？　十九世紀のドイツにおいて、精神諸科学は、コントやスペンサーの科学である社会学とは、結局のところ相容れない対立状況にあった。では、こうした状況からいかに精神科学的な「ドイツ」社会学が成立しえたのであろうか？　その本質的な理由は、私の命題によれば、世紀転換期におけるドイツ精神諸科学の認識基盤を新たに根拠付けることにあった。とりわけこの根拠付けにかかわった人物は、ヴィルヘルム・ディルタイ、ゲオルク・ジンメル、ヴィルヘルム・ヴィンデルバント、ハインリッヒ・リッカート、そしてマックス・ヴェーバーであった。私はこの精神諸科学の新たな論理学的な根拠を〝歴史主義革命〟と呼び、この革命がいかに「ドイツ」社会学の成立に影響を及ぼしたのかを、辿っていきたいと思う。そこで第一に、十九世紀の歴史主義と歴史主義革命について言及したい。

一

十九世紀ドイツの精神—社会科学は、例えば歴史学、国民経済学、法学そして神学（Wittkau 1992 参照）において、歴史学派によって特徴付けられた。それら諸分野間や、その内部でのあらゆるバリエーションにもかかわらず、歴史ないし文化は、自然科学的方法ではアプローチできないという共通の信念がそれらの根底に存在している。個々の行為者の意志に基づく目的指向的諸行為から構成される歴史という対象は、研究対象の理解に基づいた、固有の研究方法を要求するというのである。その目標は、歴史の中には存在しえない一般法則を発見することではなく、歴史的行為者と時代の感情移入的な理解であるという。これらはその時代の概念から理解されなければならない。こうした見解は、一方で歴史主義とも呼ばれていた。フリートリッヒ・マイネッケの有名な定義では「歴史主義の中核は、歴史的人間諸力を一般化する考察を、個別化する考察に置き換えることである」という（S. 2)。歴史主義は、ここでは「認識上の歴史主義」(Gunter Scholtz) として、歴史的・社会的諸現象を個別的かつ歴史的に形成されたものとして把握することに、その根本的原理が存在する認識方法として理解されている。

では、歴史主義は社会学とどのような関係にあるのであろうか？　周知のように、十九世紀の社会学は自然科学的な研究方法によって、社会的出来事を探求しようとした自然主義的分野として理解されている。オーギュスト・コントとハーバート・スペンサーの名がそれを代表している。ブロックハウスやマイヤーの大ドイツ語百科事典では、一八八〇年代でもなお、それに準じて社会学は定義されている。一八八六年のブロックハウス第一三版を見てみると「…社会学（Sociologie）は新しい時代の容貌と意義を獲得した科学であり、それは実証主義的—自然科学的方法による歴史哲学や文化史として特徴付けられる」となっているのである。一八九〇年のマイヤー大ドイツ語百科事典第四版では、「社会学」を「物理学、より正確にいえば人間社会の生理学」と定義している。社会学は「人間の文化的発展に関する一般的法則の記述の研究」であるというのである。その代表者として、コントとスペンサーの名前が挙げられるのである。それとともに社会学は、まさに自然と歴史の本質的相違を主張する、歴史主義に特徴付けられた歴史学派とは、相容れない対立的な関係に位置づけられるのである。したがって歴史主義は、コントやスペンサーによる自然主義的社会学とは、生まれながらに敵対するものであったのである。とりわけドイツの歴史科学は、感情をともなった反社会学[1]の領域となり、例えば、マックス・ヴェーバーの下でも、自然主義的社会学との関連で、反社会学的傾向（クルーゼ 二〇〇三）を見いだすことができる。

十九世紀の歴史学派から、社会学に対する以下の論拠が中心に持ち出される。

・歴史と自然は根本的かつ本質的に異なった対象である。自然は、無機的あるいは有機的な物質を問題とするが、それに対して歴史は意味のある意図的な行為を問題とする。

・それ故に、歴史に対しては、その特殊な存在論的性質によって考慮された固有な方法を必要とするのであり、それは理解という方法なのである。

・自然には法則が存在するが、歴史には存在しない。なぜなら歴史は行為者の自由意志によって規定されているからである。しかし自由意志が作用しているところでは、偶然が支配しているのであって、法則ではない。
・歴史は「一回性の王国」であり、そのようなものとして歴史は一般的な概念及び理論構成からは免れている（イッガース 一九七一：21）。

一八九〇年頃のドイツの社会学にとっては、原理的に二つの発展的視座が可能であると思われる。社会学はコントとスペンサーのモデルに倣い、実証主義的な科学となるのか、あるいは歴史学派の強固な立場に直面して、そのアカデミックな分野としての厳格な反社会学路線によって、そもそも社会学はその地盤を固めることができないのか、ということである。精神科学的あるいは文化科学的な社会学は一八九〇年には見られていないのであり、まさに一度も考慮されてはいないのである。

しかしながら、一八九〇年代以降、この状況は根本的に変化する。すなわち十九世紀の終わりに、認識論上の根本思想としての歴史主義は危機に陥ることになるのである。一つには、自然科学の理論的かつ実践的な成功が、次のような切迫した問題を引き起こす。つまり、なぜ歴史や社会は自然科学的方法で扱われることができないのか、また扱われるべきではないのかという問題である。理論国民経済学、実証主義およびマルクス主義の法則定立的な思考傾向は、歴史学派を守勢に追い込む一方で、他方では、生の意義が欠如した〝死んだ〟知識を生産するという、ニーチェが「歴史の利害」（一八七四）で行った批判によって、歴史主義は非難に晒されているとみなされるのであった。

これらの挑戦に対し、歴史学派は「精神科学」あるいは「文化科学」として、その方法論的基盤の包括的な新しい基礎づけをもって対応した。私は、この新しい基礎づけを、トーマス・クーン（一九六七）に準拠して〝歴史主義革命〟と名付ける。とりわけこの新しい方向付けを遂行したのが、ヴィルヘルム・ディルタイ、ゲオルク・ジンメル、ヴィルヘルム・ヴィンデルバントそしてハインリッヒ・リッカートである。ハインリッヒ・リッカートの『自然科学的概念構成の限界』（一九〇二）は、その代表例である。また社会学についての新しい見解が、ヴェーバーによって『社会科学・社会政策雑誌』において述べられている。この「新しい」歴史主義の立場は、以下のように要約できる。

・歴史的個体の歴史主義的認識規範が固持されている。リッカートは、歴史的個体が価値に関係づけられて構成されることを認めている（価値関係）。
・一般的認識と歴史的認識を区別する二元論的科学概念に固持されるが、その存在論的な根拠付けは断念される。
・歴史―社会的出来事は、自然主義的な科学概念にも受入れられることが容認されている。
・歴史的認識は論理的意味で、法則定立的知識、もしくは法則定立的承認なしには、一般的に不可能であることが認められている。
・歴史的個体には、ただその時代に基づいた諸概念によってのみ接近することが許されているという意味で、歴史的なものの個性は、もはやドグマ的に絶対化されることはない。むしろ体系的な概念―理論構成が、歴史的認識の補助手段として、はっきりと受け入れられている。

二

では、この歴史主義革命における認識論的、科学論的洞察は、ドイツ社会学にどのような影響をもたらしたのであろうか？

一番重要な帰結は、歴史主義革命によって、一般化的な〔方法の〕社会科学として、社会学の論理的な可能性が承認されたことである。リッカートも反社会学的な調子を帯びながらも渋々これを認めている。「あまり好ましくない名称をもったこの科学は、今まであまり好ましい成果をあげていないように、社会的現実性の自然科学的記述に対して、論理的観点の下であまり異議を唱えることができない」(Rickert 1902, S. 16)。一般化的な社会科学としての社会学の歩みは、その後のドイツ社会学においてさらに進展していく。ジンメルの形式社会学、レオポルド・フォン・ヴィーゼの関係学説、フェルディナント・テンニエスの純粋社会学、そしてアルフレート・フィーアカントの理論、そして望むのであれば、マックス・ヴェーバーの社会学の根本概念がこの一般化的な社会学に挙げられるのである。

しかし、これが全てではない。さらに「ドイツ」社会学にとって重要なことは、歴史主義革命による別の帰結であると思われる。自然科学的、すなわち法則科学的な論理だけではなく、価値関係、歴史的個体と歴史的情勢といった歴史の諸カテゴリーをもった歴史〔学〕論理もまた、社会科学あるいは社会学の根拠として説かれるのである。

社会諸科学にとって歴史主義革命がもつ意義を最も早くに把握したのは、マックス・ヴェーバーである。ヴェーバーは、科学理論的に新しく規定することにより社会学のチャンスが開かれることを認識した。それは一方で現代の諸問題を対象とならしめると同時に、生から疎遠となる歴史、というニーチェの厳しい批判も回避することができるものなのである。そして他方では、記述的（個性記述的）な科学としてのみならず、説明的な科学として、自然科学と同じ水準に置かれる科学的尊厳を獲得できるものなのである。価値関係というカテゴリーは、重要な生の問題を科学的対象とすることを容認するのである。ヴェーバー、ゾンバルトそしてヤッフェは、近代資本主義を優先的な認識客体として定義している。今や近代資本主義のような、一定の歴史的情勢から説明される、マクロな現象が歴史的個体となるのである。社会学の二つの性格が、その社会学を原則的に歴史科学と歴史的国民経済学から区別する。それとともに歴史主義に基づいた歴史社会学にとってその道は緩やかとなり、歴史社会学はその後の数十年の間、ドイツ社会学の特徴的な現象に数えられ、歴史的個体をその認識対象として前提とするのである。

マックス・ヴェーバーは「資本主義の精神」を「歴史的個体」として規定している。宗教社会学論集では「西欧のそしてその内部での近代西欧合理主義の特殊的個性を認識し、そしてその成立において解明すること」が問題とされている（Max Weber 1920, S. 12）。ヴェルナー・ゾンバルトは、彼の代表作で次のように断言している「資本主義はその経過において一回的現象として、歴史的個体として考察される」（Sombart 1987 Ⅲ, 1, S. XIII）。エドゥアルト・ハイマンも同様に社会政策を歴史的個体として理解している。彼はヴェルナー・ゾンバルトやマックス・ヴェーバーが資本主義をそれに準じて規定したことを指示して、そして次のように述べている。「一回的社会政策は一回的資本主義に属する」（Heimann 1931, S. 252）。アルフレート・ヴェーバーは近代資本主義の概念を歴史的個体として共有した。そして彼の著書、『近代国家思想の危機』（一九二五）において「近代国家」

の概念に歴史的個体を援用した。「その影のような近代国家とその後の形成者である近代国家思想の両者はその根源的本質において、純粋にヨーロッパ的なものである」(A. Weber 1925, S. 12)。歴史的個体のカテゴリーは、マンハイムの保守主義に関する大学教授資格取得論文（一九二五）においても明確に現れている。すなわち「思考と知識一般が、ではなく、ここではある一定の生活空間におけるある一定の思考と知識が取扱われる……我々はそれ故に、一般的な人間的性質としての伝統主義から、特殊歴史的で近代的な現象としての保守主義を区別する」と (Mannheim 1984, S.47, S. 92 f.)。ハンス・フライヤー (1930, S. 221) は、原則的に断言している。すなわち「社会学的認識に関連する現実性は、そのそれぞれの部分現象において歴史的個性である」。それに準じて彼の現在の時代の理論では、「産業社会」を歴史的個体として理解しており、それは歴史的に説明されるべきものであって、一般的な発展法則から説明されるべきものではないとしている。さらにユルゲン・ハーバーマス (1962, S. 7) はその教授資格取得論文で、公共性を「エポック類型カテゴリー」、つまり「歴史的カテゴリー」として理解している。

その他多くのケースにおいてもまた、歴史的個体は意識的に熟慮され、社会学の研究と分析の対象になっている。我々はここで、社会学の歴史における一回性の事例を提示した。そこでは社会学的な思考と研究の認識基礎に関する歴史的公理が解明されている。このように見ると、「ドイツ」社会学は、けっしてそれだけではないにせよ、歴史社会学なのである。

三

マックス・ヴェーバーを過分に英雄視しようとしなくても、彼が歴史主義の公理から歴史社会学の成立に対して特に重要な役割を果たしたことは確信できる。ヴェーバーは歴史主義革命に対して、科学と価値判断を厳密に区別すること、そして歴史的説明の理論と理想型的方法といった、独自な貢献をなしたのである。しかし、歴史主義革命に対する最も重要な貢献は、ヴェーバーを〝リッカートの弟子〟(Aron 1950, S. 94) とみなすものとは別のところに由来している。「ドイツ」社会学の成立にとってより重要なのは、ヴェーバーが歴史主義革命の洞察を社会科学に関係づけ、且つ研究を実施する上で、適用可能な形式としたことである。ヴェーバーは、社会科学にたいする歴史主義革命の意義を認識していた。それに対し、ヴィンデルバントとリッカートにとっては、むしろ科学としての歴史的分野の地位を独自な方法をもって守ることが問題であったのである。リッカートの『限界』は、明らかに第一に哲学の専門分野での同僚たちに向けられている。ヴェーバーはそれとは逆に、社会科学にとって歴史主義革命の洞察が持っている潜在的可能性を認識し、そしてヴェルナー・ゾンバルトやエドガー・ヤッフェとともに、「歴史的社会科学」のプログラムを発展させ、資本主義という重要な生の諸問題を、その中心に据え、その研究と思考に方法論的に反映させている。ヴェーバーは、とりわけ即座にそのプログラムを研究実践に、すなわちプロテスタンティズムの倫理と、後には宗教社会学論集にも着手している。その対象は、もはや国民経済学における歴史学派の影響下にあった一八九〇年代初頭のような東エルベ地域の農業労働者ではなく、近代資本主義、つまり歴史的個体なのである。「近代資本主義」の創案者であるヴェルナー・ゾンバルトは、ドイツ歴史社会学にとって範例的な作品を著した。

リッカート（1929, S. XXIV）は『限界』第三版の序文で、ヴェーバーの科学論文を歴史科学の新しい基礎付けに関する独自な論究の「最も素晴らしい成果」として引き合いに出して、ヴェーバーの作品は、あらゆる分類から解き放たれた独自な方法によって、あたかも芸術作品として理解されるのであり、ヴェーバーは本来偉大な歴史家でありながら、同時にまた強固な体系的関心を発展させたと述べている。歴史的に個性化すれば、また一般化もする認識プログラムという枠組みにおいて、ヴェーバーは優れて重要な作品を生み出したというのである。このようなリッカートの評価に対し、私は二つの注釈を付け加えたいと思う。

まず第一点は、私の見るところヴェーバーの体系的な作品（経済と社会）は、歴史学的な作品（宗教社会学論集もまた）から引き離すことができないということである。ヴェーバーは客観性についての論文で、体系的認識と歴史的認識が補完しあって全体を構成している、と述べている。体系的概念と法則的知識がなければ、歴史的認識、ましてや歴史的解明は不可能なのである。このように見ると、一般化的社会学は、ヴェーバーの下では歴史的社会科学の一部なのである。他方、価値関係を伴わない社会科学的な研究は、アレクサンドリア学派のような単なる博識に成り下がってしまう危険性がある（Nietzsche 参照）。一般化的知識は、文化価値に関連づけることによって、はじめて生の現実にとって意義深いものとなるのである。

第二点は、ヴェーバーだけが体系的で且つ歴史的な認識に尽力したわけではない、ということである。とりわけマックス・ヴェーバーによって刺激を受けた他の社会学者たちもまた、この二つの認識形式を積極的に調整しようと努力したのである。ゾンバルトは「近代資本主義」第二版の序文で次のように断言している「…またこの作品は、理論的で且つ歴史的である」（Sombart 1987 I, 1, S. XV）。ゾンバルトは「理論的な考察方法と経験的で実在論的な考察方法の許されない混合を避けるために」その作品でそれぞれの章を、体系上要請される節をもって、常に始めている（Sombart 1987 Ⅰ, 1, S. XIII）。ゾンバルトによれば、第二版は初版とは非常に重要な違いがあり、その識別を彼に指摘したのはマックス・ヴェーバーなのである。アルフレート・ヴェーバーは、異なる文化危機を区別する普遍史的に構成された文化社会学（「文化社会学としての文化史」）を創案した。しかし彼はまた、文明と文化に関する包括的な体系的理論も展開しているのである。それによれば、一般的な意識の解明及び科学や技術を包括した文明は、普遍史的に経過する進歩という方向に発展するものであり、それに対し文化は、世界の芸術的、美的、有意味的、哲学的解釈の領域であり、それは明確な運動という方面では識別できないものであり、また文化危機の間で異なるものなのである。マンハイムは、体系的な概念としての伝統主義と、歴史的概念としての保守主義を区別した。彼はドイツ社会学の現代的課題において、一面的な歴史主義に警告し、体系的な認識と歴史的な認識の結合を勧告している。ノルベト・エリアスにおいては、十八世紀の宮廷社会（歴史的個体）に関する歴史的分析が、形象化の一般理論と結びつけられている。その他の代表例としては、あまり有名ではないが、アルフレート・フォン・マーティンが言及できるであろう。彼はルネッサンスとその後の市民階級の危機に関する理論を創案したが（v. Martin 1962）、一九五六年には広範囲に及ぶ体系的な内容を持った「社会学」を出版している。体系的認識と歴史的認識の共演は、また一つの「ドイツ」社会学の特徴的メルクマールなのである。それは歴史主義革命の洞察に起因している。また、体系的認識に対する〔門戸の〕開放は、マルクスをアカデミックな社会学の中に迎え入れることを、物語っている。ヴェーバーは、マルクスの定理の多大な価値を、理想型として賞賛している。

マルクスは、肯定的というよりはむしろ批判的に利用されるにせよ、体制擁護的社会科学者にとって、今や自明的な起源となっているのである。また一般化する理論家として出発した国民経済学者、エミール・レーデラー、エドゥアルド・ハイマン、アレクサンダー・リュストーやまたヨゼフ・シュンペーターは、歴史主義革命によって提起された問題を受け入れている。例えば、シュンペーターの有名な著作、資本主義・社会主義・民主主義では、理論的分析と歴史的分析が結びついている。それとともに、歴史学派と、十九世紀を特徴付けた理論的国民経済学や実証主義、マルクス主義の法則定立的な端緒の分裂（シスマ）は、終止符を打った。とはいえ、ドイツ歴史科学における古い歴史主義は、歴史主義革命よりもさらにおよそ十年生き続けるのである。

四

ドイツ社会学に対する歴史主義革命のもう一つの重要な要素は、価値関係のカテゴリーである。というのは、諸々の価値関係は、重要な文化的問題を社会学の中心に置くことを可能ならしめるからである。十九世紀末以来、生の哲学と「文化危機」の警告による影響の下で、資本主義、官僚制、大都市といった近代的生活秩序がドイツ社会学の中心的問題となった。この危機意識は、世界大戦の経験や戦間期の経済的・政治的状況に対する反動、つまり過激なインフレーション、世界経済危機、全体的独裁によって強化されたのである。「ドイツ」社会学はそれに対し、大規模な時代診断的構想をもって反応した。それはドイツ社会学の広義のメルクマールである。それについては、「現代の診断」（マンハイム）、「現代的時代の理論」（ハンス・フライヤー）、「現代の診断」（アルフレート・ミュラー＝アルマック）あるいは「現代の位置規定」（アレクサンダー・リュストー）といった著書のタイトルに示されている。さらに著書のタイトルには示されてはいないものでもまた、多かれ少なかれ、非常に時代診断的な諸問題にかかわっているのである。カール・マンハイムの『イデオロギーとユートピア』では、いかに近代社会が異なった諸々の世界観の存在と折り合いをつけうるのか、が問題とされている。

このように「ドイツ」社会学はスペンサー、パーソンズ及びルーマンが歩んだ道、つまり空間と時間から独立した妥当性を要求する専門的な普遍理論への道を歩まなかったのである。「ドイツ」社会学は、科学的な時代診断、すなわち論理的に理解された歴史的個体としての現代の理論を推し進め、そしてまたこの観点において、新しい歴史主義の軌道を進んでゆくのである。

五

時代診断においては、世界観や社会的そして経済的な秩序が問題となる。とりわけ問題となるのが、近代的生の秩序がいかに人間の心理や精神に作用するかということである。というのは「ドイツ」社会学は、フリードリッヒ・テンブルックが終始強調したように、人間に関する科学であり、それは行動する行為者の意味から出発する理解社会学なのである。ヴェーバーが理解社会学という彼のコンセプトを発展させる前から、すなわち始めから「ドイツ」社会学は理解社会学なのである。ヴェルナー・ゾンバルトは近代資本主義（1902, S. XVIIIf.）の初版の序文で、次のように述べている「…強調するに値すると思われる第一のことは、以下のことである…我々は、社会的出来事を還元させようとして、生き生きとした人間の動機以外の何ものかを、その究極の原因とみなす誘惑に、けっして陥ってはならない」。ゾンバルトとヴェーバーは、経済システムとしての資本主義よりも、初期資本主義の起業家の動機、すなわち「資本主義の精神」に関心を寄せているのである。

ドイツ社会学者たちの時代診断への関心は、多かれ少なかれ文化批判的な調子をおびて、とりわけ近代的人間の精神生活と自由の領域に係わっている。マックス・ヴェーバーは「精神なき専門人、心情なき享楽人」や「隷属の鉄の檻」として、近代的生活秩序への危惧を表明している。アルフレート・ヴェーバーは一九一〇年に著した「官吏」で、官吏を社会統計的カテゴリーとしてではなく、近代官僚主義的な構造によって生じた新しい市民的気質として描いている。第二次大戦後、彼は国際社会主義の経験から受けた感銘の下で、「第四の人間」という類型を展開している。巨大組織における近代的人間は人格の崩壊、つまり人格の分裂という危険に晒されている。彼の生活世界（家族や友人）においては、彼は受け継がれてきたキリスト教的人道主義的な価値の下で生活しているが、彼が所属する組織の側に立って、事情によっては、彼はその職業上の成功のために非人間的に行動し、まさに冷酷な罪を犯すことになるのである。これに対応する類型は、全体主義的独裁における幹部たちである。アルフレート・v・マーティンによる時代診断では、より控えめになっているものの、活動的で自由な意識自体によって形成される、自ら責任を持った市民的存在から追従性、受動性、安定欲求と消費志向によって特徴づけられる後期市民階級へと展開していく傾向を認めている。マーティンは、官僚主義化を人格を変える力とも見なしているのである。

六

最終的な私見を述べると、次のようになる。ハインリッヒ・アウグスト・ヴィンクラーの研究、『西欧への長い道』では十九世紀及び二十世紀初頭のドイツの歴史を特殊な道として描いている。ヴィンクラーによれば、十七世紀及び十八世紀のドイツは西欧文化の一部であった。十九世紀の初めにナポレオン戦争によって引き起こされたドイツ・ナショナリズムの成立をもって、このドイツの〝特殊な道〟が始まるのである。

ドイツの精神科学と社会科学において、〔それには〕ゲオルク・イーグルス（イッガース）（一九七一）のいう歴史学派と歴史主義の優勢を認めることができる。この特殊な道は顕現してくるが、これらの優勢と歴史主義の反社会学という情動は、西ヨーロッパ的な実証主義的社会学の受け入れを見合わせ、ドイツにおける社会学の余地はなかったのである。十九世紀から二十世紀の転換期における歴史主義革命は、特殊にドイツ的な社会学を可能とした。しかもそれは、歴史主義の公理（個性、発展）に基礎づけられたものであり、また決定的にマックス・ヴェーバーによって形成されたものであったのである。ヴィンクラーによれば、一九五〇年代、ドイツの特殊な道は終わりを迎えた。完全な敗北と法外なドイツの犯罪に直面して、ドイツの特殊な道とドイツ文化一般は信用を失ったのである。こうしてドイツ文化は再び西欧文化の一部となった。ドイツの特殊な道の終焉は、また「ドイツ」社会学の終焉をも意味していたことを付け加えることができる。〔つまり〕「ドイツ」社会学から「ドイツにおける社会学」となったわけである。

〔但し〕少なくとも一つの点で、私はヴィンクラーに反論したいと思う。それは彼がドイツの特殊な道を悲運な発展と解釈したことである。ドイツの特殊な道は、世界的に見ると、社会科学を精神科学的にそして歴史的に方向づけられた発想によって充実させたものである。より重要な特殊ドイツ的な貢献は、歴史主義的公理に基づいた歴史社会学を創案したことであり、また要求度の高い歴史主義革命のなかで、おそらく歴史社会学において今日まで凌駕されることのない社会学を、方法論的に省察したことにあるのである。一九五〇年代における「ドイツ」社会学の運命は、次のことを再び示している。

我々は、テンブルックの主張に添い、専門史にではなく、ましてや進歩史としての専門史に従事すべきではなく、むしろ科学史に従事すべきであり、それは科学的思惟を、あらゆる偶然的な可変性との壮大な歴史的-文化的関連において考察するものである、ということに汲み取りたい。

注

（1）歴史主義の議論に関しては、トレルチ 1922、マンハイム 1924、マイネッケ 1965（1936）、イッガース 1971、ショルツ 1991、エクセル 1996、Barrelmeyer 1997 を参照。

文　献

Acham, Karl (1998): Kontinuitäten und Diskontinuitäten in den Geisteswissenschaften in den 20er und 50er Jahren: Soziologie und Sozialphilosophie in Österreich, in: Karl Acham, Knut Wolfgang Nörr, Bertram Schefold (Hrsg.), Erkenntnisgewinne, Erkenntnisverluste. Kontinuitäten und Diskontinuitäten in den Wirtschafts-, Rechts und Sozialwissenschaften zwischen den 20er und 50er Jahren, Franz Steiner Verlag: Stuttgart, S. 664-705.

Aron, Raymond (1953), Die deutsche Soziologie der Gegenwart (1935). Stuttgart: Kröner Verlag. (『現代ドイツ社会学』レイモン・アロン著、秋元律郎・河原宏・芳仲和夫共訳、理想社、一九五六年)

Barrelmeyer, Uwe (1997): Geschichtliche Wirklichkeit als Problem. Untersuchungen zu geschichtstheoretischen Begründungen historischen Wissens bei Johann Gustav Droysen, Georg Simmel und Max Weber. Münster: Lit-Verlag.

Freyer, Hans (1930): Soziologie als Wirklichkeitswissenschaft, Leipzig: Teubner Verlag.（『現実科学としての社会学』ハンス・フライヤー著、福武直訳、日光書院、一九四四年）

Freyer, Hans (1955): Theorie des gegenwärtigen Zeitalters, Stuttgart: Deutsche Verlags-Anstalt.

Geiger, Theodor (1931): Soziologie. Hauptrichtungen, Aufgaben, Verfahren, in: Alfred Vierkandt (Hrsg.): Handwörterbuch der Soziologie. Stuttgart: Enke, S. 568–578.

Heimann, Eduard (1931): Kapitalismus, Organwirtschaft, Sozialpolitik und ihre theoretische Erfassung, in: Weltwirtschaftliches Archiv 34, S. 250–264.

Iggers, Georg G. (1971): Deutsche Geschichtswissenschaft-Eine Kritik der traditionellen Geschichtsauffassung von Herder bis zur Gegenwart, München.

Kuhn, Thomas S. (1967): Die Struktur wissenschaftlicher Revolutionen. Frankfurt am Main: Suhrkamp Verlag.（『科学革命の構造』トマス・クーン著、中山茂訳、みすず書房、一九七一年）

Kruse, Volker (1990): Soziologie und ‚Gegenwartskrise'. Die Zeitdiagnosen Franz Oppenheimers und Alfred Webers, Wiesbaden: Deutscher Universitätsverlag.

Kruse, Volker (1990a): Von der historischen Nationalökonomie zur historischen Soziologie. Ein Paradigmenwechsel in den deutschen Sozialwissenschaften um 1900, in: Zeitschrift für Soziologie 19, S. 149–165.

Kruse, Volker (1994): Historisch-soziologische Zeitdiagnosen in Westdeutschland nach 1945. Eduard Heimann, Alfred v. Martin, Hans Freyer. Frankfurt am Main: Suhrkamp.

Kruse, Volker (1998): Historische Soziologie als „Geschichts-und Sozialphilosophie". Zur Rezeption der Weimarer Soziologie in den Fünfziger Jahren, in: Karl Acham, Knut Wolfgang Nörr, Bertram Schefold (Hrsg.): Erkenntnisgewinne, Erkenntnisverluste. Kontinuitäten und Diskontinuitäten in den Wirtschafts-, Rechts-

und Sozialwissenschaften zwischen den 20er und 50er Jahren. Stuttgart: Franz Steiner Verlag, S. 76–106.

Kruse, Volker (1999): „Geschichts-und Sozialphilosophie“ oder „Wirklichkeitswissenschaft“? Die deutsche historische Soziologie und die logischen Kategorien René Königs und Max Webers. Frankfurt am Main: Suhrkamp.

Kruse, Volker (2001): Max Weber, der Anti-Soziologe, in: Peter-Ulrich Merz-Benz/Gerhard Wagner (Hrsg.), Soziologie und Anti-Soziologie. Ein Diskurs und seine Rekonstruktion. Konstanz: UVK: Universitätsverlag, S. 37–60.

Kruse, Volker (2003). (「１９００〜１９６０年ドイツにおける歴史社会学の歴史」『歴史社会学とマックス・ヴェーバー—歴史社会学の歴史と現在—(下)』フォルカー・クルーゼ著、小松君代・齋藤理恵訳、理想社、二〇〇三年)

Lepsius, M. Rainer (1979): Die Entwicklung der Soziologie nach dem Zweiten Weltkrieg 1945-1967, in: Günter Lüschen (Hrsg), Deutsche Soziologie seit 1945. Opladen: Westdeutscher Verlag, S. 25–70.

Mannheim, Karl (1924), Historismus, in: Karl Mannheim, Wissenssoziologie, Neuwied 1970: Luchterhand-Verlag, S. 246–307. (『歴史主義』カール・マンハイム著、徳永恂訳、未來社、一九七〇年)

Mannheim, Karl (1932): Die Gegenwartsaufgaben der Soziologie. Ihre Lehrgestalt, Tübingen: J.C.B. Mohr (Paul Siebeck). (『マンハイム全集３　社会学の課題』「社会学の現代的課題」カール・マンハイム著、朝倉恵俊訳、潮出版社、一九七六年)

Mannheim, Karl (1969): Ideologie und Utopie (1929), fünfte Auflage, Frankfurt am Main: Verlag G. Schulte-Bulmke. (『イデオロギーとユートピア』カール・マンハイム著、鈴木二郎訳、未來社、一九七三年)

Mannheim, Karl (1984): Konservativismus. Ein Beitrag zur Soziologie des Wissens. Unveröffentlichte, 1925 eingereichte Habilitationsschrift, hrsg. von David Kettler, Volker Meja und Nico Stehr, Frankfurt am

Main: Suhrkamp.（『保守主義』カール・マンハイム著、森博訳、誠信書房、一九五八年）
Martin, Alfred von (1932): Soziologie der Renaissance. Zur Physiognomie und Rhythmik bürgerlicher Kultur. Stuttgart: Enke Verlag.（『ルネッサンス―その社会学的考察』アルフレート・フォン・マルティン著、山本新・野村純孝訳、創文社／フォルミカ選書、一九五四年）
Martin, Alfred von (1956): Soziologie. Ihre Hauptgebiete im Überblick. Berlin: Duncker & Humblot.
Martin, Alfred von (1962): Die Krisis des bürgerlichen Menschen, in: Kölner Zeitschrift für Soziologie und Sozialpsychologie 14, S. 417–448.
Oexle, Otto Gerhard (1996): Geschichtswissenschaft im Zeichen des Historismus. Göttingen: Vandenhoeck & Ruprecht.
Rickert, Heinrich (1902): Die Grenzen der naturwissenschaftlichen Begriffsbildung. Eine logische Einleitung in die historischen Wissenschaften. Tübingen/Leipzig: J.C.B. Mohr (Paul Siebeck).
Rickert, Heinrich (1929): Die Grenzen der naturwissenschaftlichen Begriffsbildung. Eine logische Einleitung in die historischen Wissenschaften. Fünfte Auflage, Tübingen/Leipzig 1929.
Simmel, Georg (1989): Die Probleme der Geschichtsphilosophie. Eine erkenntnistheoretische Studie (1892), in: Georg Simmel, Gesamtausgabe, Bd. 2, hrsg. von Heinz Jürgen Dahme. Frankfurt am Main: Suhrkamp, S. 297-521.（『歴史哲学の諸問題』ゲオルク・ジンメル著、樺俊雄訳、三笠書房、一九三九年）
Scholtz, Gunter (1991): Zwischen Wissenschaftsanspruch und Orientierungsbedürfnis. Zu Grundlage und Wandel der Geisteswissenschaften. Frankfurt am Main: Suhrkamp Verlag.
Sombart, Werner (1902): Der moderne Kapitalismus, erste Auflage, Bd. 1. Leipzig: Duncker & Humblot.
Sombart, Werner (1987): Der moderne Kapitalismus, zweite Auflage, Bd. I, 1 (1916). München: Deutscher

Taschenbuch Verlag.（『近世資本主義　第一巻第一、二冊』ヴェルナー・ゾンバルト著、岡崎次郎訳、生活社、一九四二年）

Takebayashi, Shiroh (2003): Die Entstehung der Kapitalismustheorie in der Gründungsphase der deutschen Soziologie. Von der historischen Nationalökonomie zur historischen Soziologie Werner Sombarts und Max Webers. Berlin: Duncker & Humblot.

Tenbruck, Friedrich (1979): Deutsche Soziologie im internationalen Kontext. Ihre Ideengeschichte und ihr Gesellschaftsbezug, in: Günter Lüschen (Hrsg.), Deutsche Soziologie nach 1945. Opladen: Westdeutscher Verlag, S. 70–107.

Tenbruck, Friedrich (1994): Wie kann man die Geschichte der Sozialwissenschaft in den 20er Jahren schreiben?, in: Knut Wolfgang Nörr/Bertram Schefold/Friedrich Tenbruck (Hrsg.), Geisteswissenschaften zwischen Kaiserreich und Republik. Zur Entwicklung von Nationalökonomie, Rechtswissenschaft und Sozialwissenschaft im 20. Jahrhundert. Stuttgar: Steiner Verlag, S. 23-46.

Troeltsch, Ernst (1916): Zum Begriff und zur Methode der Soziologie, in: Weltwirtschaftliches Archiv 8, S. 259–276.

Troeltsch, Ernst (1922): Der Historismus und seine Probleme. Tübingen: J.C.B. Mohr.（『トレルチ著作集4―6　歴史主義とその諸問題　上、中、下』エルンスト・トレルチ著、近藤勝彦訳、ヨルダン社、一九八〇―一九八八年）

Tyrell, Hartmann (1994): Max Webers Soziologie–eine Soziologie ohne Gesellschaft, in: Gerhard Wagner/Heinz Zipprian (Hrsg.), Max Webers Wissenschaftslehre. Frankfurt am Main: Suhrkamp, S. 390–414.

Weber, Alfred (1920): Prinzipielles zur Kultursoziologie. (Gesellschaftsprozes, Zivilisationsprozes, Kulturbewegung,

in: Archiv für Sozialwissenschaft und Sozialpolitik 47, S. 1-49.（『文化社会学』アルフレート・ウェーバー著、山本新、信太正三、草薙正夫共訳、創文社、一九五八年）
Weber, Alfred (1997): Kulturgeschichte als Kultursoziologie (1935/1950). Alfred Weber-Gesamtausgabe Band 1. Marburg: Metropolis Verlag.
Weber; Max (1904): Geleitwort (zur Übernahme der Herausgeberschaft des „Archivs für Sozialwissenschaft und Sozialpolitik, zusammen mit Werner Sombart und Edgar Jaffé), in: Archiv für Sozialwissenschaft und Sozialpolitik XIX, S. I-VII.
Weber, Max (1920): Gesammelte Aufsätze zur Religionssoziologie, Bd. 1. Tübingen: J.C.B. Mohr (Paul Siebeck).（『宗教社会学論選』マックス・ヴェーバー著、大塚久雄・生松敬三訳、みすず書房、一九七二年）
Weber, Max (1973): Gesammelte Aufsätze zur Wissenschaftslehre (1922), hrsg. von J. Winckelmann, Tübingen: J.C.B. Mohr (Paul Siebeck).（『ウェーバー社会学論集』マックス・ウェーバー著、徳永恂・浜島朗訳、青木書店、一九七一年）
Weiss, Johannes (1992), Max Webers Grundlegung der Soziologie (1975). Zweite, überarbeitete und erweiterte Auflage. München/London/New York/Paris: K. G. Saur Verlag.
Winkler, Heinrich August (1999): Der lange Weg nach Westen. Zwei Bände. München: Beck Verlag.（『自由と統一への長い道1（ドイツ現代史一九八九－一九三三年）H・A・ヴィンクラー著、後藤俊明・奥田隆男・中谷毅・野田昌吾訳、昭和堂、二〇〇八年）
Wittkau, Annette (1992). Historismus. Zur Geschichte des Begriffs und des Problems. Göttingen: Vandenhoeck & Rupprecht.

明確に限定された開始か？

――ドイツ社会学会第一回大会の意義をめぐって

ヨハネス・ヴァイス
大鐘　武　訳

一

社会学は（人間諸科学とともに）、固有な名称、特別な対象そして特有な説明様式などを備えた独自の権利をもった科学として、きわめて遅れて登場した。この遅れ、つまり社会学の特別に長い潜伏期間が社会学に控え目な要求どころか、きわめて遠大な要求を育くませるようになることも理解できることであって、そうであるがゆえ、社会学はこうした要求をかかげてあらわれ、人間の歴史的現実に分け入ってこの現実を徹底的に、かつ広範囲にわたって認識し、そうして――最終的には――筋の通った、すなわち厳密に学問的な編成と再編成との道へ乗り出すという目標をめざして進むことになるわけである。

しかし、こうした実に過大な要求がかかげられたために、この新しい学問が、既存の隣接諸科学、つまりこの新しい学問の台頭に材料を提供した側の諸科学からは歓迎されずに、強い疑いの目で迎えられたことも説明のつくことであって、このことは、社会学が、コントの場合においてのみ、人間科学的認識の分野でテーマや理論の支配を要求し、同時に社会生活や政治の分野で精神的指導をも要求したというわけではなかっただけに、いっそう説明のつくことである。

二

こうして、社会学があらわれ、ついには認められるようになるまでを、それぞれ異なった動機の事情、関心そして目標の設定などに関係づけて説明したのであるが、じっさい、こうした点で、復古精神も啓蒙の進歩に信頼をおく不撓不屈の精神も打ち出されてきたし、しかしまた、コントの場合のように、啓蒙の原理的批判も行なわれてきたわけである。もう一度いえば、ドイツでは、他の国ぐに、たとえば、イギリスとかフランスとかアメリカ合衆国とかといった国ぐにの動向と比べて、社会学は明らかに遅れてあらわれて遅れて形成されたことが顕著な特徴であって、いずれにしても、そういう草創期に、人びとは、ドイツ社会学会の創設とその第一回大会とを、ドイツ語圏の諸国その他で社会学にその存在を確保し、社会学を含蓄に富んだ学問たらしめ、そうして社会学をこの学問の内外に効力を示しうる学問として打ち立てる試みとみなすようになるのである。

しかし、少なくともこうした企てを行なう指導力や実行力のある代表者たちのあいだにおいては、社会学とはいっても、とくにフランスとかイギリスで構想されて、その進むべき道が示され、さらにまた代表的な学者たちによってかれらの主要著作でも練り上げられるようになった社会学を今やそのままドイツにおいてもつくりだして認めさせるといったようなことは、問題になってはいなかった。むしろ、ドイツでは、どのようにしてこの新しい学問が、たとえこれが多くの点でどんなに疑わしい形のものにみえるとしても、所与の歴史的状況において、もうこれ以上議論の余地のないほどにまでに認識要求や行動要求に対応できるまでになるのか、そしてどのようにしてこの新しい学問が――やるからには徹底的に――知的な面で説得力のある形で、認識の上で実り豊かな形で、そして実際の面で効力のある形で打ち出されうるものになるのかという、そうした目論見を明らかにすることが決定的に重要なことだったのである。

フリートリヒ・ヨーナスは、かれの著書『社会学の歴史』――この書は、出た当時（一九六八年から一九六九年にかけてのころ）はかなり時代離れしていたものだったが、しかしだからといって時代遅れしていたものだったというわけではなく、思想豊かで才気に満ちていたものでもあった――において、新しい学問を打ち出そうとする動機のうえでの事情について考えをまとめてこう述べている。すなわち、ドイツにおいては、社会学はまさに社会学的認識批判から生まれている、と。これはきわめて適切な観察ではあるが、この観察の意味と含蓄とにおいて、それはまだ十分に考え抜かれた観察になってはいないと私にはおもわれる。しかし、この、広く普及していて、十分に信頼のできる見解によれば、社会学の発生当初の事情や動機はつぎのような歴史状況、つまり、深刻な、「大きな」危機の経験がこの経験から生まれる、かつこの経験によって同時に強められもする批判の必要性と結びついている歴史状況に関連づけられるべきであるということになる。こうしたフリートリヒ・ヨーナスの見解に従えば、この第一の基盤となる発展時期のあと、第二の、いぜんとして基盤となる発展時期が続くのであるが、この第二の発展時期においては、なみなみならぬ決意で、きわめて高い要求をかかげて、しかもかなりの成果を伴って基礎づけられた形の社会学は、――そしてこれだけにとどまらず（自明のこととして）――従来のものごとの見方や伝来のものごとの説明の仕方において挑戦を受けていた諸学問（とくに哲学と歴史学）の場合もまったく同様に断固とした拒否に出会うのである。もっと正確にいえば、社会学は、断固として経験を踏まえながら、一つの理論枠組みのなかで並外れて創造的な研究をする研究者たちの側に、すなわち、社会ないしは社会的現実のなかに自分たちの特別な研究分野と意見表明分野とを見出して、それゆえに少なくとも、自分たちを社会学者として理解し、と同時に自分たちを「諸科学中の科学」のリーダーとしても理解するだけのりっぱな理由をもつことができた研究者たちの側に、容赦なく、まったく根本から拒否されるのである。

こうした申し出の受け入れが根本から拒否されることは、なるほど、十九世紀末から二十世紀初頭にかけての時期のドイツ語圏の社会諸科学においてのみ見出されるというわけではないとしても、しかし、このドイツ語圏の社会諸科学においては、それはやはり特別に強く、また決定的に重要なことでもあったのである。こうしたことから、ヨーナスは、まさにりっぱな理由があって、このように述べることができたのである。つまり、社会学はドイツ語圏では社会学的認識批判として基礎づけられ、すぐれた学者たちの真理探究の研究活動においてその進むべき道が切り開かれたのである、と。(1)

「批判」は、ここでは、否定や拒否などとかといった意味ではなく、カントの概念の使い方に従ってもっと広い意味で、すなわち、(論理上の)諸前提、独自な対象および特別な説明様式(したがって理論的把握)、社会学的認識の射程範囲、それと同時にもちろん社会学的認識の原理的限界などを明確化するという意味で使われている。したがって、そのような哲学的な、しかしまた社会学的でもある自己批判という煉獄を通り抜けた社会学は、最初から一貫して、かつ原則に従って反省的な社会学であったといえるであろう。

三

「二十世紀に真っ先に関心を引き起こす問題は、疑いもなく社会学のそれである…。社会学がしっかり基礎づけられた科学としては依然としてまだ理想であるといわれなければならないとしても、社会学は、人間の思考の一つの要請として、すなわち、過去数世紀間の科学の発展から必然的に生まれ出てくる一つの要請として無条件に正当化されるものである。」このようにいわれているのは、一九〇八年の春に、「比較的最近の社会学とこの社会学に興味を示した歴史学とのもっとも著名な代表者たち」を対象にして「社会学の未来」について行なわれたアンケート調査においてである。(*Dokumente des Fortschritts. Internationale Revue.* Hr. von Rodolphe Broda, Paris, in Verbindung mit Hermann Beck, Berlin. 1. Jg., 3. Heft (Febr. 1908). Berlin 1908. S. 219–234. Hier:S. 19 (Einleitung von Félix Vályi))

ゲオルク・ジンメルは、このアンケートに答えて(S. 220.)、命じられた短時間内に「この種の原理的な主張に対して必ず出てくる異議のすべてに応対すること」はまったくできないことだと述べている。だから、かれは、翌年に出る『社会学』を参照するよう指示しながらもまったく原理的に説明して、「社会において真に社会であるもの」(したがって相互作用の諸形式、すなわち、上位と下位、競争と協働、党派形成とヒエラルヒー、対外封鎖と対内結合など)に社会学が限定されるときに、そのような異議がむだになるということに甘んじて、したがって、社会学の説明要求に歴史的な生活現実の全体もそのつどの実質的な意味内容や事実内容も従わせないように努めているのである。

こうした二つの意味での自己抑制に甘んじるということにおいては、マックス・ヴェーバーは、形式と内容の概念の使用をかれが行なわないように抑制していたという意味においてではあるが、ジンメルと一致している。しかし、かれは、ドイツ社会学会の創設とその第一回大会の活動のさいには、経験による社会学的論証の解釈連関と根拠づけ連関とにおいて、とくに価値判断を放棄することに注意を喚起している。この点で、かれは、かれの存命中には公開されなかったが、かれの行なった断片的なジンメル社会学批判においては、ジンメルから離れなければならないと考えている——これに対して、エルンスト・トレルチはトレルチで、後年にマックス・ヴェーバーのやり方には反対するようになる。なぜなら、トレルチは、かれの社会学で「すべての新カント派の学者たちから離れて…何にもまして実証主義へ移行」して、「発展諸傾向のなかにありもしない価値をあれこれ読み取ること」を、したがって「存在と価値とをない交ぜにして」認識することをきっぱりと拒否するようになるからである（Weiß 1992, S. 231. 参照）。

四

フランスでは、デュルケムが、かれはかれなりにモンテスキューからルソーを経てコントに至る思考伝統のなかに身をおいて、ほとんど単独で、「一種独特な」専門科目として、方法論的、理論的そして経験的に社会学の基礎固めを行ない、それを大学での開設科目として定着させ、それを初期の全盛期へ導いていた。それに対して、ドイツ語圏での社会学の台頭は一群のすぐれた学者たちによって成し遂げられていた。つまり、かれらが集まって社会学の台頭に向けて申し合わせによる共同歩調の行動をとり、意志の疎通を図りあって共同の目標とプロジェクトとを決めて取り組んでいたのである。もちろん、こうした取り組みは、知的、政治的、それにまた個人的でもある多種多様な要素からなる緊張の場のなかで行なわれてもいた。たしかに、そのような場は、この大会の課題のために背景に押しやられてその存在が目立たなくなっていたのではあったが、しかし、いつまでもまったく効力を及ぼさないままになっていたかというと、けっしてそういうわけではなかった。ドイツ社会学会の会員の選出と入会の募集とを行なったり、そればかりでなく、理事会の編成や規約の（とりわけ学会の目的を設定する第一条の）文書化を行なったりするとともに、第一回社会学者大会でだれが何について報告すべきであるかに関する決定を下すさいとまったく同様に、学会活動を安定化させる、それゆえ共同の仕事を妨げたりしないどころか、まさにそういう仕事へ人びとを駆り立てさえする緊張があることを見抜くように努力することに至るまで、一連の緊張があったのである。

五

状況をこのように踏まえたうえで考えてみると、テンニエス、ジンメルそしてマックス・ヴェーバーという、まずこの三名で学会の方針を示す（討論抜きの）報告が、ほぼこの順序で、しかも何を述べるか分担しあうことを決めておいて行なわれたのであるが、これはきわめて納得のいく取り計らいであるといえる。

ジンメルは前夜の「歓迎の夕べ」で講演したのであるが、かれは、気を利かせて終わらせる仕方で、この集会の社交性の責任分担部分に自分が配置されたことを利用して、社交性について講演をした——しかし、その結果、かれは同時に「社会において真に社会であるもの」のあらゆる問いの問いに対してかれが答えを与えることになっている。「国家社会とか経済社会とか、つまり、何らかの目的を人びとが考慮に入れることによって結びついている社会はやはりまったく『社会』である。しかし、ただ社交的社会だけがまさに掛け値なしの『一つの社会』である。なぜなら、それは、上記の一面的特徴をもつすべての『諸社会』のそれぞれの特殊な内容の上に聳え立ち、そのような特殊な内容のすべてを己のなかへと溶解させた純粋な形式そのものだからである。」(*Schriften der Deutschen Gesellschaft fuer Soziologie*, Frankfurt 1969, S. 4) ジンメルによると、あらゆる社会化の「もっとも重要な問題」は、「社会的交際範囲のなかで、またその範囲に向かって、個人自体に」どんな意義やどんな重要性が与えられるかという点にある。そして、社交性が「まったく諸人格のうえに成り立つものである」という、まさにそのことのために、社交性においては、個々人のとくにはなはだしい自己限定ないしは「自己規制」が必要になるであろう。そして、まさにそれゆえに、また、社交性がさらに「対等な者のあいだの相互作用」であるという、そのことのためにも、社交性においては、ジンメルがかれの『社会学』の補遺の一つ「社会はいかに可能であるか」において第二のアプリオリとしての役割を果たすとみなしている、あのすべての社会化の可能性の条件がこのうえもなくはっきりとあらわれ出てくるのである。

討論に先立って前日に行なわれた社交性に関する催しを機縁にして、社会の特別な場合、つまり「ゲーム形式」の場合を例にとって、ジンメルは、このように、あらゆる社会化の基本的な前提についてしゃべり、このゲーム形式のもつ重要性と解放性とが「生きていくことの大変さそのもの」との距離をおいた皮肉な関係の獲得をどのようにわれわれに可能にするかということについて講演している。

六

ジンメルの行なった講演が、三名の司会者のうちの最長老者テンニエスがつぎの日に社会学者大会の開始にあたって「社会学の歩みと目標」について講演をしなければならないことになっていたこととこんなにも対照をなしているのは、講演がきわめて異なっていることを背景にして起こってくるのではないし、少なくともそういうことを主な背景にして起こってくるのではないとだけはいえるであろう。ジンメルが社会化と非社会化との（またはまじめとゲームとの）ない交ぜを心得ていたことにもとづいて選ばれているように、テンニエスも、社会学が汝自身を知れという古い呼びかけに訴えてもっとも広範囲に添うことができるであろうことを確信し、また、人間が社会学の助けを借りて結局は自分自身と自分の境遇との主人になることができるであろうことも確信している。だから、かれは、コントやスペンサーの考えが大げさであるにもかかわらず、かれらに大いに敬意を示すことに賛同を求めている。「経験社会学」がもっぱらザインにかかわりをもつことと同じように、ザインとゾレンとのあいだを論理的に鋭く区別することも、かれはどうしても必要なことだと考えている。他方では、かれは、この経験社会学に「われわれが社会哲学と呼んでもかまわない純粋理論社会学」という助力者をつけてやり、この純粋理論社会学から、いずれにしても、実践的価値評価の世界へと橋をかけることが必要になるかもしれないとみている。

結局、大会はこのあと、テンニエスからマックス・ヴェーバーにバトンが渡されることになるのであるが、そのさいには、厳密に「実証的な」、すなわち、経験的な、そして実際的に有益な仕方でドイツ社会学会によって解決に道筋が立てられることになっている現代の大問題のいくつかに関して、ヴェーバーがその研究計画の報告を行なうことになる。

七

マックス・ヴェーバーは、かれがドイツ社会学会の規約の第一条を参照するように指示することからはじめて、その第一条に依拠して、もちろんかれの肝いりで、『社会学』という概念の不安定な内容」と、学会という「一般的になってはいない名称」とが考慮に入れられて、この学会が「純粋に学問的な」研究に限定され、「仲間うちでの実践的諸理念のいかなる宣伝も、原則的に、かつ完全に」拒否されることがヴェーバーによってはっきりと打ち出されている。この「純粋に学問的な」問題提起から、ドイツ社会学会が「上流社会」でも『大学』に類するようなもの」でもまったくなく、この学会が経験的な社会学的研究を保護奨励するための「学術研究共同体」であることが判明する。

それから、とりわけ新聞と団体とに関する二大研究群(わたしはこれらに詳細に立ち入ることはできない)については、ヴェーバーは、おびただしい量の考えや問いや仮説などを提示し、そのつどの「資料」の種類と入手可能性とを検討し、そして、かれが、十分に興味が涌いて、量的処理の仕方と質的処理の仕方とを区別するようになっても、なにしろこうしたやり方への最初のヒントを、かれは諦めたりしてはいない。

いずれにしても、ヴェーバーによれば、大事なのは、社会生活の、しかしまた個人生活のきわめて重要な、それどころか運命を決める問題であり、だから、われわれはかれに対して、かれが実践的価値評価をやはりまったく認めることができないことを確かめることができるであろう——たとえかれが規則違反をしないように繰り返し注意をしていることであろうと、そうである。新聞に関する諸調査は、新聞を整理してそれを有効に活用するさいにかれが考えていたことを実践的な価値評価ないしは関心から完全に免れさせておくことができている。このことは、いろいろ企画したことについてきわめて緊密に共同して作業すべきであるにもかかわらず、また、経済界の側からの「学問に対する後援」のぜひとも必要な強化なしにはまったくなにもやっていくことができないような場合にも、そうである。

しかし、一つのことは、こうした脈絡で、とくに強調しておく必要がある。すなわち、ヴェーバーのさまざまな問いは、あらゆる場合に、一つの問いに、つまり「究極的な」問いに帰着するということである。その問いはつぎのように述べることができる。すなわち、それは、研究される所与の事実や物事の動向は人間の存在にどのような影響を及ぼしそれをどのように変化させるのかという問いであって、しかも、それは、人間の存在の外面的な条件に関してのみではなく、とくに人間の自己認識と人間の知的、心的および情緒的な状態（人間の全ハビトゥス）に関しても問われる問いだということである。こういう文脈では、ヴェーバーは、淘汰とか適応とかといった、概念上いっそうダーウィン的な響きのする語をいつも用いているようにわたしにはおもわれる。

ヴェーバーはまた、テンニエスと同じように、社会学的研究が研究自体のためではなく、人間の自己解明のために必要であることに注意を喚起している。しかしながら、テンニエス（およびその他多くの人びと）とはまったくちがって、ヴェーバーは、この自己解明が問題への展望と同時に問題解決への手段や方法をも提供すると考えている。この点では、ヴェーバーは、さしあたりは、まちがいなくジンメルと一致している。ジンメルは『近代文化の葛藤』の末尾でこう述べている。すなわち、「しかし、すべての問題や葛藤が解決されるためにそこにあるというのはやはりまったく俗物的偏見というものである」(*Der Konflikt der modernen Kultur*, Simmel, 1921, S. 9. 邦訳、276頁。Ralf Konersmann, S. 113.)、と。さらにこういってもさしつかえないであろう。つまり、社会学も含めて諸科学の努力が計算による支配をめざすために、諸科学はめったに、しかももしかすると所与の場合においても、諸科学自体がほとんど解決に貢献できないような問題を認識もしないし説明もしない、と。(そして、そのことは、この場合におけるように、つまり、諸科学が諸科学自体を問題の一部として認識しなければならないようなときにはなによりもよくあてはまる)。

八

若干の——全部ではない——あとに続く報告や議論に関してわたしが述べるさいには、わたしはもうこれまでよりももっと限定して述べなければならない。そのことは大体できることなので、わたしは、とにかくこのような選択された枠組みというものがあってそれに従って述べてきたので、それに方向づけて述べていくことにする。そのことは、報告や議論を歪めずに可能である。

ヴェルナー・ゾンバルトのじつに生き生きとした、思いのままに述べられた(それゆえ、ゾンバルトによれば、誤解を招きやすくなるわけで、そのために、「雑誌」用の論文の形にするためにあとで徹底的に手を加えて変える必要のある)議論、つまり「技術と文化」に関する議論について、一人の討論参加者、つまり、どうみてもドイツ社会民主党員にしかみえなかったフランクフルト市の市会議員クヴァルク博士はこういった。(2) すなわち、そうした議論は、「まったく明らかにマルクス主義的見解の宿命」だといってよいであろう、と。じっさい、この議論では、主に大事になっていたのは、この問題だったのである。なぜなら、土台と上部構造の理論の多かれ少なかれ自由な「使用」であったり、しかしときにはまた土台と上部構造の理論の独断的な「使用」でもあったりするこの理論の「使用」のされ方がゾンバルトの「激しい」主張のなかの少なからぬ部分を占めていたことが明らかになったあとで、最後にゾンバルトがほかでもなくこの理論をきわめて根本的に、かつ決定的に拒否してしまったからであった。それゆえ、クヴァルク博士と他の多くの討論参加者たちは、また、そこにたまたま居合わせていたテンニエスも、ゾンバルトがマルクスの理論を粗雑に曲解したり単純化したりするといってゾンバルトを非難したのであった。そして、そのことがあまりにも容赦のない形で行なわれたので、ゾンバルトはこの非難で「組織的にさんざんなめにあわされる」試みがあることをわかっていそうなほどであった。ただ、マックス・ヴェーバーだけは、ゾンバルトの主張については基本的な点でまったく同意しており、その主張を、それに多くの経験的証拠を付け加えて補強しながら、その主張への攻撃に反論してゾンバルトに加勢した。そのさい、たとえば、マックス・ヴェーバーは、マルクスにおいては、他のさまざまな「不明確な点」と並んで、時おり（つまり『哲学の貧困』においてであるが）、たんに経済上のことにすぎないだけではなく、「単純にまちがい」であるかもしれない、まさに「技術上の歴史的産物」（手臼が封建主義を生み出し、蒸気製粉機が資本主義を生み出す）も見出されることを、参照するように指示している。その他に、ヴェーバーは、「いわゆる史的唯物論」をめぐるこうしたあれこれとりとめのない、したがってまったく不毛ないさかいには、明らかにやりきれないおもいにかられており、この史的唯物論については、なによりも経験科学的論証と世界観的好みないしは政治的・道徳的要請との混同といったようなことがもっといっそう確実に禁止される場になるかもしれない将来の学会大会において、そこでの独自の議論の対象にしようと考えている。

ゾンバルトは、この問題では、きわめて明確にヴェーバーの側に就いており、それで、かれは、技術の「文化価値」を根本的に問うてみることに目を向けるさいには、「文化価値評価のまったく火のない海へは出かけていかないこと」を、しつこく、勧めている。

九

アルフレート・プレッツの報告(「人種と社会の概念およびそれらと関連のある若干の問題」)では、社会学は、まったくちがった、つまり、まったく非歴史的な自然主義的唯物論と対決させられていた。社会学者大会の組織者たちにとっては、多様な客観的な専門研究や理論的・方法論的な方向づけを、しかしまた、世界観的ないしは政治的な立場をも正当に評価することは、きわめて大事なことであった。ヴェーバーは、人種生物学ないしは社会生物学の(指導的)代表者を一人招くためにとくに力を入れて尽力してきていた。なぜなら、ヴェーバーの考えでは、この種の学問が認識能力の点でまだ価値を認められていないことは問題にならないとしても、しかし、文化科学ないしは社会科学のためにどのみちそのことに挑戦することをまじめに考えることは問題にされるようになってきて、まさに社会学もそうした挑戦から逃れることは許されなくなってくるかもしれないからである。しかも、そのような自然主義的な(したがってまた厳密に自然科学的であろうとする)諸理論にも、——当時も今日も——規範的なものへ、あるいは世界観的なものへさえ転化する強い傾向が内在しているために、そうしたもろもろの理論との対決は特別に急を要することになるとおもわれていたにちがいなかった。

「報告者の方が」、そうヴェルナー・ゾンバルトは討論の司会者として討論の開始に当たって切り出してから、かれはさらに続けて、その報告者の方が「感情をひどく激昂させる材料を大会のなかに持ち込む」のだといい、しかも、じっさい、討論がきわめて長くなっており、そのさい報告者もひどく感情的になっていたので、ゾンバルトは、プレッツ博士に対するその日の鋭い反論の最後にこういっている。つまり「社会学会」は生物学とはどんな種類の「利益の共有」をもしあうものではないのだ、と。ずばぬけて鋭い、根本的な批判はヴェーバーから（さらにまたテンニエスからも）出たが、それらの批判は、まだまったく不十分な、あるいはまだ明確になってはいない概念（なによりも社会の概念）にかかわることであり、また、似たようなこととしては、多くの思弁的な、経験的に未証明であったり、納得いく理由がみつからなかったり反証可能であったりする因果連関に関する主張にかかわることであり、さらには、必要とされる「社会衛生学」を視野に入れて価値設定の有無によって臆測で学問上の根拠づけが行なわれていることにかかわることなどである。もっとも、つぎの日、ヴェーバーが前日のことに補足説明を加えて誤解の訂正を余儀なくされたことが起こっている。その出来事は、かれの説明がきわめてあいまいだったので、新聞社の「大日刊紙」（これまでのところ確認できていない。——S.F.）の報道記事で、「人種問題に取り組むことは社会学的問題に対する関心を示すことにはならない」（S. 215）と報じられていたことがヴェーバーのいったこととして報じられていたためであった。「報道機関の記者諸氏」のみばかりでなく、「本学会内部の諸氏」も、ヴェーバーをそのように理解していたわけであるから、ヴェーバーは、かれが多くの可能な人種概念のうちの一つ、つまり一つの特定の人種概念の実り豊かさに対してのみ反対を表明しようとしたこと、しかも「われわれの研究」に対しては賛成を表明しようとしたことを明らかにしようとしている。ヴェーバーはさらに仕事を続けるのであるが、それは、かれが、「密集した大工業の労働者層の淘汰と適応（職業の選択と職業の宿命）に関する調査」、つまり、社会政策学会によって計画され実施された工業労働者に関するアンケート調査のさいに、生物学の遺伝理論を取り入れることに対して自分の要求を参照するように指示することによってである。いずれ、人びとは、「この問題を専門的に世話し検討するための」、つまり、「社会生物学」のための部署としての「(ドイツ社会学会の——J.W.)特殊部署」を創設しなければならないことになるであろう(ibid.)。

十

啓蒙主義哲学と同様に、この哲学とさらに——なんらかの仕方で——結びついている社会理論や社会学も、これらと世界、とくに人間世界の宗教的な解明および形成物との関係を明らかにし、かつそれら自体をこの関係の必然性と目的設定とにおいて根本的にこの関係に規定されていることから理解するという優先的要求をもっている。そういうことはマルクスやコントにあることであり、それにデュルケムにもあることなので、それで、社会理論と社会学は、最後にただ一つだけ宗教(諸宗教)の真の意味について、必要なら、さらに、宗教ないしは宗教の反省形態である神学よりも優れている機能的等価物(神学にかかわりのあるものはもちろんただ社会学のみでありうる)についても触れておく必要がある。

こうしたことを背景にしていえば、(組織神学者にして宗教社会学者の)エルンスト・トレルチの報告は、かれの果たした討論への貢献と同様、特別に注目に値するものである。

十一

トレルチは、かれの報告「ストア学派キリスト教自然法と近代世俗自然法」（この報告の内容にあまりふさわしくないタイトル）におけるキリスト教の宗教心の三つの理念型的社会形態——教会、セクト、神秘論——の区別から出発して、そのあと、それらがそのつど自然法の考え方と結びついて、したがって、太古や原始時代の自然や理性の要求と結びついて、世俗の社会的、経済的そして法的・政治的諸秩序に対してどのような態度をとっていたかを若干詳しく説明している。そして、何のためにそういうことが行なわれるのかというと、それは、純粋に宗教的な理念や理想はおのずからこうした諸秩序に（そしてまた直接的には自然法的諸理念に）きわめて強い影響を及ぼすことができ、したがって、それらの効果や機能としては説明されえない、どのみち一般的には説明されえないことを示すためである。まさにそのことに対してテンニエスは——議論のなかで——反論しているのであるが、それは、かれが史的唯物論的理論伝統に近いことを打ち明けることによってである。[3] テンニエスとは対立して、マックス・ヴェーバーは、多くの歴史的証拠資料を使って、またもや——そして期待通りに——こう反論している。すなわち、「こういうこと、つまり、とにかく間接的に、そしてたぶんあなたの（つまりテンニエスの）意図に対立する側に立ってあなたの言葉から推察できる意見、つまり、あたかもわれわれが宗教の発展を何か別のもの、たとえば、なんらかの経済状況の反映としてみなしうるかのように考える意見に譲歩させられるには及ばないであろう」、と（S. 198）。そして、ゲオルク・ジンメルは、「個人的見解」と断ったうえで（社会学的検討をいっさい加えずに、どちらかといえば、宗教哲学的観点からみてとたぶんいうべきであったであろうか）、こういっている。すなわち、かれによれば、「いずれにしてもキリスト教における神との関係は徹底的に孤立した個々人とのあいだに形成されるもので、それゆえあらゆる社会的・政治的な諸秩序に対しては結局は無頓着になるのである」、と(これは「われわれのような者もたぶん自分に突きつける問題」であろうとトレルチは言い添えている(S. 213)。しかし、ジンメルは、もともとは、かれが神秘論をどういう意味で理解しているかをただ例示したにすぎなかった。ジンメルは、これについては「わたしはそのことは忘れてしまった」と述べているほどである)。

十二

こうして、ドイツ社会学会の知的リーダーたちは、いずれにしても学会の大きな問題では、そしてこの問題でまぎれもなく決まっている多数意見では、どんなに徹底的で、どんなに広範囲に及ぶ社会学的分析も、世界の宗教的諸解明の独自の意味や独自の権利(そしてその解明から判明する生活の秩序や生活の出来事)を仮象であること、あるいは――場合によっては社会的に不可欠な――フィクションであることを明らかにすることはできないという点では一致していた。その点に、前置きのところで述べておいたあの社会学的認識批判というきわめて重要な要素があり、このことは、そのような自己限定が、必要な変更を加えて、種々の芸術において表現される世界体験の、倫理的心情や原理の、ならびに政治的・法律的判断基準の独自の意味や独自の権利に関しても通用するだけになおのことそうなのである。

こうした見方からはまた、つぎのようなことも読み取れる。すなわち、以上でみてきた社会学、つまり、ともかくにも、全社会的、全文化的・政治的なレベルで、宗教上の諸信条とか諸施設とかの意味喪失や有効性喪失の生じる出来事を解明する社会学の眼前には、われわれがこの出来事を最良の知的良心をもって、したがって、まったく「価値自由的に」、歴史の完成への最後の決定的な一歩として理解するとまではとてもいえないまでも、人類史の進歩としては理解するまでにはなるといえる場合とはまるで異なる場合があらわれるということである。科学的世界観、さらにはまたいよいよ本格的に社会学的に基礎づけられた世界観はヴェーバーやジンメルにとっては矛盾そのものであったのであり、（かつてのようにニーチェにとっては）幼稚な信念であったのである。かれらによる（世界）史的状況の観察や解明に非常にはっきりと感じ取れる悲劇的意識は、社会学的認識努力が（そういう認識努力さえもが）不可避的に、逃げ道のないままに招き入れてしまう寄る辺のない状態から醸成されてくるものなのである。

さて、これでもって、わたしは、報告と討論とに関してわたしが観察し検討してきたことを終わらなければならない。これで終わりとすることは非常に残念であるが、時間不足に直面して予定時間をすぎてしまった次第である。まだ以下の貢献も十分ではないが、しかし、場合によっては、そのようなわけで、のちに印刷のために手を加えるさいに多少はその埋め合わせをすることができるかもしれない。

十三

レジュメ（1）学会の創設は成功だったのか、それとも失敗だったのか？　まとまっていたのか、それともまとまりがなくてバラバラだったのか？

ドイツ社会学会の団体としての目的

・純粋に学問的な研究および調査による社会学的認識の促進
・純粋に学問的な研究成果の公表と後援ならびに
・定期的に行なわれるドイツ社会学者大会を組織すること
(学会規約第一条、参照)

この社会学者大会の第一回大会は、厳密な意味で社会学的に研究する者たちの右のような「学術研究共同体」(マックス・ヴェーバー)を正しい軌道へ導き、最初のしっかりとした歩みを踏み出させたであろうか。それは、どんな種類の研究が「純粋に学問的」とみなされるべきであり適切な意味で社会学的とみなされるべきであるかということに関して最初から十分な合意があって、その合意がしだいに価値を認められるようになり広まっていったほどに決定的な出発であっただろうか。

第一回(そして第二回)の社会学者大会の経過と成果とに関してなによりもマックス・ヴェーバーがどのように期待を裏切られたか、また、かれがそれらからどんな結論を引き出したかも、よく知られている。かれが早くに撤退した理由として、かれは実践的価値判断の断念の要請に対する絶え間のない容赦なき抵触をあげたが、それとともに、「この『落選者展覧会』で、だれも他人を認めず、だれも他人に何かを恵まず、だれもほんのごく短時間のためにさえ自分の学問上の個人的関心を少しも犠牲にしようとはしない」という体験もあげた(Marianne Weber, *Max Weber. Ein Lebensbild*, Heidelberg 1950, S. 467/Tuebingen 1926, S. 428. 邦訳、第二巻、323頁)。じっさい、この第二の点は、価値自由の問題としてよりは、むしろ、なにゆえにドイツ社会学会がこの第一回の社会学者大会のさいにもその後に続く諸大会においても、存在すべきであった「学術研究共同体」として発足し、姿を現し、真価を発揮しなかったのかという問題を、われわれに問いかけている。(4)

われわれは、マックス・ヴェーバーよりも道徳家ではないが、かれを断固含めてこういわなければならない。すなわち、ドイツ社会学会とこのフランクフルト社会学者大会のリーダーたちは各自で研究者としてひどく著名すぎる人たちであって、また――社会学に関係のない――専門学者としてひどく著名すぎる人たちでもあったので、かれらは互いに対しても、また、他の点で何かを求めてきたすべての人びとに対しても、社会学者としてはゲマインシャフト化することができなかったのである、と。

それに加えて、無視できないこと――そして問題がなくはないことを示していること――は、ジンメルがまもなく社会学から離れて、あらゆる社会化から遠ざかりはするが、しかしあらゆる社会化につねに影響を及ぼしていることを、つまり人間として是認できない独居と孤立ということを、哲学者として究明するようになったことである。トレルチもまた明らかに、たとえ別の理由からにせよ（つまり、かれが考案して手に入れた「文化総合」を展望したさいに）、その社会学の研究でうまくいかないことがあると考えていたらしかった。フランクフルトでの失敗のために、自分の考えに従って社会学を構想し、さらにまた体系的にも練り上げることにとりかかったマックス・ヴェーバーの忠告には、トレルチは耳を貸さなかった。そして、ヴェルナー・ゾンバルトとまったく同様に、フェルディナント・テンニエスも、他人のことを自分自身のこととして促進しようとする、あるいはもっと望ましいこととしては、社会学を共有する形を促進しようとする気をちっとも示さなかった。

これらすべてのことを、ひとは格別すぐれた学者たちに白状してよい（そうせざるをえない）が、しかし、もっとはるかに小才な多くの人びとがかれらを手本にして、（経験的）研究で共同作業をすることには目もくれずに、自分たちのまったく独自な社会学「体系」をつくりだしたり、それをめざしてめったにみられないまったく独自の用語もつくりだしたりするといったようなことは、本当に有害なことだった。

十四

レジュメ（2）一九一〇年のフランクフルトは何であったのか、どんな意味があったのか？

こうして、社会学者の諸大会のうち第一回大会は大きな誤りであり、失敗であり、人の心に長く生き続ける意義を残してはいない開始であるとみなさなければならないのであろうか——これは、ドイツ社会学が過去数十年間にその名に値する専門の学問の特徴をなすもの、この学問を際立たせるものをすべてやってみたあとで、頭を左右に振って全然だめだったといってわれわれが振り返るか、それともそれらすべてをやっぱり克服しているといって幸せな意識でわれわれが振り返るかするさいの問いである。

この問いにわたしが答えるにあたって、わたしは、とくに手短に述べなければならない——そしてそうしたい。われわれの学問のあのリーダーたちがさんざん苦労し、争ったり争って不和になったりした問題もそれらの問題の解決の試みも、すべてにおいて、少なくとも基本的な点において、片がつかなかったのだとは、わたしは考えてはいない。そのことは、われわれが判断するさいに、わたしが行なったように、批判の要件——したがって、徹底的な自己解明と自己規定——に、つまり社会学的認識に方向づけられているという、なによりもそういうときにはあてはまらない。あの最初の論争に見出されるとくに以下の顕著な特徴は、こうした点で、当分のあいだはわたしには不可欠であったり手本となったり挑発的となったり、あるいはむしろいらだたせることとなったりするようにおもわれる。

—学問上のいっさいの認識努力がその前提、その射程範囲、そしてその限界に対する反省を必要とするという、そしてそのことが高い程度で人間諸科学一般に、とくに社会学にあてはまるという、他のすべてのことを根底において支えている確信
—並外れた幅や深みのある歴史的知識と結びついた、強烈な歴史意識
—歴史的状況を見抜く鋭敏さ（すなわち、弁別能力）と冷静な判断能力（とりわけジンメルやヴェーバーにみられるが、しかしまたトレルチやテンニエスやゾンバルトにもみられる）
—人間（menschlich）を扱う、したがって人間（humanであるが、humanitaerではない）と人類（menscheitlich）とを扱うことに社会学をはっきり限定すること

注

（1）ここでは、エミール・デュルケムを例にあげておく。かれは、たとえかれの著作がドイツでは（ジンメルの場合は除外してか？）受け入れられなかったとしても、まちがいなく両国の社会学を結ぶ媒介的な役割を果たしている。しかし、デュルケムにおいても、かれがどんなに十分に社会学をわれわれの個別諸科学のなかの個別科学として基礎づけたにしても、それにもかかわらずきわめて広範囲に及ぶ要求（たとえば理論と実践の——カントの——哲学とか神学とかの基本的問題の社会学的解答に関する要求）には、解答し残した部分がかなり見出されるのである。
（2）フランクフルト市の後援を、クヴァルクはヴェーバーよりも高く評価してはいないが、ヴェーバーは、その点ではしかし、「クヴァルク氏のきわめて多くの党員仲間」と見方が一致している。
（3）かれの開会演説で（S. 26）、テンニエスは宗教一般を迷信的考えとかでっち上げられたものとかと異ならないものとみている。

（4）たとえば、ヴェーバーは同じような文脈で「わが『偉大なお歴々』のこの傷心」について語ったり、「お偉方(Groessen)」のだれも共同作業を自分から進んで援助しようとしたがらないことについても語っている。

文献

Rodolphe Broda, (Hr.), *Dokumente des Fortschritts. Internationale Revue*. Paris, in Verbindung mit Hermann Beck, Berlin. 1. Jg., 3. Heft (Febr. 1908). Berlin 1908. S. 219–234 (Einleitung von Felix Valyi).

Friedrich Jonas, *Geschichte der Soziologie*, Bd. 2, Rowohlt Taschenbuch, 1968/1969.

Georg Simmel, *Der Konflikt der modernen Kultur*, Duncker & Humblot, 1921, 30S.（生松敬三訳「現代文化の葛藤」（『ジンメル著作集』6に所収、白水社、一九七六年。Ralf Konersmann, S. 113. 参照）

Schriften der Deutschen Gesellschaft fuer Soziologie. 1. Serie: Verhandlungen der Deutschen Soziologentage. 1. Band (Verhandlungen des Ersten Deutschen Soziologentags), Frankfurt 1969.（ドイツ社会学会規約の翻訳については、梶谷素久編・訳『国際学会論集　社会学の歴史』学文社、一九八九年、67～72頁、参照）

Marianne Weber, *Max Weber. Ein Lebensbild*, Heidelberg 1950/Tuebingen 1926.（大久保和郎訳『マックス・ウェーバー』第二巻、みすず書房、一九七八年）

Johannes Weiß, *Max Webers Grundlegung der Soziologie*, Muenchen 1992.

差異性の文化人類学、共通性の文化人類学

——恥と罪の文化区分が後世に与えた影響——

クレメンス・アルプレヒト
伊藤美登里　訳

研究対象から独立し、経験的というよりはむしろ認識的に説得力のある固有の論理を展開させたために、全ての学問領域の構造を決定づけるような区分が存在する。

この種のものに属すのが恥の文化と罪の文化の区分である。この区分は、アメリカの文化人類学者ルース・ベネディクトによるもので、一九四三年から戦時情報局（ＯＷＩ）に依頼され、執筆した日本研究において作成された。戦後、ベネディクトはこの研究を拡充して独自の出版物とし、一九四六年に『菊と刀——日本文化の型』という題名で公刊した。

この書物は、出版後、直ちに広範に受容された。(1) アメリカ合衆国ではあたかも他に出版物が存在しないかのように、アメリカの文化人類学——とりわけボアズ学派——の業績に衆目の関心が向けられた。日本を占領したアメリカ軍にとってそれは直ちに、これまでの敵との付き合い方に関する一種の手引き《ハンドブック》となった。一九四八年にはすでに日本語に翻訳され、それ以降、いくつか版を重ね、総数にして一〇〇刷り以上、およそ二三〇万冊が販売された。一九八七年に実施されたアンケート調査で、日本の成人の三分の一以上が『菊と刀』を読んだことがあ

るかあるいはその基本的な命題を知っていることが判明した。ルース・ベネディクトの研究は、日本の自明性について論じる日本人論（研究）の戦後の幕開けと見なされている。(2)

ベネディクトの命題の経験的な「正しさ」という点では、この書物が後世に与えた影響は部分的なものにとどまる。方法論的に見れば、ベネディクトの書物は書斎派民俗学研究の傑作である。この研究の当初、ルース・ベネディクトは日本語がまったくできず、以前タイで類似の地域研究を行ったにすぎなかった。戦争中であったため彼女は日本への訪問がかなわず、膨大な文献（そのさい日本文学が中心的な位置を占めた）を利用し、抑留邦人に聞き取り調査を実施した。(3)日本国内で自ら聞き知ることなしに資料を基にして行われたこの研究は文化解釈学の金字塔であり、高い文学的クオリティをもつその内容の厚みは今日でもなお感銘を与える。それにもかかわらずこの作品は、方法論的には批判の余地があり、しばしば非難もされた。しかし、それによって何十年以上も続くこの作品の受容が妨げられることはなかった。

私の命題はこうだ。ベネディクトの学問的成功は、歴史的総合の時代、つまり政治システムや世界観秩序や社会的生活世界が統一されつつある時代に、『菊と刀』が文化的差異の文化人類学を実践したこと、もっぱらそのことによると言える。それは、恥の文化と罪の文化という区分が認識的な説得力をもつということだ。社会状況と認識的状況とを組み合わせる精確な分析によって、文化人類学、それどころかすべての社会科学と文化科学が、現実と三重に関連付けられていることがはじめてわかる。つまり、それらの学問は、一つには経験的事実の収集によりある社会状況に着目し、二つには人間の行為に関する自らの洞察を適用することによりある社会状況を作り出し、しかしまた、政治的意図により現実の歴史過程に対する観察眼が曇ることで無意識的にある状況を作り出す。したがって、イデオロギー機能を通じて科学と現実とが結びつくことを立証することが私の命題のねらいである。

一　異国の日本

アメリカは、戦争によってはじめて日本人がいかに気心の知れない相手であるかを直に経験した。ベネディクトはこう書いている。われわれは「西洋の文化的伝統に属さない完全に武装され訓練された国民と戦っていたのである。西洋諸国が人間の本性に属することがらとして承認するにいたった戦時慣例は、明らかに日本人の眼中には存在しなかった。このために太平洋における戦争は、島から島へ一連の上陸作戦を決行するだけ、軍隊輸送・設営・補給に関する容易ならぬ問題を解くだけでなく、敵の性情を知ることが主要な問題になった。われわれは、敵の行動に対処するために、敵の行動を理解せねばならなかった」[4]。

これらは断じて抽象的な問題ではない。西洋の軍隊ではどこでも、三から四分の一以上の戦死者が出た場合、部隊の存続は不可能となり、降伏するという慣例が存在する。それゆえ戦死者と捕虜の比率は、アメリカ人においては一対四であったが、日本人においては一二〇対一であった。捕虜となった日本人は、通常、重傷を負うかあるいは意識を失っていた。一般に、日本の軍隊では負傷者に対して特別な休養はなく、後方地域に大きな野戦病院もない。負傷者は戦線で自ら傷の手当てをした。陣地を放棄せざるをえなくなったとき、動けない者は最後の手榴弾で自害するか、そうでなければ射殺された。

捕虜の態度も根本的に異なった。家族に安否を知らせるため、外交ルートを通じて自分の名をアメリカに知らせるよう看守に頼むやいなや、その後この看守からひどくさげすまれたと日本の捕虜収容所にいたアメリカ人が報告している。生きながらえた喜びをほんの少しでも捕虜たちが示そうものなら、看守たちはひどく憤った。いわんやアメリカ人が笑った場合は言うまでもない。逆に、日本人捕虜が日本軍の陣地へといざない、自陣攻撃のための助言を進んで与えることに、アメリカ人は幾度となくあきれ返った。しかし同時に、降伏したことに対する恥の感情が日本人捕虜には焼き付いていた。そういったことは、あたかも、かつての日本兵が義務の履行に対する行為のシナリオを、かつての敵に仕えることへとただ置き換えたかのようであった。

日本の戦時下報道も、かなり多くの戦況を全く別様に評価した。アメリカのとある海軍大佐がアメリカ軍艦と搭乗兵士を救助し連れ戻すことに成功したことで勲章を下賜されたとき、日本では愚弄の嵐となった。それは、日本では勲章に値するのは死の覚悟がある者のみであり、この事例はアメリカ人の物質主義や、戦の場においてすら精神主義を支持する能力がないことの証しであるという嘲りであった。

ベネディクトは、数百年にわたる相対的な孤立のなか日本である身分的社会秩序がいかに発展したかを記述することで、この異質な現象をまず歴史的に解明した。長きにわたり比較的平和裡に中央集権支配が行われた徳川時代に、さまざまな地域的社会秩序が強化され身分的社会体系が出来上がった。この体系は、確かに個々人に決められた場を与え、それとともに明確に定められた特定の義理を課したが、しかし同時に人生を確実で計算可能なものにした。日本では、長い時間をかけて根付いたこのような社会秩序が、細かな行為にまで及ぶ相互的な義理と権利の包括的な体系を通じて平和をもたらした。相互に義理を課すこの体系は、今日まで、まずもって言語のなかに保持されている。この体系は日本人の世界観と社会秩序にとって重要であった。そして、戦争遂行にあたりアメリカ人に異質なものと映った現象は全て、この義理の体系の一部分として、そして一帰結として説明できる。

ベネディクトは、恥と罪という二分法でもって、アメリカ合衆国と日本との文化的差異をひとつの概念に結晶させた。その背後には、単なる突飛な用語の思い付き以上のものがある。それは、日本の歴史や社会構造や精神構造についての、今日でもなお深い感銘を与える描写であり、それがこの概念を説得力のあるものにしている。

恥と罪の二分法は、しかし、その経験的妥当性を超えて認識的明証性をもつ、しばしば用いられる差異を名辞する型へと発展していった。一九五〇年代初頭に古典文学研究者エリック・R・ドッドは、『ギリシア人と非合理的なもの』という彼の古典研究においてギリシアの原始時代と古典時代との差異を名辞するためにこの二分法を用いた。(5) そしてイアン・ブルマが一九九四年に過去の克服方法の特殊性をドイツと日本とで比較したとき、罪の文化と恥の文化の差異が彼の研究のライトモチーフとなった。(6)

二　異質性のパターン

ルース・ベネディクトの日本研究において示されているのはエスノグラフィー的視点であり、よって差異が際立つ。差異が優勢となるのは、われわれの認識関心が諸現象の類型と一致するところにおいてではなく、「われわれにとって個々の特性が重要となる、現実の構成要素についての認識」(7) を得ようと努力するところにおいてである。

エスノグラフィーのこの形式に対しては、ルース・ベネディクトの学問の師フランツ・ボアズが決定的な影響を与えた。ボアズは、ドイツとアメリカの文化科学間の偉大なる仲介者である。(8) 彼は、ドイツでヘルダー以降——最も広い意味における——歴史科学に影響を与えてきた基本的思考をアメリカの文化人類学に移植した。(9) それはさまざまな民族や文化の独自性と固有の価値に関する確信で、「文化相対主義」の名のもと、多文化主義議論や、それどころかアメリカの言語哲学に至るまで、アメリカでの議論に影響を与えている。(10)

さまざまな文化の統一性と固有の価値についてのこのような（自明であったためにボアズにおいてはまだ比較的漠然とした）基本的立場を、ルース・ベネディクトは彼女の代表的理論書『文化の型』において詳説した。この書物はすでに一九三四年に公刊されていたが、『菊と刀』の成功の後ようやく広く受容されるようになった。(11)

ここでもベネディクトは、人間の文化形態に関する驚くべき差異からまず出発している。「生命を奪うことなどは、すべての人間が共通に非難することのように私たちは考えやすいが、そうではない。隣り同士の国の外交関係が断たれている場合、殺人もとがめられない。習慣によっては、生まれた子どもを最初の二人までは殺してもよい場合や、夫が妻の生殺与奪権をもっている場合、あるいは両親を年老いてしまうまえに殺してしまうことが子どもの義務である場合などにも、殺人行為そのものはとがめられないことはあるのだ。他方また、ニワトリ一羽を盗んだ場合、死に値する犯罪となりうることもある。別の所では、上の歯が最初に生え子ども、あるいは水曜日に生まれた子どもが殺される。ある人びとの間では、人を過失で殺しても地獄のような責苦をうけるが、ほかの人びとの間では、おなじことがまったく重要性をもたない。自殺もまた、何らかの矛盾に対する最終的脱出口として、「たいしたことではない出来事」の範疇に入れられることもある。それは、当該氏族においては習慣となっている出来事なのだ。自殺はまた、賢者の選ぶもっとも高等な、貴い行為とされる場合もある。また一方では、自殺の話がとても信じられないような大笑いの種になっているし、それは人間には思いもつかない不可能な話とされている場合もある。あるいは自殺が法律で処罰の対象となる犯罪になっていることもあるし、また神に対する罪とみられている場合もある」。(12)

この隔絶した慣わし、態度、あるいは行為の仕方にとって決定的に重要なのは、それが世界解釈の概念的な型を経由して、原則的に常に可変的ではあるが、相対的に閉じた形象へとまとめ上げられ、それが独自の説得力をもつようになることだ。「あらゆる文化において、別のタイプの社会ではまったく存在する必要がないような独特の状況が形成される。ある民族がこの必然的な状況に適応すればするほど、その民族はますますこの状況に習熟する。これらの要因が及ぼす力の強さに応じて、これまで異質であった個々の現象の全体像がますます統一性を帯びてくる。互いに最も異質な行為と行為ですら、それらが完全に「統一され」統合された文化の構成要素になった暁には、たとえ独自の変貌をとげたとしても、その文化の目標にとって特徴的なものとなりうる。当該文化の情緒的、知的な源泉について前もってはっきり認識する場合にのみ、我われはこれらの要素の現象形態を正しく理解することができる。特定の型（パターン）にしたがったそのような文化発展を取るに足らないことと見なしてはならない」[13]。

ここでベネディクトは、ディルタイの世界観解釈の型[14]を変更の余地がないわけではないが相対的にまとまった基本カテゴリーとして引き合いに出している。このカテゴリーの適・不適は、時代に拘束された生活形態と関連するか否かに依る。ベネディクトはこう続ける。この考えを、その後オズワルト・シュペングラーが採用し、体系化した。シュペングラーは、有機体との比較において文化の独自性をその極限まで展開させた。あらゆる文化には、種の状態、成長、全盛、枯死がある[15]。

当初ルース・ベネディクトは、現代文化のように非常に多面的な文化を、「民族文化（folk culture）」の生粋の均質性と比較することもできるというシュペングラーの考えを批判した。ベネディクトは、シュペングラーの有機体をメタファーとして解釈したものの、次のような別の中心思想を引き継いだ。すなわち、あらゆる文化は

――とシュペングラーは主張する――それぞれ「根源的な思考」（したがってドイツ語の翻訳では「根源形態」）を有し、その思考を最終的な帰結まで展開させるが、決してそれを超え出ることはない。そのことをシュペングラーは、例えるなら、一方のユークリッド幾何学や古代彫刻、他方のゴシックや微積分学――一方のアポロ的な身体相関性と他方のファウスト的な無限性の追求――、この両者間の対立において示した。このように、古代と西洋文化とはその「根源的な思考」が異なる。

ルース・ベネディクトはこの考え方を採用したが、有機体のメタファーから社会的構成物を作り出すことにより、それを言わば操作化した。この社会的構成物は、歴史状況の記述を通して自己を強化・形成し、変容し、連関性を発展させ、分化し、徐々に崩壊する。要するに、この社会的構成物はまさにその型によって文化の記述と理解を可能にする。後にこのアプローチをベネディクトは日本に関する自身の著作に取り入れた。「人間社会は、自身のため生活を何らか設計しなければならない。……生活の基準になる一定の価値体系を受け容れた人びとが、その生活のなかに他の部分から隔離された部分を設け、そのなかでこの体系とは反対の一連の価値にしたがって考え行動するとすれば、遠からずして必ず無能と混乱を招くことになる。……ある程度の一貫性がなくてはならない。さもなければ、全体の体系がばらばらに瓦解してしまう。それゆえに、経済的行動、家族組織、宗教的儀式、政治目的は、互いに歯車のように嚙み合わさったものになる」[16]。

このような相互関連は、しかし、さまざまな文化における、より強い、ないしはより弱い統一性を作り出しうる。ベネディクトによれば、強固な統一性が日本文化の特徴だ。それはただ、島国という自然に作られた孤立（あらゆる東アジアの高度な文化に影響を受けたモンゴル帝国による征服の試みの失敗[17]）と数百年間の特殊な歴史とに基づいて形成されえたものだ。価値と世界像と行為形態と社会構造との間の統一性ゆえに、さまざまな文化は理解可能である。未知の社会的実践に対して人はよそよそしい態度をとるが、これらの作法を有意味に分類する統一的概念に対してはその限りではない。

三　差異性の文化人類学——共通性の政治

差異性の文化人類学として、ボアズの文化相対主義は一九三〇年代以降のアメリカ文化人類学を支配していた主要な理論モデルと競い合うことなく発展したわけはなく、新進化論と科学的人種主義という二つの対立路線と抗争していた。ボアズ学派にとってこれらが手ごわい敵であったことが、ルース・ベネディクトの一九四〇年の出版物『人種——科学と政治』に示されている。科学的人種主義は、自然という基盤に基づいた差異性の文化人類学である点において文化相対主義と対立する。このような自然主義を採用することはできないと、ボアズ学派は己れの政治的立場を表明した。なぜなら、生物学的な生存競争方法がその典型であるが、人種主義的な根拠に基づく社会集団間の抗争は生活権や生活機会をめぐる闘争へと変化したからだ。「人種ではなく文化が態度を決定し、文化は生得のものでも生物学的なものでもなく、日常生活において学習する価値の型であった」[18]。

進化論はまた事情が異なった。特に英語圏において、しかしまたフランス語圏においても、文化人類学と社会人類学あるいは生態学は、文化の多様性に対して全く別の秩序図式である進化論を採用した。社会的・文化的な分化の尺度でもって、これらの文化を評価するための明確な基準が立てられる、というのがイギリスのハーバート・スペンサーやフランスのエミール・デュルケムの基本的信念であった。その背後には、進化の過程で文化の多様性はしだいに消滅し、偉大なる——そして正しい——世界文明へと発展するという確信が潜んでいた。進化論は、歴史的基盤に基づく差異性の文化人類学を展開する。

進化論はひとつの問題をうまく解決することができる。すなわち、固有の生活態度に対する種類は異なるが原理的に可能な原型としての異なる文化の間の競争は、それが言わば時間軸上で一義的な価値の等級に格付けされうるなら、消滅する。したがって、進化論がさまざまな文化装置や社会構造や諸制度の機能の解明へと傾倒した(マリノフスキー)ことは偶然ではない。それに対して、文化相対主義は解釈学的にも常に理解の問題に直面した。文化の型は、それゆえ、時間軸上の差異の評価(「原始文化対高度な文化」[19])ではなく、特定の「人間存在」(マックス・ヴェーバー)や生活様式を体現する型を用いて研究する。人間存在や生活様式には、可変的で、長期間持続する構造や相対的な統一性があり、まさにそれゆえに理解も許容も可能である。すなわち、自然あるいは歴史によって決定されない人間の生活へと至る重要な可能性として研究するのだ。

そのかぎりでは、ボアズ学派は文化相対主義的な指向性をもち、文化的差異を強調することで寛容に賭ける政治的視座と固く結びついていた。[20] マーガレット・ミードは一九三九年に国民道徳のための委員会を設立した。ミードとベネディクトは、ともに、自身の人道主義的な世界観とアメリカの戦争遂行機構のための活動との間に何の矛盾も感じなかった。というのは、彼女の差異性の文化人類学は、最終的に一つの世界――そこで人はさまざまな文化が相互理解を発展させ互いに差異を容認することを学ぶので――における平和的共生の可能性を追求しているからであり、「日本を文化的植民地にすることではなく、日本を文化的同等物にすることが『菊と刀』の壮大な理想なのだ」[21]。

というのは、認識は常に二つの方面に向けられているからだ。アメリカ人は日本人について啓蒙されたが、自分自身についてもそうであった。そして逆も然りである。ベネディクトが書いているように、そのようにしてアメリカ人は、国内のさまざまな生活様式に対して寛容になるが、国外のそれに対しては不寛容になり、他方日本において不寛容は国内の逸脱に対して向けられる。差異性のこのような文化人類学から生じるのが、また、神経症に罹ったアメリカ人に対するあからさまな文化批判であり、それがひるがえってアメリカの自己理解に影響を与える。「階層構造対平等性、恥対罪といった二項対立は、非西洋的文化との関連のみならずヨーロッパとの関連においてアメリカの自己理解を形作る」[22]。

この相互の啓蒙には、しかし、重要な点が隠されている。というのは、寛容に関するリベラルな東海岸倫理と、知的に洗練された文化解釈学による国家間比較の倫理とが前提としているのは、ある特定の人間型、ある特殊な世界観、ある生活態度、それどころかある特別な文化であるからだ。したがってクリストファー・シャノンはこう要約する。「差異にとって安全な世界というベネディクトの概念は、究極的には、コスモポリタンで、責任能力があり、リベラルな知識人の個人的倫理にとって安全な世界という理想像に帰す」[23]。

それゆえ、西側の内部で、そして一九八九年からは東側でも、グローバルな中間層の現実の生活状況をアメリカのモデルに同化させていく生活状況均一化の時代にともない、差異性の文化人類学が現れるのは歴史的偶然とは思えない。というのは、ルース・ベネディクトとともに、そして彼女を通じて、若い日本人は社会的な強制システムを看破し、個人的な欲求を認識し、しだいに個人的欲求のための余地を獲得することを学んだからである。同様に、若いアメリカ人は自己のピューリタン的な罪のコンプレックスや性に関する厳格な倫理から距離をとることを学んだ。

四　共通性の文化人類学——差異性の政治

　このようなアメリカ東海岸のエリートの倫理は、ヴェトナム戦争や偉大なる社会についてのヴィジョンとともに衰退したとクリストファー・シャノンは指摘する。しかし、同時に多文化主義が新しい主要理論として普及した。表面的に観察するなら、多文化主義は文化相対主義の急進的変種であり、これは社会内諸集団の差異性を許容する政治をも今や破壊する。より詳細に観察すれば、しかし、共通性の文化人類学が多文化主義の背後に潜んでいることが分かる。それは、まず、それぞれの文化的単位に対する構築主義的批判に現れる。というのは、その基本的信条によれば、それぞれの文化形態は二重の意味で「作られた」ものだからである。つまり、文化形態は文化の担い手自身による特殊な利害状況に基づいて形成され、この担い手は他の文化形態を選択するために、シャツを脱ぎ捨てるように当該文化形態を捨てることができるが、しかし他方で文化形態は、認識過程において文化形態構築者の特殊な利害状況に基づいて、しかも、大抵は、男性として、女性として、アメリカ人として、特定の社会層あるいは社会集団の成員としての特殊な利害という眼鏡を通じて、形成されるのだ。多文化主義の背後に潜むメッセージによれば、人間は、事実どこでも本質は同じで、アイデンティティを組み立て、そしてそのさいに権力過程にさらされるかあるいは権力を行使する。差異性という文化的表層の背後にそれゆえ共通性の文化人類学が存在する。その結果生じるのは、パッチワーク・アイデンティティだと名指しされた文化を周辺化することによって、この共通性を承認させようと目論む大胆な政治的試みである。それは、民主主義的な命法として必然的に構築主義的な倫理から帰結されるものだ。(24)

しかし、共通性の文化人類学にも、逆方向の、現実の歴史過程が随伴している。ちょうどボアズの文化相対主義が世界のアメリカ化と並行して展開したように、普遍主義的な多文化主義は、世界の再エスニック化の広範な普及と並行して登場する。この再エスニック化は、別の生活形態を熟知していながら、意識的に差異性に賭けるものだ。イスラム主義と中国の強まる民族意識は——少なくとも前者は——、すでに今日において異質性を敵という形で示す事例であり、それゆえルース・ベネディクトのような人物による文化解釈学的解明が新たに求められている。誰がわれわれにタリバンについて解明してくれるというのか。いずれにしても共通性の文化人類学者ではない。

五　文化人類学者のシーソー

私が好んで読書する公園のベンチの向かいに子どもの遊び場があり、遊び場と公園とは防御柵によって隔てられている。いつもベンチから見えるのは、シーソーの上にあがった側に座っている子どもだけだ。実際に起こっているシーソーの上下運動は、柵の背後に隠れて見えない。もう一人の子どもは高みで自分が目立つよう土を蹴ってとびあがる。

差異性と共通性は、このようなシーソーにのせられている。人が見ているのは常に文化人類学で、隠されているのは歴史的発展である。そして両者は関連している。

注

（1）『菊と刀』の成立とその後の歴史に与えた影響については以下を参照のこと。Modell, Judith, Ruth Benedict. Patterns of a Life, London 1984, S. 281ff.

（2）Kent, Pauline, Japanese Perceptions of *the Chrysanthemum and the Sword*, in: Dialectical Anthropology, 24, 1999, S.181–192, 特に S. 181ff; 日米比較の長い伝統については以下を参照のこと。Dore, Ronald, Taking Japan Seriously. A Confucian Perspective on Leading Economic Issues, London 1987.

（3）Eszar F., Vorwort, in: Benedict, Ruth, Chrysantheme und Schwert. Formen der japanischen Kultur, Frankfurt/M 2006, S. 7–10 参照。

（4）Benedict, Ruth, Chrysantheme und Schwert. Formen der japanischen Kultur, Frankfurt/M, S. 11（長谷川松治訳『菊と刀』講談社、二〇〇五年、11頁［ここでの訳は、邦訳テキストとは異なる部分がある。以下に同じ。――訳者補注]）; S. 27ff 参照。

（5）Dodds, Eric Robertson, Die Griechen und das Irrationale, (1951), Darmstadt 1970, S. 17ff

（6）Buruma, Ian, Erbschaft der Schuld. Vergangenheitsbewältigung in Deutschland und Japan, München/Wien 1994, 特に S. 149ff.

（7）Weber, Max, Gesammelte Aufsätze zur Wissenchaftslehre, (1922), 5. Aufl., Tübingen 1982, S. 5.

（8）Stocking, Georg W. (Hg.), *Volksgeist* as Method and Ethic. Essays on Boasian Ethnography and German Anthropological Tradition, History of Anthropology 8, Madison 1996 参照。

（9）Albrecht, Clemens/Homann, Harald, Die Wiederentdeckung Osteuropas. Herders Perspektive und die Gegenwart, in: Zeitschrift für Politik, 40, 1993, S. 79–97; Schmuhl, Hans-Walter (Hg.), Kuturrelativismus und Antirassismus: Der Anthropologe Franz Boas (1858–1942), Bielefeld 2009 参照。

（10）Cappai, Gabriele, Kulturrelativismus und die Übersetzbarkeit des kulturell Fremden in der Sicht von Quine und Davidson. Eine Beobachtung aus sozialwissenschaftlicher Perspektive, in: Zeitschrift für Soziologie, 29, 2000, S. 253-274 参照。

（11）この書物も戦後間もなくドイツ語に翻訳されたが、題名は『未開民族の文化』であった（August Schröder Verlag, Stuttgart 1949）。一九五五年に rowohlt enzyklopädie という有名なシリーズにおいて新版が出た。このときは『文化の原型』という適切な題名だった。

（12）Benedict, Ruth, Kulturen primitiver Völker, (1934), Stuttgart 1949, S. 41f（米山俊直訳『文化の型』講談社、二〇〇八年、72～73頁［ここでの訳は、邦訳テキストとは異なる部分がある。以下に同じ。――訳者補注］）

（13）Benedict, Ruth, Kulturen primitiver Völker, (1934), Stuttgart 1949, S. 42（同右、74頁）

（14）Dilthey, Wilhelm, Weltanschauung und Analyse des Menschen seit Renaissance und Reformation, Gesammelte Schriften Bd. 2, 5. Aufl., Stuttgart 1957 参照。ベネディクトはディルタイをドイツ語で読んだ。

（15）Spengler, Oswald, Der Untergang des Abendlandes. Umrisse einer Morphologie der Weltgeschichte, (1923), München 1980.

（16）Benedict, Ruth, Chrysantheme und Schwert. Formen der japanischen Kultur, Frankfurt/M, S. 20（『菊と刀』、23～24頁）

（17）Legg, Stuart, Die ersten Reiter. Die Völker aus dem Herzland Asiens, Tübingen 1971, S. 360 参照。

（18）Shannon, Christopher, A World Made Safe for Differences: Ruth Benedict's *The Chrysanthemum and the Sword*, in: American Quarterly, 47, 1995, S. 663.

（19）古典として、Lévy-Bruhl, Lucian, La mentalité primitive, Paris 1912.

(20) マーガレット・M・シャフレイはそれを「文化の政治」と呼んだ（RuthBenedict. Stranger in this Land, Austin 1989, S. 282ff)。

(21) Shannon, Christopher, A World Made Safe for Differences: Ruth Benedict's *The Chrysanthemum and the Sword*, in: American Quarterly, 47, 1995, S. 671.

(22) Shannon, Christopher, A World Made Safe for Differences: Ruth Benedict's *The Chrysanthemum and the Sword*, in: American Quarterly, 47, 1995, S. 568.

(23) Shannon, Christopher, A World Made Safe for Differences: Ruth Benedict's *The Chrysanthemum and the Sword*, in: American Quarterly, 47, 1995, S. 676.

(24) Reich, Kersten, Fragen zur Bestimmung des Fremden im Konstruktivismus, in: S. Neubert/H.-J.Roth/E. Yildiz (Hg.), Multikulturalität in der Diskussion, Opladen 2002, S. 173-194.

〈M・ヴェーバーと同時代人の社会学〉

ジンメルの社会学と哲学

富永健一

はしがき

二〇一〇年十一月二十一—二十二日、私は「第三回　日本—ドイツ社会学会議」（いわき明星大学）において「ジンメルとヴェーバーの行為理論」と題する報告を行ったが、その後いろいろ考えるうちに、この草稿を全面的に書き変えねばならないと思うようになった。というのは、ヴェーバーの行為理論に関する主要部分は、私の『思想としての社会学』（二〇〇八）第六章においてすでに大体書き尽くされていることに気付いたので、重複を避けるためにここではヴェーバー論を削除し、研究対象をジンメルのみに絞って、これまで論じてこなかった「ジンメルの社会学と哲学」という表題を立てるほうがよいと考えるようになったからである。ただ当初はジンメルとヴェーバーを経済社会学として関連づけるという問題を入れたいと思っていたが、長くなりすぎるのでこれについては将来の課題とすることにした。

一　ジンメルの相互行為理論

出発点としての相互行為の概念

ジンメルの社会学理論が確立されたのは、彼が第一の社会学書『社会分化論』(Über soziale Differenzierung, 1890 居安正訳 一九七〇) において立てた相互行為主義の理論の創始によるものであった。この本は、社会学を第一世代のマクロ社会学とはまったく異なるミクロ社会学の理論として確立し、「社会」とは人と人との「相互行為」――ジンメル自身は(心的)「相互作用」という語を用いたが、私はカント起源の「相互作用」という語を物理学的概念であると考えるので、社会学的概念としては「相互行為」(Interaktion) という語を用いるのがよいと考えそのように統一した――という中心概念によって構築されるものであるとする、まったく新しい社会観を立てたまさに画期的な著作であった。

相互作用という概念そのものは、故阿閉吉男が『ジンメル社会学の方法』(一九七九) の冒頭で指摘したように、ジンメルによって創始された語ではなかった。それはカントが『純粋理性批判』において「純粋悟性のすべての綜合的原則の体系的表示」としてあげた三つの「経験の類推」の第三項目「相互作用あるいは相互性の法則に従う同時的存在の原則」(カント『純粋理性批判』KRV：篠田英雄訳、岩波文庫、「上」I、先験的原理論、286頁以下) を起源とするものであった。とはいえこのことは、ジンメルが単にカントに追従したことを意味するものではない。ジンメルは『社会分化論』第一章「序説　社会科学の認識論」の第五パラグラフで、社会とは何か、個人とは何か、個人と個人のあいだの相互行為はいかにして可能か、などのような単純化された問いを掲げても、答えは決してただちには得られないであろうとした。なぜなら、そのような問いはかつて古い心理学が立てた「心の本質」(das Wesen der Seele) は何かという問いと同じで、問題の立て方が誤っているために、決して一義的な答えは出せないからである。ジンメルは、社会学はそのような誤った問題の立て方を繰返してはならないとして、社会学の立てるべき問いはそのような単純なものではなく、後に次第に諸要素に分解して考えられるようになってきたもっと複雑な設問、すなわち社会の成員である限りでの諸個人の相互行為が従う法則はどのようなものであるか、といった問いでなければならないと指摘した。

ジンメルによれば、個人と個人のあいだにおける相互行為のあり方はきわめて多様であり、決して統一化(Vereinheitlichung) され得ない。しかし少なくとも統一化に相対的な客観性を与える一つの根拠がこの概念によって与えられることは、疑いがない。それが、「諸部分間の相互作用」(Wechselwirkung der Teile) という問題に他ならない。ジンメルが立てた相互作用命題とは、「すべてがすべてとなんらかのかたちで相互作用しあっている」というものである (Differenzierung: S. 13, 居安正訳 18頁)。ジンメルはこれを規制的な世界原理と呼び、社会の統一化が形成されるのは、諸部分がこのように相互行為しあう結果であるとした。

『社会分化論』の二年後に出版された『歴史哲学の諸問題』(一八九二) において、ジンメルは歴史哲学もまた社会学と同様に、人びとの「心」を対象とする認識を必要とする、と主張した。歴史も社会も心的な事象の認識にかかわるものである点で共通であり、どちらにおいても、認識の客体は他者の「心」である。ただ両者が違うのは、社会学が同時代の人びとのあいだでの「心的相互作用」(seelische Wechselwirkung) を必要とするのに対して、歴史哲学は過去の人びとの「心」を認識することを必要とする、という点である。過去の他者と直接に「相互」作用することは不可能であるから、歴史哲学は文献研究を通じて過去の人びとの心を認識するほかはない。だからジンメルは、社会学と歴史学はどちらも他者認識に従事するが、その方法論は異なっていると位置づけ、歴史的な出来事についての解釈は常に仮説的でしかないから、方法論の異なる先行研究者の認識をそのまま踏襲することはできないとした。

この点で、ジンメルを彼の同年齢者であったデュルケームと対比してみることは、興味深い。社会学の母国フランスは、社会学の二人の先行者サン-シモンとコントをもっている、ということをデュルケームは重視していた。だからデュルケームは、この二人を明確に意識して、死後出版による著書『社会主義——その定義、起源、サン-シモン主義の学説』(一九二八)において、みずからをサン-シモンの産業主義、およびコントの実証主義の後継者として位置づけた。

ジンメルのミクロ社会学理論

ジンメルはデュルケームとはまったく対照的に、自国ドイツに社会学の先行者は存在していないと考えていた。ドイツ語圏の社会学には、ヴィーン大学とテュービンゲン大学でそれぞれ教授を勤めた『社会体の構造と生活』(一八七五)の著者アルバート・シェッフレがいたが、相互行為主義の主唱者であったジンメルは、スペンサーの強い影響下にあった社会有機体論者のシェッフレを、マクロの方法論に立つものとして社会学第一世代に属すると見なし、ドイツにはジンメル社会学の先行者はいないとしたのである。『社会分化論』はジンメルの最初の社会学書であったから、彼はドイツで今まさに始まろうとしている学問たる社会学には、自分にとっての先行者というものは存在しておらず、自分こそがドイツにおける最初の社会学者であると考えていた。ジンメルにとって、社会学とは相互行為主義に依拠するものでなければならず、相互行為主義とは、個人行為者から出発して、自我と他者との相互行為によって社会が成立する、という観点を意味するものであった。ジンメルは、社会学のアプローチはそれ以外には可能でないとしたのである。

イギリスではスペンサーが、『社会静学』(はじめ自費出版、一八五〇;のち New York, D.Appleton, 1864) において社会を強烈な個人主義によってとらえたが、その後に彼が体系化した『社会学原理』(Vol. I, D. Appleton, 1876) の第一章において、社会とは何かと自問し、社会は「システム」であると答えた。彼は有機体としての動物の身体が諸器官の「凝結的」(concrete) な結びつきであるのに対して、社会を構成しているのは自由な諸個人の「離散的」(discrete) な結びつきであるとし、社会は有機体とは異なるものであることは自明であるとした。スペンサーの社会有機体論は、この点で彼自身が『社会静学』で強力に主張した個人主義と同じものではなかった。

ジンメルは、『社会分化論』において、社会は有機体のような多数の器官の統合された実在であるとする見方を退けた。ジンメルは夜空の星の例をあげ、無数の星が輝く星空には星と星とのあいだに何の相互作用も存在していないから、星空は「社会」ではないとした。これに対してジンメルが注目したのは、社会においては行為者が多数の個々人のあいだで相互行為を交わし、人間の社会はそれらの相互行為によって成立しているということであった。この命題は、ジンメルの社会学が、意志をもった個々人の諸「行為」の結びつきという観点からスタートする「相互行為主義」に立脚するものである、との見解を示すことを意味する。

ジンメルは、社会の統一化に客観性が与えられる根拠となるものは、ただ相互行為によってのみであることは疑いないとした。社会は巨大な人口によって構成されているとはいえ、ジンメルはそれら一人ひとりの個人が独立の意識をもって行為していることに注目し、真に実在するのは点のように微小なアトムであって、社会という全体は「実在性」をもたないと主張した。社会をこのような微小なアトムの集まりとして、目に見えない行為のつながりであるととらえるならば、社会学はこの微小なアトムの集合を「心的相互作用」として分析するミクロ社会学以外のものではあり得ないことが明らかである。これとは反対に、社会という統一体がまず存在して、その統一体としての性格から社会関係や社会変動が生まれるとする考え方をとるのは、社会を実在としてとらえるマクロ社会学の視点を意味する。ジンメルの相互行為主義とは、近代的な個人主義の観点に立つミクロな単位としての個人によって構成されるものでなければならず、諸個人の活動とそれらの個人間関係がまず存在して、それに基づく目に見えない統一体が形成されたものが社会であるとする考え方をとるものであった。このような社会学理論は、ジンメルによって初めて立てられたものであった。

第一の社会学書としての『社会分化論』

『社会分化論』は、抽象的序論として書かれた第一章「序説 社会科学の認識論」に始まり、これが第二章「集合的責任について」、第三章「集団の拡大と個性の発達」、第四章「社会的水準」、第五章「社会圏の交差について」、第六章「分化と力の節約の原理」と続く社会分化についての具体的な考察によって展開されている。ジンメルは社会分化を近代化の所産であるとして、分化した社会の形成を近代化と結びつけた。未開社会は、社会分化の欠如によって特徴づけられる。未開社会に分化が欠如していたことは、二つの側面からこれを見ることができる。第一は客観的な側面で、未開社会では個人と集団とが緊密に融合しているため、個人の行為が個人的なものとして識別できないということである。個人が必要とする援助を提供する集団が小さいほど、また個人が集団の外で生存できる可能性が小さいほど、個人は集団と融合せざるを得ない。第二は主観的な側面で、未開社会では、個人の果たす貢献や個人の犯した罪が、常に集団と結びつけて認識されているため、個人を集団から識別することができないということである。未開社会ではこのように個人の力と活動の分化が未発達であったがために、個人と集団とが区別されるという認識が成立し得なかった。

デュルケームは前近代的な社会を環節的社会と名付け、近代的な社会を分業体系と呼んでこれに対比したが、ジンメルはデュルケームとは異なる観点をとり、前近代的な社会は「集合的責任」の考えが優位する社会であったのに対して、近代的な社会は「個人が責任をもつ」社会であるとして、両者を対比した。教育のある人間が増えていくにつれて、個人を集団から識別することができるようになっていく。このようにして文化の水準が高まると、認識が精密になり、考え方の個人差が生ずるようになる。ジンメルはこれを「社会圏（der soziale Kreis)」の拡大と呼び、近代社会においてはこの社会圏の拡大の故に、個人は集団に束縛されなくなり、個人の広範囲な社会移動が自由になるとした。

ジンメルは、社会圏の拡大が個性の発達（Ausbildung der Individualität）を促進するとし、同業組合の例によってこれを説明した。同業組合は社会圏が小さいために、圏の内部は同質で個人の分化がない代わりに、圏そのものが個性をもち、圏は他の圏と相互に異質である。しかし同業組合が発展してその規模が大きくなると、圏の内部に製造者と販売者の分化が生じ、封鎖的だった同業組合の社会圏は解体していく。こうして近代化とともに社会圏が拡大していくと、圏の内部の諸個人はより多くの個性が発達するようになる。

多数の相互行為する人びとによって共有されている知的水準を、ジンメルは「社会的水準」(das soziale Niveau)という語によってあらわし、個人だけがもっている知的水準を「個人的水準」としてこれに対比した。ジンメルによれば、はじめ多数の人びとによって共有されていたのは低い知的水準であり、高い知的水準を共有しているのは少数の優れた知識人だけに限られていた。近代化が進み、社会圏が大きくなっていけばいくほど、都市のような大きな圏に属する人びとが多数になっていくが、その中で高級な知識と大衆的な知識とが分化し、社会的水準と個人的水準の落差が広がっていく。卓越した知識人は、次第に出身宗派や出身村落のような小さい社会圏のワクから飛び出し、外部の大きな社会圏の知識人と結びつくようになる。ジンメルは十六世紀イタリアの哲学者・天文学者・数学者ジョルダノ・ブルーノを、その典型として挙げた。ブルーノは、ローマから亡命してパリ、ロンドン、ヴィッテンベルク、フランクフルトなどヨーロッパ各地に招聘され、各国語で講義や著作をして高い評価を受けたが、宗教上の異端者として密告されて火刑に処せられた。ブルーノのように敵対的関係の中で交錯する高度の文化的活動を、ジンメルは「社会圏の交差」(die Kreuzung sozialer Kreise) と呼んだ。

最後の章「分化と力の節約の原理」においてジンメルは、分化は進化論的な過程であって、それらはすべての方向について力の節約として解釈されるとした。だからもし力の源泉が同じであるとすれば、力をより僅か消費するだけで同一の目的を達成することができ、それらはすべての目的活動にプラスをもたらすことが可能になる。なぜならこの方法によって、以前より高い機能を達成する力を手に入れることができるからである。

二　ジンメルの貨幣的交換の理論

ジンメルの貨幣分析の視点

ジンメルの「相互行為主義」のスケールの大きさは、それが近代化理論として、高度の抽象性と一般性をもっていることにあった。そのことは一方において、彼の第一の社会学書『社会分化論』に展開された「社会分化」を基礎とする「集団の拡大」、「個性の発達」、「社会的水準」、「社会圏の交差」などの一般概念の目指すところであったと同時に、他方において、彼が第二の社会学書『貨幣の哲学』(Philosophie des Geldes, 1900, 2. Aufl. 一九〇七、居安正訳：著作集第二―三巻、元浜・向井・居安訳)の序言で述べた「哲学的形態」への移行の目指すところであった。

ジンメルの『社会分化論』はデュルケームの『社会分業論』と共通する主題であったが、ジンメルがデュルケームと大きく異なっていた点は、ジンメルが分業を貨幣経済の生み出したものとして捉えたことであった。だからジンメルの『社会分化論』に続く彼の第二の社会学書は、『貨幣の哲学』という表題であらわれた。ジンメルはしかし『貨幣の哲学』を、「ただの一行たりとも国民経済学的な意図をもつものではない」として、それは貨幣についての経済科学の此岸および彼岸に存在する、経済科学を超えた領域の諸問題の研究であるとした。ジンメルはこの著作を「貨幣の社会学」と呼ばなかったが、二人の行為者が彼らの生産物を相互に交換することは、決して単に国民経済的事実に尽きるものではないと指摘した。ジンメルは貨幣の分析を、彼の第一の社会学書の主題である「社会分化」の問題の中に含めなかったとはいえ、私は貨幣的交換の出現を社会分化の成立の不可欠の条件と見なす観点から、ジンメルの貨幣的交換の理論を、実質的に貨幣の社会学と呼んで少しも差し支えなかったと考える。しかしジンメルは、この広大な研究領域をあらわすのに、「哲学」という語を選んだのであった。

ジンメルの「相互行為主義」理論は、『社会分化論』に続く『歴史哲学の諸問題』(一八九二)によって歴史哲学へと進み、それがさらに『貨幣の哲学』によって「貨幣的交換」の理論に到達することになった。『貨幣の哲学』は六つの章からなる巨大な二部作をなし、初めの三章は「分析編」として、後の三章は「綜合編」としてそれぞれ括られている。分析編では貨幣の本質を生活一般の諸条件および諸関係から理解することが目的であるとされ、綜合編では逆に生活一般の本質と形成を貨幣の働きから理解することが目的であるとされている。

いうまでもなく貨幣は未開社会には存在せず、社会が近代化していく過程において、物々交換経済の中から貨幣が析出され、その貨幣が資本主義の担い手となるにいたったというのが、貨幣的交換の形成過程であった。だから『貨幣の哲学』は、近代化の社会学的分析の一環として、まさに『社会分化論』に続くジンメルの第二の社会学書をなしたのである。社会学者として出発したジンメルが、貨幣論を主題にしたからといって、経済学を名乗るはずはない。彼の『貨幣の哲学』は、貨幣論を題材に選ぶことにより、相互行為理論という彼の社会学的分析そのものを掘り下げていく中から、ごく自然に貨幣的交換の理論に到達したのである、というのが私の理解である。

第二の社会学書としての『貨幣の哲学』

『貨幣の哲学』における「貨幣」という表題と「哲学」という表題は、相互に異質的である。この異質性は、経済学者でないジンメルがなぜ「貨幣」を論じたのかという問い、および社会学者であるジンメルがなぜ哲学という表題を立てたのかという問いを呼び起こした。しかし私は、ジンメルが相互行為分析というアプローチによって『社会分化論』を書き上げたあと、貨幣の発生という問題をとらえて「相互行為」の理論から「貨幣的交換」の理論へと進み、それがジンメルの社会分化論を、貨幣をメディアとする経済的交換の理論へと導くことになったのは、社会学理論そのものとしてまったく正当であり、それは当然のアイディアであったということに気付くようになった。なぜなら、『社会分化論』におけるジンメルの最も重要な着眼点は、社会学的分析とは相互行為の分析であるとする定式化に他ならず、そしてジンメルがそれから十年をかけてじっくりと練り上げた大著『貨幣の哲学』は、一転して貨幣的交換こそ近代社会が生み出した最も重要な相互行為である、とするアイディアに行き着いたことを意味するからである。

ジンメルが『社会分化論』の第二章以下において、社会分化の問題を近代化の分析として考えた過程を逆にすれば、近代化についての彼の考察が、相互行為を貨幣の出現という問題と関連づけることを可能にしたと言えるであろう。私はジンメルが『貨幣の哲学』の表題を『貨幣の社会学』とすべきであったと考え続けてきたが、彼が「哲学」という大きい表題を選んだことは、上記のことを大きなスケールで明らかにするという点でメリットをもっていたと思う。すなわちこの表題は、貨幣という限定的な主題の意味を拡大したと言えよう。

私が『貨幣の哲学』に関して強調したいことは、ジンメルの第一の社会学書『社会分化論』における「相互行為論」という彼にとっての最重要テーゼと、ジンメルの第三の社会学書『社会学』第一章の「社会学の問題」という同じく彼にとっての最重要テーゼとが、経済分析を取込んだ二番目の社会学書『貨幣の哲学』を真ん中に挟んで、いわば三点セットを作り上げている、という広がりに気付くことが重要だったということである。そのことに十分着眼してこの三著を読めば、ジンメルが『貨幣の哲学』という大著を『社会分化論』と『社会学』の真ん中に挟んだのはなぜだったのか、という「謎」が解けてくるのではないか。私自身も、『貨幣の哲学』と『社会学』という二著の巨大さにひるみ、貨幣論と社会学という一見まるで違うテーマをもった両著作をつなげて読むというアイディアに到達することが、なかなかできなかった。しかしよく考えてみれば、貨幣的交換は相互行為の重要な一形態にほかならず、そしてジンメルの社会学とは相互行為分析に他ならないのであるから、『貨幣の哲学』と『社会学』とがつながっているのはまったく当然のことなのである。

『貨幣の哲学』は貨幣の社会学的分析であるが、『社会分化論』と『社会学』には、貨幣は登場しない。しかし現実の機能分化した近代社会においては、貨幣使用と関連しない相互行為というものは事実上存在せず、だから企業はもちろんのこと、学校も地域社会も友人関係も、そして異性との関係形成としての結婚――だから当然に結婚の制度化としての家族形成――も、家族を舞台としてなされる衣食住生活も文化の形成も、貨幣や経済的所有の問題との関係なしに可能なものはない。そして貨幣的交換から貨幣を消去すれば、残るのは相互行為である。ところが社会学者は通常、貨幣的交換は経済学の研究対象であり、相互行為は社会学の研究対象であるから、両者は別のことであると思ってしまい、現実の社会学的分析に『社会分化論』と『貨幣の哲学』と『社会学』の三冊がワンセットをなしてつながっているとする提言に、ピタリと言及することは容易になされなかった。とりわけ問題だったのは、多くの社会学者がジンメルの『社会学』といえば「形式社会学」を唱導した本であると決め込み、『社会分化論』と『貨幣の哲学』と『社会学』をワンセットにして読み通すことをしなかった、ということにあった。その結果、ジンメルが貨幣を主題とした大著を書いたのは、実は相互行為の分析という『社会分化論』のテーマと、社会はいかにして可能であるかを問う『社会学』の理論とを、貨幣的交換の分析によってつなぐためであったという社会学理論の中心問題が、容易に洞察されるにいたらなかった。

ジンメルは『社会分化論』を彼の社会学の出発点とし、その十年後に『貨幣の哲学』を書き、そのさらに八年後に『社会学』を書いた。そして『社会学』のさらに九年後に『社会学の根本問題』を書いて、彼の社会学研究を完成へと導いた。他方『貨幣の哲学』と『社会学』とのあいだに、それらと直接関連しない『カント』および『ショーペンハウアーとニーチェ』という二つの純粋哲学書を挿入した。このため『貨幣の哲学』と『社会学』という二書のつながりが切断されたかたちになってしまったが、くどい書き方を好まないジンメルは、『社会分化論』と『貨幣の哲学』と『社会学』それぞれの関係について読者に親切に説明せず、それらの三著があたかもそれぞれ独立の本であるかのような印象を与えてしまうことになったので、ジンメルの読者はそれらのつながりについて説明の手掛かりを得ることができなかった。『カント』および『ショーペンハウアーとニーチェ』という二つの純粋哲学書が第二と第三の社会学書のあいだに割って入ったことは、それらを介してジンメルの社会学と哲学がつながり得たという点で重要であるが、社会学者たちは通常『カント』および『ショーペンハウアーとニーチェ』というジンメルの哲学書について無関心であることが多いので、『貨幣の哲学』の表題が哲学となっていることの意味がよく理解されなかった。だからジンメルが社会学者であると同時に哲学者でもあるということのつながりが評価の対象にならず、カント、ショーペンハウアー、ニーチェに対してジンメルが深い関心をもっていたことが社会学者の関心の対象にならなかった。そこで本稿はジンメルの社会学と哲学とを関連づけることを目的として、以下『貨幣の哲学』を『社会学』とつなげ、さらに『社会学』を『カント』と『ショーペンハウアーとニーチェ』とつなげることを考えたいと思う。

『貨幣の哲学』分析編

ジンメルは、『貨幣の哲学』分析編の第一章「価値と貨幣」を、貨幣が主観的価値付与の共有によって成立することの意味から始めた。行為者が、価値があると判断するのは、対象が稀少であるという意識をもち、対象とのあいだの距離が大きくてその価値を容易に享受できないと考える時、その対象は欲求の対象になると説明することができる。互いに相手の持ち物が自分にとっても他者にとっても同様に欲求の対象になると考える時、ここに等価という客観的契機が生じ、欲求と享受の中間領域において、貨幣を媒介にして交換が起こるのである。

ジンメルの『貨幣の哲学』は、相互行為を貨幣的交換として分析した社会学書だったのであるが、ジンメルは『貨幣の哲学』の第一章を「価値と貨幣」と題して、近代社会における相互行為は人間が付与する主観的価値評価の序列に基づいており、貨幣はその価値評価の手段であるとした。多くのジンメルの読者は、『貨幣の哲学』が社会学書として書かれていることに気付かなかったので、同書第一章の「価値と貨幣」における社会学的意味づけは注目されなかった。注意深い読者なら、ジンメルが同書の第一章第Ⅱ節において「交換」という主題を掲げ、交換とは社会化（Vergesellschaftung）であるという命題を立てて、「相互行為はまったく圧倒的に交換と見なされ得る」と主張した（Geld：元浜・向井・居安訳 33～35頁）ことの重要性に注目したであろう。しかし通常の読者は、ジンメルの『貨幣の哲学』は貨幣論の本であるとのみ考えて、この本が行為理論の本であるということを見過ごしたのである。

『貨幣の哲学』の第一章第Ⅰ節を、ジンメルは「価値」という語をキイワードにして説き起こした。貨幣は価値の交換の道具であるから、ジンメルの『貨幣の哲学』は「交換の理論」として始まる。交換とは、Aを所有している自我が、Bを所有している他者に比して、AよりもBの価値を高く評価しており、Bを所有している他者が、Aを所有している自我に比して、BよりもAの価値を高く評価しているという場合に、自我はAを他者に譲ってBを得、他者はBを自我に譲ってAを得ることにより、どちらも現在より高い満足を実現する、という行為である。価値は主観的なものだから、この交換によって、二人の行為者はともに、今までよりも大きい価値を享受することができる。これを図示すれば左記のようになるが、この図では交換は差当り物々交換に限られ、貨幣はまだ登場しない。

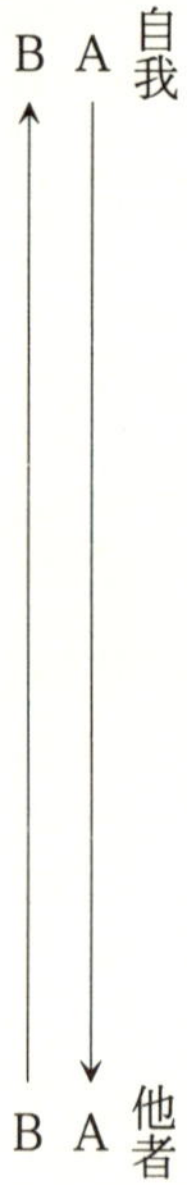

第一章第Ⅱ節は、物々交換を貨幣的交換に変えて考える。物々交換においては、BよりAが欲しい自我と、AよりBが欲しい他者とが、たまたま直接出会うという好都合な状況が想定されている。しかしそのような状況は、現実には容易に実現され得ない。そこでこのような困難を克服するために、貨幣がそれらの交換を媒介するように、自我も他者もそれぞれBとAをあらかじめ貨幣に変え、Aを売っている業者およびBを売っている業者からそれぞれAとBを買う、というのが貨幣的交換である。このようにして貨幣的交換が可能になれば、交換によって自我と他者はどちらも、それぞれが初めに有していたレベルよりも高い欲望達成を実現し得る。すなわち交換によって、どちらも価値量をふやすことができるのである。このように貨幣的交換は、生産と同じく市場で価値形成を実現する。しかし自我も他者も、この交換においてそれぞれ費用を払わねばならない。費用とは交換において断念された価値であり、その分は交換において獲得される価値から差引かれる。自我も他者も、費用を支払ってもなお、それを上回る経済的価値を獲得することができる、ということが重要である。上述したようにジンメルは、交換とは社会化（Vergesellschaftung）であるとし、「相互行為はまったく圧倒的に交換と見なされ得る」と主張した（Geld：著作集2 元浜・向井・居安訳 33〜35頁）。

第一章第Ⅲ節は、「貨幣」そのものの考察である。貨幣はほんらい物々交換から出てくる。なぜなら貨幣の本質は交換可能な客体の中から出てくるからであり、交換可能なものは何であれ貨幣になり得る。貨幣は交換される諸商品相互の価値関係を測定する道具であるが、為替相場において一国の貨幣が他国の貨幣の価値尺度になり得ることを考えれば明らかなように、貨幣自身も測定されるべき量としてあらわれる。クレタ人がすべてのクレタ人は嘘つきだと言えば、その発言自体も嘘になるように、貨幣は価値尺度および交換手段として価値ある事物の上に立ちつつ、当の貨幣自体にも価値を付与するのである（Geld: S. 90 向井守訳 139頁）。だからジンメルは、貨幣は交換可能性の最も完成された手段であり、その純粋形式であると言っている。

第二章「貨幣の実体価値」第Ⅰ節においてジンメルは、貨幣の本質についての論争は、いかなる場合にも一貫して次のような問題をめぐって繰広げられるとした。すなわち、貨幣の機能は諸価値物の価値の測定、交換、および表示ということであるが、貨幣はそのためにそれ自体一つの価値でなければならないのか、それとも諸価値物とその本質を同じくしなくても、みずからは実体価値をもたない単なる記号や象徴でありさえすればよいのか、という問題これである。測定手段は、測定される対象と同じ性質をもっていなければならないと考えられてきた。長さを測る尺度は長さをもたなければならず、重さを測る尺度は重さをもたなければならず、容積を測る尺度は空間的な広がりをもたなければならない、等々。従って、価値を測る尺度としての貨幣も、同様の実体価値をもたねばならないと考えられた。これに対してジンメルは、問題になっている貨幣の価値付与が、実体価値から機能価値へという歴史的発展としてとらえられるとした。中世においては、貨幣は固有価値をもつ実体であったが、近代においては、貨幣は単なる作用ないし機能となった。だから近代における貨幣は、諸価値物の価値を測定するために、諸価値物と同じ価値をもつ必要はない。価値を測定するために、貨幣そのものが実体価値をもつ必要があると主張するのは誤りである。貨幣量は商品数に比較して僅かしか存在する必要がないことは、貨幣の流通速度が高まることによって、必要な貨幣の存在量が減少することを考えれば明らかである。論理的可能性としては、貨幣が機能するために、貨幣それ自体が実体価値をもつことさえ必要がない。とはいえ現実には、以下に述べるように、価値をもたない貨幣が機能を実体価値から完全に独立させてしまうことはできない。

第二章第Ⅱ節においてジンメルは、貨幣それ自体が価値なのか、それとも貨幣は単なる記号やシンボルに過ぎないのかと問う。$\frac{n}{A}=\frac{a}{B}$ というジンメルの立てた貨幣方程式は、市場で売られている商品nの商品価値を商品価値総量Aで割った分数$\frac{n}{A}$が、その商品の貨幣価格aを貨幣総量Bで割った分数$\frac{a}{B}$に等しいというものである（nはある商品の価値、Aは商品価値総量、aはその商品の貨幣価格、Bは貨幣総量）。ここでは貨幣総量は、商品価値総量よりもはるかに小さい理由を、ジンメルは銀行の信用創造によるものであると説明する。このように貨幣総量が商品価値総量よりもはるかに少なくしか存在しないですんでしまう。貨幣の機能は価値を測定することであるが、しかしそのために貨幣自体が、商品価値総量だけある必要はまったくない。

それにもかかわらずジンメルは、貨幣を純粋シンボルにしてしまうというプラトン的イデアの実現は不可能であるとした。ジンメルはその理由を二つ挙げた。第一に、価値実体が非貨幣的用途に多く使用されることによって、貨幣使用はそれら他の用途のために犠牲にされる。貨幣を純粋のシンボルとして割り切れば、貴金属の非貨幣使用が増加すること自体に問題はない。とはいえ、非貨幣的使用によって貨幣的使用が犠牲にされることは、貴金属が貨幣としてもつ価値を著しく高めているのである。貨幣を純粋のシンボルにしてしまうことには、この点で弊害がともなう。第二に、政府が紙幣を乱発することはインフレを引き起こす。貨幣流通量の制限を実現し得るのは、ただ金貨の使用のみである。しかし実際には、貨幣量が二倍になったらすべての価格が二倍になるということはない。

第二章第Ⅲ節においてジンメルは、実体から機能への貨幣の歴史的発展について考察する。貨幣の発展とは、貨幣が実体への拘束から解放されて、機能化する過程を意味する。中世には貨幣は「実体」であり、それが近代において「機能」に転じた。但しそれは一〇〇％の機能化にまでは到達し得ない。貨幣実体の解消を準備するのは、相互行為の安定性と信頼性である。貨幣はどこまでも社会学的現象、すなわち人間と人間とのあいだの相互行為にかかわるものであるから、社会的結合が緊密となり、信頼性が保障されるほど、貨幣のメリットは純粋にあらわれる。中世は国庫中心主義であったから、貨幣実体を確立することが政府の関心事であった。近代初頭に重商主義の時代が到来して、国の経済的活動を機能的に活気づけるのが個人間の直接的な相互行為であるとし、貨幣はこれを独立した形象に結晶化するのである。

ジンメルは、交換とは社会化（Vergesellschaftung）であるとする。この視点は、経済的交換を社会学的機能から見ていることを意味する。その意味で、ジンメルの『貨幣の哲学』は「経済社会学」と呼ばれてよい。商人と同じく、貨幣は客体と客体のあいだに介在する。経済とは人間と人間の関係にほかならず、貨幣は国民経済において多数の他者をつなぐ社会関係を形成する。貨幣取引は政府に対する信頼を前提とする。ジンメルは、一五三〇年にオスマン・トルコによってロードス島を追われ、マルタ島に逃れたヨハネ騎士団（Ordo Equitum Sancti Johannis）が、マルタ島の鋳貨に「銅ではなく信頼」（non aes sed fides）と刻印したという興味深い歴史的事例を紹介している（浜日出夫「神と貨幣――ジンメルにおける社会学の形成」、居安・副田・岩崎編『ゲオルク・ジンメルと社会学』世界思想社、第七章を参照）。ジンメルはこの歴史的事実が、きわめて適切に、信頼という要素が鋳貨に付加されることが不可欠であることを物語っているとした。信頼とは表象に身を委ねることである。中世において、実体貨幣はすでに、信用貨幣の要素を含んでいたということができる。

第三章「目的系列における貨幣」においてジンメルは、貨幣は目的を達成するための純粋な道具であるとする。神にはいかなる目的過程もなく、従って手段的行為もあり得ないから、神は貨幣を必要としない。貨幣は、人間行為に特有な目的論的性格を説明する。物々交換では、二人の交換当事者が両方とも満足することは困難である。貨幣が仲介するからこそ、両方ともが満足を得ることができる。貨幣はいかなる特定の目的とも関係をもたず、目的は何であってもよいから、貨幣は誰にも開かれている。被抑圧者ですら金融業から排除することはできない。

ユダヤ人が金融業に集まるようになったのも、この理由から説明できる。道具はもちろん目的を前提とするが、貨幣は道具だから目的は何であってもよい。しかし貨幣の意義は、手段としての価値から文化的目的へと広げられることが必要であり、また神の行為から区別されることが必要である。

『貨幣の哲学』綜合編

綜合編に入ると、ジンメルは第四章「個人的自由」において、貨幣の使用が個人の人格的自由を実現してきたことに注目し、自由が実現される歴史的過程を奴隷制から農奴制へ、農奴制からさらに貨幣による地代と租税の支払いという公課制への移行の三段階とした。この章でジンメルは、貨幣使用は行為であって人間の精神活動であるということに着目し、自由といういわば哲学的概念を中心においた。このような哲学的概念の使用は、綜合編の第五章および第六章へと受け継がれる。地代と租税が現物支払いから貨幣支払いに移行することによって、支払い義務は支払者を人格的拘束から解放する。拘束が最も大きい極端な形態は、奴隷制である。奴隷制が農奴制に移行することによって、支払いは労働生産物による物納になる。第三の段階では、公課は現物支払いから貨幣支払いに移行し、より大きい自由が実現する。ジンメルは、「人間は交換する動物である」とし、貨幣的交換が「交換の相互満足」を可能にするとした。初期ジンメルの『社会分化論』の用語では、貨幣経済は社会圏を拡大するとされていた。貨幣による空間的距離化がいっそう上昇すれば、貨幣によって経済過程が人格から分離される。

第五章は「人格的価値の貨幣等価物」と題され、価値評価の体系における貨幣の意義を、貨幣支払いによる賠償金の大きさを規準として見るという分析が提示されている。キリスト教によって支配された生命価値の理念は、人間が絶対価値をもっているという考え方を表明している。殺人賠償金は「魂の絶対価値」を表わすもので、被害者が自由身分であるほど賠償金は高い。すべての人格的な「善きもの」が、それに見合った貨幣等価物をもっている、とジンメルは言っている。ジンメルは、人格的価値の貨幣的等価物を評価することの意義を考え、売買婚は原始乱婚や略奪婚よりも進化した段階であるとする。ジンメルが売春にともなう品位剝奪を、人間同士のあらゆる社会関係の中で、相互に他者を単なる手段へと押し下げる最も重要なケースとし、カントの定言命令のまさに対極に位置するとしているのは、このことをあらわす。ここでカントが出てくることに注目しよう。花嫁代価は、花婿だけでなく彼の縁者全体によって負担されるし、支払われた花嫁代価は花嫁の縁者全体よって分配されるから、それだけ進化した段階として位置づけられているのである。

最後の第六章「生活の様式」についてジンメルは、貨幣経済を支える心的なエネルギーはカントの意味での「悟性」(Verstand) であり、それは一般に感情または情意と呼ばれるもの、すなわち世界が貨幣経済の時代に入る前に重んじられていた情緒的な関心領域における生活と対立する、という。カントが『貨幣の哲学』の第五章と第六章でやっと登場することに、注目しよう。悟性は認識の能力であり、思惟の能力であるとともに、規則の能力である。これは、貨幣が純粋に手段的性格をもつことの結果である。貨幣は手段だから冷酷であり、収益だけを目的として、主知主義的にのみ動く。貨幣は無性格であり、無色である。カント的に言えば、「悟性」は言うまでもなく人間の経験的と理論的両方の認識能力にかかわるカテゴリーで、感性と理性の中間に位置づけられる。目的の設定があって初めて手段がその意義を獲得し、目的とはそれ自体としての意志行為によってのみ作り出される、というのがジンメルの考え方である。

ジンメルの『貨幣の哲学』は貨幣経済の分析という限定された主題をもった本であったのに対して、第三の社会学書『社会学』はそのような限定とはかかわりなしに「社会学の問題」一般が何であるかを分析した本であった。両者をつなげて読むことを困難にした原因は、ここにあった。とりわけ後者は、社会学の方法を「形式社会学」という観点から論じた本であると見なされてきたために、多くの社会学者はこの本をもっぱら、形式社会学を提唱した本という観点から読んだ。しかしここでジンメルの読者がよく理解しなければならないことは、ジンメルの第一の社会学書『社会分化論』がミクロ社会学としての相互行為理論であったからこそ、その十年後に書かれた第二の社会学書『貨幣の哲学』は貨幣的交換の理論たることを主題として展開され得たのであり、そして後者がそのような観点から貨幣的交換のミクロ分析を展開したがゆえに、第三の社会学書『社会学』はミクロ社会学的方法に関する本として書かれ得たのである、ということである。すなわちジンメルの社会学は基本的に行為理論として、一貫してミクロ社会学的分析だったのであり、彼が「社会」を規定した「多くの諸個人が相互行為に入る時、そこに社会が存在する」(Soziologie: S. 4, 居安正訳 15頁)という相互行為論の基本命題は、それらの先行社会学書を引継いでいたからこそ、社会学をミクロ社会学として理論化することができたのである。さらに一九一七年に書かれた第四の社会学書『社会学の根本問題』は、第一の社会学書『社会分化論』の第一章と、第三の社会学書『社会学』の第一章とを合わせた内容のものであった。このようにして、ジンメルの四つの社会学書は、すべてが密接につながっていたのであるが、ジンメルは読者に『社会分化論』と『貨幣の哲学』と『社会学』のつながりが伝わるような説明をしなかったので、読者はそれらの関連をよく理解することができなかったことは否定し得ない。

三　ジンメルにおける社会学と哲学

第三の社会学書としての『社会学』

『社会分化論』（一八九〇）の十年後に『貨幣の哲学』（一九〇〇）を書いたジンメルが、その八年後に『社会学』（一九〇八）と題する社会学そのものの理論を書いたことは、社会学者ならば誰でも知っている。しかしながら、この三著の二番目に書かれた『貨幣の哲学』の題名が「哲学」となっており、しかもこの本の目次や内容要旨のどこを見ても、それが社会学の本であると気がつくような書き方がなされていなかったために、『社会分化論』と『貨幣の哲学』と『社会学』のつながり、とりわけ二番目に位置していた『貨幣の哲学』と他の二著とのつながりが読者によく伝わらなかったことは、ジンメル理解にとってかなり致命的なことであった。その結果、一八九〇年から一九〇八年までのあいだにジンメルが出版した諸著作を読んだ読者は、この著者は「社会」と「経済」、そして「社会学」と「哲学」を書き分けている人のようだ、という印象をもったのではないか。加えて、豊富な知識とアイディアをもち、それに恐らくは若干のいたずら心をもっていたジンメルは、『貨幣の哲学』（一九〇〇）のあとに、『カント』（一九〇四）および『ショーペンハウアーとニーチェ』（一九〇七）という具体的な哲学者の名前を表題にした二冊の哲学書を出版し、それらを書き上げたあとに、何食わぬ顔で、もう一度反転して――書き下ろし本ではなく論文集であったとはいえ――彼の社会学上の主著である大作『社会学』（一九〇八）を出版したので、世間はますますジンメル理解に戸惑った。『カント』および『ショーペンハウアーとニーチェ』の出版によって、ジンメルは彼の社会学書と哲学書が関連しているということの種明かしを、ほのめかそうとしたのだろう。しかしこれらの題名の取り合わせが一挙に出されたことは、読者のジンメルについてのイメージを混乱させたに相違ない。

ジンメルの『貨幣の哲学』を社会学書と見なす限り、『社会分化論』から『貨幣の哲学』を経て『社会学』および『社会学の根本問題』にいたるまで、彼が三十年近く集中的に執筆を続けていたさいの力点はまさに社会学にあったということができ、しかもそれらは最後のものを除いてすべてが大著であった。しかし多作なジンメルの著作リストには、それらのあいだに『歴史哲学の諸問題』、『道徳学序説』、『カント』、『ショーペンハウアーとニーチェ』、『哲学の主要問題』、『哲学的文化』、『レンブラント』、『生の哲学』などの哲学書・芸術学書が数多く散りばめられており、とりわけ『貨幣の哲学』を書き上げたあと、ジンメルの著作リストには、哲学書・芸術研究書などの社会学以外の著作がふえていった。しかしジンメル自身の頭の中では、社会学と哲学はいつも同時存在していたのではなかったか。周知のように、ジンメルはベルリン大学において哲学の学位論文『カントの物理的単子論による物質の本質』(一八八一『著作集』4:木田元訳、白水社)を書いて哲学博士の学位を取得し、一八八五年二十七歳でハビリタチオン資格を得てベルリン大学私講師となり、同大学での最初の講義でカント研究を展開した。この講義ノートはのちに十六回分の講義録としてまとめられ、『カント』と題して出版された(一九〇四、『著作集』同巻所収、木田元訳)。その『カント』のあとに、ジンメルが講義したのが『ショーペンハウアーとニーチェ』であった。だからジンメルが第一から第三までの社会学書を書いていたあいだ、彼の社会学書に僅かしか、あるいはまったく登場することのなかったこれらの諸哲学文献は、実際には当時の彼の直接の研究テーマをなしていた、ということに注目しなければならない。

ジンメルは哲学から彼の研究をスタートしたとはいえ、社会学を自分の専門的研究テーマとする意志を初期からしっかりもっていたのであり、そのことは三十二歳で書いた『社会分化論』と、これと前後する時期に書かれた彼の社会学初期諸論文にはっきり示されていた。ジンメルの社会学はこの『社会分化論』（一八九〇）によって始まり、『貨幣の哲学』（一九〇〇）と『社会学』（一九〇八）がこれに続き、『社会学の根本問題』（一九一七）にいたって完結した。ジンメルの書いた社会学書はこれらの四書——『宗教』を社会学書に数えれば五書——であり、それらは決して多いとは言えないが、多作なジンメルは、それらの中核をなす社会学書のあいだに、多くの哲学書や芸術論書を書いていたのである。

さきにジンメルの『貨幣の哲学』第二章「貨幣の実体価値」を見たさいに、ジンメルは近代化による貨幣の歴史的発展が、貨幣実体への拘束から次第に貨幣を解放し、貨幣は機能化されていく方向へと進んだとしていると して、これを貨幣の実体から機能への歴史的発展と呼んでいることを述べた。このテーゼを中心にして、同書の第一章から第三章までを理論化したものが、ジンメルの『貨幣の哲学』の分析編であった。ジンメルは、第三の社会学書『社会学』の第一章「社会学の問題」においても、これとまったく同様に、歴史は個別的で実体的なものを個人間の相互作用（Wechselwirkung）に分解してきたとし、個人とは社会的な糸が互いに結びあう場所であるに過ぎず、人格とはこのような結合が生ずる特殊な様式であるに過ぎないとした。彼はそのような思考傾向を、近代の相対主義（Relativismus）と呼び、このような捉え方を社会学の新しい方法であるとしたが、そのような方法は社会学だけがとる特別の方法であるとは言えないと述べて、じっさいそれは、他の諸科学で帰納法（Induktion）と呼ばれているものと本質的に異ならないとした。人間は他者と相互作用して生きている社会的存在であり、社会とはすべての歴史的な生起の担い手である。社会学はこのことに基づいて人間を扱う科学であればよく、他のどの科学によっても扱われていないような特別の対象を扱うと考える必要はない、とジンメルは述べている。

ジンメルがこの書において、社会の形式と内容を区別したことは広く知られているが、彼はこの区別を単なる比喩であり、分離されるべき諸要素の対比を近似的にそう呼んだに過ぎないとした。しかしジンメルが初めて「相互行為」というキイ概念を導入した『社会分化論』いらい、彼は社会の「統一化」がなされるのは相互行為によってであると言い続けてきたことを想起するなら、彼が『社会学』においてその統一体を担うのは社会化の形式であると言っていることの重要性が理解できる。さきに引用した「多くの諸個人が相互行為に入る時、そこに社会は存在している」という相互行為命題は、『社会分化論』から『貨幣の哲学』を経て『社会学』まで一貫しているのである。

ジンメルがあげている「形式」の例は、上位と下位、競争、模倣、分業、党派形成、代表、内部への結合と外部への閉鎖などであり、それらは国家にも、同業組合や労働組合にも、宗教共同体や地域共同体にも、謀反人の徒党にも、芸術の流派にも、家族にも、共通に存在している（Soziologie, S. 7, 居安訳 18頁）。従来の社会学では、国家、同業組合や労働組合、教会、企業と軍隊、階級形成と分業など、大きな組織ばかりに関心が向けられた。しかしもっと小さなミクロの組織、例えば人びとが相互にまなざしを交わし合い、相互に妬みあい、手紙を交換し合い、昼食をともにし、同情し合い、反感を抱き合い、感謝し合い、道を訊ね、互いに着飾り合うなど、無数の細かい相互行為が重要なのである、と彼は述べている。それはまさに、後に誕生した産業社会学における人間関係論を想起させる。

社会学とは何かという無意味な論争は無数に繰返されてきたとジンメルは言っているが、自然科学におけると同様に、社会科学にも大きい二つの重要な哲学的領域がある、ということが重要であると彼は指摘した。認識論と形而上学がそれである。社会学にもそれらすべての哲学的な問題が多数存在しているのであり、それらが社会学と哲学を関連づけているのである。ジンメルはカントの「自然はいかにして可能であるか」という問いとの対比において、「社会はいかにして可能であるか」という問題についてのテーゼを考えた。ジンメルによれば、カントは「自然はいかにして可能であるか」という彼の哲学の基本問題を提起し、ただちにそれに答えることができた。これはカントにとって、自然とは自然の表象（Vorstellung）にほかならなかったからである。ショーペンハウアーは「世界は私の表象である」としたが、人間は実際には太陽の表面も地の底も知らず、それらについてのイメージを頭の中にもっているだけである。カントが意味したことは、われわれが自然と呼ぶものはわれわれの意識ではなく、われわれの観察対象であるということであった。自然は、われわれが知性によって意味感覚を構成し、指示し、形成する特殊な様式である。自然そのものは統一されない断片であるが、それらは人間の認識を通じて統合されるのである。

社会の諸要素も、統一されないでバラバラに存在する点では自然と同じであるが、社会の諸要素は自然と異なって心的相互作用だから、人間の意識に他ならない。社会とは意識そのものであり、個人の心である。だから社会とは、観察される対象ではあり得ない。しかし人間は社会を知っている。なぜなら、人間は社会を認識することができるからである。社会においては、ある人間と他の人間との統一は、理解や愛や共通の仕事によって形成される。社会について、統一を実現するのは社会そのものであり、この意味で社会とは「私の表象」である。社会は客体ではないから、主体と客体とが対立しているということはないが、ジンメルは彼が社会の認識論と呼ぶものを三つあげている。

テーゼ1　一般化された類型としての他者。他者を個性として見るのではなく、一般的な類型として見る。人間が他者について個人的な接触から得た映像は、完全な認識ではなく、ある種のズレ（Verschiebung）をもっている。例えば官吏、士官、商人、教会の信徒、学者、党派的人間、僧侶などを、それぞれ類型として見る。カントの意味の悟性は、理性と感性の中間にあり、科学的思考とされるが、ジンメルの場合は、役割人間というほどの意味に近い。

テーゼ2　社会の中にある部分と社会の外にある部分。例えば上記の例で、われわれは官吏が官僚主義的人間ばかりでないことを知っているが、社会の中にある個人の部分としては、長年のあいだ官吏の世界にいると、官僚主義的人間になっていき、またそうでないと職業としてつとまらない。他の例をあげれば、カトリックの僧侶は、彼の教会における機能が、彼の個人的な独立存在を完全に覆い尽くし、吸収してしまう。社会的な活動をする個人は、社会内と社会外の間を移動する。

テーゼ3　不平等社会の構造が個人に与える画一的作用。社会は不平等な諸要素からなる構成体であり、このような構造によって質的に規定された不平等が、人格と業績と地位における等価値の世界に対して画一的に作用する。客観的な画一性と個人的な主観的内面性という対比は、職業的差異において最も先鋭にあらわれる。

ジンメルにおける社会学への関心と哲学への関心

社会学と哲学は、ジンメルにとって発生的に別個のものだったのではない。ジンメルが用いた社会学上のキイ概念として中心に位置するのは、彼が『社会分化論』で初めて提示し、その後『貨幣の哲学』から『社会学』を経て『社会学の根本問題』まで一貫して用いた（心的）相互作用という語——上述したようにこの語は元来物理学用語だから、私は社会学用語として「相互行為」という語を用いてきた——であった。カントは相互作用を、二つの知覚が相互的に継起し得るものとして同時的に存在する場合として定義した。これに対して、ジンメルの社会学用語としての相互行為は、二人あるいはそれ以上の行為者のあいだに交わされる相互的な交換行為という意味において用いられ、相互行為と相互作用は区別されて、ドイツ語では（seelische）Wechselwirkung、英語では（mental）interaction――最近ではドイツ語でもInteraktionという語がそのまま使われるようになった――と言われてきた。ジンメルの『貨幣の哲学』は、この意味の相互行為を、貨幣的交換として分析することを中心テーマとした著作であった。

ジンメルが『貨幣の哲学』の序言において、本書はただの一行たりとも国民経済学を意図したものではないと主張したことは上述したが、『貨幣の哲学』の目標は初めから、社会学としての貨幣的交換理論にあったことははっきりしていた。私は『貨幣の哲学』という表題には、貨幣論の視野を広げるメリットがあったとしたが、他方ではそれが『貨幣の哲学』と『社会学』とのつながりを見えなくしてしまったデメリットをもったということを強調した。ジンメルにおいて社会学の哲学的出発点をなしたのはカント哲学だったから、彼はこの書の根源を哲学へと遡ろうとし、そのため同書本文中でも冒頭から哲学という語を優先させて、社会学という語をこの書の中心に位置づけない傾向があった。こうして『貨幣の哲学』は、ジンメルの書いた社会学書の中で最も体系的な書き下ろしの大著であったにもかかわらず、あるいはむしろその故に、社会学よりも広い範囲の問題を扱おうとしたことによって、全体としての意図が分かりにくい本になってしまった。それらはこの本の可能性の両面をなしていたと言えるにしても、そのために『貨幣の哲学』が、八年後に書かれた大著『社会学』と関連づけて理解することが妨げられた面があったことは、否定できない。

日本ではとくに、新明正道が繰返し『社会学』は「形式社会学」を提唱した著作であるとしてこの語を攻撃したため、そのような理解が長く定着した。たしかに『社会学』第一章には形式という語がキイ概念として用いられているが、実は「形式社会学」という語はこの書にほとんど用いられていない。私は同書が形式社会学を提唱した本であるとは受け取っておらず、それより僅か八年前に書かれた『貨幣の哲学』には、形式と内容という語はまったく用いられていなかったことを強調してきた。ジンメルが『貨幣の哲学』の第二章において中心的に用いたのは「交換」という語であり、ジンメルは同書で交換は社会化（Vergesellschaftung）であるという命題を立てて、貨幣的交換は「社会」を形成するとはっきり主張していた（Zweites Kapitel, S. 160, 著作集2、元浜・向井・居安訳 235頁）。貨幣が経済的交換のメディアであって、経済的交換はそれによって人間が社会を作るための道具そのものであるとする主張は、ジンメルの『貨幣の哲学』において最初からはっきり述べられていたのである。近年ようやくこのことが認識され、最近ではこの本は「貨幣の社会学」としての観点から広く読まれるようになってきたのは幸いである。

社会学への関心と哲学への関心を両立させることは、ジンメルがその生涯を通じて、最後の社会学書『社会学の根本問題』にいたるまで放棄せずに一貫してもち続けてきた観点であった。ジンメルは最初の社会学書『社会分化論』において、彼の社会学の研究主題を、心的な出来事としての「相互作用」という語によって表現し、最後の社会学書『社会学の根本問題』にいたるまで、みずからの社会学の中心主題をこの語によって言いあらわし続けた。繰返し述べてきたように、相互作用とは二人以上の行為者のあいだに交わされる相互的な行為の交換を意味するから、それは相互行為に他ならない。相互行為論とは当然に行為論の一形態だから、ジンメルが貨幣的交換論を社会学の一部門として位置づけていたのは当然であった。

ジンメル哲学の出発点としてのカント

ジンメル『貨幣の哲学』には、カントは第五章と第六章にいたってやっと登場するだけであるが、ジンメルは著書『カント』への序言において、この書は哲学史の著作ではなく、純粋の哲学研究であるとして、カントが基礎づけた新しい世界像の中核思想を、哲学の超時代的な財産目録の中に書き入れることがこの書の目的であるとした。ジンメルは、カント哲学は純粋の「悟性哲学」であるということを強調し、カント体系を完全な主知主義(Intellektualismus)として特徴づけることから出発した(『カント』著作集第4巻 木田元訳 第一講)。カントが『純粋理性批判』において中心概念として用いた「悟性」(Verstand)という範疇は、人間の純粋な思惟能力を意味し、これとの対比において「直観」(Anschauung)は感覚のみに求められねばならない、と定義されていた(KRV:篠田訳 上 75頁)。だからジンメルは、カントが主知主義的要素を感性的要素から分離して分析主義に徹したのであると主張し、カント哲学のカテゴリーには情熱の要素も感情の要素も本能の要素もないということを強調した。

ジンメルは、カント哲学と明確に対立する二つの世界観として、合理主義(Rationalismus)と感覚主義(Sensualismus)をあげている。合理主義とは、感覚を通じてなされる経験に対して、論理的−概念的思考をもっぱら高く評価する主張である。ジンメルは、われわれの本質的諸力の一つをこのように絶対化することは、世界観の規定に三重の結果をもたらすとした。第一に、物についてのわれわれの認識は、物に対する関係に依存しているのではなく、われわれの精神の内面における思考の動きによって生み出されているのである。第二に、この認識は感性的経験によって生み出されるのではない以上、このことは感性的に知覚され得ない諸対象、例えば神や人間の不死や世界全体の構造や物の形而上学的本質の認識に、ただちに拡張され得る。第三に、合理主義は客観的事実がわれわれの論理に適合するように構成されているに違いないということを、形而上学的に仮定している。われわれの外部にある存在は、われわれの内面で働いている理性と、その本質や法則を同じくすると規定されている。論理とは、これらの理性の一面ないし一つの表出形式である。

これに対して感覚主義とは、感覚によって存在(Dasein)を直接とらえることを高く評価する主張である。感覚主義は、超経験的なものの存在を否認し、経験が唯一の認識手段であると言明する。ジンメルは、合理主義と感覚主義を、カントと対立する二つの世界観であるとしたが、カント自身は決して合理主義と感覚主義のどちらをも急進的に否定したわけではないとした(『カント』木田元訳第二講)。ジンメルはカントが、およそいかなる意味でも急進主義的であったことはなく、カントはおよそ革命家ではなかったとする。ジンメルによれば、カントは合理主義も感覚主義も、どちらもそれぞれに正しい面をもっているとした。カントは人間が認識するのは全知性によってであると考えており、真の世界像は精神のすべての能力の協働によって生ずるのであるとした、とジンメルは主張している。

カントについてのジンメルのもう一つの大きなコメントは、カントのいう認識能力についてのアプリオリ理論についての批判的検討にあった。ジンメルによれば、カントは人間がもっている認識能力の時間的および空間的な構造が、アプリオリに確定している状態を想定していた。例えば、時間的にある要素が先行し他の要素が後続するとか、空間的にある要素が「基底」にあり他の要素がその「上部」に乗っているとかいうような構造がそれである。アプリオリとはその構造が生得的に決定されており、そのことによって普遍性と必然性が成り立っていることを意味する。これに対してアプリオリでないとは、偶発的にそのような構造がその都度実現されることどまり、確実性がない状態を意味する。カントの意味でアプリオリな構造とは、悟性と感性との協働によって、普遍的で必然的な基準を一〇〇%満たす内的条件を自分自身のうちに作り出した状態を意味する。ジンメルは、そのような状態が必然的に実現されているというようなことはなく、ここにカントの全主知主義の観点の限界があるとした(『カント』木田元訳 第三講)。

ジンメル『ショーペンハウアーとニーチェ』

ジンメルが『カント』の四年後に『ショーペンハウアーとニーチェ』(一九〇七、著作集第5巻、吉村博次訳)を書いたのは、ジンメルがベルリン大学私講師時代に、『カント』に次いで講義の主題としたノートに基づくものであり、ジンメルはショーペンハウアーとニーチェの対比をこの著作の中心主題とした。ジンメルがショーペンハウアーを論じたのは、ショーペンハウアーが一八〇四年にカントが没した後にもカントの強い影響下にあって『意志と表象としての世界』(一八一九、西尾幹二訳 世界の名著45)を書いた人であり、そしてジンメル自身もカント研究者であったことから、当然であった。他方ジンメルがニーチェをショーペンハウアーと「と」でつないだ著書を書いたのは、ジンメルがニーチェについてショーペンハウアーとの対比において大きな関心をもち、ジンメルはショーペンハウアーが「生きないこと」(nicht-Leben)という価値を確立した思想家であるのに対して、ニーチェが「生きること」(Leben)という価値を確立した思想家であるとして、鮮やかな対比を描いていたことによるものであった。

ジンメルは『ショーペンハウアーとニーチェ』の第一講の書き出しを、人類は近代において高度の文化をもつようになったために、手段の体系が長く複雑なものになり、目的の喪失に陥ってしまったという言葉で始めた。そのような近代世界において、ショーペンハウアーの哲学『意志と表象としての世界』には、人生は単調で、退屈で、発展がなく、永遠に同一の状態に縛り付けられ、生の目的は拒まれており、だから生は無意味である他はないと書かれ、人間が置かれている永久に不満足な内的状態を適確に言いあらわしていた。ニーチェもまた、『ツァラトゥストラ』（一八八三―八四、手塚富雄訳 世界の名著57）第二部において、一人の予言者が「一切は空しい、一切は同じことだ、一切はすでにあったことだ」と語ったのを聞いたという書き方で、ニヒリズムの価値について述べた。だから出発点において、ニーチェもショーペンハウアーと共通の意識をもっていたのである。よく知られているエピソードによれば、ニーチェは二十一歳の時に偶然古本屋の店頭で見つけたショーペンハウアーの『意志と表象としての世界』を買い、それを熱読して、ショーペンハウアーの抱いている強い自己確信に感動したとされる。しかしもともと厭世主義の持ち主であったショーペンハウアーとはまったく対照的に、生の目的を強く肯定していたニーチェは、ショーペンハウアーの著作から受けた感動に依拠しながらも、ショーペンハウアーとはまったく対照的な世界観に到達することになったのである。ニーチェがこのように生を強く肯定するようになったのは、ダーウィンの進化論をとりいれたことによるものであったとされている。

ジンメルは、現代の人びとが共感をもつのはショーペンハウアーに対してであろうか、それともニーチェに対してであろうかと問い、多くの人びとはニーチェに共感するのではなかろうか、と答えている。なぜジンメルがそう答えたのかと言えば、ニーチェが人びとの精神を照らす光の強さは、その反社会的な構想をはるかに上回っていると感じたからである。しかしジンメルは、この点にこそショーペンハウアー的「現象」の悲劇性があるとした。とはいえショーペンハウアーは、彼の『意志と表象としての世界』の冒頭を「世界とは私の表象（Vorstellung）である」という命題から出発させた。この命題は、カントが『純粋理性批判』の緒言に記した「われわれの認識がすべて経験をもって始まることには何の疑いもないが、だからといってわれわれの認識はすべて経験から生じるのではない」という命題と関連している。カントはすべての認識されるものを、われわれの認識能力によって規定される「現象」であるとしたが、しかし世界には認識され得ないものがあるとしてそれを「物自体」と呼んだ。ジンメルはカントのこの区別を念頭に置きながら、ショーペンハウアーとニーチェは哲学者としてどちらが偉大であろうかとみずからに問い、偉大なのは疑いもなくショーペンハウアーの方であると答えた。なぜなら、ショーペンハウアーがニーチェを、ニーチェ自身が書いているように深く感動させたものは、表象ではなく物自体においてであるとジンメルが考えていたからである。

ショーペンハウアーは生を無意味であるとしたが、彼は生の究極目的を否定して生を「どうでもよいもの」にしてしまうことは避けねばならないと考えていた。なぜなら、そのように考えることは絶対的に救いのない状態をもたらし、最も恐ろしい地点を作り出すからである。他方ニーチェは、『ツァラトゥストラ』の第四部を次のような詩で結んだ。「快楽――それは心痛よりもなお深い。痛みは言う、消え去れ！と。しかし、すべての快楽は永遠を欲する――深い、深い永遠を欲する！」と。ニーチェにとっては、永遠性の光輝が幸福の上にさしてきて、この光は、自己の根本見解の厳密な結論としての意味に、幸福を参加させる。生の勝利こそが、永遠を与えるのであると、ニーチェは考えていた。

ショーペンハウアーにとっての価値は、より少ないこと（ein Minder）＝生の減少であるのに対して、ニーチェにとっての価値は、より多いこと（ein Mehr）＝生の増大である。ニーチェの場合、その増大は永劫回帰にまで進む。ジンメルは、回帰説を有限性の要求と無限性の要求との綜合であるとし、そのことによってニーチェを競争相手としてのショーペンハウアーとつないだ、と考えていた。ニーチェのいう超人とは、人間が現在の段階を超えて発展し得るとする思想の結晶であった。

以上のように考えてくれれば、ジンメルにおける社会学と哲学の関係は、『社会分化論』『貨幣の哲学』『社会学』の三社会学書と、『カント』および『ショーペンハウアーとニーチェ』の二哲学書の両方のそれぞれにおいて、つながっていると結論することができるのではなかろうか。ジンメルは社会学者であったと同時に哲学者であったのであり、それら両方のつながりは、彼が『社会学』を書いた一九〇八年以前から形成されていたのである。

（二〇一一年一〇月二五日）

イェリネクとヴェーバー

——特に人権の起源と「国家社会学」をめぐって——

佐野　誠

序

イェリネクとヴェーバーの理論的影響関連を考察する先行研究は幾つか存在する。しかし、ヴェーバーが「プロテスタンティズムの倫理と資本主義の『精神』」(一九〇五年)の中で明言した、イェリネクの『人および市民の権利宣言』(一八九五年初版、以下『人権宣言論』)のヴェーバーへの影響については等閑視するか、簡単に触れるだけの研究論文が圧倒的に多い。たとえば、イェリネク・ヴェーバー関係の初めての体系的著作とも言える、シュテファン・ブロイアーの『ゲオルク・イェリネクとマックス・ヴェーバー』(一九九九年)では、全くイェリネクの『人権宣言論』には触れられていない。また国家論の観点からイェリネクとヴェーバーの類似性や異質性を探究したアンドレアス・アンターの本格的な論文(二〇〇〇年)においても、『人権宣言論』は考察の外に置かれている。[1]この要因としては、『人権宣言論』の考察が法学の一専門分野と見なされ、この著作に法学以外の研究諸領域から接近することに当該研究者の戸惑いやためらいがあること、また広い意味でのイェリネク研究者の多くが法学・憲法学の研究領域に属し、彼らがヴェーバーを直接の研究対象としていないということが考えられよう。

本論稿は、イェリネクの『人権宣言論』、特にその主旋律である人権起源論をヴェーバーがどのように受け止めたのか、また『人権宣言論』とイェリネックの大著『一般国家学』(一九〇〇年初版)の理論的・思想史的接点はどこにあるのか、さらに『一般国家学』における主要概念がヴェーバー最晩年のテーマ「国家社会学」にどのように反映され、位置づけられているのかを探求することを目的とする。後者については最近刊行された講義録「国家社会学」(一九二〇年)を参照しつつ論じるが、この講義自体が未完であるために問題提起の域を出ないことをあらかじめ断っておく。(2)

第一章　人権の起源について

第一節　イェリネク『人権宣言論』とヴェーバー

周知のように、ヴェーバーは「プロテスタンティズムの倫理と資本主義の『精神』」を執筆する際に、イェリネクの『人権宣言論』から大きな示唆を得た。(3) イェリネクが人権の起源を宗教改革に端を発する信教の自由の精神に見たように、ヴェーバーは近代資本主義の起源を宗教改革に端を発するプロテスタンティズムの倫理に見た。その意味で、ヴェーバーのプロテスタンティズムの倫理論文は、イェリネクの『人権宣言論』の経済版と言ってもよいだろう。しかし、イェリネクから示唆を得たものはこれだけではない。イェリネクからの「予期せぬ産物」の存在も否定できない。すなわち、ヴェーバーにおけるゼクテ概念の形成がこれである。著作史的に見れば、ヴェーバーのゼクテ概念は、上記の「プロテスタンティズムの倫理と資本主義の『精神』」を端緒として、小論文「『教会』と『ゼクテ』」および「北アメリカの『教会』と『ゼクテ』」（一九〇六年）、「トレルチの講演『ストア的―キリスト教的自然法』に対する応答」（一九一〇年一〇月二一日のドイツ社会学会）、『経済と社会』（一九一一〜一四年頃執筆）の「支配の社会学」、そして「プロテスタンティズムの諸ゼクテと資本主義の精神」（一九二〇年）等で記述されている。[4] 特に、一九〇四年のアメリカ合衆国からの帰国後執筆された「『教会』と『ゼクテ』」および「北アメリカの『教会』と『ゼクテ』」では、官僚制的な教会類型に対抗するゼクテ類型（バプティスト、クウェーカー）が主たるテーマとなっている。そして、この執筆の動機の一つに、イェリネクの『人権宣言論』におけるプロテスタンティズム理解への批判があるのである。

ヴェーバーはゼクテの概念規定を上記著作の至る所で試みているが、最も簡潔に纏められているのは、『経済と社会』「支配の社会学」の「政治的支配と教権制的支配」の箇所である。彼は言う。「ゼクテとは、その意味と本質とからして必然的に普遍性を断念せざるを得ず、必然的にその成員の完全に自由な合意に基づかざるを得ないような宗団のことである」。[5] ゼクテは、官僚制的な教会機構、たとえばローマ・カトリック教会、イギリス国教会、カルヴィニズムの長老教会に見られるような普遍性・強制性・強固な組織性・神権政治性を嫌悪する一方で、ゼクテへの入会やゼクテ運営に個々人の自主的な主体性を要求することを特徴とする。ヴェーバーによって代表的なゼクテと見なされたバプティストが幼児洗礼を否定し、クウェーカーが神の霊に突き動かされた一般信徒によってのみ礼拝を運営するのもこの一例である。法的・政治的に見れば、ゼクテは、国家と教会の統合や癒着を批判し、「国家と教会の分離」や「寛容」に対して、必然的に好意的にならざるを得ない性格を持つ。言い換えれば、「良心の自由」の本来的な担い手がゼクテなのである。[6]

ではなにゆえに、ヴェーバーのゼクテの形成要因がイェリネクの『人権宣言論』と関係するのだろうか。それはイェリネクのプロテスタンティズム理解にある。イェリネクは一七八九年のフランス人権宣言の後世への法制上の影響力を認めつつも、その主たる淵源を当時の通説であったルソーの『社会契約論』(一七六二年)や啓蒙主義哲学に認めず、法史的には一七七六年六月一二日制定のヴァージニア州憲法の「権利の章典」を嚆矢とするアメリカ諸州の「権利の章典」、社会史的には十七世紀イギリスの北アメリカ植民地におけるロジャー・ウィリアムズの政教分離および信教の自由のための闘争の中に見る。このウィリアムズは政教分離を主張したがゆえに、イギリス国教会に迫害されて一六三一年に北アメリカに渡ったプロテスタントの聖職者である。[7]

当時、アメリカに渡ったプロテスタントの多くは会衆派(Congregational)であり、長老派(Presbyterian)、バプティスト(Baptist)、クウェーカー(Quaker)がそれに続くが、バプティストやクウェーカーは新天地アメリカにおいても多数派である会衆派や国教会派(Episcopal)に迫害・抑圧されることになる。[8] 一般的に見て、マサチューセッツ州等の北東部では会衆派が主流で神権政治が行われていた。南部のヴァージニア州等では、イギリス国教会(聖公会)信徒が多く、国教会制は継続されており、政教分離とは言い難い状況にあった。[9] ウィリアムズの場合には、マサチューセッツ州の会衆派と政教分離、信教の自由、神権政治、先住民の土地取得といった点で真っ向から対立し、結局、マサチューセッツ州から追放されることになる。彼は先住民であるインディアンに助けられながら逃避行を続け、最終的に行き着いた地にロード・アイランド(州都はプロヴィデンス(「神の摂理」を意味する))を建設する。またこの地で彼はバプティストに改宗し、北アメリカ最初のバプティスト教会を築くことに尽力するのである。[10] イェリネクによれば、このロード・アイランドこそが、宗教上の事柄に関して、不利益を受けたり、処罰されたり、訴追されたりすることはなく、いかなる時にも良心の自由、信教の自由の保障される地なのであった。

しかしイェリネクのこの主張は、二つの点で問題があった。その一つは、ウィリアムズの政教分離論や信教の自由論は確かにロード・アイランドには実践上有用であったが、歴史的社会史的にはこの理論を一七七六年以後のヴァージニアを初めとするアメリカ諸州の権利の章典の法制化に直接に結びつける確たる証拠・資料に乏しいこと、今一つは、ヴェーバーが参照した『人権宣言論』の初版（一八九五年）と第二版（一九〇四年）ではロジャー・ウィリアムズの宗教観をカルヴィニズムの観点から捉え、ヴェーバーが言うようなバプティスト＝ゼクテの視点がないことである。[11] 言い換えれば、イェリネクはアンシュタルト的・官僚制的な「教会」と「ゼクテ」とを区別していないのである。ヴェーバーのゼクテ形成に直接に関わるのは第二の点であるが、第一の点についても間接的に関係するので、まずは第一の点から説明しておこう。

第二節　イェリネクの第一の問題点――人権の起源における歴史的論証の非論理性

ロジャー・ウィリアムズは、確かに徹底した信教の自由、政教分離の主張者であった。しかし、彼の著作が実際に紹介されるのは、十九世紀になってからのことであり、ヴァージニアの権利の章典の起草者であるジョージ・メーソン、その「信教の自由」条項を修正したジェームズ・マディソン、そしてアメリカ独立宣言やヴァージニアの「信教自由法」（一七八六年）を起草したトマス・ジェファーソンらとロジャー・ウィリアムズの著作との直接的な接点はない。[12] またヴァージニアの権利の章典（全十六条）については、第十五条までの諸権利が先行して作成され、最後の条項である第十六条の信教の自由条項は、制定直前まで決着がつかずに継続審議された箇所である。制定過程からすれば、信教の自由条項がそれに先行する十五条の諸権利・人権の基盤とはなっていないのである。[13] これはイェリネクの主張への反証となる事柄である。
さらに、イェリネクが人権の法制化の起源として例示する自治植民地コネチカットの基本法や、アメリカ諸州の権利の章典には、キリスト教、特にプロテスタントの信教の自由が前提となっている。[14] 先にも触れたように、十七世紀から十八世紀の初頭にかけてのアメリカでは、カトリック教徒や無神論者だけではなく、バプティストやクウェーカーも迫害の対象となっていた。この意味で、万人に信教の自由を認めるロード・アイランドの存在は、クウェーカーを迫害から守り、受け入れるためにウィリアム・ペンによって創設されたペンシルヴァニアのそれとともに、例外的とさえ言えるのである。
以上の事柄は、イェリネク以後の研究者によって繰り返し指摘されたことである。しかし、同時代のヴェーバーも、信教の自由を人権の起源とすることには慎重であった。ヴェーバーは「支配の社会学」末尾のしばしば引用される箇所で、イェリネクの言う信教の自由、良心の自由を原理的には第一次的な人権と見なしつつも、これが最古の人権であるかどうかの問題については留保している。すなわち、「首尾一貫したゼクテを基盤として権力……に対抗するところの、被支配者たちの、しかも被支配者各個人の、不滅のものと見なされるところの一つの『権力』が存在する。これが果たして最古の『人権』であるかどうか――イェリネクは説得的におそらくはこれが最古の人権であろうと考えたのだが (wie Jellinek überzeugend wahrscheinlich gemacht hat) ――はここでは問わない。いずれにせよ、ともかく、この意味での『良心の自由』は、……国家権力からの自由を保障するところの人権であるゆえに、原理的に第一次的な『人権』である」。[15]
世良晃志郎は、上記のドイツ語の部分を「イェリネクはこれがおそらく最古の人権と認められることを説得的に明らかにしているが」と肯定的に訳しているが、「説得的に明らかにした」と考えるのはイェリネクであって、ヴェーバーでは必ずしもないことに注意すべきである。

それでは、ロジャー・ウィリアムズについて、ヴェーバーはどのように理解していたのだろうか。ヴェーバーは、一九〇四年から〇五年にかけて書かれた「プロテスタンティズムの倫理と資本主義の『精神』」の原論文では、「寛容」との関連でやや詳しくウィリアムズについて記述している。重要な箇所なので煩をいとわず引用しておこう。

「[完全な寛容の要求という]この積極的な宗教的理由から最初の植民地となり、同時に国教会制のあらゆる残滓を払拭する植民地ロード・アイランドの創設者はロジャー・ウィリアムズであるが、彼はその地であらたに洗礼を受け、しばらくではあるがそれからバプティストたちの牧師をも勤めた。しかし、それに先だってすでに展開していた反国家主義の根本原理を彼がどこから得ていたのかを正確に示すことはできない。カトリック系のバルティモア卿によって創設された植民地メリーランドは、寛容……を宣言したがこれはカトリック公認の植民地は圧迫されるであろうからという全くの便宜に発するものであった。当然のことながらペンシルヴァニアは、初めから、寛容、および国家と教会との分離という根本原理を持っていた。……このように宗教内在的な動機から『反権威主義』が導き出されたということが、ピューリタン諸国における『自由』の歴史的に決定的な『心理的』基盤であった。……良心の自由の発生史と政治的意味にとって基礎的重要性を持つのは、周知のようにイェリネクの『人権宣言』である。私個人もまた、ピューリタニズムと新しく取り組むようになったのは、まさしくこの書物のお陰なのである」(16)。

この文面から明らかになることは次の四点である。第一に、ロジャー・ウィリアムズはイギリスの国教会制から完全に自由となって国家と教会の分離を主張したこと、第二に、この反国家主義の根本原理が何に由来するのかを正確に示すことはできないこと、第三に、良心の自由に見られる反権威主義は、アメリカを初めとするピューリタン諸国の自由における心理的基盤であったこと、そして第四に、すでに指摘したイェリネクの『人権宣言論』のヴェーバーにおける著作上の意義である。第一の点は、イェリネクに同調した視点であるが、第二、第三の点については、イェリネクの見解と微妙に異なっている。すなわち、ここでもウィリアムズの主張に代表される「信教の自由」を断定的に人権の起源とは見なさず、自由一般の心理的基盤とした上で、最終的な人権の起源の論証を留保するのである。しかもこの引用した文面は、一九二〇年の改訂版ではすべて削除されている。[17] そして削除の一つの、しかしその決定的な要因こそが、イェリネクの『人権宣言論』におけるゼクテ描写の欠如およびプロテスタンティズム理解の誤謬にあると考えられるのである。以下第二の問題点に移ろう。

第三節　イェリネクの第二の問題点——ゼクテ理解の誤謬

イェリネクの『人権宣言論』は一八九五年版（初版）、一九〇四年版（第二版）、そして一九〇九年頃までに書き留められ、イェリネクの死後に次男ヴァルター・イェリネクによって編集された一九一九年版（第三版）がある。[18] 先にも触れたように、ヴェーバーが参照したと考えられるのは一八九五年版あるいは一九〇四年版であり、この両者には「洗礼主義（Täufertum）」［「バプティズム」］や「ゼクテ」（Sekten）」という用語は出てこない。しかし一九一九年版にはこれらの用語が数箇所で挿入されているのである（S. 44, S. 47, S. 55、八八頁、九〇頁、九八頁）。これはヴェーバーやエルンスト・トレルチの指摘を受けての修正である。ここではヴェーバー（あるいはトレルチ）が考えるイェリネクの問題点・誤謬を二点指摘しておこう。

第一は、イェリネクは、ロバート・ブラウン（一五五〇－一六三三年）に端を発する会衆派を国家と教会の徹底的分離、各教区の自治、完全な良心の自由の先駆と見なすが、ヴェーバーはブラウンに連なる教会の最初の良心の自由の宣言は、会衆派の見解の中にではなく、一六一二年ないし一三年にアムステルダムで行われたイギリスのバプティストの決議の中に見たことである。また国家による良心の自由の成文法的保護を権利として要求した最初の公文書を、一六四四年のバプティストの信仰告白の中に見出したことである。会衆派の信徒たちはアメリカに渡り、特にマサチューセッツ州で指導的な教派を形成し、神権政治を実行した。[19] ウィリアムズはこの会衆派と衝突し、会衆派教会によって追放されたのであり、会衆派をイェリネクのように良心の自由と直接に関係づけることはできない。この点については、トレルチも一九〇六年の論文で、「カルヴィニズムを採用する北アメリカの諸州は確かに民主主義的ではあったが、良心の自由については何ら知るところがなかっただけではなく、良心の自由を『神なき懐疑』としてあからさまに非難した」と述べ、イェリネクを名指しで批判している。[20]

第二は、イェリネクは、ウィリアムズをバプティストやゼクテの範疇で捉えず、改革教会（カルヴィニズム）あるいはピューリタン一般の範疇で捉えているが、ヴェーバーはウィリアムズを明確にバプティストの範疇、すなわちゼクテの範疇で捉えていることである。同じくトレルチも、イェリネクの言う「ピューリタニズム」とはカルヴィニズムではなく、実際には洗礼主義・バプティズムのことを指し、イェリネクがカルヴィニズムと洗礼主義とを混同していることを的確に指摘した。[21] ヴェーバーもトレルチも一九〇四年にアメリカを旅行し、クウェーカー等のゼクテの集会に出席している（「ゼクテ体験」）。イェリネクは彼らのアメリカへの渡航を側面援助したのだが、アメリカへは行かなかったのである。[22] この両者間の体験の有無が、イェリネクのプロテスタンティズムやゼクテ理解の弱点になったものと思われる。

いずれにせよ、アメリカからの帰国後にその体験談をも含めて執筆したヴェーバーの小論文が、「『教会』と

『ゼクテ』」および「北アメリカの『教会』と『ゼクテ』」（一九〇六年）にほかならない。両者の内容については拙著で分析したのでそちらに譲るが、[23]少なくとも教会とゼクテの二類型をこれらの論文で記述した要因が、イェリネクの『人権宣言論』における教会型（カルヴィニズム、会衆派）とゼクテ型（バプティスト、クウェーカー）との混同、あるいはこれらに対するイェリネクの配慮のなさにあったことは間違いないのである。たとえば、「洗礼主義［バプティズム］の偉大な民衆運動から生まれ出たすべてのゼクテにとって、『国家と教会の分離』はドグマとしての根本原理（Grundsatz）であり、ラディカルなピエティズムの団体（カルヴィニズムの独立派［会衆派］およびラディカルなメソディスト［＝教会型］）にとっては、構成原理（Strukturprinzip）であった」という「北アメリカの『教会』と『ゼクテ』」における記述や、「人間はすべて人間として一定の権利をもっているという観念への移行は、宗教的な、とりわけ洗礼主義［バプティズム＝ゼクテ型］の影響の一時的には極めて強い協力のもとに、基本的には、十七、十八世紀の合理主義的な啓蒙によって、はじめて実現されたもの」という「法社会学」の記述もイェリネクを多分に意識したものである。[24]

　以上から見て取れるように、プロテスタンティズムの倫理論文の改訂版（一九二〇年）でイェリネクへの引用・賛辞が削除されたのも、『人権宣言論』の要（かなめ）とも言うべきイェリネクのプロテスタンティズム理解の誤謬がその要因の一つであったと言わざるを得ない。倫理論文の核心部分（第二章「禁欲的プロテスタンティズムの天職倫理」）において、禁欲的プロテスタンティズムの担い手を（一）「カルヴィニズム」、（二）「ピエティズム」、（三）「メソディズム」、そして（四）「洗礼主義の運動から派生した諸ゼクテ」に理念型的に分類して分析する以上、イェリネクの『人権宣言論』を積極的に評価することは論理の展開上不可能とヴェーバーには思われたのである。と同時に、トレルチが、キリスト教を「教会」「ゼクテ」「神秘主義」という三つに類型化しつつ分析した大著『キリスト教会およびキリスト教諸集団の社会教説』を一九一二年に上梓したのも、イェリネクへの批判が一つの動機づけとなっていたことをここで付け加えておかなければならない。というのは、このトレルチの著作における指摘があってこそ、ヴェーバーは原論文では賛辞したイェリネクの『人権宣言論』を、改訂版では比較相対的に過小に評価することになったからである。[25]

第二章　ヴェーバーの「国家社会学」とイェリネク

第一節　ヴェーバーの「国家社会学」について

イェリネクの『人権宣言論』の内容に一部誤謬があるとはいえ、ヴェーバーがこの著作から多大な影響を受けていたことは事実である。それでは、『人権宣言論』やイェリネクの理論の影響は、プロテスタンティズムの倫理論文やゼクテ論文といった宗教社会学分野の著作に留まるのだろうか。それともヴェーバーのいわゆる「連字符（ハイフン）社会学」のあちらこちらにその痕跡を残しているのであろうか。ここでは、近年その講義録が公刊され、一部研究者に注目されている、ヴェーバー最晩年のテーマ「国家社会学」との接点に的を絞ってこの問題を考えてみたい。

もっとも「国家社会学」というテーマでヴェーバーが語るのは、最晩年の講義だけではない。一九一七年十月二十五日のウィーン社会学会での講演でも「国家社会学の諸問題」と題してすでに語られている。[26]この講演では、「国家の法学的考察と社会学的考察の区別」および「正当的支配の三類型と第四の正当性観念」という大きな二つの内容が対象となっている。[27]特に後者は、合法的支配、伝統的支配、カリスマ的支配に加えて、「被支配者の意思」から引き出される民主制的支配が「第四の正当性観念」として取り上げられている。これは後に触れる「支配の諸類型」で記述された「反権威主義的に解釈がえされた」カリスマ的支配に概念上繋がるものである。[28]

国家社会学の講義の方は、ヴェーバーが亡くなるほぼ一ヶ月前の一九二〇年五月十一日から始まるミュンヒェン大学夏学期の講義のテーマであり、正式な講義名称は「『一般国家学と政治』(国家社会学)」(Allgemeine Staatslehre und Politik (Staatssoziologie))である。受講申請者は四百名ほどであり、講義室が超満員になるほどの盛況ぶりであった。この講義内容については、『マックス・ヴェーバー全集』第三部第七巻に当時聴講した二人の学生の講義ノートが公表されている。すなわち、エルヴィン・シュテールツルとハンス・フィッカーの講義ノートである。ヴェーバーの死によって講義は総計十一時間行われただけで中断したが、講義の構成表が残されているので、以下に記しておこう。[29] シュテールツルの記録は上段、フィッカーのそれは下段のブラケット(〔 〕)である。

一 (国家の概念)〔国家の概念〕
二 正当的支配の諸類型〔正当的支配の諸類型〕
三 身分と階級〔身分と階級〕
四 種族国家と封建国家〔種族、封建国家〕
五 家産制と専門官吏〔家産制〕
六 市民と都市国家〔市民の概念、都市国家、国家と国民〕
七 身分制的権力分割と代表の観念〔権力分割—身分制的な、代表〕

八　合理的な権力分割と議会制［権力分割―合理的な、政党］
九　「民主制」の様々な種類［民主制］
十　政治権力と自治［政治権力―自治］
十一　政治権力と教権制権力［政治権力―教会権力］
十二　（政治権力と軍隊権力）［（政治権力）と軍隊（権力）］
十三　政治指向の資本主義［国家形態―経済形態―政治指向の資本主義］
十四　近代国家と合理的資本主義［国家―近代合理主義（夜警国家）］
十五　レーテ国家［レーテ国家］
十六　外交が国内構造に及ぼす影響［内政―外交］

実際に講義が行われたのは、一「国家の概念」と二「正当的支配の諸類型」だけであり、これは、形式的にも内容的にも第一次大戦のドイツ敗北後に書かれ、一九二〇年四月一日に執筆が完了したヨハンネス・ヴィンケルマン編『経済と社会』第一部第三章の「支配の諸類型」と極めて近似する。(30) すなわち、ヴェーバーは「支配の諸類型」を書き上げてから、その内容を若干手直しして講義に利用したと考えられるのである。その後に予定されていた「家産制」、「官僚制」、「都市国家」、「民主制」、「政治権力と教権制権力」のような項目は、『経済と社会』第二部の旧稿（「支配の社会学」や「都市の類型学」等）の改訂に関係するであろうし、人権や基本権の問題については十一の「政治権力と教権制権力」、そしてプロテスタンティズムの倫理論文の内容の一部については十三の「政治指向の資本主義」で取り上げられたはずである。また十四〜十六は、講演「職業としての政治」等で主張した内容が想定されていたものと思われる。

いずれにせよ、検証可能であるのは一と二だけである。一の「国家の概念」は、一九一九年に完成していた「社会学の根本概念」(『経済と社会』第一部第一章)の内容と一部重なる。[31] またイェリネクへの引用もあり、彼を意識していたことを窺わせる。二の「正当的支配の諸類型」についてはイェリネクへの引用はなく、ヴェーバー独自の観点——但し「支配の諸類型」と重複する——が展開されている。以下では、一と二の講義内容におけるイェリネクからの受容とイェリネクへの批判を、一九一七年の上記講演記事にも触れながら考察してみよう。

第二節　イェリネクからの受容

受容の第一は、イェリネクは社会的形成物としての国家をその全体において観察する「社会的国家学」と国家学の法的部分としての「国法学」とを体系上区別したが、ヴェーバーも国家の法学的考察と社会学的考察の区別を強調したことである。ヴェーバーによれば、社会学は歴史現象としての国家の考察に関して、国法が国家を取り扱う手段——様々な法概念を用いて行う手段——とは異なる手段で対象に接近することを特徴とする。法学の場合には、法解釈に見られるように、法的思考の規則に基づいて何が妥当すべきなのかを探究することが課題であるが、社会学の場合には、所与の諸条件のもとで何が予測的に生じるのかの探究が課題となる(MWG, 1/22-4, S. 752)。イェリネクが一般国家社会学と一般国法学の両者を研究対象としたのに対して、ヴェーバーはもっぱら国家社会学に研究対象を限定したという違いはあるが、国家学の方法論としては同じような見方に立っていたと言える。

第二は、第一の問題とも関係するが、イェリネクは「憲法の欠缺」問題を「政治」との関連で積極的に取り組んだが、ヴェーバーもこの問題を国家社会学の重要課題と見なし、イェリネクの「憲法の欠缺」理解に同調したということである。ヴェーバーは次のように言う。「あらゆる国法上の憲法には欠缺が存在する。立法上、予算案の合意が成立しない場合に、何が起きるかということについての事例的な規定を含む成文憲法はごくわずかである。これに対して社会学的意味での国家の憲法は、まさしく、このような場合にはいったい何が予測的に生じるのかといった問題に立ち入らなければならない。というのは、政治的な利害がそれに結びついているからである」(MWG, 1/22-4, S. 752)。

ヴェーバーによれば、憲法に欠缺がある場合、法学的考察方法ではこれ以上何も言うことはできないが、社会学的考察方法では、そこから何が生じ、何が予測できるかを考察することは可能ということなのである。

このような見解は、ヴェーバーが評価した、イェリネクの『憲法改正と憲法変遷』(一九〇六年)の内容に一部依拠している。イェリネクは次のように言う。「歴史的現象は人間による予測が極めて不完全にしか及ばないものであり、……したがってまた、歴史的経験は、いかなる憲法にも欠缺がつきものであり、その欠缺は、解釈や類推といった伝来的な手段によって埋めることができないという認識を生み出す。……このことは特に予算法の領域で明らかとなった」[32]。

ヴェーバーは、イェリネクから『憲法改正と憲法変遷』(一九〇六年)を献呈されたとき、この著作に対する称賛の言葉を一九〇六年八月二十七日付け「書簡」で彼に送っている。それはこの著作でイェリネクが、ゲルバーやラーバントらに代表される国法実証主義者によって不当に無視されてきた国法学と政治との結びつきをいかに考えるべきかという問題に真剣に取り組み、ドイツでは表面的にしか論じられてこなかった法的考察と政治的考察との相互の方法論的分離を強調し、さらに「憲法改正」(Verfassungsänderung)と「憲法変遷」(Verfassungswandlung)

とを区別して論じたからである。[33] 端的に言えば、ヴェーバーは、法的政治的歴史的諸状況の「社会学的考察」から得られた「憲法の変遷」という新たな見方を、「憲法の欠缺」問題に関連づけたイェリネクの手法を高く評価しているのである。但しこのことは、ヴェーバーが客観的経験的な事象である「憲法の変遷」を主観的実践的に肯定したということを意味するものではない。憲法の変遷は、イェリネクが『一般国家学』において「事実的なものの規範力」の諸事例の一つとして挙げた「成文憲法と事実との乖離から、事実が憲法的効力を有する場合」に妥当しよう（AS, S. 342、二八〇頁）。しかし、事実と価値、事実と規範をイェリネク以上に厳格に分離し、不文法（慣習法）や「正義」「愛憎」に基づく実質的な法（MWG, 3/7, S. 102, S. 103）の裁判適用（裁判規範性）に慎重であったヴェーバーが、「事実的なものの規範力」（=「憲法の変遷」）の実践的応用を積極的に評価したとは決して思えないのである。

ちなみに、イェリネクによれば、憲法改正とは「意図的な意思行為によって行われる憲法条文の変更のこと」であり、憲法変遷とは「憲法条文を形式的には変更せずに存続させたまま、そのような変更の意図または意識によっては導かれなくともよい諸事実によって惹起されるような変更のこと」（傍点、筆者）である。[34] その意味で、憲法変遷の考察には、国家社会学の方法が要請されるのである。

第三は、ヴェーバーの国家概念のイェリネクからの影響である。特にイェリネクは、『一般国家学』の中で、国家社会学と国法学における国家の定義づけの相違を明示したが、ヴェーバーもこの点を「講義」において強調した。イェリネクの国家社会学的観点からする国家の定義は、「国家とは、始源的な支配力を付与された、定住する人間（Menschen）の団体統一体（Verbandseinheit）」（AS, S. 180f.、一四四頁）というものであり、国法学的観点からする国家の定義は、「国家とは、始源的な支配力を付与された、定住する人民（Volk）の社団（Körperschaft）」というものである（AS, S. 183、一四五頁以下）。

これは「国家の両面説」と一般には呼ばれているが、両観点の定義が異なるのは、社会学的観点の場合には、カール・シュミットのように国家を実体的に捉えるのではなく、機能として、すなわち人間と人間との関係から現象する行動の連続・総体として捉え、法学的観点の場合には、国家を法組織として、すなわち義務を伴う「権利主体」（＝法人）として限定的に捉えるからである。社会学的な国家概念の場合の機能とは、もっぱら心的・精神的なものであり、国家機能は心的・精神的な人間の集団現象に属する。これに対して、法学的な国家概念の場合の国家は、「社団」「法人」という客観的には存在しない純法学的概念に包摂される存在である（AS, S. 174, S. 183、一四〇頁、一四五頁）。一言で言えば、イェリネクは社会学的国家概念を動態的、機能的に、法学的国家概念を静態的、構成的に理解したのである。

ヴェーバーは「講義」の冒頭で、このイェリネクの国家概念を聴講生に紹介している。シュテールツルとフィッカーの講義ノートから一部抜粋してみよう。

「法律家、すなわち国家とは権利関係、権利主体。法律家は常に主権の概念を用いて仕事をする。あらゆる構成は、何らかの経験的な事実に対して実用的となる条項を有する」（シュテールツル、MWG, 3/7, S. 68）。

「イェリネク　権利主体。法学的概念＝実用的な仮説。社会学的国家概念＝社会学的に見て、「国家」はどのように考えられるのか？　常に一定の人間の行為の可能性＝国家。人間は自らの行為をその可能性に方向づける。社会学＝行為の学。国家の存在＝服従の可能性。矛盾する規範は社会学者には関係がない。」（フィッカー、MWG, 3/7, S. 69）。

このようにヴェーバーは、イェリネクと同様に、二つの観点から国家を定義づけようとした。しかし、それは国家の社会学的概念を法学的概念と対比することによってより鮮明にするためである。ヴェーバーの方法論上の軸足は常に社会学の方にある。彼は「社会学の根本概念」の中で、「講義」で語った趣旨を次のように説明してこの点を強調する。

「『国家』という事象は、必ずしも法的に重要な構成要素のみから成り立っているのではないし、本来、社会学にとっては、『行為する』集団的人格（≫handelnde≪ Kollektivpersönlichkeit）なるものは存在しない。いずれにせよ、社会学が、国家、国民、株式会社、家族、軍隊などの『形成された物』を問題にする場合には、むしろ、諸個人の実際上の社会的行為や、可能性として構成された社会的行為の特定の経過のことを考えているだけで、従って、法律上の諸概念は厳密であり、これに慣れてもいるので、社会学はそれを利用するにはするが、全く別の意味を含ませている」[35]。

ヴェーバーも、社会学的国家概念を動態的、機能的に、法学的国家概念を静態的、構成的に理解したと言えようが、国家を法人（「集団的人格」）として捉えたり、「支配力の独占」として捉えたりするイェリネクの見解には同調していない。以下ではイェリネクへの批判的見解を考察しておこう。

第三節　イェリネクへの批判的見解

イェリネクは、支配関係を社会学的意味での国家概念に特有なものとして捉えているが、ヴェーバーにおける支配関係は、正当的支配の三類型に見られるように、国家固有のものではなく、社会現象全般にわたるより弾力的なものであった。ここで言うイェリネクにとっての支配とは、「他人の意思に対し、自己の意思を無条件に実現するよう命じ、自己の意思を他人の意思に対し貫徹する力を持つこと」を意味する。そして国家だけがこの力を有するのである（AS, S. 180、一四四頁）。支配力を独占する国家の存在については、すでに一八八七年の『法律と命令』の中で、より強固に規定されている。すなわち、「支配するということは無条件の命令を発するということであり、この命令の根拠と制約は、命令する者の自由な決定の中にのみ見出される」。「国家だけが無条件の命令権力を持つ。国家だけが支配することができ、国家のあらゆる支配は国家にのみ由来する」[36]。

国家が支配力を無条件、排他的に独占するということは、国家主権を意味するのであって、場合によっては、国家独裁にも繋がりかねない見方である。確かにヴェーバーも国家の定義を「ある一定の領域の内部で……正当な物理的暴力行使の独占を実効的に要求する人間の共同体」としたが、国家が独占するのは物理的強制力・武力であり、支配力それ自体ではない[37]。イェリネクは、このような国家の支配力の独占状態を緩和するものとして、次の三つの理論を展開した。すなわち、一、国家が法を制定し、法によって国家が義務づけられうる国家の自己拘束論、二、国家の支配を特定の目的に基づかせることによって国家を規制する国家目的論、三、国家と個人の権利関係・状態を規定する地位理論である。一の「国家の自己拘束論」について、ヴェーバーは特に述べてはいないが、国家の行為に拘束や制限を設定する法自体が国家によって制定されうる以上、国家の自己拘束論は、「国家の最終的な番人は誰か」という問いに対する解答をその中に見出しがたく、実効性は脆弱である。二の「国家目的論」は、イェリネクが国家の無目的を説く有機体論や機械的唯物論的世界観に抗して主張した理論である。彼は拡張的国家目的論（幸福主義的・功利主義的理論、倫理的理論）、制限的国家目的論というような独自の用語で国家目的の必要性を力説しているが（AS, S. 242f.、一九五頁以下）、今一つ説得力に欠ける嫌いがある。国家社会学の聴講生の講義ノートにイェリネクの名前は挙げられていないが、「国家の目的による定義は不可能、手段によってのみ可能」（フィッカー、MWG, 3/7, S. 75）と記されており、イェリネクの国家目的論に対する批判がヴェーバーの念頭にあったことを窺わせる。この講義箇所は政治団体を説明する箇所であり、「社会学の根本概念」第十七節「政治団体と教権制団体」で記述した内容を講義の際に利用している。ここでヴェーバーは、国家目的論を否定する具体的理由として、「食糧の供給から芸術の保護に至るまで、ありとあらゆる政治団体が追求しなかった目的」も、逆に「人身保護から判決に至るまで、ありとあらゆる政治団体が追求した目的」も共に存在しないという点を挙げている。[38] 目的の善悪の客観的基準が一義的ではない限り、国家目的は価値領域に属するということである。要するに、ヴェーバーは目的不可知論の立場を取り、手段の観点から、すなわち物理的強制力を本質的要素として国家を定義づけるのである。

三の「地位理論」は、一八九二年に公刊された『主観的公権の体系』で展開された理論であり、この地位理論こそが、『人権宣言論』では法史的視角から捉え直され、『一般国家学』第十三章「国家の諸要素の法的地位」(AS, S. 394f.、三二三頁)で再度凝縮して説明されたものである。[39] より具体的には、国家と個人の権利関係を規定する状態を、受動的地位、消極的地位、積極的地位、能動的地位の四つに分類した上で、公権、すなわち個人の国家に対する状態から生じた請求権の法的位置を提示したものである。第一の受動的地位は、国家に服従する臣民の状態で、個人の自由領域は存在せず、国家に対する義務・服従が強調される。第二の消極的地位は、国家の支配権を否定する国家から自由な、自己が主人(Herr)である個人の状態であり、個人の自由領域が承認される。第三の積極的地位は、個人的利益のために国家に積極的給付を請求できる状態で、国家請求権、裁判請求権がこれに妥当する。第四の能動的地位は、個人が国家的機関の形成に選挙によって参加する状態で、参政権がこれである。[40]

特にこの中で、イェリネクの『人権宣言論』に関係するのは、消極的地位である。イェリネクの消極的地位における自由の領域とは、「国家にとって法的に関係しない」個人の行為領域のことである。この法的に関係しない個人の行為領域の事例として、彼は出版の自由、職業選択の自由、信教の自由等を挙げている。というのは、これらは、「自己のワインを飲み、自己の所有地を散歩する行為」と同様に、他者の権利に直接影響を及ぼすことがないからである。[41] 要するに国家によって命令されたり、禁止されたりすることとは関わりのない個人の自由な状態が消極的地位なのである。

この消極的地位（消極的自由）の一つに信教の自由があり、これをイェリネクは『人権宣言論』において人権の起源と考えるのである。もっとも『主観的公権の体系』の段階では、信教の自由を国家の支配権とは関わりのない領域（「自己のワインを飲み、自己の所有地を散歩する行為と同様な状態」）にあるものと見なすことによって、国家に対する防御権（Abwehrrecht）という、より積極的な意味でこの自由を捉えてはいない。[42] 要するに、国家の支配権の独占を担保した上で、国家法には関わりのない自由の領域に信教の自由を設定するのである。これは信教の自由を承認するための苦肉の策であり、イェリネクの時代拘束性は否定できない。とはいえ、信教の自由は、三年後の『人権宣言論』では、より積極的な権利としての人権・基本権として受け止められ、『一般国家学』では、「自由を侵害するすべての国家的行為の否定を求める請求権」と見なされることになる（AS, S. 420、三三六頁）。この変化の理由としては、その後の膨大な人権に関する諸資料の渉猟から得られた知見ということが考えられようが、ここでは追求しない。問題は、国家の支配力独占というイェリネクの見解を、ヴェーバーが『国家社会学』ではどのように批判的に考察したのかということである。

イェリネクが『主観的公権の体系』で地位理論を提起したのは、すでに指摘したように、国家の支配力の独占状態を緩和することが目的の一つであった。ヴェーバーはイェリネクのこのような理論には満足せず、「国家社会学」では、国家の支配力を反権威主義的観点から捉え直している。彼の一九一七年の「講演」と一九二〇年の「講義」から考えられることは、「講演」で触れられた第四の正当性観念と「講義」の二「正当的支配の諸類型」で語られた人民投票的支配（ケーザリズム）が、国家の支配力の独占に対する防波堤の理論になっていることである。

ヴェーバーは一九一七年の「講演」で合法的支配、伝統的支配、カリスマ的支配という正当的支配の三類型に加えて、被支配者の意思から引き出される正当性観念を第四の正当的支配類型として提起した（MWG, 1/22-4, S. 756)。前者の三つについては権威主義的な支配および国家形態として、いわば支配者側を主体として構成された支配類型であるが、後者については、「権威主義的な」という言葉が付加されておらず、文字どおり「被支配者」を主体として構成された支配の類型である。この第四類型の構図は、「支配の諸類型」では、形を変えて、「反権威主義的に解釈がえされたカリスマ」による支配の典型的な事例としての「人民投票的民主制」として取り上げられることになる。[43] この人民投票的民主制は、指導者民主制の最も重要な型で、「その純粋な意味からすれば、被支配者の意思から引き出され、この意思によってのみ存続する正当性という形式のもとに隠された、一種のカリスマ的支配」である。[44] この箇所は、一九二〇年の「講義」でも具体的な形で取り上げられ、次のように説明されている。

「カリスマ的支配の没支配的な変形。カリスマ的支配は本来的厳密には権威主義的な立場にある。……変形、すなわち、正当なカリスマ的指導者は正当な形式で選ばれた人物である。支配者の正当性は選挙に基づく」（シュテールツル、MWG, 3/7, S. 98)。「合理化とともに、カリスマ的指導者は、正当的な形式によって選ばれた人物であると考えることができる。この場合には、カリスマ的支配者は、被支配者の恩寵［選挙］によって正当化される。すなわち、人民投票的カリスマ」（フィッカー、MWG, 3/7, S. 99）。「人民投票的な革命。すなわちナポレオン一世と三世。彼らの正当性は人民投票によって確定された大衆の信頼に基づく。通常の人民投票的支配。人民によって選出された（アメリカの）大統領。（大統領の非常に大きな権力は、彼が何百万人もの信任によって支えられていることに基づく）」（シュテールツル、MWG, 3/7, S. 100）。

この講義ノートの内容は、「支配の諸類型」のみならず、「支配の社会学」や時事的政治的論文でも触れられた事柄であり、特に新しい視点はない。[45] しかし、ここでヴェーバーがイェリネクの国家・支配論を意識し、それを批判的に考察していることは、これまでの文脈から明らかであろう。[46] イェリネクの場合には、国家だけが無条件の命令権力を持ち、国家だけが支配することができ、国家のあらゆる支配は国家のみに由来した。このような国家の支配力独占を緩和する手段として、国家拘束論、国家目的論、地位理論が提起されたのだが、いずれも国家すなわち権威主義的な支配の側からする見方であった。ヴェーバーの場合には、支配の正当性を支配者・被支配者関係からより動態的、機能的に捉え直すことによって、反権威主義的な被支配者を主体とする民主制的支配を国家主権に対置したのである。いわば、下からの視点を比較相対的に強調したのである。

もちろんこのことは、敗戦・革命前後のヴェーバーの実践的政治的活動や発言を抜きにして考えることはできない。たとえば、機械のように緻密なドイツ官僚制による自由の抑圧に対して、「何らかの意味で『個人主義的な』活動のわずかに残った自由を少しでも救い出すことは、一般にどうすればまだ可能なのか」といった『新秩序ドイツの議会と政府』（一九一八年）で提起した問題は、[47] イェリネクの言う意味での「消極的地位」や人権としての「国家からの自由」（信教の自由、良心の自由等の精神的自由）と交差する観点にほかならない。ヴェーバーの「反権威主義的に解釈がえされた」カリスマ的支配や人民投票的民主制的支配も、その一つの理論的解決策として提起されたものであった。その意味で、かつてヴィンケルマンがヴェーバーの諸著作を再構成して提示した『国家社会学』の中に、『新秩序ドイツの議会と政府』や『職業としての政治』の内容を組み入れたことは、形式的には種々の問題があるとはいえ、実質的には正しかったと見てよいだろう(48)。

結びにかえて

以上、イェリネクとヴェーバーの思想史的関連性と異質性を主たる二つの視座から述べてきた。ヴェーバー「国家社会学」の講義ノートについては、新奇な視点はほとんどなく、「社会学の根本概念」や「支配の諸類型」と内容的に重なる部分が多いことが明らかとなった。また「国家社会学」の着想や構成については、イェリネクの『一般国家学』や『人権宣言論』を中心とする幾つかの著作の影響があることも事実であった。イェリネクの『主観的公権の体系』や『人権宣言論』で提起された人権論の『一般国家学』における位置づけは、国家の法学的考察（国法学）に当たる第十三章「国家の諸様相の法的地位」の二「国民」（Das Staatsvolk）に分類されたが（AS, S. 394f.、三三三頁以下）、ヴェーバーの場合には、——存命であれば——、「国家社会学」の九「民主制の様々な種類」や十一「政治権力と教権制権力」に組み入れられたであろうと思われる。

いずれにせよ、今後の課題としては、(一)イェリネクから影響を受けたと考えられるヴェーバーの人権論のより詳細な内容の検討を社会史的文脈をも射程に入れつつ考察すること、(二)イェリネクが『一般国家学』を中心として提起した論争的諸概念をヴェーバーが「国家社会学」以外の学的領域でどのように受容したのかをさらに深く検討することである。後者の事例として、因果科学と規範科学（Kausalwissenschaft und Normwissenschaft）、社会科学的認識と自然科学的認識の区別（Unterschied der sozialwissenschaftlichen Erkenntnis von naturalwissenschaftlichen Erkenntnis）、理想類型と経験類型（idealer Typus und empirischer Typus）、国家の正当化論（die Lehre von der Rechtfertigung des Staates）、事実的なものの規範力（die normative Kraft des Faktischen）、支配（Herrschaft）、法体系の完結性のドグマ（das Dogma von der Geschlossenheit des Rechtssystems）、憲法の欠缺（Verfassungslucken）等の概念が挙げられよう。本稿ではその一端を取り上げたにすぎないこと、このことを最後に付け加えておきたい。

注

（1）Breuer, S., *Georg Jellinek und Max Weber. Von der sozialen zur soziologischen Staatslehre*, Baden-Baden, 1999. Anther, A., Max Weber und Georg Jellinek. Wissenschaftliche Beziehung, Affinitäten und Divergenzen, in: *Georg Jellinek-Beiträge zu Leben und Werk*, S. L. Paulson/M. Schulte (Hrsg.), Tübingen, 2000, S. 67f. ヴェーバーの人権論をテーマとする Joas, H., Max Weber und die Entstehung der Menschenrechte, in: *Das Weber-Paradigma. Studien zur Weiterentwicklung von Max Webers Forschungsprogramm*, G. Albert/A. Bienfait/S. Sigmund/C. Wendt (Hrsg.), Tübingen, 2003, S. 252f. でも、イェリネクの『人権宣言論』は、S. 256f. で簡単に触れられているにすぎない。牧野雅彦『国家学の再建――イェリネクとウェーバー』、名古屋大学出版会、二〇〇八年では、テーマの設定上、『人権宣言論』は考察の対象とされていない。なお、日本での先駆的研究は、上山安敏『ウェーバーとその社会』、ミネルヴァ書房、一九七八年。

（2）Jellinek, G., *Die Erklärung der Menschen-und Bürgerrechte. Ein Beitrag zur modernen Verfassungsgeschichte*, 3. Aufl., Leipzig, 1919（初宿正典編訳『人権宣言論争』、みすず書房、一九九五年）。Jellinek, G., *Allgemeine*

Staatslehre（以下、ASと略記）, 3. Aufl., Bad Homburg, 1960（芦部信喜・小林孝輔・和田英夫訳（代表）『一般国家学』学陽書房、一九七六年（第二版））。Allgemeine Staatslehre und Politik (Staatssoziologie), in: *Max Weber Gesamtausgabe*（以下、MWGと略記）, 3/7, G. Hübinger/A. Terwey (Hrsg.), Tübingen, 2009. 以上の三冊については、原則として、文中に引用箇所を、原書、邦訳書の順に頁数を記す。

（3）特に、Weber, M., Die protestantische Ethik und der "Geist" des Kapitalismus (II. Die Berufsidee des asketischen Protestantismus), in: *Archiv für Sozialwissenschaft und Sozialpolitik*, Bd. 21, Heft 1, 1905, S. 43（梶山力訳・安藤英治編『プロテスタンティズムの倫理と資本主義の《精神》』、未來社、一九九四年、二四六頁）。

（4）Weber, "Kirchen" und "Sekten" [2 Folgen], in: *Frankfurter Zeitung*, Jg. 50, Nr. 102, 13. April 1906, 4. Mo. Bl., S. 1, und Nr. 104, 15. April 1906, 6. Mo. Bl., S. 1. "Kirchen" und "Sekten" in Nordamerika. Eine kirchen-und sozialpolitische Skizze [2 Folgen], in: *Die christliche Welt*, Jg. 20, Nr. 24, 14. Juni 1906, Sp. 558-562, und Nr. 25, 21. Juni 1906, Sp. 577–583. これについては、*Soziologie. Weltgeschichtliche Analysen. Politik*, J. Winckelmann (Hrsg.), Stuttgart, 1968, S. 391ff.（梶山・安藤、前掲編訳書、三六六頁以下）に所収。Erste Diskussionsrede zu E. Troeltschs Vortrag über "Das stoisch-christliche Naturrecht", in: *Gesammelte Aufsätze zur Soziologie und Sozialpolitik*, Tübingen, 1924, S.462f. *Wirtschaft und Gesellschaft*, J. Winckelmann (Hrsg.), 5. Aufl., Tübingen, 1976, S. 688f.（世良晃志郎訳『支配の社会学Ⅱ』、創文社、一九六二年、五二四頁以下）。Die protestantische Sekten und der Geist des Kapitalismus, in: *Gesammelte Aufsätze zur Religionssoziologie*, Bd. 1, 1920, S. 207f.（中村貞二訳「プロテスタンティズムの教派と資本主義の精神」、『ウェーバー　宗教・社会論集』、河出書房新社、一九七一年、八三頁以下）。

（5）*Wirtschaft und Gesellschaft*, S. 721（世良、前掲訳書、六四四頁）。

（6）Ebenda, S. 725（世良、前掲訳書、六五三頁）。

（7）ロジャー・ウィリアムズについては、久保田泰夫『ロジャー・ウィリアムズ――ニューイングランドの政教分離と異文化共存』、彩流社、一九九八年参照。

（8）Salander, G. A., *Vom Werden der Menschenrechte. Ein Beitrag zur modernen Verfassungsgeschichte unter Zugrundelegung der virginischen Erklärung der Rechte vom 12. Juni 1776*, Leipzig, 1926. S. 70f. 一七七六年時点の教勢については、①会衆［組合］派（Congregational）二〇・七%、②長老派（Presbyterian）一八・二%、③バプティスト（Baptist）一五・四%、④聖公会（Episcopal）一五・三%。地域ごとの教派別比率については、「ニューイングランド」では、①会衆［組合］派六三%、②バプティスト一五・三%、③聖公会八・四%。特に、マサチューセッツでは、会衆［組合］派が七一・六%、ロード・アイランドではバプティストが五七・五%を占める。「中部植民地」では、①長老派二四・六%、②クエーカー一四・一%、③聖公会一二・九%。特に、デラウェアでは、長老派三七・三%、ニューヨークでは、オランダ改革派二六・四%。「南部植民地」では、①バプティスト二八%、②聖公会二七・八%、③長老派二四・九%。特に、ヴァージニアでは、聖公会三四・六%。*Atlas of the Historical Geography of the United States*, J. K. Wright (ed.), Westport/Connecticut, 1932, p.49–51, plate 81, 82. Stark, R./ Finke, R., "American Religion in 1776. A Statistical Portrait, in: *Sociological Analysis*, 49, 1988, p.43, 47, 48. ヴァージニアでのクウェーカーへの迫害については、T・ジェファソン、中家健一訳『ヴァジニア覚え書』、岩波文庫、一九七二年、二八二頁以下。

（9）Haschagen, J., Zur Entstehungsgeschichte der nordamerikanischen Erklärungen der Menschenrechte, in: *Zur Geschichte der Erklärung der Menschenrechte*, R. Schnur (Hrsg.), Darmstadt, 1964, S. 131.

（10）久保田、前掲書、一二九頁以下。ウィリアムズがバプティスト教会を脱退したことについては、一三〇頁参照。

（11）前者については、Hall, T. L., *Separating Church and State. Roger Williams and Religious Liberty*, Illinois,

1998, p.116f. 後者については、佐野誠『ヴェーバーとリベラリズム——自由の精神と国家の形』、勁草書房、二〇〇七年、九三頁以下。

(12) Ibid., 124f.

(13) Salander, op. cit., S. 133f.

(14) Haschagen, op. cit., S. 135.

(15) *Wirtschaft und Gesellschaft*, S. 725（世良、前掲訳書、六五五頁）。

(16) Die protestantische Ethik und der "Geist" des Kapitalismus, S. 43（梶山・安藤、前掲編訳書、二四六頁）。

(17) *Die protestantische Ethik und der "Geist" des Kapitalismus*, K. Lichtbau/J. Weis, 1993, Bodenheim, 1993, S. 92, S. 188f. 安藤英治「ウェーバー歴史社会学の基礎視角——問題提起　宗教社会学改訂の意味」、『思想』六七四号、岩波書店、一九八〇年、二三頁以下。

(18) 四版が一九二七年に出されているが、内容は三版と同じである。初版については、美濃部達吉の訳書がある。美濃部達吉訳『人権宣言論外三編』、日本評論社、一九二九年。

(19) Die protestantische Ethik und der Geist des Kapitalismus, in: *Gesammelte Aufsätze zur Religionssoziologie*, Bd.1, 1920, S. 132（大塚久雄訳『プロテスタンティズムの倫理と資本主義の精神』、岩波文庫、一九八九年、二三二頁）。

(20) Troeltsch, E., Die Bedeutung des Protestantismus für die Entstehung der modernen Welt, in: *Historische Zeitschrift*, Bd. 97, Heft 1, 1906, S. 39.（堀孝彦訳「近代世界の成立にたいするプロテスタンティズムの意義」、堀孝彦・佐藤敏夫・半田恭雄訳『プロテスタンティズムと近代世界Ⅰ』（トレルチ著作集八）、ヨルダン社、一九八四年、九〇～九一頁。

(21) Ebenda, S. 39（前掲訳書、九〇頁）。

(22) Graf, F. W., Puritanische Sektenfreiheit versus lutherische Volkskirche. Zum Einfluß Georg Jellineks auf religionsdiagnostische Deutungsmuster Max Webers und Ernst Troeltschs, in: *Zeitschrift für neuere Theologiegeschichte*, Bd. 9, 2002, S. 57. F・W・グラーフ「ハイデルベルクにおけるアングロサクソン研究の伝統」、深井哲朗・フリードリッヒ・ヴィルヘルム・グラーフ編著『ヴェーバー・トレルチ・イェリネック』、聖学院大学出版会、二〇〇一年、六五頁も参照。

(23) 佐野、前掲書、九四頁以下。

(24) "Kirchen" und "Sekten" in Nordamerika, in: *Soziologie. Weltgeschichtliche Analysen. Politik*, S. 389（梶山・安藤、前掲編訳書、三七四頁）。*Wirtschaft und Gesellschaft*, S. 498.（世良晃志郎訳『法社会学』、創文社、四八八頁）

(25) Troeltsch, E., *Die Soziallehren der christlichen Kirchen und Gruppen*, Tübingen, 1912. *Gesammelte Aufsätze zur Religionssoziologie*, Bd. 1, S. 18（大塚、前掲訳書、一三頁）。

(26) Der Economist. Ein Vortrag Max Webers über die Probleme der Staatssoziologie, in: *Neue Freie Presse*, 26. Oktober, S. 10. この記事は、『マックス・ヴェーバー全集』に所収されている。Probleme der Staatssoziologie, in: MWG, 1/22-4, E. Hanke/T. Kroll (Hrsg.), Tübingen, 2005, S. 753–756. 以下、引用は文中に、MWGの方で明記する。

(27) これについては、佐野誠「マックス・ヴェーバーの講演『国家社会学の諸問題』（一九一七年）をめぐって」、『法制史研究』五七号、創文社、二〇〇八年、一頁以下。

(28) 佐野、前掲論文、二二頁以下。

(29) MWG, 3/7, S. 66f. 住谷一彦「マックス・ヴェーバーの『国家社会学』——一九二〇年ミュンヒェン大学夏学期講義手稿によせて」、住谷一彦・田村信一・小林純編『ドイツ国民経済の史的研究』、御茶の水書房、一九八五年、二四三〜二七〇頁も参照。

（30）Hübinger, G., Einleitung, in: MWG, 3/7, S. 33. Hübinger, "Max Weber's Sociology of State" and the Science of Politics in Germany, in: *Max Weber Studies*, 9.1/9.2, London, 2009, p. 27. *Wirtschaft und Gesellschaft*, S. 122f.（世良晃志郎訳『支配の諸類型』、創文社、三頁以下）。

（31）*Wirtschaft und Gesellschaft*, S.1f.（清水幾太郎訳『社会学の根本概念』、岩波文庫、一九七二年、八頁以下）。

（32）Jellinek, G., *Verfassungsänderung und Verfassungswandlung. Eine staatsrechtlich-politische Abhandlung*, W. Pauly (Hrsg.), Berlin, 1996 (1906), S. 51（「憲法改正と憲法変遷」、森英樹・篠原巖訳『少数者の権利——転機に立つ憲法政治と憲法学』所収、日本評論社、一九八九年、一〇四頁）。

（33）MWG, 2/5, M. R. Lepsius/W. J. Mommsen (Hrsg.), Tübingen, 1990, S. 149.

（34）Jellinek, op. cit., S. 11,（森・篠原、前掲訳書、六八頁）。

（35）*Wirtschaft und Gesellschaft*, S. 6f.（清水、前掲訳書、二三頁）。

（36）Jellinek, G., *Gesetz und Verordnung*, Freiburg I. B., 1887, S. 190f.

（37）MWG, 1/17, W. J. Mommsen/W. Schluchter, Tübingen, 1992, S. 158f.（脇圭平訳『職業としての政治』、岩波文庫、一九八〇年、九頁）。

（38）*Wirtschaft und Gesellschaft*, S. 30（清水、前掲訳書、八九頁）。Anther, op. cit., S. 74.

（39）Jellinek, G., *System der subjektiven öffentlichen Rechte*, Freiburg I. B., 1892, S. 81f., S. 89f. Stolleis, M., Georg Jellineks Beitrag zur Entwicklung der Menschen-und Bürgerrechte, in: *Georg Jellinek. Beiträge zu Leben und Werk*, S. 103.

（40）Ebenda, S. 81f.

（41）Ebenda, S. 98f.

（42）Alexy, R. Grundrecht und Status, in: *Georg Jellinek. Beiträge zu Leben und Werk*, S. 212f. Pauly, W./Siebinger, M., Staat und Individuum. Georg Jellineks Statuslehre, in: *Die normative Kraft des Faktischen*, A. Anter (Hrsg.), Baden-Baden, 2002, S. 140f.

（43）*Wirtschaft und Gesellschaft*, S. 155f.（世良、前掲訳書、一三八頁以下）。

（44）Ebenda, S. 156（前掲訳書、一四〇頁）。

（45）たとえば、Ebenda, S. 664f.（前掲訳書（「支配の社会学Ⅱ」）、四三九頁以下）。『政治論集』に所収された「ライヒ大統領」、Weber, M., *Gesammelte Politische Schriften*, J. Winckelmann (Hrsg.), 5. Aufl., 1988, S. 498f. および MWG, 1/16, W. J. Mommsen (Hrsg.), Tübingen, 1988, S. 220f.（中村貞二・山田高生・脇圭平・嘉目克彦訳『政治論集2』、みすず書房、一九八二年、五五〇頁以下）。

（46）佐野、前掲論文、二二頁以下。

（47）MWG, 1/15, W. J. Mommsen (Hrsg.), Tübingen, 1984, S. 465f（『政治論集2』、三六四頁）。

（48）「国家社会学」（Staatssoziologie）はヴィンケルマン編集の『経済と社会』の第四版には収められていたが、第五版では削除されている。単独の著作としては、*Staatssoziologie*, J. Winckelmann (Hrsg.), Berlin, 1956 がある。邦訳については、石尾芳久訳『国家社会学』、一九九二年、法律文化社を参照。

（付記）本研究は、平成二一—二三年度科研費（基盤研究(C)）（課題番号二一五三〇〇一〇）の助成を受けたものである。

ゾンバルトの資本主義論とヴェーバー

竹林史郎

はじめに

ヴェルナー・ゾンバルトとマックス・ヴェーバーは一九〇四年以降、『社会科学および社会政策雑誌』を共同で編集しているが、ゾンバルトが彼の二巻本『近代資本主義』の初版を刊行したのは一九〇二年であった。ヴェーバーの二つの著名な論考「社会科学的認識と社会政策的認識の客観性」と「プロテスタンティズムの倫理と資本主義の〈精神〉」は彼らの雑誌の方向性を示す役割を担っており、またゾンバルトの資本主義論への回答でもあった。一九〇三年にハイデルベルクで開催された第七回歴史学会ではゾンバルトの上記著作が議論の対象となっており、ヴェーバーの理想型の考案や彼独自の資本主義論はこの出来事を踏まえて展開されたものである。

本稿では、ゾンバルトの資本主義論がどのような学問的文脈で形成され、ヴェーバーがそれに対してどのような学問的方途を選択したのかを学説史的・学史的観点から叙述することによって、彼らの資本主義論がいわゆる「方法論争」との重要な関連において登場してきたことを跡づけることを課題としている。この跡づけ作業を通じて、彼らの資本主義論がドイツ経済学「歴史学派」における理論形成の問題への解決策として提出されたことが確認できるはずである。

一　家内工業研究の歴史的把握

（一）家内工業の研究

ゾンバルトの資本主義論は、ほぼ一八八〇年代後半に独立の研究分野として登場した工業制度の歴史的形態にかんする研究に基づいているのであるが、この研究のきっかけとなったのは現存する家内工業の経験的研究であった。[(1)]

ヴィルヘルム・シュティーダの著書『ドイツ家内工業――文献、現状およびその成立』（一八八九年）によると、家内工業の実地文献が一八七〇年代に散発的に現れたことを確認できる。七〇年代末からグスタフ・シュモラーとヨハネス・コンラッドの弟子たちが家内工業に関する実地の経験的研究を公表し始め（Stieda 1889: 33ff）、八〇年代になると家内工業についての経験的・統計的研究は著しく増加した（Stieda 1889: 1-55, とくにドイツの文献は 1-49）。一八八七年十月には社会政策学会運営委員会の会合で、その一年前にコンラッドが研究対象として提案した家内工業をテーマとすることが決定された（Boese 1939: 55f; Gorges 1986: 221, 239 参照）。一八八九年と一八九〇年に、『社会政策学会叢書』の五巻（第三九―四二巻と四八巻）が『ドイツの家内工業』というテーマで刊行された。総数「七四九頁」におよぶこの研究叢書は、「学界で高い評価を得た」（Boese 1939: 56）。この『叢書』第三九巻が前述のシュティーダの著書である。

この本において、シュティーダは、ドイツの家内工業の現在の状態だけでなく、十五世紀から十八世紀にいたる手工業からのその成立も報告し、さらに家内工業の文献史を付け加えることによって、家内工業研究一般についての概観を提供している。

シュモラーを始め、ルヨ・ブレンターノ、カール・ビューヒャーといった国民経済学者たちは、新たに展開されたこの研究動向に依拠して経済生活の歴史的発展を総体として把握しようとしていた。一八八七年頃、彼らはほとんど同時に家内工業研究に関心を向け、論評や論考を公表している。(2)

ゾンバルトも一八九一年に論文「ドイツにおける家内工業」を執筆した。上記の叢書五巻本の刊行に続いて一八九〇年にフランクフルトで社会政策学会が開催されたが、その大会討議において「ドイツにおける家内工業」について論議されることはなかった。ゾンバルトの論文は、五巻本の家内工業研究の報告という性格を部分的に有していた。

ゾンバルトは、とりわけアルフォンス・トゥーンの研究『ライン下流地域とその労働者』を「家内工業的諸関係についての最初の根本的な学術的研究」と看做し、次のように述べている。「一八七九年に、アルフォンス・トゥーンはドイツ工業、特に家内工業の状態についての一連の記述的労作を発表し、国民経済学の調査研究者の時代が始まった。ドイツ家内工業についての有用な記述がそれ以降一八九〇年までの十二年間に現れた」(Sombart 1891, S. 120)。トゥーンは、スティーダの報告においても、ドイツ家内工業研究において「画期的に登場した」最初の研究者であるとされている (Stieda 1889, S. 33)。

(二) 工業的経営形態についてのトゥーンの体系

おそらくゾンバルトの資本主義論にとって重要な意味を持ったのは、二部構成のトゥーンの研究書の終りに提示された「工業的経営形態の総括的体系化」である。トゥーンは、手工業、家内工業、マニュファクチュア、工場の四つの工業的経営形態を挙げている。「手工業は、自立した小親方によって営まれ、大量の労働者は企業家であるか、企業家となる。彼らは自分自身で原料を購入し、自分自身で負担して加工し、自身の責任において販売する。家内工業は同じ親方によって営まれるが、親方はもはや企業家ではなく、彼らに原料を届け、見本を与え、完成された商品を販売する商人あるいは前貸し卸売商の賃労働者である。マニュファクチュアと工場においては、すべての賃労働者は大きな作業場に集められるのだが、違いは、マニュファクチュアの労働者がなおも手仕事をするのに対して、工場労働者は機械を使って働くところにある」(Thun 1879, Bd. 2, S. 241f.)。

トゥーンは労働者経営と資本主義的経営、小経営と大経営、手工業経営と機械経営という三つの観点から、四つの経営形態を分類しているが、ここで注目すべきはは第一の分類である。トゥーンは手工業を「労働者経営」と呼ぶ、というのも「大量の労働者は企業家」で、「生産と販売の指揮は彼らの手中にある」からである。家内工業、マニュファクチュア、工場は「資本主義的経営体系に帰属するが、この経営形態においては、資本家が企業の頂点に立ち、大量の仕事を遂行する人たちは賃労働者である」(Thun 1879, Bd. 2, S. 242f.)。

トゥーンは、資本主義的経営の最も首尾一貫した形態を「資本主義」と呼ぶ。「資本主義」は、大量のマニュファクチュア労働者及び工場労働者が資本を持たず、財産を持っていない社会状態によって「これまでほとんどまったく一般的に」もたらされた(Thun 1879, Bd. 2, S. 243)。ちなみに彼は、「資本主義的経営形態の発展についての根底的な研究」として、マルクスの著作『資本論』の第四章を挙げている(Thun 1879, Bd. 2, S. 243, Anm. 1)。

(三) ブレンターノとシュモラーにおける家内工業の理解

トゥーンの家内工業研究以来、歴史的経済学を代表する国民系経済学者たちは家内工業を長期の経済発展の中に位置づけて把握したが、ゾンバルトの資本主義論はこうした研究動向に根づいている。

ブレンターノは、一八八九年の公刊された論文「今日の社会的窮乏の原因について」で、マルクスの『哲学の貧困』(第二版、一八八五年) を参照し、マルクスが「古い工業的秩序の根本的な変革の原因」を「技術的な労働過程の変革」に見ていると論じた (Brentano 1889, S. 8)。ブレンターノ自身は、工業史の決定的な転換点を手工業から家内工業への移行に見ている。家内工業によって初めて、工業的組織は、世界市場と結びついている商業の諸関係に入るというのが彼の見解である (Brentano 1889, S. 16)。

シュモラーは、一八九〇年から一八九三年まで連作論文「企業の歴史的発展」を、彼が発刊していた『立法・行政・経済学年報』で発表した[3]。シュモラーは家内工業の本質を、「共同する二つの異なった社会階級」に、すなわち「手工業という肉体が商人という頭脳をもつ」ところに求めている (Schmoller 1890, S. 1059)。生産業務を行う階級に販売業務を行う別の階級が、すなわち生産者に問屋主あるいは商人が対置する。シュモラーは問屋主をときおり資本家と呼び、工場主の先駆者とみなしている (Schmoller 1890, S. 1058, 1076)。ここでシュモラーは、マルクスによって描写された「資本主義的生産」を家内工業の成立に重ね合わせている。

上記の論考「ドイツの家内工業」で、ゾンバルトは、「シュモラーとその年長の弟子たちの功績」を、「家内工業的経営の歴史的条件を、すなわち近代の大規模生産が展開する最初の組織であり、手工業的制度を解体し、マニュファクチュア的・工場的経営様式を導き、準備し、可能にした工業組織であることを明らかにした」ことに求め（Sombart 1891: 110f）、家内工業を、「労働者が自宅で仕事をさせられる私的資本主義的経営の形態」と定義する（Sombart 1891: 117）。

さらにビューヒャーは、彼の論文集『国民経済の成立』（初版、一八九三年；第二版、一八九八年）で家経済、都市経済、国民経済という経済発展の三段階と、工業経営形態として①家内仕事 Hauswerk、②賃仕事 Lohnwerk[4]、③手工業 Handwerk、④問屋制度 Verlagssystem、⑤工場 Fabrik という五つの経営形態を提示した。家内工業の代わりに、問屋制度の概念を提示する。問屋制度は、「企業者が自分の経営作業場の外部で多数の労働者を彼らの住居において正規に雇用する工業的経営の方式」（Bücher 1900, S. 380; vgl. Bucher 1893, S. 105）であり、「都市経済から国民経済（閉じた国家経済）へと導く」（Bücher 1893, S. 111）。

二　ゾンバルトの「近代資本主義」における理論構想

ゾンバルトは、家内工業の成立を歴史的転換点と捉えるシュモラーの歴史把握を家内工業を資本主義的経営形態とするトゥーンの概念化を結びつけようとした。この結果、ゾンバルトの『近代資本主義』（初版、一九〇二年）においては、家内工業、マニュファクチュア、工場の諸形態は「資本主義的企業」という範疇に包括され、手工業と「資本主義的企業」という二つの「経済形態」が理論的に対比される。そして、この対比が彼の歴史把握の骨格を形成した。

（一）「手工業」と「資本主義的企業」

手工業はゾンバルトによれば、「工業労働者が——工業的使用対象の製作もしくは加工する彼の技能は芸術と通常の手仕事の中間にあるのだが——、自分の仕事あるいは製品と相応する等価物との交換により生計を立てるという仕方で、技能を活用しようとすることから生ずる支配的経済形態」である（Sombart 1902a, S. 76f.）。

ゾンバルトは、手工業者が手に入れようとする目標を「身分相応の暮らしと自立性」と捉えることによって、「手工業的経済様式の支配的経済原理」を確定する。手工業者は「身分相応の暮らし——それ以下ではないが、とりわけそれ以上でもない——を獲得しようと努力する」。「工業的労働は手工業者の存在にとっての物質的基礎、〈食料 Nahrung〉を調達し、手工業は手工業に従事する者を〈養う nähren〉」。これに応じて、ゾンバルトは、手工業に競争の可能性を排除する（Sombart 1902a, S. 86, 152）。

ゾンバルトは、「資本主義的企業」という概念を「資本主義」を定義するために用いている。彼によれば、「資本主義」とは、「特殊な経済形態が資本主義的企業である経済様式」なのである。資本主義的企業と資本は以下のように規定される。「しかし資本主義的企業と私が呼ぶのは、貨幣価値で示された仕事と報酬についての一群の契約締結により物的財産の価値を増やす、すなわち利益（利潤）をもって所有者に物的財産を再生産することをその目的としている経済形態」であり、「そのような仕方で使用される物的財産が資本である」（Sombart 1902a, S. 194）。

ブレンターノがゾンバルトの『近代資本主義』についての論文で指摘しているように、「ゾンバルトは手工業を単純な循環 W–G–W〈資本主義的企業〉を資本の一般的定式 G–W–G' に関係づけた」のである（Brentano 1923, S. 360）。

(二) 手工業から資本主義的企業への歴史的交替

ゾンバルトは手工業から、彼にとって中世の経済像を提示している手工業的組織の本質を描写し、これを中世の職業的商業に関係づけた(Sombart 1902a, S. 78)。ヨーロッパ中世においては、「生産者自身による交換」、「商業なしの財交換」が圧倒的に支配した(Sombart 1902a, S. 162)。「中世の職業的商業」は、ゾンバルトによれば、イタリアにおいては十四世紀まで、他のヨーロッパにおいては十六世紀に入るまで手工業的活動の特徴を持っていた(Sombart 1902a, S. 165, 187)(5)。

ゾンバルトは、「この前資本主義的商業」を「手工業」と呼び、前資本主義的商人もまた身分相応に利得を追求し、「食料 Nahrung の理念が商業ツンフト組織をも支配している」と主張する(Sombart 1902a, S. 165 und S. 187, Anm. 2, vgl. S. 174)。この観点の下に、彼は、商人と手工業者の間に本質的区別を認めない(Sombart 1902a, S. 187)。

こうしたことを前提とすれば、では前資本主義的な中世の手工業がいかにして資本主義的企業に発達するのか、という問いが浮かび上がる。ゾンバルトは、ヨーロッパ中世における巨大資産の歴史的成立を想定している。

(三) ゾンバルトの地代蓄積の命題

ゾンバルトは、『近代資本主義』の第九章から第十二章にかけて、中世における資産形成の問題を取り扱っている。彼にとって解かれるべき問題とは「資本の成立」であり、これは「資本となる可能性のある物的財産の発生」、「近代的・資本主義的発展の出発点を成す多大な貨幣資産の形成」、「貨幣資産の資本財産への一種の実体変化」などとも記載される。彼は、これらの表現を端的に「本源的蓄積」と同一視している(Sombart 1902a, S. 218, 268)。

「ヨーロッパ中世都市においては」、例えば「フロレンツやブリュッゲ、アウグスブルクやロンドン、モンペリエやバーゼルにおいては、富裕者の階級は時が経つにつれ大量の都市市民に対してはっきりと分離した」と、ゾンバルトは書いている（Sombart 1902a, S. 282）。それは、富裕な商人階層であり、手工業的商人とは何の関係もない「新参成金」であり、「新参成金」は、まず第一に都市に住みついた地方貴族であり、第二に都市の上流階層、狭義の都市貴族であったとされる（Sombart 1902a, S. 284）。ゾンバルトは、巨大な商品流通と貨幣流通が始まった時点をニュルンベルクにおいては一三〇〇年、アウグスブルクにおいては一三六八年より前ではなく、イギリスにおいては同様に十四世紀、フロレンツにおいては十三世紀と十四世紀であるとしている（Sombart 1902a, S. 294, 318）。地代及び地価は、ゾンバルトによれば、十三世紀と十四世紀に上昇した。こうして「資本へと発展することができた」原資産とは、「蓄積された地代」であると、ゾンバルトは結論づけている（Sombart 1902a, S. 291）。すなわち、近代資本主義にとっての本源的資産は「貨幣となった地代」に帰されるべきであると、主張する（Sombart 1902a, S. 298）。

ゾンバルトは、この地代仮説によって「支配的」見解、すなわち、これまで明確には主題化されず、通常仮定されていた見解と衝突する。支配的見解とは、巨大資産は「商業利益の蓄積」によって成立したという見解である（Sombart 1902a, S. 219）。彼は次のように書いて、彼の新しい仮説に対して態度表明をするよう歴史家に要請した。「歴史家の課題は、この思考過程の正しさを個々の点において証明すること、あるいはまた――それは私の歓迎するところであるが――私の仮設に他の仮説を対置することであろう」（Sombart 1902a, S. 298）。

三　第七回歴史学会議とヴェーバー

ゾンバルトの著書『近代資本主義』の中でのこうした挑発的な要請を受けて、一九〇三年にハイデルベルグで開催された第七回ドイツ歴史学会で、彼の著書も討議さるべき論題の一つとして挙げられることになった。そしてその報告を行なったのは、歴史学会で初めての報告をするとはいえ、この時既に挑戦的な歴史家として知られていたゲオルグ・フォン・ベロウであった(6)。

ゾンバルトは、会議前にベロウに宛てた手紙で、ハイデルベルグに喜んで来るつもりであることを伝え、ベロウが主として自分に賛成する報告をするのか、反対する報告をするのかを問うた (M.v.Below 1930, S. 88)(7)。ベロウは、折り返し一九〇三年三月二十日付けのゾンバルトに宛てた手紙で、「あなたの成果に対して本質的に賛成しているのか、それとも反対しているのか問いには、簡単にお答えすることはできません」と書いている (Lenger 1994, S. 427)。

(一) 第七回歴史学会議（一九〇三年）

ゾンバルトは、一九〇三年四月十四日から十八日までハイデルベルグで開催された第七回歴史学会議に参加した。マックス・ヴェーバーもまたその場にいた。ヴェーバーは、同年九月初めに国民経済学及び財政学の正教授の地位を放棄する決意を固めており、ゾンバルトを自分の後継者とするつもりでいたのである (Honigsheim 1963, S. 168)。

ベロウは歴史学会議の第一日目に講演した。ベロウがゾンバルトの業績を評価していることは確かに否認することはできないが、講演の基調は基本的にはゾンバルトに対して非常に批判的であった。ベローは彼の報告においてもっぱらゾンバルトの本の歴史的部分を考察の対象とし、近代資本主義の最初の始まりについての叙述を検討することだけに自身の課題を限定した（Bericht, S. 11）。

ベロウによれば、ゾンバルトは「おそらく中世商業の規模を過小評価し」、その結果として「商品取引の内部での」大財産の形成を不可能と看做した（Bericht 1903: 11, Below 1903: 455f）(8)。

ベロウの判断では、「都市の富の起源を都市に移住した地方貴族の地代だと主張するには証拠が欠けている」（Bericht, S. 13）。都市の上層階層について、ベロウは、大多数のドイツの都市は創設された都市で、荘園は些細な規模であったことを指摘して、ゾンバルトの考えに異議を唱えた（Bericht, S. 14）。

ベロウの考えでは、「巨大資産の形成においては、極めて多様な契機が並行して視野に入ってくる」のであり、「都市において最も大きな役割を果したのは、商業と工業からの利益」であった（Bericht, S. 14）。こうしてベロウは、資本はその起源をたどるなら地代であるというゾンバルトの仮説を否定した。

講演に続いてゾンバルトがすぐさま発言し、「劇的議論」が開始された（Vossische Zeitung, 22.4.1903, Nr.183, Abendausgabe）。ベロウは経済史と経済理論とを混同したと、ゾンバルトは述べた。「歴史的現象における多様性を少数の推進力に帰することはまったく許容される」ことと考えるゾンバルトにとって、「歴史家の課題は現象の多様性を観覧することであり、理論家の課題は、最も近い原因を露呈させることであり、次に初めてその他の諸原因を随伴する諸条件として評価することであります」。「両者においては、同じ出来事」が問題になっているのだが、「異なった概念群」が問題であると続けて述べている（Bericht, S. 15）。これに対して、ベロウは、「経済史と経済理論の相違については十分に意識していますが、両領域は分離できず、経済的考慮と原典分析が一致するなら、むしろ維持することのできる成果だけが獲得さるべきであります」と手短に答えた（Bericht, S. 15)。

続いて、若い国民経済学者ハインリッヒ・ジーヴェキングが比較的長い発言をしており、経済発展についてのゾンバルト理論を論じ、ゾンバルトによってなされた区別、「食料のためだけに働く手工業者と際限のない利益を求めようとした資本家」の区別を疑った。ゾンバルトの見解に対して、ジーヴェキングは、中世と近世はまったく違った経済段階を示しているわけではないと主張した。

会議参加者たちの幾つかのさらなる発言の後で、ゾンバルトは、議論の終わりに、「いかに利益が可能であるか」という核心の問いがジーヴェキングには抜け落ちていると論評した。「中世の描写」は、ゾンバルトにとって、「現在を引き立てる」下敷き箔にすぎない、というのは、彼の本は最新の経済生活を取り扱っているのであり、そして、手工業的組織で特徴付けられた「〈食料〉の概念は、彼にとって、経済段階の新しい後続を提示するための手段に過ぎない」(Bericht, S. 19)。

ゾンバルトは、「歴史家の側からもたらされた重大な事実の例証に対して、まったく適切な自己弁護をせず」、「事の核心にまったく触れさせない純粋理論的、方法論的論及しかしなかった」(Beilage zur Allgemeinen Zeitung vom 23.4.1903)(9)。

(二) ヴェーバーの客観性論文における論評

ヴェーバーが、一九〇四年に論考「社会科学的認識と社会政策的認識の客観性」を発表した時、ゾンバルトとベロウの論争に対して態度表明をしている(10)。

この論文のある箇所で、ゾンバルトの名を挙げることなく、その地代蓄積の命題が言及されているのである。「厳密に〈手工業的に〉組織された社会においては、資本蓄積の唯一の源泉が地代でありうるという理論的成果に到達することが可能だ。そこから人は、次におそらく手工業的経済形態から資本主義経済形態への改編への理想像を構成することができる」(Weber 1904; 1988, S. 203)。

ヴェーバーは、ゾンバルトの歴史発展の構成を理想型という彼の考えで再説し、ゾンバルトにおいては「理想型と現実を相互に入り混ぜる」危険があることを明確にしようとする。「経験・歴史的発展経過が実際に構成された経過であったかどうかは、発見的手段としてのこの構成の助けによっていまや初めて、理想型と〈現実〉との比較するという方途において研究されうる。理想型は〈正しく〉構成されていたが、実際の経過が理想型的経過に対応しないとすれば、それによって、中世社会はまさに特定の諸関係においては決して厳密に〈手工業的〉社会ではなかったという」証明が与えられたということになろう。そして理想型が発見的に理想的な仕方で構成されていた場合は――我々の例において理想型がそのように構成されているかどうか、どの程度まで理想型がそのように構成されているかについては、ここでは考慮しない――、理想型は同時に研究を、中世社会の手工業的ではないかの構成要素をその固有性及びその歴史的意義においてより鋭く把握するに到る行路へと方向づける。理想型がこうした体験をもたらすなら、理想型は、それがまさにその固有の非現実性を明示することによって、その論理的な目的を果したのである。それは、――この場合――仮説を試すことであった。この過程は決して方法論的な憂慮をもたらすものではない、理想型的発展の構成と歴史が二つの厳密に区別さるべきことであること、構成がある歴史的な出来事をその現実的な原因――この原因は我々の認識状況に従って可能な原因の領域から由来する――に計画的に有効に帰属させる単なる手段であったことを忘れない限りは」(Weber 1904; 1988, S. 203f.)。

ここでウェーバは、第七回歴史学会議における個々の論拠に立ち入ることなく、ゾンバルトと歴史家の論戦の経過を踏まえて、理想型的構成を歴史的現実から厳密に区別さるべきであるという必要性を強調している。

一九〇四年六月十四日、ヴェーバーの〈客観性〉論文が公表された数週間後、ベロウは新聞の記事で完全な賛意を持ってこの論文を論評した。ベロウの見解によると、「歴史研究は研究のために明瞭な概念形成を必要としている」ことをヴェーバーは示したのであり、「ヴェーバーが理論的概念形成や鋭くはっきりとした概念形成の十分な権利を主張する場合、彼にはその作用を過大評価するようなことはまったくない」、「かれはその能力の限界を完全に意識している」(Below 1904)[11]。ベロウはヴェーバーにこの記事を送り、ヴェーバーは一九〇四年七月十七日にそれに対する返信を書き送っている。

(三)「資本主義的企業」の概念転用

「社会科学・社会政策雑誌」共同編集者となったヴェーバーは、社会科学における概念構成に重点を置いており、ゾンバルトによる概念構成の意義を認めていた。

例として、ゾンバルトの「資本主義的企業」及び「経済形態」の概念に注目してみよう。この範疇に、ヴェーバーは、彼の論文「プロテスタンティズムの倫理と資本主義の〈精神〉」で使用されている「経済の〈資本主義的〉形態」、「組織の資本主義的形態」、「資本主義的企業」といった諸概念を関係づけている(Weber 1904/05, S. 26, 28, 26)。相互に類似したこれらの表現に、「〈資本主義的〉経済形態」と「資本主義的経済経営形態」をも付け加えることができる(Weber 1907, S. 246, 243)。またヴェーバーは、「家内工業、マニュファクチュア、工場における工業的労働の組織」は「近代資本主義にまさに固有な組織」であり、「労働の合理的な組織」もしくは産業経営は「近代資本主義の特殊な新しさ」に属していることを強調している（Weber 1921; 1976, S. 369）。したがって、アルフォンス・トゥーンの概念《資本主義的経営の形態》に由来するゾンバルトの概念「資本主義的企業」は、ヴェーバーによって彼の概念「資本主義的組織形態」へと転記されていることが確認される。

ヴェーバーは、上述したゾンバルトの地代蓄積説をめぐる論争への論評でも、ゾンバルトによる概念構成と「理想型的発展の構成」の意義を明確に是認しており、それがゾンバルトとともに社会科学の標語を当時掲げてた彼の立場でもあった。彼がゾンバルトの『近代資本主義』において理論的に決定的に重要な役割を果した概念を受容した背景には、彼らがマルクスやエンゲルスの著作に重大な関心を寄せており、そして同時に国民経済学の方法論的な問題意識を共有していたことがある。

四　「方法論争」との関連における概念形成

(一) ゾンバルトとヴェーバーにおける根本的な概念の比較

歴史発展に関するゾンバルトとヴェーバーの構成的把握の由来を取り上げるなら、彼らの方法論問題への関与が明瞭になる。

ゾンバルトは、「経済時代の主導動機」としての「経済原理 Wirtschaftsprinzip」を二つ挙げている。第一の経済原理は「欲求充足原理」と呼ばれ、それは「経済的活動を需要充足のための手段として行なうこと」である（Sombart 1902a, S. 61）第二の経済原理、「営利原理」は、「富をつくり出すことが自己目的となる」、しかも「富をその一般的な形式において、一般的価値等価物という質なき形態において」つくり出すことが「自己目的」

になる場合に、実現される（Sombart 1902a, S. 62）。

ここでは、「欲求充足」と「営利」という経済原理が、マルクスが述べた二つの目的、すなわち①欲望の充足と②「自己目的」としての「価値の実現」に対応していることに留意されねばならないだろう（vgl. Marx 1890; 1982, S. 167）。

またヴェーバーの概念形成との関係で指摘さるべきは、「精神」という表現はゾンバルトにおいては「経済原理」と同義であり、ゾンバルトは「資本主義的精神」を「営利原理」の意味で使っていることである。(12)

上記の両《経済原理》を考慮することにより、ヴェーバーは経済的信念の二類型を導入した。

ヴェーバーの言う「資本主義の〈精神〉」は、「職業的に体系的に利益のために利益を、ベンジャミン・フランクリンの例にで明確にされたような仕方で追求する信念」を意味している（Weber 1904/05, S. 26）。ウェーバーは、資本主義に固有な動機を次のように描き出している。「人間が生活の目的としての営利活動に関係し、もはや営利活動は物質的生活の要求の充足するという目的のための手段として人間に関係しているのではない」、「〈自然な〉事態」のこの転倒は、「まったく明白に同じく無条件に資本主義の主導動機」である。他の箇所で、ウェーバーは、「貨幣を求め、より多くの貨幣を求めること」「自己目的」として貨幣を求めることについて述べている（Weber 1904/05, S. 16f.）。

「資本主義の精神」が戦った「敵方」としての「伝統主義」は、次のように描き出されている。「人間は本性から貨幣を、そしてより多くの貨幣を稼ごうとするのではなく、単純に生活しようとし、生活するのに慣れている仕方で、必要となる限りのものを獲得する」。ヴェーバーは、人間がこうした態度をとることを「先資本主義的経済的労働の主導動機」と呼ぶ（Weber 1904/05, S. 21f.）。

ゾンバルトとヴェーバーは、経済的主導動機の転換あるいは移行による歴史における大きな構造転換を主張するのであるが、こうした主張は先行世代の歴史把握を考慮してなされている。すなわち、ゾンバルトとヴェーバーにおける「資本主義的精神」(あるいは資本主義の「精神」)の概念がシュモラーとブレンターノにおける「商業精神」から発展したものであることは、おそらく疑う余地がない。

(二) ブレンターノとシュモラーにおける「商業精神」

「商業精神」という表現は、まず初めに一八八八年のブレンターノの論文「古典経済学 Die klassische Nationalökonomie」に現れた。一八八〇年代以前のドイツの経済学では「利己主義 Egoismus」ないし「利己心 Eigennutz」が古典派経済学の仮定する理論的前提であるとされていたが、この論文においてブレンターノはそれを、マルクスの「剰余価値」概念をほのめかす「最大限の利潤を求める努力」あるいは「営利衝動」と呼び、さらに「最小限の経費でできるかぎり多く利得しようとする努力」である「商業の原理」としても解釈した (Brentano 1888, S. 25)。ブレンターノの把握によれば、この「努力」はとくに重商主義時代以降に展開したが、その結果イギリスでは「商業精神」が農業で出現し、「営利衝動」が手工業を家内工業的経営へと再編することに寄与した (Brentano 1888, S. 28)。シュモラーはブレンターノの「商業精神」や「営利衝動」という表現だけでなく、商業によって引き起こされた経済志向がそのほかの経済活動や領域にますます浸透し、その結果として近代的経済組織が成立した、という着想も継承した。商業によってもたらされた「家内工業」の成立は、シュモラーにとって経済史の決定的転換点であった。

シュモラーの経済史的把握にしたがって、ゾンバルトは一八九〇年代の初めに家内工業の歴史的成立が「資本主義的生産様式」の端緒と解釈することから出発した。こうしてブレンターノとシュモラーの表現「商業精神」が、ゾンバルトの用語「資本主義的精神」に転化したのである。さらにゾンバルトは、経済的合理主義が「営利衝動と結びつき有機的統一体となった」ときに初めて「資本主義的精神」もしくは「資本主義的経済志向」が成立するとして、ヴェーバーの「資本主義の精神」概念の下準備をした（Sombart 1902a.: S. 391）。

（三）先行世代による主題設定

古典経済学で言われている「利己主義」は「営利衝動」もしくは「商業精神」と呼ばれ、さらに「商業精神」は「資本主義的精神」と呼びかえられた。

この過程の端緒となるのがブレンターノの論文「古典経済学」であるが、この当時独立の冊子として公刊された論文はヴィーン大学での就任講演であり、メンガーの理論的国民経済学に方向づけられた研究に直面して書かれた。ブレンターノは、経済学の理論的研究をスミス、リカードらの古典経済学との関連において見ており、古典経済学についての論述に際して、方法論争において重要なハインリッヒ・ディーツェルとオイゲン・フォン・ベーム＝バヴェルクの諸論文を参照していると思われる（Dietzel 1884a und b, Böhm＝Bawerk 1886）。管見によれば、ブレンターノは、ディーツェルの論文を参照して「利己主義」を「営利衝動」と呼び変え、ディーツェルとベーム＝バヴェルクの論文を参照して「利己主義」を「最大限の利潤を求める努力」と書き換えた（vgl. Takebayashi 2003, S. 336–339）。

ここで、「利己主義」はドイツ経済学の方法論的叙述では経済理論との関連で論じられており、ディーツェルが古典経済学でいわれる「利己主義」に代えて「経済的原理 das wirtschaftliche Prinzip」あるいは「経済性の原理」を提唱したこと（Dietzel 1884a, S. 365）、ドイツ経済学「歴史学派」とオーストリア経済学理論学派の対立が「経済性の法則」（Menger 1871; 1968, S. 59）をめぐって先鋭化したことを想起せねばならない。

ゾンバルトが、マルクスの書物『資本論』、特にその第一巻第四章の記述（Marx 1890; 1982, S. 161–191）を「歴史的心理学」（Sombart 1902a, XXI）によって解釈し、「経済原理」を「経済時代の主導動機」として構想したこと、[13] さらにヴェーバーが経済的主導動機の移行を構想したことは、ただこの学史的文脈においてのみ理解されうる。

経済志向をを家内工業などの経済組織ないしは経済活動と関係づけて、歴史的にたどるという主題はブレンターノとシュモラーによって一八八〇年代後半から九〇年代初めにかけて設定され、ゾンバルトとヴェーバーによって二十世紀の初頭から精力的に展開された。それはカール・メンガーの社会科学方法論に対するドイツ「歴史学派」側からの反応であり、「歴史学派」から出立した新世代からの応答でもあった。またビューヒャーの段階理論がメンガー方法論の大きな影響の下に成立したこと（Takebayashi 2003, S. 104–108）、ヴェーバーの学問論がメンガー方法論との特殊な緊張関係にあることを考慮すれば（Takebayashi 2003, S. 237–241, 447–451）、当時のドイツ経済学にとって方法論問題がいかに重大な意義をもっていたかを確認することができよう。

おわりに

「社会科学」の標語の下に展開されたゾンバルトとヴェーバーの資本主義論は、「方法論争」への応答と見ることができ、ドイツ経済学「歴史学派」に深く根ざしている。彼らの資本主義論における経済的主導動機の構想は、歴史的経済学を志向したシュモラー、ブレンターノ、ビューヒャーたちが主題化した経済理論あるいは「経済的原理」の議論に由来しているのである。

歴史学派の問題は、どちらかといえば歴史記述及び歴史把握と関係するが、経済法則や経済理論にはほとんど関与しない経済学の方向性の問題として経済学史では取り扱われ、社会学においてはウェーバーの構想した社会学の生成過程を検証するための一主題として取り扱われている。しかし「経済的原理」の曖昧さはドイツで十九世紀に形成された国民経済学体系に内在していたのであり、メンガーが主張した「経済性の法則」に関連する学問が新たに経済学として国民経済学体系から自立した時、社会科学における経済学と社会学の分岐が確定したことを確認しておかねばならない。[14] ゾンバルトの資本主義論とヴェーバーの社会学が方法論的にこの学問的分岐点に直接関与していたことは、十八世紀以降際立ってくる社会科学の分化過程との関連で鳥瞰する場合、極めて劇的なその一事例として記憶されるであろう。

注

（1）どのような研究状況で影響力の大きい家内工業研究が遂行され、家内工業研究が独立の研究分野として確立していったかについては、拙著第7章1節ａ（Takebayashi 2003, S. 175–182）を参照。

（2）文献については Takebayashi 2003, S. 55, Anm. 118 を参照。

（3）この十三個の部分からなり、全部で４１６頁に及ぶこの連作論文は、古代から十七、十八世紀に到るまでの人間の経済生活を、題名で示されている観点から叙述する最初の野心的試みである。

（4）賃仕事とは、労働者が「自分の道具によって顧客が提供する他人の原料を加工する」工業的職業労働である（Bücher 1900, S. 368）。

（5）この主張を、ブレンターノは根拠薄弱としている（Brentano 1923, S. 351）。
（6）ベロウは、ビューヒャー、ランプレヒト、シュモラーといった有名な研究者たちと幾つもの連続する学問的論争を開始していた（これらの論争の文献については、Takebayashi 2003, S. 220, Anm. 292 を参照）。
（7）これについて、ベロウは、友人のハルヴィッヒに「どの場合にゾンバルトが来たいのかわからない」と書き送っている（ebd., S. 88）。
（8）ゾンバルトによる中世商業の把握は、実は一九〇〇年に発表されたベロウの論文「大商人と小売商人」（Below 1900a）に依拠していた。この点については、拙著第7章3節 cを参照のこと（Takebayashi 2003, S. 230–237）。
（9）新聞によれば、歴史学学会においては、ゾンバルトの輝かしい業績を指摘して彼の著作に友好的にふるまったのは、ランプレヒトだけであった（Frankfurter Zeitung, 18.4.1903; Münchner Neueste Nachrichten, 17.4.1903）。
（10）ゾンバルトの本に関して、ヴェーバーは、一九〇三年十月四日付けの再びブレンターノに宛てた手紙で、「我々の専門では歴史の小売業となっているのが我々の時代ですから、間違う勇気はほとんど消滅してしまい、我々の学科は緊急に活性化を必要としています、でなければ、ゾンバルトの構想に付きまとう不十分さは理論的仕事そのものの信用を失わせるばかりです」と述べている（Lindenlub 1967, S. 327, Anm. 163）。
（11）ベロウは、「ヴェーバーは彼の論考をさらに強化し彼の実り豊かな思想を発展させ、それによりなおより大きな影響力を持つであろう」、「そうして、理論と歴史との調停するのに重大な貢献をするであろう」との期待をさらに述べている（Below 1904）。
（12）この点については拙著（Takebayashi 2003, S. 205–207）を参照のこと。
（13）ゾンバルトにとっては、「人間の動機」が「経済発展の推進力」である（Sombart 1902b, S. 4.）。
（14）拙著（Takebayashi 2003, S. 436–446）において、「経済」概念及び「経済学」概念の成立について概観的に素描し、カール・ハインリッヒ・ラウの『政治経済学』の体系を通じてヴィルヘルム・ロッシャーの『国民経済の体系』に代表されるドイツ国民経済学体系の成立に到るまでの過程を叙述した。この体系をめぐる十九世紀の動向は、拙著（竹林 二〇〇一）において、ヴェーバーとゾンバルトの「社会科学」の理念形成との関連において概説した。また国民経済学体系における経済法則の取り扱いについては、別の拙著（竹林 二〇一〇、２０７〜２１０頁）でも言及している。

同時代文献

Bericht über die 7. Versammlung deutscher Historiker zu Heidelberg. 14.-18. April 1903, Leipzig 1903.

Münchner Neueste Nachrichten, 17.4.1903.

Frankfurter Zeitung, 18.4.1903, Nr. 107, 1. Morgenblatt.

Vossische Zeitung, 22.4.1903, Nr.183, Abendausgabe.

Beilage zur Allgemeinen Zeitung, 23.4.1903, Nr. 90, S. 142.

Below, Georg von (1900): Groshändler und Kleinhändler im deutschen Mittelalter, in: Jahrbuch für Nationalökonomie und Statistik, Bd. 75, S. 1–51.

Below, Georg von (1903): Die Entstehung des modernen Kapitalismus, in: Historische Zeitschrift, Bd. 91, S. 432–485.

Below, Georg von (1904): Besprechung von: Max Weber, Die Objektivität sozialwissenschaftlicher und sozialpolitischer Erkenntnis, in: Beilage zur Allgemeinen Zeitung, 14. Juli 1904, Nr. 159, S. 89–92.

Below, Minnie von (1930): Georg von Below: Ein Lebensbild für seine Freunde, Stuttgart.

Böhm=Bawerk, Eugen von (1886): Grundzüge einer Theorie des Guterwertes, in: Jahrbuch für Nationalökonomie und Statistik, Bd. 47, S. 1–82, 477–541.

Brentano, Lujo (1888; 1923): Die klassische Nationalökonomie, Vortrag, gehalten beim Antritt des Lehramts an der Universität Wien am 17. April 1888, in: ders., der wirtschaftende Mensch in der Geschichte, Leipzig 1923, S. 1–33.

Brentano, Lujo (1889): Die Ueber die Ursachen der heutigen socialen Noth. Ein Beitrag zur Morphologie der Volkswirthschaft (=Vortrag, gehalten beim Antritt des Lehramts an der Universität Leipzig am 27. April 1889).

Bücher, Karl (1893); Die Entstehung der Volkswirtschaft. sechs Vorträge, 1. Aufl., Tübingen.

Bücher, Karl (1900): Gewerbe (Art.), Handwörterbuch der Staatswissenschaften, 2. Aufl., Bd. 4, S. 360–393.

Dietzel, Heinrich (1884a): Besprechung von: Carl Menger, Untersuchungen über die Methode der Sozialwissenschaften und der politischen Ökonomieinsbesondere, in: Jahrbuch für Nationalökonomie und Statistik, Bd. 42, S. 107–135, 353–370.

Dietzel, Heinrich (1884b): Beiträge zur Methodik der Wirtschaftswissenschaft, in: Jahrbuch für Nationalökonomie und Statistik, Bd. 43, S. 17-44, 193–259.

Marx, Karl (1890; 1982): Das Kapital, Kritik der politischen Ökonomie, Bd. 1: Der Produktionsprozess des Kapitals (4. Aufl., Hamburg 1890), MEW, Bd. 23, Berlin 1982.

Menger, Carl (1871; 1968): Grundsätze der Volkswirtschaftslehre, Wien 1871 (Carl Menger Gesammelte Werke, Bd. 1, Tübingen 1968).

Schmoller, Gustav (1890): Handel, Handwerk und Hausindustrie, in: Jahrbuch für Gesetzgebung, Verwaltung und Volkswirtschaft im deutschen Reich, Jg. 14, S. 1035–1076.

Sombart, Werner (1891): Die Hausindustrie in Deutschland, in: Archiv für soziale Gesetzgebung und Statistik,

Bd. 4, S. 103–156.
Sombart, Werner (1902a): Der moderne Kapitalismus, 1. Aufl., Bd. 1: Die Genesis des Kapitalismus, Leipzig.
Sombart, Werner (1902b): Der moderne Kapitalismus, 1. Aufl., Bd. 2:
Stieda, Wilhelm (1889): Literatur, heutige Zustände und Entstehung der deutschenn Hausindustrie (Schriften des Vereins für Sozialpolitik, Bd. 39: Die deutsche Hausindustrie, Bd. 1), Leipzig.
Thun, Alfons (1879): Die Industrie am Niederrhein und ihre Arbeiter, in: Staats-und sozialwissenschaftliche Forschungen, hrsg. von Gustav Schmoller, Leipzig (2 Bände).
Weber, Max (1904; 1988): Die 《Objektivität》 sozialwissenschaftlicher und sozialpolitischer Erkenntnis (erst erschienen in: Archiv für Sozialwissenschaft und Sozialpolitik, Bd. 19, 1904), in: Weber (1988), S. 146–214.
Weber, Max (1904/05): Die protestantische Ethik und der „Geist“ des Kapitalismus. I. Das Problem, in: Archiv für Sozialwissenschaft und Sozialpolitik, Bd. 20, S. 1–54.
Weber, Max (1907): Kritische Bemerkungen zu den vorstehenden „Kritischen Beiträgen“, in: Archiv für Sozialwissenschaft und Sozialpolitik, Bd. 25, S. 232–249.
Weber, Max (1921; 1976): Wirtschaft und Gesellschaft. Grundriss der verstehenden Soziologie (erst erschienen 1921), 5. Aufl., besorgt von Johannes Winkelmann, Tübingen 1976.
Weber, Max (1988): Gesammelte Aufsatze zur Wissenschaftslehre, hrsg. Von Johannes Winkelmann, 7. Aufl., Tübungen 1988.

文献

Boese, Franz (1939): Geschichte des Vereins für Sozialpolitik 1872-1932, Berlin.

Gorges, Irmela (1986): Sozialforschung in Deutschland 1872-1914: Gesellschaftliche Einflüsse auf Themen- und Methodenwahl des Vereins für Sozialpolitik, 2. Aufl., Frankfurt am Main.
Honigsheim, Paul (1963): Erinnerung an Max Weber, in: Max Weber zum Gedächtnis, hrsg. von Rene König und Johannes Winkelmann, Kölner Zeitschrift für Soziologie und Sozialpsychologie, Sonderschrift 7, Köln/Opladen 1963, S. 161-271.
Lenger, Friedrich (1994): Werner Sombart 1863-1941, München.
Lindenlaub, Dieter (1967): Richtungskämpfe im Verein für Sozialpolitik: Wissenschaft und Sozialpolitik im Kaiserreich vornehmlich vom Beginn des „Neuen Kurses“ bis zum Ausbruch des ersten Weltkrieges (1890-1914) [=Vierteljahrschrift für Sozial-und Wirtschaftsgeschichte, Beihefte 52, 2 Bände], Wiesbaden.
Takebayashi, Shiroh (2003): Die Entstehung der Kapitalismustheorie in der Gründungsphase der deutschen Soziologie, Berlin.
竹林史郎（二〇〇一）：ヴェーバーとゾンバルトにおける「社会科学」、社会分析 29号、日本社会分析学会。
竹林史郎（二〇一〇）：ドイツ語圏におけるマルサス人口論の受容史、「マルサス人口論の国際的展開」昭和堂。

ヴェーバーとヴェルフリンにおける直観的合理主義

——両者の理想型による合理的意味解明の親和性＊

茨木竹二／齋藤理恵

一　問題の所在——ヴェーバーにおける理想型の〝原創造〟と以後の発展をめぐって

周知のように、理想型の創案はこれまで長い間いわゆる〝原創造〟としてそもそもヴェーバーに、但しまたG・イェリネクやC・メンガー、G・ジンメルにも帰されてきた。しかし、イェリネクの〝理想型〟と〝経験類型〟は、それぞれ規範概念及び類概念として理解されるべきであり、ジンメルの〝哲学的類型〟とメンガーの〝厳密型〟は、経験的には適用されない。そのように、ヴェーバーの理想型は概念・認識論理的、並びに方法的にそれらすべてから区別されうるものである。[1]

なるほど、同じく周知のように、ヴェーバーの「客観性」論文（一九〇四）[2]では、理想型にたいする方法論的考究が、また方法適用論としても特にこの概念の経験的研究における正しい構成と適用が、例えば彼の「倫理」論文（一九〇四〜一九〇五）[3]に見受けられる。しかし、それに該当する方法の先駆（的展開）は、また既にイェリネクの早期の主著『一般国家学』（一九〇〇）に、それも特に「古代国家の理想型」の段落に見出される。[4]但し、

〝事実的なものの規範力〟という彼の定式化においては、同書の冒頭で彼が因果的認識と規範的認識とを対立させ、厳密に区別しているにも拘らず、それらが混同されているように思われる。[5]

ともあれ、そのように類型論的な方法適用は、本書冒頭の拙稿で取扱ったアントーニの批判でも指摘されているように、初期ドイツ社会学に固有な標徴の一つと見なされる。しかしながら、理想型の構成と適用、並びに価値自由な認識は、双方ともヴェーバーの意味では、F・H・テンブルックが「生成」論文（一九五九）で訴えているように、それ以来継承されていないのである。[6] となるとその理由は、上記〝原創造〟の問題と同様、単に――上述の如き――ヴェーバーの概念・認識論理と「合理主義的」方法の取扱いが不足していることのみならず、むしろまたそれらの生成（由来）が等閑にされていることにも、おそらく求められよう。[7] そこで、そうした課題を果すには、主として以下の事柄が明らかにされるべきであろう。

二　ヴェーバーとヴェルフリンにおける理想型と合理的意味解明

さて、従来の当該研究が、既述した如き分野に観点を定めているとすれば、それなりの理由があろう。というのは、周知の通りヴェーバーは、「客観性」論文で理想型に論及するにあたり、特に「抽象的経済理論」を歴史現象の〝理念（Idee）や綜合の一例〟、ないし経済的な組織や行為等の〝理想像〟として捉え、また後には〝マルクス主義的な発展構成〟もそのように見なしているからである。但し、そうした〝理想像〟は、そもそも当の自由貿易学派がそのような〝理念〟や〝ユートピア〟を、〝当為〟として把握していたように、むしろ〝存在すべきもの〟の意味で――イェリネクの〝理想型〟と基本的に同様――〝規範概念〟ないし〝目的論的〟に構成された〝価値判断的規準〟であり、いわば〝理念型（Idee-typ）〟に相当するものであった。

とはいえ、そのように〝理念〟から導き出された類型は、本来の論理的性格を十分に弁まえ――且つ〝態度決定（価値判断）的関心〟を一旦〝保留〟し、つまり「価値自由」[8]に、却って専ら「意味付与的関心」をもって――「事実認識」に用いるなら、むしろ「類的理想型」として、また特に「発見的機能」も有することになる。尚、如上の論及は、「合理的意味解明・理解」の方法及び対象の選択・構成原理としての「価値（理念への）関係（づけ）」や「一面的観点」についてとともに、ヴェーバーの方法諸論稿ではくり返し行われているが、中でも最も詳細且つ体系的な論究に当るのは、おそらく「シュタムラー」論文であろう[9]。

ところがここでは、先に論じられた――カントのいわゆる――「理念の規制的原理としての（先験的）使用」が、むしろ「法的規則の経験的規則としての論理的利用」に（経験の基盤で）敷衍され、しかもその際――社会科学における――経済学や経済史家どころか、むしろ――文化科学において――己れの「美学的判断力を発見的手段として利用する芸術史家」が、一つの好例として引合いに出されているのである。そこで、ヴェーバー当時そうした「原理」を踏まえていると思しき「美学」や「芸術史家」といえば、以下で明らかなように、「形式主義的美学」とそれに依拠したH・ヴェルフリンをおいて、おそらく他にないであろう。しかも彼の構成概念は、明らかにヴェーバーの意味における理想型に通じていて、またそれを手段とする方法も、やはり「合理的意味解明」に相当するものである。したがって、さしあたり以下では、それらをヴェーバーのものと原則的に比べてみることが重要となる。

（一）ヴェーバーにおける合理的意味解明と理想型

さて、そもそもヴェーバーが「合理的意味解明」をもって理解社会学の方法的基礎づけに及ぶ端緒は、既に――「客観性」論文以前に脱稿されたものと読取られる――「ロッシャーとクニース」[10]に見出される。それも前期歴史派経済学におけるどちらかといって〝直観的非合理主義〟的伝統のK・クニースの〝問題系譜〟、すなわち主観主義的諸学科において〝心理主義的誤謬〟により、端的に「意志の自由」の結果として人間行為に〝非合理性〟、ないし〝計算不可能性〟が認められ、それによってまた歴史にも「合理的（因果）認識」や明確な概念が〝忌憚〟され、むしろ〝芸術的直観（覚）〟や特有の〝尊厳性〟が標榜されていることに対し、まずヴェーバーは、次のように原理的に論駁する。

「〈自然事象〉に対する（人間の行為の）原理的区別といったものは存在しない。〈天気予報〉などの……〈自然事象〉の〈計算可能性〉は、われわれに熟知の人物の行為を〈計算〉することよりも〈確実〉だということは決してない。実際それは、非常な高度で完成されたわれわれの法則論的知識におけると同等の確実性にまで高められることはまったくできない……。」すなわち、いわゆる〝自然法則〟があたかも〝客体の本性〟として存在するかのように、いわば客観的（なもの）だからという通念で、「自然事象の計算（認識）可能性」が、「よく知られた人間の行為のそれよりも〝確実〟だ、ということには全くならない。」何故なら、そうした〝法則〟も、むしろ本来「経験的規則性」に関する「法則論的な知識」であって、それに基づく「合法則的・法則適合的認識」としては、またその「確実性」も両者において「原理的」に変わるところはないのである。

そこで、例えば更に「嵐が岩石の一塊を放りおとしてしまい、しかもこの塊が無数の破片となって砕け散っているようなとき……その落下の大体の方向……飛散の大体の程度という事実」は、「熟知の力学的法則にもとづいて〈追計算する〉という意味で因果的に〈説明しうる〉」ことにもなる。ただ、この「岩石落下の例」では、そもそも――「存在的関心」に基づいて――「因果的欲求」が「大体の程度」のように「一般的」であれば、またそのような「事実（結果）」の「具体的な決定要素」が「跡方もなく失われてもいる」ため、大方は「これ以上に知ろうとしない」のが通常である（Roscher, S. 65-66――『ロッシャー（一）』、134～136頁）。

しかしながら、またむしろ「その塊がどのくらい多くの、どのような形をした破片となって」というような、「具体的・個別的現象の経過」ともなると、大方は――却って「実存的関心」に基づいて――なぜ「かくなって他とならなかったか」という「必然性判断（Notwendigkeitsurteil）の形式」で、「因果（事実）的認識」の「可能性」を求めがちであるが、しかしそれは、いわば〝死したる自然〟の「具体的諸事象の〈説明〉」にあっては、せいぜい「事象の（なかの）それのみで顧慮される個々の構成部分に関連する」にすぎず、単に「例外的」でしかない。

ところが、「一個人の具体的な・歴史的に重要な行為」や「それが生ずる社会的な集団関係内部における変化の経過」等についての「個性的認識」となると、たとえ「因果連関の機会」が、上記の「例」のように、「複合的かつ個性的に拡がって」いようとも、事情は全く別どころか、むしろ反対なのである。というのは、「われわれは、その（人間の態度の）解釈のために、少くとも原理的には、これをわれわれの法則論的な知識と一致しうるという意味で〈可能〉だと〈把握〉させる〔できる〕のみでなく、これを〈理解する〉……すなわち、〈内面的に〉〈追体験可能な〉具体的〈動機〉もしくはこのような動機の複合体を発見するという目標、を置くことができる……」からである。つまり、「……個性的な行為は、その意味にみちた解明可能性 Deutbarkeit のゆえに……個性的な自然事象よりも、原理的には〈非合理性〉が少いのが特質である」（a.a.O., S. 67-68――前掲、1

38〜139頁）というわけである。

さてここで、以上のように、「自然事象」の「合法則的認識」に比べてより「合理的」な「意味理解」における「解明可能性」を確認した後、次にヴェーバーは、本来これを志向すると思しきミュンスターベルク、ジンメル、ゴットル、リップス、クローチェなどの諸「範疇」を認識論的に批判し、最後に「合理的解明」を方法的「範疇」として基礎づける端緒を、およそ以下のように得る。「われわれは実際の行為を、〈目的論的に〉見〈なし〉て、一般的な因果的経験的規則にもとづいた合理的行為と対決せしめ……行為者を導いたはずの、またわれわれが発見しようと意図しているところの、合理的な動機を、われわれがその事実上の行為を彼が追求した〈はず〉の目的に適した手段とみなすことによって、確定することができる。――あるいは行為者のわれわれにはよく知られた動機が、行為者の主観的に期待したところとはちがった結果を生んだのは、その手段をえらんだがためだったこと、を理解しうるのである。」(a.a.O., S. 129――『ロッシャー（二）』、119〜129頁）

ここでは、そのように「目的論的に合理的な評価」が、却って「具体的因果認識」の基盤の上で、「単なる仮説」もしくは「理想型的概念構成（シェーマ）」として論理的に利用されるのであるが、より端的にまたそれは、「（因果の）目的論的命題は因果論的命題の裏返し（Umkehrung）である」という周知の「互換性」に基づき、それによっていわゆる「発見的手段」として、「理想型」概念が「構成・適用」されることをも示している。すなわち、「実際の（主観的に）目的合理的な行為」においてその「手段―目的」関連は、本来また「（主観的な）動機―結果」関連も踏まえているので、むしろ「一般的な因果的規則」ないし本書冒頭の「拙稿」で指摘した「確実な経験的事実・知識」にしたがい、更にその「副次的諸結果」をも考慮して、却って「客観的目的合理的行為（整合型）」を「構成」し、それを「実際の行為」における「動機の発見」ないし「手段の確定」、あるいは「結

果の理解」の「(概念的補助)手段」として「適用」するわけである。(11)

但し、そうした「利用」は、また「客観性」論文における「価値判断の科学的取扱い」でも敷衍されている。すなわち、一方で「存在すべきもの(当為)の判断」は、そもそも「意欲し行為する人間」のなせる業として、確かに「存在するもの(事実)の認識」とは峻別されなければならない。とはいえ前者は、「論理・方法論的省察」が施され、行為者により「意欲されたもの(目的)」の根底にある「究極的な価値公準・理念」が開示され、且つ彼をして「なぜそう(出発)せざるをえなかったか」、(目的論的に)「自省」せしめるなら、また(因果論的に)それが「どのような結果に至りうるか」についても、「査定」せしめることによって、他方で後者を助けることができるのである(Objektivität, S. 148-151――「客観性」、12〜17頁)。そこで、こうした「取扱い」は、先にふれた「理念の規制的原理としての使用」に基づく、「価値判断」の「事実認識」における「発見的手段」としての「(論理的)利用」とも解される。ただ、そうした「(先験・論理的)利用」は、何も文化科学においてのみならず、むしろまた自然科学においても、既に踏まえられていたのであり、それについてはおよそ以下の通り、特に「シュタムラー」論文において考究されている。

「生物学は、もろもろの出来事の多様性のなかから、ある特定の意味において、すなわち〈生命の維持〉からみて〈本質的で〉あるようなものを〈選び出す〉。われわれが芸術品を論ずる際には、現象の多様性のなかから、〈美学〉の立場から〈本質的〉――すなわち美学的に〈価値がある〉というものではなく、〈美学的な判断にとって意義ある〉――であるような構成部分を〈選び出す〉」。そのように、ここではまず、生物学であれば「生命の維持」という「理念」、芸術学であれば「(一定の)美的価値・規範」による「評価」ではなく、むしろ「価値関係性」に基づく「知るに値するもの」としての「客体」の「一面的」な「類別・選択原理」が説かれ、次にはまた「美的判断力」の芸術史における「発見的手段としての利用」についても論及される。

「われわれは、観念的な〈規範〉についてのわれわれの知識（規範表象）を、〈発見的手段〉として使用する。それは、たとえば、芸術品の特色を因果的に説明するという関心から芸術家の実際の〈意向〉を明らかにするために、芸術史家が自分の美学的（規範的）〈判断力〉を、事実上まったく不可欠の一つの発見的手段として使用するのと、全く同様である。」すなわち、例えばルネサンスのある絵画作品が「なぜそのようになったのか」について、「因果関係」を——「一面的観点」の下で——明らかにしようとする場合、さしあたり芸術史家は、作者が当該時期の「美的理念・規範」に照らして、「目的論的」に「何をどのように表現しようとしたのか（意図——（みかけの）目的）」を——「因果的関連」の「裏返し」として——「前提」し、且つそれをその際の「発見的手段」とする、というように解される。

但し、以上の引用箇所は、むしろそもそも「（擬似的な）法的規則」としての「スカート法」に関係せしめられた文脈であるため、引続きそれを例とする以下の行論を、更に参照しておきたい。「また、われわれがカードがある配られ方をしたばあいゲームがある特定の経過を辿る〈チャンス（客観的可能性）〉について、一般的な〈因果〉命題を立てようと思うとき、これ〔上記芸術史家の例〕にまったく照応したことが行われる。その際われわれは、①理念的なゲームの規則（スカート法）が実際に守られ、また②厳密に合理的に、すなわち目的論的に〈合目的的に〉ゲームが行われる……ことを〈前提〉する。そして、これを利用することによって、経験によれば一般にそのような理念〔想〕型にとにかく〈接近〉しようとつとめまた到達してもいるので、このようなカードの配られ方をしたゲームが、その型に照応する経過を辿る〈蓋然性〉を、多少とも主張しうるであろう。」（以上 Stammler, S. 341-342——「克服」、49～50頁）

つまり、まず、およそ前段の「カードのある配られ方〔布置状況〕」における「スカート法の遵守」による「合目的的なゲーム」として「利用」される「前提」とは、「理念的なスカート法〔観念的な規範〕」についての「われわれ〔認識する側〕の〔教義・法律的〕知識」、ないし「規範表象」に基づいた「遊戯者達」の「〔主観的な〕目的合理的行為〔の格率〕」総体の「〔類的〕理想型」であり、それはまた「厳密に合理的・目的論的」な、その意味で「論理的一貫性」において「前提」されることから、さしあたりは「先験的〔アプリオーリ〕」に、それ故「直観的」に且つ「暫定的」に「構成」されるのである。[12]

但し、それらの「行為」は、実際には往々「厳密」でなければまた「違法」でもあるため、そうした「理想型」は——周知の通り、同じく「客観性」論文でよく知られているように——現実には、「どこにも見出されない」ばかりか、またその「構成手段」、ないし「概念的要素〔本質的標徴〕」も、「散在」あるいは「集中」していれば、更に「皆無」でもありうる。とはいえ、そのように「暫定・発見的」な意味で「予備・補助的な概念」は、本来それらの「要素」を「歴史的個体」として、「論理的に一貫」して「統合・組成」し、また現実を「高昇〔極端・尖鋭化〕」してもいるため、なるほど「非現実的」ではある。しかしそのために、却って「経験的現実」を「思惟的に整序〔体系化〕」し、且つその「特性」を「比較」によって「浮彫」にし、更にその「偏差」を「測定」することもでき、最後に以下のように、「具体的な因果作用」を——「客観性」論文における周知の「現実科学」のように——なぜ「かくなって他とならなかったか（So-und-nicht-anders-Gewordensein)」、つまり「因果的必然性判断」の形で「〔意味〕解明的に理解」することに、役立つわけである。

次に、およそ後段では、上記「前提」としての「発見手段」の「利用〔適用〕」が説かれ、この「手段」がその際には更にかの「〔周知で確実な〕経験的事実・知識」に照合されて、すなわちその「存在論的知識〔経験的事実)」をもって、且つまたその「法則論的知識(経験的規則性)」に対しても、まず先に前段で企図された「ゲームの特定経過の客観的可能性」に関する「判断」が行われ、次にその「手段」の「近接(度)」ないし「合致」等の「適合性」に関する「判断」も行われ、ようやく当の「ゲーム」の「因果的蓋(必)然性」が導き出されるのである。と同時にまた、そうした「手段」は、むしろ「理論的」に「純粋(個体的)理想型」として、「最終的」に「(再)構成」されることにもなり、更にその際上述のように、「意図―目的(結果)関連」や「カードの配られ方(布置状況)」及び「ゲームの経過(諸行為間の関係)」等、ほぼ専ら「行為(現象)」の「内―外的」及び「空間―時間的」な「形式的契機」のみで、いわば「形式主義的」に「構成」され、且つ「適用」されることになる。[13]

というのは、如上の――「一定の教義・法律的な解釈原理」ないし「思惟習慣」によって得られる――「法的規則(観念的規範)についての知識(規範表象)」が「行為の格率」を「形成」することは、既述の通りであるが、それにはまた同時に、「経験的な法秩序の存立」も伴うことが、以下のように比喩的に「前提」されているからである。「……ある〈法秩序〉の存在(立)は、人間相互間の、また人間のそとにある客体にたいする人間の――〈文化現象〉をはじめて可能にするような――事実上の挙措(行動)の、普遍的経験的な〈前提〉に属する。……それはこのような意味で、たとえばある最低限度の太陽熱と同じように右の挙措を決定するのに役立つ因果的〈条件〉に属する」(a.a.O., S. 354――前掲、59～60頁)。

すなわち、「法秩序の存立」は、例えば人間の実際の政治・経済的行動としての「文化事象」を――いわば「太陽熱」が「生物」の「生命の維持」を――そもそも「可能」にせしめるように、その経過を「決定」する「普遍的・経験的な〈前提〉」、あるいはその「因果的条件」になりうる、換言すれば、つまり「法の〈規則〉としての性格は、経験的規則性に適合した結果となりうる」(a.a.O., S. 355――前掲、61頁)からである。[14] ただ、そうした「規則」の最上位には、いうまでもなく「理念」が位置し、そして「個別的行為」を通したその「分散的実現」が、一般に「(相対的)理想」と見なされるわけである。

したがって、以上ヴェーバーの「合理的解明」は、いわば「太陽」としての「理念」の「実現(作用)」をそもそも「前提」し、言換えれば「価値関係性」及び他方でまた研究者の「特殊な関心」にも基づく「一面的観点」において、ほぼ専ら「文化現象」の「(事実的な)形式的契機」をもって、「直観(先験)的」並びに「合理的」に「理想型」を「構成」し、且つ「発見的手段」として「適用」することから、やはり「形式主義的」であるとともに、また「直観的合理主義」的な方法とも見なされるべきである。

(二) ヴェルフリンにおける理想型と合理的意味解明

では、次にヴェルフリンの概念構成とそれを伴う芸術史(的社会学)の方法に向かおう。[15] それにはまず、何より『古典美術』(一八九九)を取上げなければならない。さしあたり冒頭で彼は、「問題設定」に当る「序言」において、当時代表的彫刻家の一人として著名なA・ヒルデブラントの、既に当該関連分野において高い評価を得ていた『造形芸術における形式の問題』(一八九三)[16]に、「乾田に注ぐ慈雨のようなもの」と比喩的に最大の賛辞を送り、且つまた特に彼が同書で鋭く指摘した当該分野の直面する〝問題状況〟も、次のように引合いに出す。

「歴史的考察方法は諸々の芸術的表現の相異や変遷をますます前景にもたらす結果となった。それは芸術を、人格たる様々の個人の発露として、あるいは種々の時代状況や諸々の国民的特性の所産として取扱う。このことから、芸術ではとりわけ人格的なものとの関係や人間の芸術的ならざる側面が肝要であるかのような、間違った解釈が生ずる。そして芸術そのものに対する各々の価値標準は失われてゆく。副次的関係が主要眼目〔Hauptsache—

本題〕となり、あらゆる時代の変遷に関わりなくその内面的諸法則に従う芸術的内容は顧みられぬ〔ignoriert―無視される〕。」

すなわち、ここ（造形芸術の「歴史的考察方法」）においても、そのようにそもそも「芸術」が〝個人的なものの発露〟――つまり〝自由意志〟による〝非合理的なもの〟――と見なされ、その「合理的な認識」の模索に代わって、むしろまず〝（芸術家の）人格の尊厳〟が標榜されているようでは、既述の如きヴェーバーが取組んだクニースの〝問題系譜〟、ないし〝心理主義的誤謬〟としての〝概念忌憚〟の状況と、事情は殆んど変らない。また、そのために〝時代状況〟や〝国民的特性〟が「芸術自体（作品）」の〝価値基準〟と〝誤解〟もされ、むしろその発展に固有な「内的法則性」――つまり、以下で取扱う「視（ることの）形式」――に従った「芸術内容」が無視されてしまう、というわけである。

更に、そのように〝芸術的ならざる側面〟や〝副次的関係〟が〝本題〟と〝誤解〟されていることに対し、ヴェルフリンは「どんな美術史の専門学術論文も同時に一片の美学を包含するのが当然なことだったろうに」(klassische Kunst, S. VII-VIII――『古典美術』、516頁）と、いわば〝美学的判断力の貧困〟を歎くのであるが、そうした事情についても、およそ以下のように勘案されるべきであろう。すなわち、以後やがてスイス・ドイツ「様式史」的美術史学派の創始者として地歩を固めるヴェルフリン、とはいえ彼にも、当初は特にJ・ブルクハルトの「個性記述的文化史」のみならず、またJ・フォルケルトやT・リップスの「心理主義的感情移入美学」の影響下でも研究を開始しただけに、如上の事情は決して例外でなかった。

しかも他方、むしろ「様式」を支配的な〝時代情調・精神〟の「表出」として解釈するオーストリア美術史となると、確かにその鼻祖、A・リーグルにおいては特に『美術様式論』（一八九三）と『後期ローマの美術工芸』

（一九〇一）において、既に「様式」形成の根拠が方法的に反省され、「視覚的―触覚的（価値）」や「芸術意欲」等、素材に即した概念的道具の醇化も試みられた。にも拘らず大方は、概念素材や事実の厳密な取扱い及び「歴史的認識」のための概念加工が、皮相で且つ不十分なままであった。更にそこでは、また先に長く引用した段落に引続いて、「歴史科学は〈芸術〉というより大きな主題を……それ〈歴史科学〉とは別個の芸術哲学なるものに委ねていた……」という文面にも留意すると、例えば特にH・A・テーヌの『芸術哲学』（一八六五）の如き〝実証主義〟の影響も、既に浸透していたものと目される。

したがって以上の諸事情は、「芸術そのもの」についての「事実（因果）的認識」と〝非芸術的なるもの〟に基づく〝価値判断（ロマン主義的独断）〟との〝混同〟や、〝心理・直観（感）主義的誤謬〟にもとづく〝概念構成の不備〟等、やはりかの〝直観的非合理主義〟的伝統の〝問題系譜〟と、およそ通じ合うことになる。となると、そうした問題に正面から取組もうとするヴェルフリンには、以下で見るように、何より（芸術家の）「直観の論理学」として、むしろその「合理性」を洞察しえたヒルデブラントの前掲書こそ、特にそれに依拠する上で、正に先の賛辞が相応しかったのであろう。並びにまた、同じく以下で取扱う彼の年長の友人、K・フィードラーの「純粋可視性」も先の「視形式」において敷衍してるだけに、ヴェルフリンが既述の如く「一片の美学」として暗示しているのは、とりわけこれら両者の「形式主義的美学」を、特にそれらの「合理的な美学的省察」の故に、念頭においてのことに相違ない。

ともあれ、そこで彼は『古典美術』の「目標」を、次のように定める。「その意図はイタリア古典様式の芸術的内容を際立たせることであった。千五百年代においてイタリア美術は円熟をとげた。これを理解〔verstehen〕しようと欲するものは、……完全に発達〔展〕した現象と識りあいになることがよいであろう。というわけはここで初めて全体の〔的〕本質はいい表わされ、また……判断の標準〔Massstäbe—尺度〕は獲られる……からである」(klassische Kunst, S. Ⅷ——『古典美術』、6頁)。つまり、「その目標」とは、「盛期ルネッサンス」の「芸術内容」の「特徴把握」、それもその「頂点」での「理解」であり、というのもそれによってこそ、その「全体的本質」が「概念化」されるとともに、また「判断の尺度」も「得られるから」なのである。但しこの文脈は、更に幾分補足すれば、そうした「頂点」では上記の「法則性」が、いわば「成就」するだけに、その「時期」の「芸術内容」が——以下で見るように——「完了したもの(das Fertige)」として「概念構成」され、且つまたそれが——〝価値基準〟でなく——当の「特徴」を「判断(浮彫に)」する、ないし「かくなって他とならなかった」として、「合法則的認識」の「尺度(概念的補助手段)」にもなりうる、というように解される。

そこで、その際には以下が断られる。「ただ主要作品のみが引用されていることは自明である。また著者の計画が個々の芸術家の叙述ではなく、共通の諸特徴、すなわち総体様式の補足に向けられていた限り、その選択や取り扱いにおいてある種〔gewisse—特定〕の自由〔Freiheit〕が著者に赦されねばならない。」そして、「この目標に確実に到達するため、第一の歴史的部門〔芸術家の叙述〕にその再吟味として第二の体系的部門がそえられているが、これは人物に従ってではなく、概念に従って素材を秩序づけるものであり、またこの第二部のうちに同時に現象の解明〔Erklärung—説明〕が含まれているはずである」(a.a.O., S. Ⅷ–Ⅳ——前掲、7頁)。なるほど、元より認識の対象はその目的〔標〕に従うわけであるから、既述の通り「イタリア古典様式総体の共通的諸特徴の把握」を「目標」とするかぎり、ただ「主要作品」のみ「選択」し且つ「取扱う」ことは、やはり「自由」なはずである。

と同時にまた、文面こそ異なるものの、以下で明らかなように、そうした「対象の選択・取扱い」が、ヴェーバーの「価値関係」及び「一面的観点」とおよそ同様、そもそも「盛期ルネッサンス」の「美的理念・規範」を「前提」し、それとの関連において「古典様式」の「周期性（Periodezität）」が「イタリア」と「千五百年代」に、それもレオナルド、ミケランジェロ及びラファエロのみを「代表的作家」として射程に収められていることも、確かに察知される。それから、そこでは従来の如き「人物（芸術家）の歴史」ではなく、むしろ「概念に従う（作品の）様式史」がめざされる。但しそれは、その「概念」が「新しき心境・美・図象形式」として、未だほぼ「図式」の段階に止まっているため、本格的には十六年後に公刊される主著、『美術史の基礎概念』（一九一五）[17]において実現されることになる。

そこで、同書の冒頭では、そうした「人名なき（匿名の）美術史（Kunstgeschichte ohne Namen）」が、いよいよめざされる。そしてそれは、専ら「近世美術（絵画・彫塑・建築）の全行程（発展）」において、「クラシックとバロック」の「基礎概念」を確立しようと試みたものであり、言換えれば「我々の眼を可視的世界に対し確固たる関係に持ち来たす科学的美術史」、ないしそうした「芸術の内面的歴史」なのである。更に、その何よりもの動機は、「芸術学に於ける概念的探究は、事実的探究と歩調を合わせていなかった……」（Kunstgeschichte, S. V–VIII——『美術史』、7～11頁）ことにあるが、但しそうした背景については、当時の諸事情として既述の通りである。因みに、ヴェルフリンにおけるそのような「事実的—概念的探究」の対応、すなわち『古典美術』—『美術史』はまたヴェーバーにおいても、例えば特に「倫理」論文や『古代農業事情』[18]—『経済と社会』（決疑論）[19]の対応のように、ほぼ同様な「研究志向」として認められる。

ただ、ヴェーバーの場合『ロッシャーとクニース』で周知のように、他方のロッシャーにおける特にヘーゲル〝流出論〟の影響下での〝概念と現実との混同〟や、また後期歴史派経済学におけるC・メンガーの〝精密（自然）

法則〟による〝現実の演繹〟といった〝錯誤〟――更には特に『ドイツ史』（補巻）におけるK・ランプレヒトによる〝社会心理的法則の過度の一般化〟――等、いわば〝自然主義的法則一元論〟による〝独断論〟的状況として、事情はより複雑且つ深刻であったといえよう。ともあれ、そのように両者共に認められる「研究志向」は、やはりまた双方におよそ共通した問題状況の、そもそもしからしめるところと見てよいであろう。

では、ヴェルフリンはまず『古典美術』において「イタリア古典様式」の「芸術的内容」を、いったいどのように「際立たせる」のであろう。但し、本稿にとって目下の関心事は、既述の如く、その際特に「判断基準（概念的補助手段）」をどのように造成しているか、である。そこで、些か論旨が散漫になろうとも、ほぼ専らこうした観点において、同書の行論を辿ってみたい。

すると、さしあたり冒頭の「緒言」で当の「古典様式」について、「イタリアにおける高（成）期ルネサンスの美術はいつまでも一つのイタリア美術であり、またそこで行われた現実の理想的昂揚〔高昇― die »ideale« Steigerung der Wirklichkeit〕は、ただイタリア的現実の昂揚に過ぎなかった」とある（klassische Kunst, S. 3――『古典美術』、16頁）のが、目に付く。何故なら、ここでの「理想的」や「高昇」は、当面単に字句としてであれ、先に概括したように、特に「客観性」論文におけるヴェーバーの理想型への論及とも、密接に関連し且つその概念構成に共通するか否か、少なからず気に掛るからである。そこで、そうした点で重要と目されるのは、まず「ラッファエルロは、〔〈奇蹟の漁穫〉で〕人物に支配権を確保するため、舟を小さく、不自然に小さく作った。レオナルドも〈晩餐〉の場合に卓を取りあつかった。古典様式は、本質的なものを顧慮して実際的なもの〔das Wirkliche―現実的なもの〕を犠牲に供している」（a.a.O., S. 106――前掲、１４４頁）である。

つまり、それによれば「理想的高昇」は、「現実」の「より本質的なもの」による「（極端な）抽象・尖鋭化」として、一応「（論理的）理想化」を意味していよう。但し、次には「諸々の線の単純さと大きな明暗の塊量の落着き〔Ruhe—静止〕は、アンドレアの円熟様式における明瞭な形式表示〔Formenbezeichnung—形式描写〕と結びついている。……この優しく聡明な頭部はおそらく十六世紀の意味における一つの理想型〔Idealtypus〕と考えることができる〔…darf…auffassen—把握してよい〕。……好んでこの頭部は、内的にも外的にも……芸術家の肖像画の系列のうちに置き入れられようとする」（Ebd., S. 170——前掲、218頁）と、同じく単に字句としてであれ、他ならぬ「理想型」が出てくる。

それからこれは、更に「千五百年代は構造的なものに対する感情や、組織〔Baues—組立て〕の表出への要求をもっているから……すべての細部的魅力は……何らの意味を有することができない。この点で理想化ということが早くから始まり、ロレンツォ……の〈裸体モデル〉……と伝フランチァビジオ……の〈理想像〔Idealfigur—理想形姿〕〉…との比較は……啓発することが多いであろう」ともなると、ここではむしろ「理想像」とされているが、やはり上記「理想化」の意味のそれとして解される。しかも、ヴェーバーの理想型と同様、「内―外的」にそうであり、且つ「比較」の機能も有している。

ところが、引続き以下によると、それら「理想型（像）」はむしろ〝美的価値判断・評価基準〟の意味で用いられているのではないか、と些か疑問が生じないでもない。「この時代〔十六世紀〕の肖像画家はかかる〔顔面の左右相称や全体的印象の分明性等の〕規則性が現われるように心掛け……第二の世代とともにこれらの要求はますます大きくなっている。……この場合に……〈シモネッタ〉と……〈ヴィットリア・コロンナ〉……は両時代の趣味を概括的に〔in gesammelter Form—収集された形式において〕含んでいる二つの理想型〔Idealtypen〕である」（a.a.O., S. 222–224——前掲、280～282頁）。

なるほど、そのように当該分野で「趣味」となると、往々「美的（趣味）判断」の作用として、それも「芸術（作品）内容」に対する「美・快」の感情が想起される。しかし、ここでは「収集（組成）された形式〔多体統一の個体〕」の、それも如上の「線の単純さ・大きな明暗（斑面）の塊量（嵩）・落着き（静止・安定）」等の「形式表示（描写）」とか、あるいは「内―外」（の対応）とかとされていても、いわば「優しく聡明（な心情・知性）―頭部（顔面の左右相称と全体的印象の分明）等の規則性（にかなった美）」とか、更には「構造的なものへの感情」や「組織（組立て）の表出への要求（欲求）」とか、いずれもすべて「絵画的把握・表現」の「形式的契機」、ないしその際に抱かれる「形式感情」を、「意味内容」としているわけである。そこで、またそのためにそれらの「契機」自体も、そもそも「無内容」であるから、何ら〝美的判断・評価基準〟には関わらないのである。

というのもまた、このことは以下の文脈において決定的となろう。「……十六世紀は、それが現実との接触を避け、特定の性格化（Charakterisierung―特徴づけ）を犠牲にしてモニュメンタルなものの印象を求めたであろうかのような意味で、理想的なのではない。……芸術はここでもやはりその時代の生活の浄化〔Verkläirung〕であるが、ただそれは、現実において容易に見出されそうにない人物のタイプ〔Typen―典型（的人物）〕や衣服や建築を選択すること以外には……高められた要求を満足することができないと考えたのである」（a.a.O., S. 209――前掲、262頁）。すなわち、まず「理想的」とは、そもそも「現実の特徴付け」を断念して、「非現実的」に〝記念碑的な印象〟を求めたであろう、などという、つまり〝永遠に存在すべき（当為・模範）〟という〝理念的〟な意味でないことは明らかである。そして次に、「現実には容易に見られない典型的な人物・衣服・建築（などの「範例」）を「選択」し、且つ上述の如き「収集した形式」によって「当時の現実（生活）」を特徴的に「浄化（純化）」しようとした、と説かれているわけである。更に、そうした「理想化」は、同じく上述のように、

「規則性にかなった美」の「形式的契機」を「組成」した「理想像」によるわけであるから、こうした「典型像」こそは、むしろ「論理（規則に適合）的」な意味で、正にヴェーバーのそれと同様の「理想型」に他ならない。

そこで、因みに「（真の）画家は現実そのものを描かない、教訓を垂れない」とは、よくいわれるところであるが、正にこの言葉は、如上の「理想型」による「現実の浄化（純化）」にこそ、よく当てはまる。そしてそれは、およそ手段こそ異なれ、またヴェーバーのいう「経験的現実の思惟的整序」にも、根本的に通じている。というのは、「経験科学的認識・叙述」の手段と「造形芸術の把握・表現」のそれとは、いうまでもなく、各々「言語（概念）」及び「図象（形像）」であるものの、但しそれらの「内容」は、根底において「感（知）覚・表象」としての「図式─範疇」的な「意味」として、むしろ通じ合っている。と同時にまた、それ故ヴェーバーが特に「方法論」において「経験的研究者」の「観方（考察方法）」やその「成果」を、いわば「記述言語」で「省察」しているのに対して、またヴェルフリンも同じ「研究者」の立場においてであるものの、但し「芸術家の眼（視形式）」を通してその「制（創）作」を「行為」として、且つその「作品の特徴的内容」を「図象言語（Bildsprache）」、ないし「形式言語（Formensprache）」で「考察」し、且つ「理解」しているからである。

しかし、そうとはいえ、最後に『古典美術』の巻末における以下の如き「理想型」の「構成」にたいする説明は、さほど読取りが容易ではないであろう。「……われわれが芸術的価値判断をもって事物を測定しようと欲するや否や、それ自身は無表出〔ausdrucklos〕であり、純粋な視覚的な種類の発展に属する、諸々の形式的契機をつかむように強いられる」。

「……われわれが図像の外観の明瞭化とか、多数が統一的に一緒に見られ、各部分が必然的統一に関係づけられるにいたるまで……について詳論したことはすべて形式的契機であり、それらは時代情調からは導き出されないものである。かような形式的諸契機の上に千五百年代の美術が有する古典的性格はもとづいている。この場合に肝要なのは、いたるところで繰返される〔sich wiederholen〕発展であり、通有的な〔durchgehend―貫通する〕芸術的な形式である」(a.a.O., S. 275–276――前掲、344頁)。

すなわち、「美術作品」において「素材的なもの」にのみ頼る――かの〝表出史〟や〝実証主義〟等の――「考察方法」は、またそれをその〝内容〟によって「測定」するため、いきおい〝価値判断〟に陥らざるをえない。[20] そこで、それを避けるためには、むしろ「無表出(内容)」の「形式的諸契機」で構成された「芸術形式」の「発展」概念、つまり「理想型」が不可欠なわけである。但しそれは、そのように「発展」が「繰返される」からといって、いわゆる「共通の・繰返されるもの」によって構成される〝一般(類)概念〟や〝経験類型〟なのではない。また、「ラッファエルロが以前の世代に優るもの」とか、「ロイスダールの如きを……古典作家たらしめるもの」ともあるように、そうした「発展(統合―分化)」は――かの「周期性」としての――「盛期ルネッサンス」を「貫通する」、ないしそこで「反復する(sich wiederkehren)」ことから、このかぎりで少くとも「類的理想型」に相当するものといえよう。ともあれ、それがその「時期」における「芸術内容の特徴的把握」、つまり「事実判断(認識)」の「基準」として造成されていることは、何ら疑いがない。

ところが、同じ巻末でも以下の如きむしろ文末の「締括り」は、ただ比喩的なばかりか、またあまりにさり気ない文面でもあるため、当該専門家ならいざ知らず、解釈が決して容易ではない。すなわち、「こうはいってもわれわれはいわゆる形式主義的な芸術評価(〔Kunstbeurteilung―芸術判断〕)を弁護したつもりは微塵もない。ダイヤモンドを輝かしめるためには光線がどうしても必要だ、というまでのことである」(Ebd.――同上)と。そこでまず、少なくともそうした「芸術判断」が「形式主義的美学」のそれを指し示すことは、およそ明らかである。

次にまた、そのように「ダイヤモンドを輝かしめる」といわれているのも、おそらく「芸術作品の内容を際立たせる」という意味であることは、以上の脈絡から察知される。但し、それにしても、更に「光線がどうしても必要」と比喩されているのには、以下のように却って行論を戻ると、先に見たヴェーバーとおよそ同様、やはり「太陽」に「(美的)理念」を喩えて、ヴェルフリンの「合理的意味解明」が、端的に直喩されているように解される。

では、そのような解釈は、どのようにして可能となるのであろうか。それにはさしあたり、ヴェルフリンが「人はいつもただ自分が求めるものだけを見る〔Man sieht immer nur das, was er sucht〕」という「命題」を、以下の説明のために引合いに出しているのが留意される。「古代的であろうとする類似の意志〔Willen〕をもちながら、十五世紀と十六世紀とでは別々な結果に到達しなければならなかった〔mussten〕が、なぜならこの各々は古代を別様に理解し、いい換えれば各々のイメージ〔Bild—図象〕を古代のうちにもとめた〔sucht〕からである」(a.a.O., S. 232——前掲、292頁)[21]。とすると、如上の——及びまた前注におけるヴェーバーの——「命題」における「見る」や「感じる」は、「(造形)芸術家」の「把握(能力)」——ないし〝歴史家〟の〝認識発生(暗示的叙述)〟——の際の「直観(Anschauung)」——ないし〝直覚(Intuition)〟——における〝志向(ノエシス)的作用〟や、更に「心に抱くもの」とか「類するもの」ともあるように、また「表象作用」をも窺わせる。それから、ヴェルフリンのすぐ前の説明で、「意思(Willen)」が「……もとめた(る—sucht)」と(「欲態」として)同意に用いられているのは、それらの「作用」がそもそも一定の「意欲(図)」や「関心」に基づいていることを察知せしめる。しかし、こうした「作用」の〝経過〟ではその「内容」が、たとえ〝感覚的〟に「明証的」であっても、「論理的」にそのような「図式」や「範疇」には、未だなっていないわけである。

但し、そうした「作用」は、既述の通り——ヴェーバーによれば——「経験的研究者」ないし「芸術史家」には、「目的論的評価作用」や「美的判断力」の「発見的利用」が、「論理的」に可能だったわけである。そしてそれは、先に見た「価値判断の科学的取扱い」において、「行為者」において「意欲されたもの（Gewollten）とか、「そう（出発）せざるをえなかった〔であろう〕（müsste）」とか、ヴェルフリンの上記「両世代（芸術家）」の「意志」や「……なければならなかった（mussten）」と基本的に同様、更には引続き「経験科学は何人にも何を為すべき〔soll〕かを教えることはできず、ただ彼が何を為し得る（kann）か及び……何を意欲してゐる（will）かを教えることができるにすぎない」（Objektivität, S. 151——「客観性」、17〜18頁）とも、いわゆる「トポス（Topos—常套句）」によって、命題化されている。すなわち、それらはたいてい das Wollte〔Möchte〕（意欲）・Sollte（当為）・Könnte（可能）・Müsste（必然）のように表記され、かの「合理的意味解明」においては、およそ「意欲（図）—当為（目的）」をその「（因果的）発見手段」として、「可能（性判断）」を経て、「必然（性判断）」に至る、というような手順で適用されるものである。[22]

そこで、些か散漫になるものの、先の「命題」の辺りまで行論を戻ってみると、ヴェルフリンにもそれらの適用が、かなり頻繁に認められる。例えば、①「……コンスタンチヌス帝の凱旋門……はフレスコ画の上に……ある作品では……二度まで描かれている。むろん、それは現実のまま〔so wie er war—そうであったように〕ではなく、そうあるべきだというふう〔so wie er hätte sein sollen〕に表現され……ている」（klassische Kunst, S., 274-275——『古典美術』、２９５頁）。②「イタリア美術という洋々たる大河はみずからの進路を辿り……千五百年代にいたると、たとえすべての古代の彫像を欠くとも、そうなったようにならざるをえなかったといえよう〔müsste so geworden sein wie es geworden ist—かくなっているように、なっていることであろうに〕」（a.a.O., S. 233——前掲、２９３頁）。③「イタリア美術がその溢れる生気のうちに新しい衝動〔Trieb〕を示すなら、それはただ内部からの発展〔Entwicklung von innen her〕でのみありえた〔kann…gewesen sein—ている〕」(a.a.O., S. 232——前掲、291頁)。④「ある時代〔ein Zeitalter〕は、それが作る建築空間のうちに……何でありたいか〔was es sein möchte〕、またそれがどこに価値や意義をもとめるか〔wo es Wert und Bedeutung suche〕、ということを述べ〔sagt—言っ〕ている」(a.a.O., S. 227——前掲、285頁)。

但し、以上の引用においては、上記「トポス」が、②の müsste 以外、全く同形で用いられているわけではない。とはいえ①の hätte sein sollen は das Sollte と、③の kann gewesen sein は das Könnte と、④の möchte sein (意向)は das Wollte と、いずれも語意が同じである。そして、次にそれらを如上の手順で適用すると、およそ次のようになろう。すなわち、「何でありたい」か、及び「どこに価値・意義を求める」か、という「意向(図)—目的」の「目的論的関連」が、①の「そうあるべきだ(当為)」という——一定の「理念」に導かれた——「評価」ではあるものの、しかしそれは——本来依拠している——「因果的関連」の「発見的手段」として「利用」され、その際——また「周知で確実な経験的事実・知識」にもより——③の「発展でのみありえた」という「可能性(判断)」の上——更にとりわけ「経験的規則性(法則論的知識)」に照した「適合性判断」も含め——④の「そうなったようにならざるをえなかった(必然性判断)」に至る、というふうにである。

そこで、また③の「衝動」や「内部からの発展」も示すように、そもそも「意欲(図)」の「解明」を端緒とするこうした手順は、専ら「芸術家」の「行為・作品」に向けられているものの、やはり——ヴェーバーのそれと同様——「合理的意味解明」としての「理解的方法」と見なされるべきである。というのも、『古典美術』の目下の行論は、既述の如く「新しき心境・美・図象図式」によってではあるが、「概念に従って素材を秩序づける」部門としての「第二部」であり、またそれ故それらの「図式」が、既に「発見手段(理想型)」として「構成・適用」されているからである。いや、それどころか、そうした「方法」としての捉え方は、更に以下の引用が決定的となろう。「ラッファエルロに関して、彼が〈ガラテア〉の図にたずさわっていた〔an …arbeitete―を制作した〕とき、彼はモデルではどうにもならず〔könne…nichts machen―何ら可能でなく〕、みずから心に浮かんだ美の観念（Vorstellung）を頼りにしたといわれている〔liegt eine Aussage vor―一証言がある〕」(a.a.O., S. 213――前掲、２６８頁)。「最大の自然主義者たるミケランジェロはまた最大の理想主義者である。……彼は同時に、最も完全に外的世界を放棄し、理念のうちから創作することのできる〔aus der Idee schaffen kann―理念に基づいて創造できる〕人である」(a.a.O., S. 214――前掲、２６９頁)。

すなわち、元より「（超越的）理念」には「観念」が、「人間（主観）」において「理想」として「内在」する形で対応するわけであるから、それにまたこれまでの文脈にも従えば、ラファエロの場合は、〝モデル（理想規範・模範）〟ではなく、むしろ「自からに浮んだ美の観念（美的理念の実現形式・理想像）」を拠所として、またミケランジェロの場合も基本的に同様な意味で、「理念に基づいて外的世界（自然）」を「理想化」し、いずれも「創作（造）」することが「可能」であった、と解されるべきであろう。と同時にまた、それらの引用こそは、むしろヴェルフリンも、そうした「理念（当為）」に基づく「観念」を手掛りにして、ないしそのように「芸術家の眼」を通して、つまり「己れの美学的判断力」を「（因果的）発見手段」として、両者の「創作（行為）」の「可能性」を、更にそうした「証言」にも「確かな経験知」として依拠し、「判断」していることを、正に物語るものである。尚、その際それら「理念・観念」が、さながら「創作」の「閃き」であるかのように受取られていることは、先に見た「光線」と同様、やはり「（美的）理念」が――おそらくプラトンのいわゆる「洞窟の比喩」に倣い――「太陽」に喩えられていることを、端的に示していよう。

ともあれ、上述の如く「盛期ルネサンス」の「特質」を「際立し」うる「図式」は、以後の『美術史』において、「十六世紀の様式から十七世紀の様式へ至る個々の推移を説明する」ための「決定的な諸概念」として、それ故また「バロック」の「基礎概念」も伴い、「かかる発展〔推移〕は暫定的な形式〔範疇〕において、その五対の概念に帰着せしめられることであろう」と、再構成される。すなわち、「線的〔なもの〕から絵画的〔なもの〕へ〔Vom Linearen zum Malerischen〕」、「平面的〔なもの〕から深奥的〔なもの〕へ〔Vom Flächenhaften zum Tiefenhaften〕」、「閉じられた形式から開かれた形式へ〔von der geschlossenen zur offenen Form〕」、「多数〔体〕的〔なもの〕から統一〔単体〕的〔なもの〕へ〔von Vielheitlichen zum Einheitlichen〕」、「対象的なものの絶対的明瞭性と……相対的明瞭性〔Die absolute und die relative Klarheit des Gegenständlichen〕」〔Kunstgeschichte, S. 15-17――『美術史』、23〜27頁〕」として。そこで、それらを構成要件としておよそ言換えると、それぞれ「縁辺総計━斑面統合」、「空間凝縮━動態短縮」、「構築的総合━非構築的統合」、「多体的組成━単体的合成」、「区画(静態)的明瞭━融合(動態)的明瞭」となろう。

となるとそれらは、いずれもそのように「芸術家」の「把握・表現」の「形式的契機」のみで構成されていることから、そうした概念構成は、明らかに「形式主義的」である。というのも、またそれら「対概念」はそもそも「観照形式〔Anschauungsform―直観形式〕、ないし「観照〔Anschauung―直観〕の範疇」として、いわば「芸術家の眼」に相当するものだからである。そして、それについて「これらの概念は合理的な心理的過程を示すものである」と、以下のように比喩的に説明される。「……山腹を転落する石は、傾斜の程度や、地面の硬軟、等々に依り落下に際して種々の異った運動を取るであろう。けれども総てそれらの運動は同一の落下の法則に従えるものである。同様に、人間の心理的性質に於ても、生理的発育の場合と同じ意味で法則的と称せられるべき一定の発展が存している。」(a.a.O., S. 17-18――前掲、27～29頁) すなわち、そうした「落下の法則」としての「合理的な心理的過程」とは、いわば「西洋(における)視(ること)」〔abendländisches Sehen〕の「可能性」としての「形成可能性」なのである。そこでまた、それ故にこそそれらの「概念」は、正に上記「発展」を「合理(法則適合)的」に「解明」し、且つ両「様式」の「特質」を「際立し」うることにもなるわけである。

それにしても、こうした「石の落下」の比喩が、先に見たヴェーバーの「岩石落下」のそれと、幾分記述の仕方こそ異なれ、また「論理的」には「行為」の「合理的解明」の「可能性」を意味し、正に通じていることは、実に印象的である。しかも、そうした「解明」の際如上の「対概念」が有益であることは、例えば特に以下から窺われる。「……レムブラントが直ちに十七世紀と同一視され得ないこと、又クラシック時代のドイツ線画をば……一例〔Muster―典型〕で評価することが尚更許し難いこと、を我々は……白状する。……併しこのような〔seine―典型の〕一面性によってこそ、両概念の対立を顕著ならしむることをもって第一の目的とする比較によって、それは教示するところが多い〔lehrreich〕のである。」(a.a.O., S. 39――前掲、67頁。) すなわち、そのように「有益な比較」は、正に如上の「概念」が――ヴェーバーによってと同様の「歴史的個体」としての――両「様式」に対し、やはりそれらの「形式的契機」のみを、既述の如く「収集した形式」で「構成・適用」され、それ故「統合的」であれ、但しそもそも「線的―絵画的」において、「一面的観点」に基づくからこそなのである。したがって、こうしたヴェルフリンの方法も、また「直観的合理主義」と見なされるべきである。

さて、以上ヴェーバーとヴェルフリンにおける「合理的意味解明」とともに、また両者の「理想型概念」も検討してみると、それらが原則的に合致することは、既に明らかであり、もはや逐一認識・概念論理的に再確認するまでもないであろう。[23] ただ、主たる相異点といえば、例えば特に両者の事象研究、「倫理」論文と『古典美術』の場合、前者ではいわゆる「経済（とそれ）にとって重要なもの（宗教）」に、それも「特性的経過」の「観点」において「歴史的関心」が、後者では――そのような「客体の区分」に倣えば、「経済的なもの」に対応するが――むしろ「芸術的なもの」に、それも「周（時）期性」の「観点」の下で、原則的には考古学とおよそ同様、とはいえむしろ「社会学的関心」が、それぞれどちらかといって優位していることである。とはいえ、また前者が、十七及び十八世紀における「禁欲的職業倫理」と「資本主義の精神」とを、「職業禁欲」及び「市民的エートス」として、いずれも「共時的・統一的」に「概念構成・適用」していれば、却って後者は「古典様式」をそこで「繰返されるもの」だけでなく、またそこを「貫通するもの」によっても、またおよそ「通史（固有法則）的」にそうしているわけである。そこで、両者の上記「観点・関心」は、それぞれ反対に「社会学的」であれば、また「歴史（学）的」でもあり、それ故更にいずれも「歴史社会学的」である、ともいえよう。

しかしながら、双方の「合理的意味解明」が、そもそも「一面的視点」の下で、且つ「価値関係性」並びに「必然性判断」においてであるにせよ、更にヴェルフリンによっても「価値自由」に展開されているのか、それからなお、双方の「理想型」の由来についても、未だ決して明らかではない。但し、それらについては以下の課題としたい。

三　〝方法論争〟から〝芸術問題〟へ――従来の視座の移動

ところで、ヴェーバーの「方法論的取組み」といえば、従来――以上の概括も含め――ほぼ専ら〝方法論争〟

の枠内で取扱われてきた嫌いがある。ところが、その場合でも――また以上においても論及したように――一方のクニースの〝問題系譜〟では、特に〝歴史家の芸術的直観〟が、そもそも〝意志の自由〟による行為の〝非合理性〟や〝人格の尊厳〟において、専ら〝歴史の特権〟と見なされていたり、それに対してむしろヴェーバーは、そうした〝直観〟に却って「合理的な意味解明」の「発見的契機」を認め、同じく「芸術史家」の「美学的判断力の利用」をもって反駁していることから、そうした従来の観点は、ここでやはりこうした芸術史や美学の問題状況に移すべきであろう。とすると、以下で明らかなように、特に当時の〝芸術問題〟と、それに対する「美学（感性論）的取組み」は、極めて重要な意義を有しているに相違ないのである。

（一）「芸術と科学との内的統合」及び〝教師としてのレンブラント〟＊＊

さて、F・マイネッケのシュトラスブルク時代（一九〇一～一九〇六）に関する『回想』によると、まずそれ以前の一八九〇年代は、「芸術〔家〕的高揚の〔Künstlerischer Aufschwung〕」及び「芸術史的関心の増大」の時期であったとされている。[24] そしてマイネッケは、特にW・レーネルという自由学者の「ベニスとフロレンスにおける〔憲法〕体制の営みに関する科学的研究」を、「誰もがそれを方法的に最も洗練されたものと確信した」と、更に「その際彼の目は、当時偉大な芸術が開化していた背景に、常に向けられていた」とも、述懐している。

但し、少し前の段落に目をやると、次にこのレーネルは、「我々〔マイネッケ〕の世代の多くが……全く心ならずも腐心した芸術と科学とを生において統合すること」を、彼の本領を発揮してまざまざと示しえた、と称えている（Ebd.)。そして「我々の世代」にはW・ヴィンデルバント、H・リッカート、ヴェーバー、トレルチ等が、そうした「統合」の地域には、シュトラスブルクの他に、フライブルクとハイデルベルクの各大学が、いずれも当てがわれており、それらについては、またS・ヒューズも言及している。[25]更に、如上の「統合」についてマイネッケは、当時特にE・マルクスによって代表された「偉大なハイデルベルク歴史学者の伝統」とか、並びに「我々世代の秘かな風潮」とも見なしており、序にそれに関してヴェーバーの「倫理」論文やトレルチの『キリスト教の諸教会の社会教説』も挙げている（Meinecke, S. 152-153）。

なるほど、そうした「統合」は、「秘かな」と記されてはいるものの、とはいえまた「伝統」どころか、「我々世代の多くが心ならずも」と付加されているとなれば、むろんヴェーバーもおそらく例外ではなかったことであろう。事実、かの〝方法論争〟に関する彼の主要文献には、そもそも「歴史的文化（社会）科学の方法論稿」であったにもかかわらず、随所且つ多様に「（造形）芸術活動」やその〝直観〟が引き合いに出されていたことは、既に言及した通りである。

例えば『ロッシャーとクニース』や「客観性」でおよそ反復される「単に直観的な描写には〈各人は彼の心の裡にいだくものを見る〉という芸術家的叙述の意義の特質がいつも付きまとっている」とか、「……歴史家の中でランケがすばらしくもっていたような純粋な芸術家的気質（Künstlerschaft—芸術的素養）は、既知の事実を既知の観点にかからはしめながら、しかも新しいものを作り出して見せるというところに発露するのがつねである」（Objektivität, S. 214――「客観性」、107頁）といった叙述が、それである。

更に、そのような「芸術家的気質」は、前述したレーネルの「科学的労作」、『アドリア海沿岸のベニスの成立』をいかにも思わせる。というのは、正にその内容こそ、「以下で取扱われる問題は、いかなる状態の下でベニスの支配が形成されたのか、ということにある。しかし著者は…新事実を報告する者ではなく、むしろ問題を新しい関連において示そうとする者である」[26]という書出しそのままであり、やはりヴェーバーのいう「芸術的素養」

を想起せしめるからである。すなわち、こうした「観点」は、単に〝存在論的〟な対象規定ではなく、むしろ「価値関係的」な「客体の構成」であり、いわば「発見的方法」として、またヴェーバー自身も、以後特に「倫理」論文で試みているわけである。但し、先の「直観的描写」に関する言回しは、先に見たようにむしろ彼が、かの〝方法論争〟において〝自然・実証主義〟に〝反撃〟した最大の勢力、〝主観化（主義）的諸学科〟にその〝心理主義的誤謬〟、それも特に〝直観（覚）の作用〟に対して警告するため、引合いに出したものである。

すなわち、同じく先にふれたこの〝学科〟には、B・クローチェ、W・ヴント、H・ミュンスターベルク、リップス、F・v・ゴットル、ジンメル等が属し、そしてその分野は、歴史・美・心理・経済・社会学等、実に様々であった。中でもクローチェは、元々かの〝方法論争〟のきっかけとなったT・バックルの要求、いわば〝歴史も自然科学同様、法則を打ち立てるべし〟に対し、「歴史は、科学でなければ、芸術でなければならない」[27]と主張して（一八九三）、とりわけ〝直観〟を歴史記述に当てがい、多大な反響を呼んだのであった。しかし、やはりヴェーバーが先に『ロッシャーとクニース』で鋭く批判したように、またそうした〝直観的非合理主義〟は、特にクニースに代表される歴史派国民経済学の〝問題系譜〟において、そもそも人間行為を、その〝自由意志〟に帰することによって〝非合理〟と見なし、にも拘らず、むしろそれを〝歴史における人格の役割〟、並びに〝歴史の尊厳性〟として、錯誤もしていたわけである。

さて、そうなると「芸術の高揚」に対しては、〝方法論争〟あるいはその周辺において、一方でレーネルやマイネッケ、ヴェーバーは、如上の意味で基本的に有意義に取組んだのに対し、他方で同じ大学知識人でも〝主観主義的諸学科〟の面々は、むしろ〝直観的非合理主義〟においての意味で、決してそうではなかった、といわざるをえない。ところで、〝方法論争〟が、単に学問領域にとどまらず〝世界観〟にまで波及していたことは、既に周知のところといえよう。但しまた、それが「芸術と科学との生における統合」にも関わっていたことについては、以下の通り、誰よりW・ゾンバルトを引合いに出すべきであろう。[28] すなわち、彼の著名な『近代資本主義』（一九〇二）は、一つに〝方法論争〟における「経験（歴史）的方法と理論（抽象）的方法との対立の調停」を試みたものであり、しかもそれは、主に〝個体（別）的なものの直観〟と〝一般的なものの概念〟との調和による〝芸術的形成〟をもって、〝美学的国民経済学〟の確立をめざすものであった。

というのは、本来〝永遠に新たな多様性を産み出す生〟を、既に科学（抽象）が〝死したる一般性〟に引裂いたのは、そもそもむしろ常に〝生の統一を欲する人間の解決意志〟によるものなのであり、こうした〝分裂〟を克服し且つ〝統一〟を回復するには、元々〝特殊な生命を有する個体的なもの〟に〝新たな生命を吹き込む〟ところの〝芸術的形成〟こそ、正に肝要である、というわけである。そこで、そのように〝分裂して死したる一般的生〟が、当時の〝自然科学的世界観〟や、広大で複雑な原子・機械論的な社会の相貌を指示していることは、何ら疑いがない。並びにまた、そうした〝個体的なもの〟が、むしろ〝ロマン・歴史主義的世界観〟において、いわば〝人格・精神・文化・社会・歴史・自然〟等、〝生総体〟の〝統一的本能〟として旧来最も憧憬されてきたことも、敢えて多言を要さないであろう。つまり、かの「統合」は、そもそも〝世界観〟の問題として、やはり〝方法論争〟に関わっていた、と見なされるのである。

となると、ゾンバルトにおいてもまた、その〝芸術的形成〟においてむしろ〝審（唯）美主義〟として、〝直観的非合理主義〟に陥っていたことになろう。そして、以上「芸術の高揚」や〝方法論争〟において大学知識人に共通する観念的利害は、そのかぎりで〝自然主義的方法・世界観〟の〝歴史主義的方法・世界観〟の侵食に対する〝不安〟、ないしそれによる〝生の無意味化の危険〟であり、より一般的にはまた、〝文化・社会的アイデンティティー拡散への危機意識〟でもあった、といえよう。しかしながら、特に「芸術の高揚」に即したこれまでの概括にしたがい、更にそうした〝不安〟や〝危険〟を教養市民層にまで拡大すれば、そこにはむしろ〝文化・社会的退行〟の傾向さえ看取される[29]。というのは、こうした「高揚」の結末が、それに関する一証言（一九〇九年）とも見なしうるヴィンデルバントの同時代に対する洞察によれば、「芸術は〈個人〔体〕的なもの〉の自然的避難所である」と指摘されているからである[30]。したがって、正にこうした〝避難所〟の意味で、当時の文化・社会的状況としての「芸術の高揚」は、むしろ〝芸術問題〟と見なされるわけである。

　ところで、またヴィンデルバントは当時盛んな芸術運動に関して、とりわけJ・ランクベーンの『教育者としてのレンブラント』[31]が最初の〝狼煙〟となった、とも言及している（Windelband, S. 106――『思想史』、165～166頁）ので、それは本稿にとっても、さしあたり「芸術の高揚」との関わりにおいて、むろん考慮に値する。しかも、また当時の時代状況をおよそ特徴的に把握する上で、極めて重要である。すなわち、手元の同書は一九〇九年版であり、一八九〇年の初版以来二十年間で既に49版を重ねたことになるが、それはその内容が主として教養市民層から一般大衆まで実に広範囲に、それも大学知識人や初・中等教育の教員をはじめ、中産階級から組織・未組織労働者にまで盛んに受入れられ、大学生にあっては哲学の教科書として読まれさえしたからである。更に、ちょうど百年後の一九九〇年には、「ツァイト」紙がそれを回顧して、二面に渡って特集を組んでいる[32]。それによると、また同書はそのように大々的な波及において、既に〝ナチスのイデオロギー〟もある程度用意したものと見られている。したがって、そうした〝芸術問題〟は、また〝芸術運動〟として、むしろ〝文化問題〟とも見なされるべきなのである。

　では、本書の内容はいったいどのようなものであり、またそれにはどのような意図が込められていたのであろうか。とはいえ、単に書き出しに目をやるだけでも、概括するのに甚だ困難な観を呈している。そして、目次に目を移すと、〝ドイツの芸術・科学・政治・教養・人間性〟という五項目の大見出しに、それぞれ一、二ページ毎の実に細かい小見出しが付けられている。但し、内容的には画然と細分され且つ体系的に構成されているわけでは、決してない。むしろ、いわば多彩且つ雑多に入り組んだ〝アラベスク〟のように、甚だしく錯綜して幾度も繰返されている。したがって、こうした叙述は、たいていどの部分をとっても、内容的にはあまり大差がないため、むしろ要点と思しき部分を骨子として読取るのが、おそらく得策であろう。そこで、まず序章に目を通すと、さしあたり以下が注目される。

〝ドイツ民族の精神生活が、今や……衰退の状態にあることは……公然たる秘密になっている。科学は全面的に特殊分野に分散し…文学と同様思想の分野でも、画期的な個人が欠けている。造形芸術には……不朽性と同時にその作用が失われている。……哲学はあらゆる科学の中軸であるが、しかしドイツ哲学が存在しない。我々の近代形成は、科学的であり且つあらんとしているが、そうなればなるほど、創造的でなくなるであろう。それは諸々の部分を持ち合わせているものの、ただ残念ながら精神的絆を欠いている。……科学及び特にかつてあれほど普及した自然科学への関心が、最近ドイツ的世界で広範囲に減っている。その一般的雰囲気において、一つの目ぼしい転回が行われている。……客観性の時代は再び終末に向い、代って主観性が戸口を叩いている。我々は芸術に向かっているのだ！〟(Erzieher, S. 1–2――傍線は筆者、以下も同様)。

そのように、ここでは既に先の五項目が、殆んどすべて題材として盛込まれているので、それらによる主題の主旨は、以後の文脈もある程度参照すれば、およそ以下のように解釈される。すなわち、〝ドイツ民族〟本来の偉大な〝精神〟は、それを体現した〝芸術・文学・思想〟における〝卓抜した個人〟や、他には〝歴史・哲学〟を含めた〝教養（精神文化）の欠落〟、また同じくそうした〝文化〟によって〝結合されていた〟近代以前の〝ゲマインシャフト的な共同体〟の〝分裂〟とともに、もはや衰退の一歩を辿っている。そしてそれこそは、正に〝客観・合理性〟を備え且つ既に〝特殊（専門）化〟し尽くした〝自然科学〟、及びそれに基づく〝民主的で水平的な原子論的精神（世界観）〟によるものである。しかし、今や時代は明らかに転換を示し、むしろ〝主観性〟や〝直観〟に基づく〝（造形）芸術〟に向かっている、というわけである。しかも、そこで時代の〝英雄〟、ないし〝民族の教育者〟として待望される者こそ、以下で言及するように、他ならぬ〝レンブラント〟なのである。

〝とりわけドイツ哲学は、それがドイツ芸術であるかぎり、ドイツ民族の魂との最も密接な接触を探らねばならない。こうした点でもまたレンブラントは、ドイツにおいて近代的で将来支配的な個人〔体〕主義の卓抜した代表者として、民族の……教育者の資格を有している〟（a.a.O., S. 58）。

すなわち、ここでも幾分前後の脈絡を参照すれば、正に〝レンブラント〟こそは、そもそも〝低地ドイツ人〟に〝特有〟の〝傑出した個性〟の〝代表者〟として、何よりその非凡な〝主観・直観〟に基づく〝明暗の描写〟により、既に衰えた〝精神文化〟、並びに引き裂かれてしまった〝共同体〟と〝個人〟の関係、つまり総じて〝ドイツ的生〟の営みを、再び〝ゲルマン的精神・個（体）性〟に遡及、ないし〝退行〟せしめることにより、〝統一〟を可能にするものであり、それ故にこそ、正に〝ドイツ民族の教育者〟に相応しい、というわけである。

ところで、G・L・モッセは、『教育者としてのレンブラント』より以前に、同様な反響を得た有名な『ドイツ書』の著者と比較して、「彼〔ランクベーン〕の影響力は、P・ラガルドほどに深くは浸透しなかったし、長続きもしなかったけれども、より広範に広まってはいた。この本が時代遅れとなる第一次世界大戦の頃までに、それを読んだ人々の数は、数百万人に上っていた」と見ている。(33) となると、こうした〝影響〟は、その波及範囲において、おそらく当時比類がなかったことであろう。更に、テンブルックは、かのクローチェに代表される〝直観的非合理主義〟を、また「新観念論への方向旋回」とも見て、その開始をやはり『教育者としてのレンブラント』の「センセーショナルな成功」に帰している(Genesis, S. 596——『生成』、58頁)。

そこで、これらの〝影響〟や〝成功〟こそは、何より同書の〝非合理主義・退行的イデオロギー〟が、当時特に教養市民層において直接的且つ大々的に培養されたこと、並びにまたかの〝方法論争〟における〝主観主義的諸学科〟の〝直観的非合理主義〟にも通じていたことを、正に示すものといえよう。となると、更にそれは、やはり〝歴史の特権〟としてのむしろ〝芸術(家)的人格の尊厳〟をも、代弁しているものと見られる。したがって以上、そもそも〝時代精神・世界観〟における〝ロマン・歴史主義的反動〟こそ、正に上記〝芸術問題〟の最も本質的な契機と見なされるべきである。

(二)「形式主義的美学」における「必然的整合」と「必然性の把握」＊＊＊

さて、以上これまで取扱った〝方法論争〟や〝芸術問題〟における〝直観的非合理主義〟の展開を、各々年代や時期においてここで再確認すると、まずそれらに対するヴェーバーとヴェルフリンの取組みは、却って「直観的合理主義」としておよそ一九〇〇年以後の二十年間、そして主にランクベーンの〝レンブラント書〟(一八九〇年）やクローチェのいわば〝芸術としての歴史〟（一八九三年）に触発された〝芸術運動〟と〝主観・心理主義〟の増幅は、だいたい一九〇〇年頃に及び、但し一八八三年に始まる〝方法論争〟の前半、いわゆる〝シュモラー―メンガー論争〟が一八九三年にはむしろ〝ランプレヒト（―フォン・ベロー）論争〟に受継がれ、また前年には特に前半の〝論争〟に対する〝歴史主義〟の大々的な〝反撃〟が、かの有名な講演「歴史と自然科学」（一八九二年）をもって、ヴィンデルバントにより開始され、またまもなく同じく新カント（西南ドイツ）派のリッカートも加わったわけである。

そこで、この学派の批判主義的哲学にヴェーバーの「方法論的取組み」が、〝方法論争〟における一方の〝自然・実証主義〟と他方の〝主観・心理主義〟双方の〝論理的方法的諸問題〟に対する「省察」として、そもそも依拠したことは既に周知のところである。並びにまた、ヴェルフリンの取組みも、「文化史」や「オーストリア表出史」、ないし〝実証主義〟の〝素材に頼る芸術的（価値）判断〟に対するほぼ同様な「内省」として、むしろ「形式主義的美学」に依拠したことは、やはり良く知られている。しかも、その代表者には（フォン・マレースも含め）、既にふれた通り、主にヒルデブラントとコンラート・フィードラーが当てがわれていて、更にはまた上述の如く、あれほどヴェルフリンが『造形芸術の形式問題』（一八九三年）高くを評価していたことを考慮するだけでも、この「学派」がやはり「直観的合理主義」を基調としていたことは、何ら想像に難くない。そうすると、一八九〇年代では一方の〝方法論争〟における〝自然・実証―主観・心理主義〟のみならず、それにまた他方で〝世界観〟や〝イデオロギー〟にも基づいた〝芸術問題〟、及び〝芸術的（価値）判断〟においては、共に「直観」に基づくとはいえ、むしろ〝非合理〟―「合理」主義といった対立も、およそ並行していることになる。

では、それらのうち前者については既に見た通りであるが、後者の系譜はいったいどのような内容のものだったのであろう。そこでまず、そもそも「古典主義」の彫塑家としても高名であったヒルデブラントの同書が、何より注目される。とはいえその考察は、ヴェルフリンのいうかの「形式言語」によるため、決して馴染みやすくはない。さしあたり「序論」では、「この研究は形式と現象との関係〔Verhältnis—対比〕、及びこの関係が芸術的表現に対してもつところの結果〔Consequenz—帰結〕に関するものである」と前置きされ、直ちに以下が続く。

「外界が眼に対してのみ存在する限りにおいて、外界への我々の関係はまず第一に空間と形式との認識及び表象に基づくものである。……これらの認識や表象なくしては外界における如何なる定位〔Orientierung〕も絶対に不可能なのである。かくて我々は、一般的には空間的表象と特殊的には限定された空間の形式表象〔Formvorstellung〕とを、事物の本質的内容、あるいは本質的実在〔Realität〕として把捉しなければならない。……つまり形式表象とは我々が種々なる現象の仕方を比較してそれから造り出す〔gezogen haben—導いている〕ところの一つの答〔Facit—総括的結論〕である。これは又既に偶然的なものから必然的なものを引離〔gesondert—分離〕している。それ故に形式表象は単に知覚にのみ尽きるものでは〔schlechterweg—知覚では全く〕なく、むしろ一定の見地から〔aus einem bestimmten Gesichtspunkt—特定の観点から〕いろいろの知覚についてなされる一種の加工である。といって、私は一種主観的なる見地を考える訳ではなく、かえって反対に、空間的定位という全く普遍的なる〔allgemeinen〕見地……を考えるのである」（Form, S. 3-4——『形式の問題』、11〜13頁、以下傍点やルビを省略し、また漢字も当用に変更する）。

すなわち、「我々〔造形芸術家〕」は、さしあたり「眼〔知覚／表象〕」によって「外界」を「存在」するものと見るかぎり、それはそもそも「一般的な空間表象」と「限界づけられた特殊な形式表象」との、それ故いずれの「表象」も、「事物」の「本質的内容・実在」として把握することになる。何故なら、ある対象やその「空間表象」を対象から受容しうる交互的な「現象」に対立せしめると、あらゆる「現象」は、単に我々の「〔一般的〕空間表象」の「表出〔程度が強い〕（特殊な）形象」を意味するにすぎないからである。つまり「形式表象」とは、「現象」の諸々の現われ方の「比較」により、その「必然的なもの」が「偶然的なもの」から「分離」され且つ「総括」されて引出された「結論」なのである。したがってまた「形式表象」は、全く「知覚」ではなく、むしろ「特定の観点」、それも「空間的定位」の「普遍的な観点」からなされる諸「現象」の「加工」でもある、ということになる。[34] そして如上の「形式表象」は、更に以下のように「実体鏡〔ステレオスコープ〕」による実験に基づいて、「知〔視〕覚活動」がいわば「静視—動視」に、及びまたそれらに応じて「視覚表象〔印象〕—運動表象」にも区別され、「形式視」としての「形式の認識」に及ぶ。

「…視覚活動〔Sehtätigkeit—視（るという）活動〕の二つの極を対立させてみると、それらは二種の純粋なる視覚活動を意味する。静視的に視る眼がある形象を写す場合に、それは三次元的なものを表出はしても、それは相互共存〔Nebeneinander—同時並存〕が同時的に把握される様な一つの平面の上の幾つかの標徴に現われることをもってするに過ぎない。しかるにこれに反して、眼の可動性は近き立脚点により直接に三次元的のものを触知することを可能ならしめ、また知覚を時間的なる前後関係〔Nacheinander—通時的継起・変成〕に整えることによって、形式の認識を得ることを可能ならしめるものである」。

しかも、こうした「静―動視」に基づく「種々なる表象は、最早全く、視覚印象の表象〔以下簡単に視覚表象と言う〕ではなくして、運動表象であり、これが形式視〔Form-Sehen〕及び形式表象〔Form-Vorstellen〕の材料を成すものである」。(a.a.O., S. 10-11――同上、19～20頁) 更に、この「形式視」は、次のようにまた「知覚」と「表象」にも関係づけられる。「知覚する者にとっては現象を空間的に読むという意味での〈視〔Sehen〕〉の過程は全く無意識的に進み、彼は空間的表象に対する視覚印象をば、単に受けるのである。がしかし表象するに当たっては彼は対象を一部分は視覚表象から、一部分は運動表象から組合わせる〔setzt…zusammen―合成する〕」(a.a.O., S. 14-15――前掲、26頁)。

となると、どちらかといって一方で「知覚」は、まず「静視」に相当し、ある形象の「三次元的なもの」を表出しうるにしても、その表出は形象の「同時並存」としての「平面的標徴」を、単に受動的に「受ける」だけの「視覚表象」となるにすぎない。ところが、他方で「表象」は、まず「動視」に当り、「直接的に三次元的なものの触知を可能とする」ばかりか、また「知覚」をも「通時的継起・変成に整えうる」ところの「運動表象」に及び、更にそれが「形式視」と「形式表象」の材料を成すことになる。そして、この「形式視」こそは、まさに「現象を空間的に読む」という意味で、全く「無意識的」な過程であるものの、但し「知覚する」のではなく、むしろ「表象する」過程として、積極的に「対象を視覚表象と形式表象から部分的に組合せる」ものなのである。と同時にまた、この積極的な過程は、「形式表象と視覚印象の空隙を無くし、多者を統一として形成〔zu einer Einheit gestallten〕せんとする活動」、つまり「造形芸術的表現」の――「形式視」といわば〝表裏一体〟的な――過程をも、付帯することになる。しかし、そうした「形式視」と「芸術的表現」は、そのような「組合せ」と「形成」

によるからといって、以下の通り決して「恣意的」なのではない。

「自然の形式表象は多くの視覚表象及び運動表象の無限なる経験的交替〔unendliche Erfahrungsaustausche―尽きることのない経験（創作の知識・技術）の交流〕に基づく。そして……一定の形式表象がすべての視る者〔Sehenden〕において一定の平面的印象の必然的結果〔notwendige Konsequenz〕となる限りにおいては即ちこの経験的交替は既に無意識的に不変的合法性〔fester Gesetzmäsgkeit―確固たる合法性〕に達し、それであるから形式表象及び運動表象の二種を相互に関係せしむる〔in-Beziehung-setzen―関係づける〕ということは丁度、それらの間に合法的関係〔das gesetzmässige Verhältnis〕を見出すということまでの意味をもっている。この合法的関係は唯表象に対してのみ存在し、表象のうちにおいてのみ感じ得られるべきものであろう」(35)。

そこで、「今、芸術家をある一〔特〕定の個別なる場合としての自然形像の前に対立させると想像してみる。その時にはかの〔dieser―この〕普遍的なる合法性の視点より……自然物〔形像〕を把握してこれを表現するということが芸術家の課題とならなければならない」(a.a.O., S. 17-18――前掲、29～30頁)。すると、往々「……我々は優れたる風景画においては、いささかも別様に変えられることの出来ないかの如き〔als könne es eben nicht anders sein―正に他ではありえないかのように〕、一種の必然的整合〔notwendige Zusammengehörigkeit〕を感ずるのである」(a.a.O., S. 38――前掲、55～56頁)。

すなわち、如上の「形式視」としての「芸術的把握・表現」こそは、正に先に見た「空間的定位」の「特定の（普遍的な）観点」としての「合法的観点」に基づく「芸術家」本来の「課題」なのであり、また同じく如上の

「組合せ」と「形成」も、彼等がそもそも「視る者」として、むしろ「形式表象と運動表象とを相互に関係づけ」、それらの間に「合法的関係を見出す」ことを意味している。もしくはその際、「自然の形式表象」が、彼等「すべて」の間で、例えば「絵画作品」においてのように、一定の「平面的印象の必然的結果」となるかぎり、それはまた一定の「形式表象」が、むしろそれら「視覚表象—運動表象」に関する彼等の「経験（知恵や技法）の幾多で尽きない交流」に基づいて「一般化」し、「確固たる合法性」に達したことも、意味しているわけである。そこで、そのように「必然的整合を感じさせる風景画」こそは、正に「形式視」や「形式表象」が、「芸術の本質」やいわば「芸術法則に適うもの」として「合理的結果」に帰着し、且つまたそれによってこそ「芸術家の課題」も、達成されたものと見なされるわけである。したがって、そうした「造形芸術」の「合理性」こそは、正に「形式視の観点の普遍性」及び「形式表象の合成の必然性」として、「芸術法則」に対する「適合（合法）性」の意味で、解されるべきである。

　しかしながら、当時〝芸術判断〟をめぐって、事態は以下のようにおよそ正反対であった。「真理を我々の中に形造られる対象〔ママ—の〕表象のうちにでなく、対象の知覚そのものに求めんとするいわゆる実証主義的把捉の仕方は直接に知覚されたるものの正確なる複製〔Wiedergabe—再現〕においてのみ芸術的問題を観ている。この観方はすべての表象の影響をもっていわゆる自然真理を偽造するものとなし、また表現をもって出来る限り正確な模倣的作成装置にまで考えて、機械的受容的態度をとるように努力する。……しかし、表象は本来、〈視ること〉を制約するものであり、また勿論〈視る〉ということは正に機械的活動にのみ尽きるものではなく、却って機械的に形造られたる視覚形象を我々に対して空間的性質の一形象たらしめ……その活動が表現するところを初めて我々に一般に知らしむる……」（a.a.O., S. 29——前掲、44〜45頁）のである。すなわち、こうした批判が、何より〝実証主義〟の――先に注記したばかりの〝実在論的〟な――〝認識摸写説〟に基づいた「芸術」に対する〝自然模倣説〟に向けられていることは、何ら多言を要さない。なるほど本来、「知(視)覚」の働きは、「表象」が積極的である――ものの、但し感情・関心や意欲に依存する――のに対して、〝受容(消極)的〟で意欲には左右されず、むしろ感覚的刺激を受けるくらいであるだけに、その内容の〝再現〟は、往々〝正確〟且つ〝客観的〟――なものとして、それ故またそうした機能も、〝正確で機械的〟な〝模倣的作成装置〟、と〝欺瞞〟されていたわけであろう。[36] しかし、「視る」ことにおいては、既に見たように、却って「表象」、それも特に「形式表象」こそは、むしろ「知覚内容」を、正に「統合」する主体であったわけである。しかも、そうした〝欺瞞〟は、「幼児時代におけるように知覚は直接表象となる……」(a.a.O., S. 104――前掲、145頁)ことを顧慮するだけでも、そうみなされてしかるべきなのである。

ところが、この種の〝問題〟は、また当時の〝歴史的考察〟にも、基本的に共通していて、それは先にヴェルフリンが『古典美術』の冒頭で、特に引合いに出していた通りである。端的に繰返すと、そこでは「芸術作品」をめぐって、その〝外的な差異・変化〟や、あるいはまた〝内容(素材)〟を「芸術家」の〝人格的個性〟や〝時代情調・国民的特性〟等の〝表れ〟として、しかしいずれも〝非芸術的側面〟であるにも拘らず、むしろ肝要と〝誤解〟されていたわけである。そこで、それに対しては、特にそうした〝歴史家〟が、以下の如き〝庭師〟に喩えられる。すなわち、「彼は彼の多くの植物にガラス鐘を被せ、それによって植物を全く様々な形式に成長させ、これらの種々の形式のみを事とせんと思うも、実は彼は、植物そのものが内なる生命力と固有の自然法則とを持ち、大切なるはこれらのものであって……かの外的なる差別等が何らの説明をも与え得るものではないということを忘れているのである。」(a.a.O., S. 106――前掲、147~148頁)つまり、如上の〝差異・変化〟や〝表れ〟等の

〝外面的な文化史的事実〟としての〝素材内容〟によっては、「芸術」をそれに「固有な内的法則」に従って、「本質的側面」を理解し且つ「合理的」に説明することができない、というわけである。因みに、こうした比喩がまたヴェルフリンのあの「石の落下」にも敷衍されていることは、何ら疑いがない。

ともあれ、以上特に「形式表象」や「形式視」の「合理性」を中心に「考察」してきた後、ヒルデブラントはそれを「直観的表象の論理学」として、改めて総括している。そしてそれは、そもそも「芸術家は……自ら動作するもの〔agierend〕として想像し……自分がこの場合に……如何様に動作〔sich bewegen〕するであろうかを問題とする」(a.a.O., S. 103, 94——前掲、145、131頁)を、常に念頭に置いてなされてきたものなのであった。したがって、以上「自己省察」というべき「芸術家の行為(創作)」に対するそれが、やはり「直観的合理主義」を基調としていることは、既に明らかである。

ともあれ、では次にフィードラーの「芸術論」[37]に向うことにしよう。それには、とりわけ彼の処女作に当る「美術品の評価」が、またここでは主論文と見なされている以後の「起源」の基本構想も、殆んどすべて用意されているので、まず取上げられるべきである。とはいえ、ヒルデブラントの『形式の問題』に先立つこと既に十七年前であったにも拘わらず、先に見た〝芸術的(価値)判断〟に対する彼の批判の殆んどすべてが、既に同論文の最初三分の一ほどで、ほぼ専ら展開されているのである。すなわち、それはまたヒルデブラントによって敷衍されたことを、明らかに示してもいるわけであるが、そうした批判の的とは、主として「芸術の理解や評価」においてその〝非芸術的側面〟に関心が払われていたり、また〝自然・実証主義的科学〟が〝感覚的知覚〟に囚われ、己れの〝認識摸写〟を移植して〝芸術摸写〟も主張、つまり芸術も〝自然模写〟として〝前判断〟していたこと等の〝問題〟であった。

そこで、フィードラーによれば、それに対して「芸術は、芸術〔auf—への〕固有の方法〔Wege—方途〕以外の方法で見出すことはできない。我々は、芸術家の関心をもって世界に対立しようとする〔sich gegenüberstellen—態度をとる〕ことによってのみ、芸術品との交渉に、専ら芸術的活動の最も深い〔innersten—内的な〕本質の認識にのみ基づける内容を与えることができる」(Beurteilung, S. 30——「美術品の評価」、30頁)のである。すなわち、そのように「芸術(作品)の内的本質的な内容の理解」に至る「固有の方途」は、我々が「芸術家の関心とともに世界に態度をとり」、及び「芸術的活動の内的本質の認識」に基づいて「芸術(作品)に接する」ことにのみ、専ら限定されるのである。そこで、このように「世界に態度をとる」ことは、およそ先の——ヴェーバーや——ヒルデブラントにおける——それぞれ「態度決定(定位)」や——「空間的定位」を、既に幾分先取りしていることになるが、次にそうした「定位」の地平において、専ら「芸術家の関心」を共有し、「芸術的活動の内的本質の認識」に至るべく、以下のように考察される。

「感覚は、知覚によって生ずる極めて表面的な表象によっても惹き起こされる。そして感覚の強さは、我々の感情の興奮性に依存していて、我々の直観的知覚の程度には依存していない。……多くの人達の直観が低い発展段階に止まっているのは、彼等が直観を余りに速やかに感覚に置換えるからである。……芸術家を芸術家たらしめるものは、彼が彼自身の方法で感覚の立場以上に超出することである」(a.a.O., S. 32-34——前掲、33〜35頁)。

「……我々は……科学的観察が決して完全な直観に基づいていないことを明らかに知らなければならない。……概念への推移は、比較的低い段階においても、直観の為すところである」(a.a.O., S. 35-36——前掲、38〜39

頁)。

「直観から抽象へ移り行かないことは、認識の王国へ入り行くことができない段階に止まっているということではない。むしろそれは、それもまた認識へ通じる道〔Wege—方途〕が保留されていることを意味している。そしてその認識が、かの抽象的認識とは異ったものであるとすれば、その認識は、それ故実際の、最後にして最高の認識であろう。……両者は共に一種の観察の才能であって、それは顕著な〔bedeutenden—優れた〕人間においてはすでに少年時代〔früh—早期〕に現われる。……その観察の異なる意義〔Sinn—意味〕は両者が世界に対して為す関係〔Verhältnis—対応〕の異っていることを示している」(a.a.O., S. 38-39——前掲、40〜41頁)。

「感情の覚醒も概念の出現も、共に直観のその都度々の終点を示してる……感覚が活動するにも拘らず且つ抽象作用を超脱して直観を固執し得る者のみが、芸術的天分〔Beruf〕を証明する」(a.a.O., S. 38-39——前掲、40〜41頁)。

以上を約言すると、〝感覚〟と〝概念・抽象的認識〟とは、いずれも現象に対する人間の「関心」として、元々「直観的知覚」から生ずるものとされ、まず一方で前者は、そもそも〝感情の興奮性〟に依存し、並びに「直観」を余りにも速にそれ自体と〝置換え〟てしまう性向から、概ね「直観が低い段階に止まり」がちとなる。また他方で後者も、やはり〝直観から概念へ移行した抽象〟あるいは〝科学的観察〟として、往々唯一の〝認識へ至る方途〟と見なされがちなのであるが、しかしながら〝概念への移行〟は、「直観」が「比較的に低い段階」においてすら、既に「為すところ」なのであり、逆に〝科学的観察〟の方が、「完全な直観」に基づいていないことになる。そこで「直観的認識」こそは、〝抽象的認識〟とは異って、それには「保留」されて到達しえない意味で、むしろ「究極にして最高の認識方途」なのである。つまり、両者とも本来一種の「観察能力」として、それらに「優れた者」の場合には「早期に」顕われるものの、元来「世界に対して為す関係」、つまりかの「定位」の仕方によって、そのように「観察」の「意味」が異なるわけである。ともあれ、更にフィードラーは、そうした両者について以下を付言する。

「……抽象的思惟能力は、より独立的に且つ自立的に使用されればされる程、直観に比較すれば一層力強い道具となるであろう。……直観は人間にとっては、自立的な、あらゆる抽象から独立した意義を有っており、直観の能力は、抽象的思惟能力と同様に、規則的に且つ自覚的に使用し得るように発達させられるべき権利を有っている…」(a.a.O., S. 44——前掲、46〜49頁)。

すなわち、本来「直観的能力」は、〝抽象的思惟能力〟と同じく、且つそれから「独立」して、「規則的且つ自覚的に使用・発達されうるべき権利」を有しているにもかかわらず、〝感情の覚醒と概念の出現〟によって、往々〝低い段階に止まる〟のである。

そこで、カントの「直観なき概念は空虚であり、概念なき直観は盲目である」という熟知の命題では、「悟性」や「概念」に対し「感性」や「直観」は、未だ「従属」的地位にあったものの、ここではかように両者がむしろ「共属」の関係に置かれていることになる。いやそれどころか、上述の如き「認識方途」においては、むしろ「凌駕」するほどの「能力」を有するもの、とさえ位置づけられていよう。したがって、「芸術家の関心」とは、そもそも「直観的認識の関心」なのであって、上述の如く正に「芸術作品の思想内容」に対する〝抽象的思惟の関心〟が消える瞬間にこそ、「初めて始まる」のである。したがって、そのような〝感覚の活動〟や〝抽象作用〟を「超脱（出）」して、「直観（的認識）関心を固執しうる」者のみが、専ら「芸術的天分を証明しうる」ことになる、というわけである。

またそれは、「芸術家にとっては、直観は最初から、囚われない自由な、決して直観以上の目的には仕えない、直観の目的に終始する活動である。芸術的構成〔Gestaltung〕に達することのできるのは、かかる活動のみである。……世界の本質なるものは、彼にとっては事物の可視的な把握しうる形姿〔sichtbaren und greifbaren Gestalt〕にある」（a.a.O., S. 46-47――前掲、48頁）とも強意される。つまり、そのように「専ら直観に終始する自由で規則・自覚的な活動」に基づいて、「事物の可視的且つ把握可能な形姿」を「本質的なもの」として「芸術的構成」に達することこそ、正に「芸術の内的本質の認識」に即することなのであり、以下のとおりフィードラーは、いよいよそうした「本質」の「内容理解」に向う。[38]

「芸術の起源と存在とは、人間の精神の独特の力によって世界を直接的に把握することに基づいている。人間は、一定の形式に於いて世界を意識しようと……努力する……」（a.a.O., S. 47――前掲、50頁）。

「芸術は科学と同様に研究である。そして科学は芸術と同様に構成である。……芸術もまた、直観の世界が人間にとって或る構成された豊富な存在にまで高揚する〔Steigerung〕能力と要求とを有する要素と思われる瞬間に初めて、……可能となり同時に必要となるのである。かかる推移を媒介するものは、芸術的想像の力〔die Kraft der künstlerischen Phantasie〕である」（a.a.O., S. 50-51――前掲、54～55頁）。

「個々の個人…の存在の内容を為せるものは世界の朦朧たる意識であるが、それは恵まれた瞬間に明瞭な直観にまで高揚する。しかしながら彼の精神の瞬間的活動は、彼の為めに世界を電光的に照らす明澄なる光である。彼はその光を保存しようと試みるが、それは無益であろう。……人々は個々の優れた個人が邁進して得た認識は世界にとって消滅することのない認識だと得意がるが……芸術的活動は……不断の絶間なき労作である。……人間の芸術的活動が何時かその終局の最高目標に達し得ると考えるのは、不遜というよりも浅見である。……芸術品は個人の芸術的活動の総計ではなく、却ってその全部を表現することのできない或るものに対する断片的表現である。……芸術家の精神的活動は、たとえ決して完全に芸術品の形式の中に表現され得ないとは言え、しかも絶えず表現を求め、そして芸術品に於いて一時的な最高の高揚に達する。……芸術的形式は芸術的意識に対する直接的な且つ唯一の表現である」(a.a.O., S. 57-59――前掲、61〜64頁)。

約言すれば、「芸術の起源と存在」とは、「世界を直接的に把握」ないし「一定の形式において意識」することに由来し、「芸術」も「科学」と同様に「研究」でもあればまた「構成」、つまり「直観の世界の高揚的構成」でもある。並びに、そうした「推移(高揚)」とは、すなわち「直観から(非言語的)概念への推移」でもあるが、それを「媒介するもの」こそ、まさに「芸術的想像力」なのである。なるほど、「直観の世界」はそもそも「表象」に基づく「朦朧たる意識」であり、そうした「想像力」を伴う「精神」の「瞬間的活動」が、あたかも「明澄な光り」の如く「世界を照し出す」ことによって、「明瞭な直観に高揚」するのである。[39] とはいえ、そのような「光」によって得られた「認識」が、往々「不滅」の如く「自負」され、あるいは「終局の目標に達し得る」と考えられるのが、「不遜というよりも浅見」であるように、「芸術活動」や「作品」は、決して個人によるそれらの「総計」であるどころか、むしろ「不断の絶間なき労作」ないし「表現し尽しえない（無限の対象）全体の断片的表現（有限的部分）」でしかありえず、しかも「芸術作品」は「完全な形式で表現されえない」ばかりか、せいぜい「一時的に最高度の高揚に達する」にすぎない、というのである。

　更に、フィードラーによればそうした「高揚」は、「芸術家が現象に関する彼の直観を、そうであって決してそれ以外ではないという必然性〔―der Notwendigkeit des So-und Nichtandersseins〕を把握〔Begreifen―把捉する〕まで高める」ことを意味し、「彼は……直観に対しては、それがあらゆる部分の明瞭な精神の表象となってしまうまでは、それが完全な必然的存在となってしまうまでは手離しはしない。……完全なる明瞭性と必然性とは一致する」（a.a.O., S. 61-62――前掲、67～68頁）のである。となると、先に「直接的且つ唯一の表現」とされた「芸術形式」は、そのように「直観」が「そうであってそれ以外でないという必然性に高揚」し且つ「概念（非言語）的に把捉」したもの、あるいは「完全に明瞭な表象」となって、やはり「完全な必然性と一致」するものなのである。そこで、そうした「芸術形式」こそは、他ならぬヒルデブラントの「正に他にはありえないかのように」という「必然的整合」――やヴェーバーの「かくなって他とならない」――と論理的に、既に通じていることになる。

　そこで、最後にフィードラーは、目下の結論部においてようやく「芸術活動の内的本質的な認識」に、次のように帰着する。「芸術的衝動は一種の認識衝動であり、芸術的活動は認識能力の一種の運用であり、芸術的結果は一種の認識結果である。芸術家の為すところは、自己の世界に於て合理的〔vernünftiger〕構成の事業を成就することに外ならないのであって、この点に各認識の本質があるのである」（a.a.O., S. 78――前掲、85～86頁）。となると、「芸術活動」とは、また「一種の認識活動」として、そもそも「世界の合理的な構成事業」にその「本質」がある、と結論されていることになる。

さて、フィードラーの考察は、かくして一旦締括られ、そして十一年後、既にふれたように、以上の論旨が更に深化・拡大され、より充実して「起源」で展開される。とはいえ、せいぜいその梗概を押えるにしても、大半がおよそ繰返しとなるので、それはむろん避けねばならない。但し、とりわけ以下の行は、主に如上の結論部における「必然性把握」①と「合理的構成」②を、重要な点で相当補完しているように解されることから、引続き考慮されるべきであろう。

まず①については、「直観」が「明瞭な精神の表象」に、と同時にまた「完全な必然的存在」ともなって、つまり「明瞭性と必然性とは一致する」のであった。そこで、そのようになるには、およそ以下のような「移行」が可能とならねばならない。「……われわれは意識の力を視覚に集中してみよう。われわれが見るものを他の感覚対象とせず……われわれの感情生活に影響を及ぼすことがないようし、さらに最後にそれを命名したり、概念として把握しないように全力をつくしてみよう。……彼にとって問題になるのは、もはやある可視的な存在をたんに知覚することではなく、現実のなかで目に見える以外の何ものでもないような現実を表わす表象を展開し、形成することである」(Ursprung, S. 253-254――「起源」、102~103頁)。すなわち、「意識の力」を「視覚」にのみ「集中」し、その「対象」を例えば「美的鑑賞」のそれにして、「快感に刺激される」とか、もしくは「科学的認識」のそれとして「概念〔言葉〕」に置換えようとしなければ、それによって「可視的な表象」を発展させ且つ「形成」することが、むしろ重要になってくるというわけである。

しかしながら、そのような「視覚意識」は、そもそも「光〔と暗〕及び色〔彩〕」だけの「感覚」ないし「現実所有」として、未だ「何らまとまりのない断片」や「うつろいゆく現象」でしかない。しかも、「感性的に把握されるものの範囲が広ければ、それはつねに不明瞭さを伴い、明瞭さは狭い範囲の中でしか得られない」のである。

そこで、次に②に関連して「単に見えるもの」の「表象」からその「表現」に「移行」しうるには、「ある限られた点から着手しなければならない」し、またそうした「表現」が「明確で完結した形〔vollendeteren Formen―より完了した諸形式〕となりうるには、どうしても「一面的」にならざるを得ない（a.a.O., S. 306, 311――前掲、133、136頁）。

但し、それ故にこそそうした「表現」は、以下のように、正に「芸術家」本来の「独自」な「権利」及び「使命」なのである。「……芸術家は……ある特定の視点に立って……自然として与えられたかたちを、それにたいして独立の権利を主張する別のかたちに改造〔umbilden―変形〕する使命をもつものだ。」「芸術活動は自己に忠実であるならば、その事物が事実上ある合法則性を持つかたち〔Gebilde―形像〕を示すに至るまでは、安んじることはできないであろう」（a.a.O., S. 323-324――前掲、143～144頁）。すなわち、「単に見えるだけのもの」は、その「範囲」が広ければ広いだけ、「混沌として不明瞭」であるため、それを却って「明瞭で完了した形式」に「表現」しうるには、何も「芸術活動」によらず、他の実際活動でも一般に大方がそうするように、「芸術家」もある「特定の点」から「取りかかる」のである。またそのために、それは「限られた一面的観点」の下ではあるものの、但しそもそも「芸術法則に適った形式」による「自然（現象）の改造」として、むしろ彼に「固有」な「権利・使命」なのである。

そこで、①「必然性の把捉」とは、他ならぬ「芸術家」が「意識」を専ら「直観的表象」に「集中」し、但しその反面他の「感覚（情）」や「概念的認識への関心」は「保留」し、ただ「可視的なものの表象」のみを「発展」せしめようと努め、且つまたそれをその狭い「範囲」の「特定の観点」から「着手」することにより、「対象」を「明瞭で完了した形式」の「表現」に、正に「それ以外にはありえない」かのように、ないし己れの「想像力」をそうした「明瞭性と必然性との一致」に「高め（純化）」することを意味している。[40] そして、こうした「特定の観点」を端緒とする「表現」こそは、またそのように「一面的観点」の下で行われる「合法的な改造」として、正に②「合理的構成の事業」を意味しているわけである。しかも、それが先に見たヒルデブラントの「特定の観点」に基づく「普遍的な空間的定位」に踏襲されていることは、何ら疑いがない。したがって、以上フィードラーの「芸術論」が、やはり「直観的合理主義」に立脚していたことは、既に明らかである。

さて、以上およそ十九世紀末の〝芸術問題〟と「形式主義的美学」を概観すると、他でもない「（造形）芸術」が、前者ではほぼ専ら〝直観的非合理主義的〟な〝価値判断〟により、それも認識上の問題としてよりは、むしろ〝ロマン・歴史主義的〟な〝世界観・反動的イデオロギー〟に基づく〝文化・社会的理想〟として、実に広範に且つ激しく追求された、と見るべきであろう。しかし、後者ではほぼ専ら認識上の問題として、却って「直観的合理主義的」な「事実判断」をもって取扱われた、と見ることができる。

しかも、前者では一方の主要な担手、〝主観主義的諸学科〟と他方の〝芸術運動〟の担手、特にランクベーンをはじめとする教養市民層や一般大衆とは、また〝方法論争〟においてもそれ相応に、且つ根本においては幾分通じ合って中心的あるいは周辺的に、〝歴史・社会科学〟や〝世界観・イデオロギー〟の地盤で、各々〝自然・実証主義〟に大々的に対抗したわけである。そしてそれはまた後者にも、幾分〝方法論争〟に先駆けて、〝（芸術家に関する非合理的な）人物史〟に対する以上に、原則的にはむしろ〝自然・実証主義の芸術判断〟すなわち〝芸術模写〟としての〝欺瞞〟に対抗して、批判が展開されていたわけである。

更に、そうした〝欺瞞〟は、そもそも〝自然・実証主義〟が己れのいわばパラダイムを〝模写的認識〟と錯誤し、しかもそれを〝感覚的知覚〟に帰して、本来むしろ「直観的表象」に帰されるべきところ、それを何ら自覚することができなかったことによっていた。並びにまたそれは、そもそも「直観」を〝非合理的なもの〟と〝自明視〟していたことによる、ともいえようが、そのような〝無自覚〟や〝無反省〟は、また「人物史」にも、原則的に全く変るところがなかったわけである。

しかし、フィードラーからヒルデブラント――を経てヴェルフリン――へと根本において一貫して継承され発展せしめられる「直観的表象」の「合理性」に対する「洞察」――やそれに基づくヴェルフリンの「経験的芸術史」――は、既に見た通り、およそ「理論（演繹）的―実験（帰納）／経験的」方法の相異こそあれ、いずれも透徹していて、また少なくとも概念・認識論理的には、まず全く矛盾するところがない。[41] しかも、フィードラーによっては、「芸術」がはじめて「現実認識」として、原則的には「科学」と対等に位置づけられたのであった。したがって、それによって〝自然・実証主義〟であれ、〝歴史・心理主義〟であれ、当時の〝論争〟や〝芸術問題〟においては、己れのパラダイムや〝認識前提〟を改めて「内省」する契機が与えられたことになる。ところが、双方ともむしろ〝自明なもの〟に頑なであれば、またかの〝芸術運動〟は、さながら〝熱狂・主観性・芸術的理念〟の炎が燃えさかるかのように、激しく〝世界観・イデオロギー闘争〟を展開したわけである。しかし、中にはヴェルフリンの他にも、おそらくかの「芸術と科学の内的統合」を有意義に活用しえた数人の者、中でも特にヴェーバーは、以下でも見るように、またそうした機会を、むしろ効果的に活かしえたに違いない。

四　ヴェーバーとヴェルフリンにおける直観的合理主義

では、最後にこれまで検討してきた課題の達成を、いよいよ試みなければならない。とはいえ、それを最終的に果たしうるには、未だ残されたままの懸案に取組まなければならない。すなわち、まず先に二章では、なるほどヴェーバーとヴェルフリンの合理的意味解明と理想型とは、いずれも「直観的合理主義」に基づく方法及び概念構成・適用として、共通していることが明らかであった。但し、そうした認識がどのように「価値自由」なのか、たとえそれが実際の方法適用において、現にある程度明確に看取されるにしても、その「意味」自体は未だ明確でなかった。

次に、また三章の（二）でも、ヒルデブラントとフィードラーの考察は、共に「直観的合理主義」を基調としていて、しかも認識・概念論理において一貫し、少なくともヴェルフリンには直接敷衍されていた。[42] しかし、それらの論理的帰結（成果）は、後者の「経験的芸術史」に適用されたものの、前二者の考察では、事柄の本性上そうではなかった。となると、後者の「理想型」や「合理的解明」を、前二者のそれにのみ帰することはできない。ではいったいどこに、ということになる。つまり、これら二つの問題が解明されなければならないのである。

（一）両者の理想型による合理的意味解明の親和性

そこで、まず最初の問題から始めるとして、但しそれには、実に幸いなことに、当のヴェーバーが直接ヴェルフリンの『古典美術』を、以下のように「絶賛」していることが、いわば何よりの「保証」として考慮に値しよう。ところが、それだけでは文意があまり判然としない。とはいえ、これまた幸いなことに同じく以下の通り、ヴァーンケがその文意を補ってくれているのである。

「絵画の発展の領域にとっては、ヴェルフリンの『古典美術』のなかの設問〔Fragestellung〕のりっぱな

〔vornehme―高潔な〕謙虚さが、経験的労作の仕事の能力〔Leistungsfähigkeit―達成能力〕のまったく卓越している例である」[43]。

「ヴェルフリンに、存在すべきものの一切を浄化した現実科学の偉大な擁護者マックス・ヴェーバーは、己れの価値自由な科学の観念が模範的に体現されているのを見出した」(Splitter, S. 391)。

すなわち、ヴァーンケは、ヴェーバーのいう「設問の高潔な謙虚さ」と「経験的労作の達成能力の卓越性」とを併せて、彼の「価値自由な〔現実〕科学の観念」のヴェルフリンにおける「模範的体現」、と受取っているわけである。そこで、因みにヴェーバーの「絶賛」の直前の行を確認すると、「……経験的音楽史は、〔技術的手段の〈進歩〉を〕――……音楽芸術作品の美的評価を行うことなしに――展開させることができるであろうし、また、展開しなければならないであろう。……〔芸術的な〕関心の方向、すなわち、歴史的に説明されるべき客体は、音楽史にとっては、他律的に〔heteronom〕、この客体の美的重要性によって、あたえられている」とある。

となると、ここで説かれていることは、芸術史といっても「経験的音楽史」にとってであるが、その「因果的関心・客体」が、「美的評価」のそれらに対しては「他律的〔無依存〕」である、ということである。と同時にまた、別言すれば、それ故その際にはそうした「美的〔価値〕判断への関心」は一旦「保留」されねばならず、そうすれば「美的判断」にとって「価値がある」のではなく、むしろ「因果的関心」がその「他律性」において、「重要なもの」としての「客体」に「向う」ことになる、ということも意味している。つまり、先に「シュタムラー」論文で見たように、「芸術史家が己れの美的判断力を発見的手段として利用する」ことと同意なのであり、ヴァーンケはこうした意味で、またヴェルフリンもそうした「留保」を直接いわないまでも、既に「形式主義的美学」において「純化された直観」に基づいて、「合理的な歴史認識」を遂行していることから、それをヴェーバーの「現実科学」と同様な「価値自由な科学」のより以前の「体現」、と解しているわけである。

なるほど、それによってヴェーバーによる「絶賛」の一つの意味は、そのように「価値自由」な「経験的研究」として、それも「卓越した達成能力の例」として了解される。但し、その前にまた「高潔な謙虚さ」とも述べられているとなると、それは、そもそもそうした意味で、更に些か別の内容も含意しているように思われてならない。そこで、先に見た『古典美術』の「序論」の「設問」に当る個所を、といってもその大半は、既に二章（二）の冒頭で当時の〝問題状況〟として引用した通りであり、残るは文末しかないのであるが、とにかく引用してみよう。

「本書は決してアカデミックな〔akademisches—芸術院の如き、特に美術に関して因襲的な〕書物たろうとしないが、しかし何か学校の先生らしいものを人びとはそこに見て取るかもしれない。また著者は好んで告白するが、大学の若い芸術愛好者たちとの交遊における諸々の経験〔知〕や、美術史の演習における見ることを教え、見ることを学ぶ喜びが、古典様式というようなそれほど著しく芸術的な主題に関し、非芸術家〔Nicht-Künstler〕としてその意見を公にするという大胆な決心にまで著作〔ihn: verfasser—著者〕を主に勇気付けたのである」(klassische Kunst, S. Ⅸ——『古典美術』、9頁)。

以上を端的に解せば、同書は、従来〝芸術院で因襲的〟な〝芸術的（価値）判断〟の書物を意図したわけではなく、せいぜい大学の授業で芸術家の「視ること」に関する「知識」を通して、専攻学生と作品理解の喜びを分かち合う教師がそれによって、〝非芸術家〟としてではあるが、その見解を大胆にも公刊することを、勇気づけられた次第である、ということになろう。確かに、ヴェルフリンは芸術家でなく、それを「専門家」とすれば、それに当る者は、やはりとりわけ〝芸術院（会員）〟であろう。また当時、〝芸術（作品）の本質を知るのは、唯芸術家のみである〟といった観方が、一般的（通念）であって、だからこそ既述のように、「作品」の本質が専ら芸術家の〝人格〟に帰されもしたわけであろう。但し、厳密には芸術家の直接の関心は、何より「作品」の〝出来栄え（効果）〟、ないし〝（価値評価・判断）〟にであって、ヒルデブラントの同書――や特にレオナルドの『絵画論』――のように、偉大な芸術家にしても、誰もがむしろその制作過程、表現・描写技法や「把握・表現形式」等の「省察」による「作品」の「価値分析」や「合理（本質）的理解」にあったわけでは、決してない。

それに比すれば、自らはいわば〝素人〟としてであれ、あれほど透徹した芸術家の「眼」でむしろそのように「理解」して同書を著した「芸術史家」、ヴェルフリンとしてはあまりに己れを卑下しすぎている、とさえ思われなくもない。とすると、にも拘らずヴェーバーは、いわばこうした〝過度の卑下〟を「高潔な謙虚さ」として称えたことになるが、それはいったいどうゆう意味なのか、少なくとも些か当惑せざるをえない。しかし、そういえばまた彼も、だいたい同じような「告白」を書留めていたことが、序でに想起される。すなわち、『宗教社会学論集』の「序言」における以下の個所が、それである。

「……少なくとも事情に通じていない人びとには、本書における叙述の意義を過大評価しないよう警告しておかねばなるまい。中国研究者、インド研究者、セム語研究者、エジプト研究者といった人びとは、もちろん、そこになんらの新しい事実も発見しないであろう。願うところはただ、本質的なことがらで、事実認識として誤っていると彼らが判断せざるをえないようなものがないことである。が、そうした理想に、非専門家〔Nichtfachmann〕として可能なかぎり接近しようという試みがどの程度まで成功しているか、それさえ著者としては知るよしもない。翻訳を利用し、そのうえ碑文・文書・文献などの史料の利用や評価の仕方について、自分ではその価値に独自な判断を下しかねるどころか、しばしば激しい論争さえあるような、そうした専門文献を調べる以外に方法のない者が、自分の仕事の価値についてきわめて謙虚で〔bescheiden〕あるべきことは言わずして明らかであろう。……したがって以下の諸論文、とりわけアジアに関する部分は、まったく暫定的な性格のものだということにならざるをえない。最終的な判断は、専門家のみが下しうるはずである。ただ、分かりきったことではあるが、このような特殊な目標をもち、このような特殊な視点からなされた専門家の叙述が今までなかったということが、そもそも私がこれらの論文を書いた唯一の理由だといってよかろう」(44)。

またここでも、ヴェーバーが同じく「非専門家」を自称して、あまりにも「謙虚」すぎるようにしか、読取られてならない。というのは、その場合確かに「本質的な事柄」について「事実認識を誤る」ことは、極力避けねばならない。しかし、たとえ翻訳をはじめ二次文献に依拠していようと、それがかの「周知で確実な経験的事実・知識」であれば、そのような該博さをもって、あれほど古代史の壮大な規模に及ぶ対象を、しかも〝専門家〟には可能でない「価値関係的観点」の下で「発見的」に取扱い、独自な「叙述」を展開しえているにも拘らず、更にその「理由」をそれが「専門家にはなかった」ことに、「分かりきった」こととまで容認して、帰しているからである。つまり、「客観性」論文の末尾において周知のように、彼にとってはそうした「観点」の下での「叙述」こそ、そもそも「果てしない現実の豊かさを汲み出す」ことにおいて、正に「認識の進歩」を意味したはずだからである。したがって、ヴェルフリンとヴェーバーのいう「素人」としての「謙虚さ」について、以上のかぎりでは、未だどうもその真意が窺いかねる、といわざるをえない。

但し、それはそれとして、両者における「価値自由な認識」の「意味」は、もはや明らかであろう。すなわち、「美的（価値）判断」への「関心」を一旦「保留」し、むしろそれに対して「他律的」な「因果的認識」の「関心」を当の「作品」に、専らその「重要性（意義）」において「集中」せしめることである。と同時にまた、両者の「理想型」による「合理的意味解明」が親和関係にあることも、何ら疑いがないであろう。

（二）ブルンの「必然的思惟」と「アラベスク図式」——理想型の由来

さて、では次に第二の問題、すなわちヴェルフリンの「経験的芸術史」におけるような、また「形式主義的美学」も考究の基礎にしたような「直観の図式・範疇」、及び「理想型」の由来や「経験的適用」、を探ることにしたい。ただ、それにはさしあたり、ヴェルフリンの高弟、ヨゼフ・ガントナーが、ヴェルフリンは一八八五年、ハインリッヒ・ブルンの〔ミュンヘン大学〕総長就任講演「古代学と観照」を聞いたはずであり、特に「古代遺品の形式分析」が彼に「永続的印象を与えた」と、ヴェルフリンが語った旨を述懐していることが、何より顧慮される。しかもガントナーは、またブルンが「形式主義的美学を養成した」とも見ているのである。[45]

そこで、ブルンのそうした作品といえば、まず一八四六年——ヴェーバーとヴェルフリンが生れる二十二年前——に著されたものが、さしあたりめぼしい。[46] そしてそれは、特にファルネーゼ家（ナポリ）におけるその一コレクション、「ヘラ（ギリシャ女神像）」との邂逅を、最も重要な機縁とするものであり、彼はそれを次のように回顧する。

「この理想的頭部の簡素な偉大さは、私にほぼ決定的な印象〔作用〕を与え……ただ一つの点にについてのみ、思いがけない表象を生ぜしめた。すなわち、彫塑作品が我々のうちに喚起する精神的作用は、物体的な現象から完全に切離された道徳的或いは形而上学的性質において把握も規定もされえず、むしろ精神的表現の担手たる触知可能な彫塑形式の媒介による理解のみが可能かもしれない、と〔いうように〕」。

但しそれには、あらかじめ「鋳込み」の研究を参照しておかねばならない。そこで、その後やがて彼は、如上の「一点」たる「眼の形成〔造形〕」の精神的性格を特徴づける若干の形式が、かなり明瞭になってきた」ものと確信するに至り、直ちにそれら「個々の形式」の「比較」を手掛けようとする。ところが、それには更に「頭蓋骨の観察により、人間の頭蓋形成の根本的な割合〔対比〕に関する基本的知識を習得」することの必要にも迫られる。そこで、今度は「鋳込み自体」を数時間観察すると、かの「一点」の「形式」を額、顎、口、髪等他の諸「点」の「境界」と「形式〔造形〕」への「関係」に導かれ、並びにそれら個々の考察を講演の機会を得る度に発表することにより、最終的に〔同書で〕ようやく「一般的観点」において、且つ一つの「統一像」の「形態」として、「合成」するに及んだのであった (Hera, S. V–VI)。尚、その際彼は、特にフェイディアスの「〔自らと同様、古代ギリシャの〕芸術家は、己れのゼウスをホメロスの言質に倣って造り出したのだ」という言葉に、殊更示唆されている。かくして、ブルンは何より「ヘラ」のそうした眼瞼によってこそ、正に「その渋さと堅固な厳密さにおいて、現実には決して再び見られないであろう」と、深く印象づけられたのであった (a.a.O., S. 2–3)。

したがって、ここでは既にブルンにより「簡素な偉大さ」として――例えば特にヴィンケルマンによっては、そもそも道徳的・形而上学的性質において把握・規定された――〝美的理念の作用〟が、何らその〝妥当内容〟において〝理念型〟としてではなく、むしろ――カントのいわゆる「経験」における――「作用」と「被作用（表象）」に基づき、且つ「一面（点）的接触」により、「現実に散在する（事実的）彫塑形式」として、しかも「（価値）関係」において分析並びに総合、すなわち「論理的理想」ないし「理想型」として、構成されていることが、少なからず明瞭である。それどころか、ブルンはこうした手順を、以後更にラファエロの壁画の「形式分析」に、以下の如くより「厳密」に適用する。[47] すなわち、まず「〔芸術家の〕自由という概念自体においてさえ、必然的制限〔notwendige Beschränkung〕が存する。……法則によってはじめて……真の自由が存続しうる。……それ故ラファエロの偉大さも卓抜さも、彼が法則を越えたのではなく、むしろ法則を恣意に対する制限としてすすんで認め……より完全に充したことにある」(Komposition, S. 299) と。

つまり、ラファエロの作品は、決して彼の〝恣意（意欲―Wollte）〟の――単に現実に対する〝当為的妥当(Sollte)〟としての〝理念的規定〟ではなく、むしろ――「可能的実現（Könnte）」に対する「芸術法則」の「必然的制限（真の自由―Müsste）」、ないし「芸術法則の完遂（das Fertige）に対する積極的な自己規定」として、考察されているわけである。それからブルンは、更にそうした「意欲・当為・可能・必然」を「論理形式」とする「必然的思惟」をもって、例えば〝パルナス（詩人の山）〟の「構図」が、元々その（逆）凹型半円形の空間〔⌓〕において、やはりなぜ「かく成って他とならなかったか」を理解しようとする。しかもその際には、また「統一像」としての「アラベスク図式（Arabeskenschema für den Parnaß）」、すなわちいわば「芸術家の表現図式」たる「理想型」をも構成、並びに適用するのである（a.a.O., S. 294――幾分異るものの、本書表紙の図柄を参照）。ただ、彼によれば、遺憾ながら往時未だ誰一人として追随者が見出されなかったのであるが、ともかくそうした「必然的思惟」の方法は、遅くとも彼のミュンヘン大学総長就任講演、「考古学と直観」(一八八五年)[48]までには、既に確立される。そしてそれは、以下の通り考古学を「芸術学」として、一方の文献・歴史学と他方の「直観に基づく数・幾何学」との「中間」に、独自に位置づけようとするものである(a.a.O., S. 294)。

すなわち、まず文献学は「その資(史)料的知識を、本来耳によって媒介され、語・句・節・構文と精神的概念〔意味〕との結合、つまり文法規則や概念の論理学をもって会得する」ものである。しかし、次に考古学は、その「知見」がむしろ「目によって媒介される」ことから、正しく「古代ギリシャの芸術家」が「算術・幾何をその基礎修養とした」(a.a.O., S. 252)如く、主に「点・線・面・形態と精神的観念との結合、つまり物体法則や直観の論理学をもって得るべき」なのである(a.a.O., S. 247)。そこで考古学は、そのように「概念論理―直観論理」の「相互補完関係」に位置することにより、一つの「厳密で必然的な思惟〔strengen, notwendigen Denkens〕」の学科たる「芸術学」として成立しうるばかりか(a.a.O., S. 250)、またそうした「関係」も、単に古代にのみならず、更に中世や近・現代にも、そのまま適用しうることになるのである(a.a.O., S. 255)。ただ、その場合「芸術学者」は、例えば専門の数学者に対して、なるほど「素人」ではあるが、しかし正にそれ故にこそ、却って「助言する権利」を有しうる者なのである。何故なら、往々「基本的な直観をあまりに自明と前提」しがちな後者に対し、そこにいわば「どのように具体的な意味が欠けているか」について、前者は鋭く自覚せしめうるからである(a.a.O., S. 251)[49]。

そこで、かような「芸術学」における――フィードラーの「概念と直観の共属」の如き――「概念―直観」論理の「相互補完関係」は、本来どの〝専門学科〟でも「認識論理・原理」の根本前提となっているはずである。となると、そうした「必然的思惟」こそは、先に〝自然主義〟やそもそも〝素材そのもの〟の〝価値判断〟に依存しながら、却って〝無前提的認識〟を標榜する〝実証主義〟、及び元々〝個性・人格的なもの〟の〝直観(覚)〟に拘泥して〝概念忌憚〟に陥った〝歴史・心理(非合理)主義〟、更にそれらすべてにおよそ共通する〝認識(・概念)摸写説〟に対しては、正に〝基本的な直観をあまりに自明と前提〟しがちとなっているが故に、それらの特に〝直観なき空虚な概念〟や〝概念なき盲目の直観〟に対し「どのように具体的な意味が欠けているか」、やはり「助言しうる」ことになろう。いや、それどころか、またその種の〝概念による認識〟や〝価値判断的前提〟は、そのために〝観点〟やその下での〝叙述〟が〝固定〟しがちとなることは、ヴェーバーが言うように、「分かりきったこと」でもあろうから、むしろ「価値関係的な観点」の下での「発見的な認識」により、「新たな設問」を「提示しうる」ことになろう。

となると、またヴェルフリンのかの〝問題状況〟における「設問」も、そうした〝固定〟とおよそ同様、そもそも〝人格的なもの〟や〝非芸術的側面〟に基づく〝因襲的〟な〝芸術的(価値)判断〟に対して、やはりそのように「新たな提示」となりえたことであろう。したがって、上記彼の「非芸術家」としてのあまりに〝卑下しすぎる〟ような「高潔な謙虚さ」と、それを「絶賛」したヴェーバーの、むしろ「非専門家」としての同様なそれとは、いずれもやはり「概念—直観」論理の「相互補完関係」に基づいて、そうした「意味(直観)覚醒」に対する「助言」を「権利」として、それ故に「素人」ながらも公然となしうるところ、敢てそれを「差し控え」、むしろ「価値自由な発見的認識」としての「合理的意味解明」により、「新たな設問」を「提示」するにとどめた、というように解される。と同時に、またこうした態度こそ、正に両者の「直観的合理主義」の方法的意義とも見なされる。ともあれ、以上ブルンの「必然的思惟」と「アラベスク図式」が、ヴェルフリンの「理想型」による「合理的意味解明」としての「経験的芸術史」に踏襲されていることは、何ら疑いがない。

いや、それればかりか、ヴェーバーの理想型と合理的意味解明、更にはまたヒルデブラントやフィードラーの「形式主義的美学」も、特にブルンの「必然的思惟」としての「芸術学」に、いずれも「直観的合理主義」の系譜においで、原則的に連なっていることは、もはや多言を要さないであろう。また、ヴェルフリンの「理想型」は、本来「絵画」の「表現形式」を、そしてヴェーバーのそれは、むしろ「定式化された言語（概念）」を指示している。但し、前者がまた「理想型」を後者のそれと同様に「構成」していれば、後者も理想型を「想像心像」とか「思惟形像」ともみなしているわけである。したがって、またヴェーバーの理想型の由来も、以上のかぎりでブルンの「アラベスク図式」に、やはり帰されるべきであろう。

〈最後に、またこうした結論は、上記「会議」の主題の下では、次のような事柄も意味しうることになろう。すなわち、まず第一にヴェーバーとヴェルフリンに（草創期）ドイツ社会学の代表的地位を当てがうとすれば、両者の「直観的合理主義」こそは、少なくとも他の英・仏（・米）系の〝自然・実証主義〟的社会学に対して、およそ「比類がない」という意味で、正に「固有性」を示していること。

並びにまた、ブルンの「必然的思惟」は、古代から近・現代までいずれの時代空間にも適用可能で、且つ各々を、「統一的」に「かくなって他とならなかった」として、理解しようとするものであった。そこで、そうした「視座」がヴェルフリンの「芸術史的社会学」において、それも「ルネッサンス－バロック」の各時期の「全体的特性」の比較にたいして敷衍されていることは、既に明らかである。そして、ヴェーバーの『宗教社会学』にも、いわば「宗教史的社会学」として、世界史の古代における各文化圏の「宗教的経済倫理」の「特性比較」に対してではあるが、『古代農業事情』と基本的に同様に、適用されているといえよう。もっともそれらは、そもそも両者が、特にギムナジウム以来何より「古典・古代」の歴史や文献・考古（古代）学など、「人文主義的教養」に馴染みの深い世代であることを顧慮しても、一般に考えられることではある。そこで、そうなると更にドイツ社会学においては、その基本的視座が一つにむしろ「考古（古代）学」に由来していて、それもまた同様な「固有性」に、おそらく相当しようことである。

次に、両者の「直観的合理主義」は、既に「形式主義的美学」において〝自然・実証主義〟に対する批判に向けられていたわけであるが、その根本的な趣旨には、結局ブルンのいう「助言の権利」、つまり「直観をあまりに自明と前提」していることに対するそれであった。とすると、第二にドイツ社会学は、本来そうした「権利」を有していたことから、今や特に〝実証主義〟が国際化した現代社会学にとって、改めてそれを見直す上で、少なからず重要な意義を有していることである〉。

注

* 本稿は、上記会議の二日目（十一月二十一日）に行われた以下の報告原稿の改稿である。Zur rationalen Sinndeutung mit Hilfe des Idealtypus bei Max Weber und H. Wölfflin—ein Versuch des Rückgangs auf ihre Herkunft unter besonderer Berücksichtigung von „formalistischer Ästhetik“ und „Kunstproblem“ an der Wende von 19. zum 20. Jahrhundert（マックス・ヴェーバーとハインリッヒ・ヴェルフリンにおける理想型による合理的意味解明——特に十九世紀転換期の「形式主義的美学」と〝芸術の問題〟を顧慮したそれら〔解明〕への遡及の試み）

但し、その際独文要旨として用意できたのは、以下の第一章　問題の所在のみで、しかもヨハネス・ヴァイス氏に校訂していただいた。それにたいし、氏には茲で改めて謝意を表したい。他は、殆んど引用資料であったため、それらに基づいて行った口述の内容を、此度改めて第一章は邦訳し、且つまた注も添えて、原稿とした次第である。

更に、その際以下第三章〝方法論争〟から〝芸術問題〟へ——従来の視座の移動、（一）「芸術と科学との生における内的統合」及び〝教師としてのレンブラント〟は、報告の際と同様、齋藤理恵氏が担当した。

尚、以下〔 〕は筆者の補足や略記に用い、また引用は殆ど参照のためであるが、文中の「 」や〔 〕は、〈 〉や（ ）に変えることとする。

（1）詳しくは、茨木竹二「もう一つの〝理想型〟（上）」（『社会学史研究』第13号、いなほ書房、一九九一年）〔以下題目のみで略記〕、79〜81頁参照。

（2）Max Weber, Die »Objektivität« sozialwissenschaftlicher und sozialpolitischer Erkenntnis, 1904〔=Objektivität〕, in: Gesammelte Aufsätze zur Wissenschaftslehre, Tübingen 1922〔=WL〕——富永祐治／立野保男訳『社会科学方法論』岩波書店、一九七〇年〔=「客観性」〕

（3）Max Weber, Die protestantische Ethik und der „Geist" des Kapitalismus, in: Archiev für Sozialwissenschaft und Sozialpolitik〔=ASS〕, Bd. 20, Bd. 21, Tübingen 1904, 1905 但し、以下では、Ders., Die protestantische Ethik und der Geist des Kapitalismus, in: Gesammelte Aufsätze zur Religionssoziologie, Bd. I, Tübingen 1920〔=RS I〕——大塚久雄訳『プロテスタンティズムの倫理と資本主義の精神』岩波書店、二〇〇一年〔=「倫理」〕を使用する。

（4）Georg Jellinek, Allgemeine Staatslehre, Berlin 1900〔=Staatslehre〕, S. 259-283——芦部信喜他訳『G・イェリネク著　一般国家学』学陽書房、一九八一年〔=『国家学』〕、２３３〜２５４頁

（5）茨木竹二「歴史社会学としてのヴェーバー社会学の生成と特性〈Ⅲ〉」（『いわき明星大学人文学部研究紀要』第13号、二〇〇〇年）〔=「生成と特性〈Ⅲ〉」〕、１４２頁参照。

（6）Friedrich H. Tenbruck, Die Genesis der Methodologie Max Webers; I. Allgemeiner Teil—Die Genesis der Methodologie Max Webers, in: Kölner Zeitschrift für Soziologie und Sozialpsychologie〔=KZfSS〕,

11 Jahrgang, 1959〔=Genesis〕, S. 577――住谷一彦／山田正範訳『テンブルック著 マックス・ヴェーバー方法論の生成』未來社、一九八五年〔=『生成』〕、19～20頁

（7）しかもそれは、元々ヴェーバーが法制・経済史ないし歴史派経済学、あるいは西南ドイツ新カント派に依拠して、方法論的考究や事象・概念的研究を展開したことから、また従来の当該研究も、およそそれらにのみ分野を限定して、観点をヴェーバーはじめイェリネクやメンガー、ジンメルに定めたからであろう。

因みに、当時国民経済学には、既に十九世紀末フランスから流入していた〝実証主義的〟な社会科学の理念が通用していて、またヴェーバーもそれを、「客観性」論文の原題のように、慣用語としてはしばしば用いている。しかし、同じくここで特に認識論的に徹頭徹尾内省しているように、それによってむしろ超越論（先験）哲学的及び「現象主義的」理念を志向した文化科学や現実科学として、いわばパラダイム転換を企図してるわけである。したがって、我々もまたそれを十分に考慮して、当該研究において観点を移動すべきであろう。

（8）おそらく、「価値自由（Wertfrei）」について、そうした〝関心〟を経験的研究者が〝忍耐・抑圧する〟のではなく、むしろ「（雄々しく）堪〔こら〕える・持ちこたえる」の意味で、「（暫時）保留する（ertragen）」こととして、最も具体的に説明している論稿は、かの著名な Max Weber, Wissenschaft als Beruf, in: WL, S. 612――出口勇蔵訳「職業としての学問」（『世界の大思想Ⅱ―7 ウェーバー宗教・社会論集』河出書房、一九六四年〔=『大思想』〕）、390頁であろう。

（9）Max Weber, R. Stammlers ≫Überwindung≪ der materialistischen Geschichtsauffassung, 1907, in: WL〔=Stammler〕――松井秀親訳「R.シュタムラーにおける唯物史観の克服」（『大思想』）〔=「克服」〕尚、茨木竹二「マックス・ヴェーバーにおける独断論の克服と歴史社会学の生成」（鈴木幸壽／山本鎮雄／茨木竹二編『歴史社会学とマックス・ヴェーバー（下）』理想社、二〇〇三年）〔=「歴史社会学」〕、80～82頁参照。

（10）Max Weber, Roscher und Knies und die logischen Probleme der historischen Nationalökonomie, in: WL

〔＝Roscher〕――松井秀親訳『ロッシャーとクニース（一／二）』未來社、一九六八年〔＝『ロッシャー（一／二）』〕

（11）そうした「合理的意味解明」の「理解（的説明）」としての方法（範疇・概念）的基礎づけは、更にMax Weber, Über einige Kategorien der verstehenden Soziologie, in: WL〔＝Kategorien〕――海老原明夫／中野敏男訳『理解社会学のカテゴリー』（未來社、一九九〇年）から、Ders., Soziologische Grundbegriffe, in: Grundriss der Sozialökonomik, Ⅲ. Abteilung, Wirtschaft und Gesellschaft (Erster Teil, Kap. I.), Tübingen 1922; in: WL〔＝Grundbegriffe〕――阿閉吉男／内藤莞爾訳『社会学の基礎概念』（角川書店、一九六五年）〔＝『基礎概念』〕へと引続き固められてゆく。ただ、前者におけるそれら「主観的―客観的目的合理的行為」の両範疇は、後者では「社会的行為」の概念に総合され、且つ先鋭化されているように解される。

（12）そのように、「理想型」がそもそも「先験的」な手段をもって且つ「直観的」に「構成」されることは、例えばMax Weber, Kritische Studien auf dem Gebiet der kulturwissenschaftlichen Logik, in: WL, S. 275――森岡弘通訳「文化科学の論理学の領域における批判的研究　マックス・ウェーバー」（同訳『エドアルト・マイヤー　マックス・ウェーバー　歴史は科学か』みすず書房、一九六八年）〔＝『批判的研究』〕、１８９～１９０頁――において、ヴェーバーが「客観的可能性」について論及するに当り、「マラトンの戦い」をめぐって特にその「想像心像（Phatasiebilder）の創作」を、また「思惟像（Gedankengebilde）の構成」とも呼んでいることに、端的に表われている。尚、如上の「先験的構成」については、K. Jaspers, Allgemeine Psychopathologie, Berlin 1913〔＝Psychopathologie〕, S. 270――西丸四方訳『K・ヤスパース　精神病理学原論』みすず書房、一九八八年〔＝精神病理学〕、３２４～３２５頁参照。

（13）因みに、こうした「構成」に関して、『基礎概念』では「社会学の構成概念はただ外面的に理想型であるばかりでなく、内面的にも理想型である」（34頁――Grundbegriffe, S. 561-562）とか、また「社会学的抽象の特性はその概念が歴史的なるものの具体的実在に対して、比較的無内容であらねばならぬことを条件とする」（32頁

——S. 560）とも、更には——周知のように——「社会学とは……社会的行為を解明しつつ理解し、これによってその経過とその結果を因果的に説明しようとする……」（8頁——S. 542）とも説かれている。すなわち、それら「内（意図—目的）—外（手段—結果）」両面や「無内容」、「経過」、「結果」等はいずれも「形式主義的概念構成」を物語るものである。

（14）こうした「適合性判断」については、「歴史社会学）」78〜79頁において既に幾分言及した際、「（目的論的）適合性判断」と誤解していたので、ここではそのようにむしろ「（経験的）因果的適合性判断」として訂正しておきたい。尚、また特に『基礎概念』、20頁——Grundbegriffe, S. 550——も参照。

（15）Heinrich Wölfflin, Die klasische Kunst, München 1899〔=klassische Kunst〕——守屋謙二訳『ヴェルフリン著　古典美術　イタリア・ルネッサンス序説』美術出版社、一九六四年〔=『古典美術』〕

（16）Adolf Hildebrand, Das Problem der Form in der bildenden Kunst, Strassburg 1913〔=Form〕——清水清訳『ヒルデブラント著　造形芸術における形式の問題』岩波書店、一九二七年〔=『形式の問題』〕

（17）H. Wölfflin, Die kunstgeschichtliche Grundbegriffe, München 1915〔=Kunstgeschichte〕——守屋謙二訳『ヴェルフリン著　美術史の基礎概念——近世美術に於ける様式発展の問題——』（岩波書店、一九六五年）〔=『美術史』〕

（18）Max Weber, Agrarverhältnisse im Altertum, in: Handwörterbuch der Staatwissenschaften, Erster Bd., 3. Aufl., Jena 1909〔=Agrarverhaltnisse〕——上原専禄／増田四郎監修　渡辺金一／弓削達訳『マックス・ウェーバー古代社会経済史——古代農業事情——』（東洋経済新報社、一九六四年）〔=農業事情〕

（19）Grundris der Sozialökonomik, Ⅲ. Abteilung (bearbeitet von Max Weber), >Wirtschaft und Gesellschaft< Erster-Dritter Teil, Tübingen 1922

（20）こうした見解は、またヴェーバーの以下の如き〝自然主義的〟及び〝実証主義的〟な観点に対する批判にも、原則的に合致する。彼はまず、そもそも〝共通のもの・繰返されるもの〟に、いわゆる、〝客観性・法則性〟を認めて着目する〝実在主義的〟な前者に対して「何か或る個性的な出来事を規定した原因の数と種類は実際つねに無限であり、また事物の一部分をそれだけが考察されるものとして選び出すための標識は、事物そのものの中には存しない。」(Objektivität, S. 177――「客観性」、54頁)と諭す。そして次に、またそれとおよそ同様に、〝内容(唯物)主義的〟な後者に対しても、「かような〔一面・選択的〕観点は〈素材そのものからとり出さ〉れ得る、というような意見が絶えず現れるが、それは次のことを見過している専門学者の素朴な自己欺瞞から出ている……。即ち彼が素材に近づくときに無意識にもっていたところの価値理念によって絶対的無限態のなかから一の極小部分を最初からとり出してしまった以上、これだけが自分の考察すべきものだとしていることである」(a.a.O., S. 181――前掲、60頁)と、そうした無自覚を指摘する。つまり、そのように「認識」の〝客観(体)性〟や〝価値無前提〟を標榜する〝自然・実証主義〟の〝素朴実在論・唯物論的観点〟、ないし〝存在論的対象規定〟を、本来〝目的論(価値判断)的偏見〟に基づくものとして、論駁しているわけである。

(21) 上記の「命題」は、少し前にもほぼ同様、「各々の世代はみずからに類する〔gleichartig〕ものを見る」(a.a.O., S. 229――前掲、228頁)という形で唱えられているが、『美術史』でも同じように七、八回繰返される。また、他方ヴェーバーも同様、例えば「ひとは誰でも、自分の心に抱いているところのもの(のみ)を見る〔≫ein jeder sieht, was er im Herzen trägt≪〕」とか、「人は…感じる〔fühlt〕」とか(Roscher, S. 120, 105――『ロッシャー〈二〉』、103、71頁)繰返し、更に「客観性」(100頁――Objektivität, S. 209)でも、以下のようにヴェルフリン同様、引照として繰返している。「単に直観的な描写には〈各人は彼の心の裡にいだく〔tragen〕ものを見る〔sehen〕〉という芸術家的叙述〔Darstellung―表現〕の意義の特質がいつも付き纏っている――しかし妥当なる判断はつねに直観的なものの論理的加工を、つまり概念の使用を前提する。」

但し、ここではそうした「命題」が、先に幾分ふれた如きかのクニースの〝問題系譜〟における「歴史(認識)」

の〝特権〟としての〝人格〟の標榜や〝心理主義的誤謬〟としての〝概念忌憚〟を、以下のように論駁する論拠として持出されている。「認識発生に際して心理学的経過の問題を、全然別な、その論理的〈意味〉やその経験的な〈妥当性〉の問題と混同することは……歴史的認識例えば〈人格〉の〈解明〉の有する特殊〈芸術的な〔もの〕〉と〈直観的な〔もの〕〉とを歴史の特権とみなすような理論……すべての決定的誤謬である」(a.a.O., S. 111——前掲、85~86頁)。すなわち、ヴェーバーによれば、そうした〝歴史の特権〟としての〝特殊芸術・直観的なもの〟は、およそ〝感覚的に明証〟であっても、未だ〝論理的にそうでない〟ために、明瞭な概念によらない歴史家の〝暗示的（芸術家的）叙述〟、ないし〝直観〔覚〕的描写〟における〝認識発生〟の際の〝（目的論的）評価作用〟、つまり〝ノエシス的（志向主体の）契機〟に、そもそも帰されるものであり、またそれ故にこそ、正に認識の「論理的意味」や「経験的妥当性」がそのように〝曖昧〟で〝不明瞭〟な〝芸術・直観的なもの〟と〝混同〟されがちとなる、というわけである。

しかしながら、ヴェーバーにおいては単にそれにとどまらず、またそうした〝評価（価値判断）作用〟も、むしろ「因果認識のすぐれて有能な助産婦たりうる」(a.a.O., S. 125——前掲、１１２頁）として、既に見たように、「事実認識」の「発見手段」として、「論理的」に「利用」されるわけである。並びにそうした「利用」は、同じく既述の通り、また「芸術史家」が己れの「美的判断力」をそのように用いるのと、全く同様なのであった。そこで、ヴェルフリンによる上記「命題」の引用も、以下のように、正にそうした「利用」に向けられているものと解されるべきである。

(22) そうした「トポス」による美学・芸術史的考究としては、特にM・ヴァーンケの以下の論稿を参照。Martin Warnke, Ein kunsttheoretischer Splitter, in: T. Buddensieg/M. Winner 〔Hg.〕 MUNUSCULA DISCIPULORUM, 1968 〔=Warnke〕

因みに、ヴェーバーはまた事象研究でも、例えば「倫理」論文の結論部分（『大塚訳』、３４４頁——RS I, S.

303）で、「ピュウリタンは天職人たらんと欲した〔wollte〕——われわれは天職人たらざるをえない〔müssen〕」というように、上記「トポス」の二つを用いている。おそらくそれに対して、最近H・ティレルは「最初に一つの意欲〔ein Wollen〕が、最後には一つの必然〔ein Müssen〕が書きとめてある〔stand〕。すなわち、〈一つの鋼鉄の檻〉である」と言及してる。但し、それらの適用の仕方については、何ら留意していないようである。(H. Tyrell, Protestantische Ethik und kein Ende, in: Soziologische Reveau, Jg. 17, Heft 4, Oldenbourg 1994, S. 400)

（23）それにつていは、茨木竹二「もう一つの〝理想型〟（下）」（『社会学史研究』第14号、一九九二年）を参照。

＊＊　以下は以前の拙稿、齋藤理恵「19世紀転換期ドイツにおける芸術問題——教養市民層の文化・社会的退行とそのイデオロギー形成の本質的契機」（『理想』第671号、二〇〇三年、118〜171頁）を、此度上記報告の共同に際し、その内容に即してかなり大幅に削除し且つ幾分加筆して改訂したものである。そのため、詳しくはそれを、また他には特に、前掲「生成と特性〈Ⅱ／Ⅲ〉」及び「もう一つの〝理想型〟（下）」も参照されたい。尚、そのような次第で本稿の寄稿では茨木竹二先生に多くの御指導をいただいた。それにたいし茲で厚く御礼申し上げたい。

（24）Friedrich Meinecke, Autographische Schriften, Stuttgart 1969〔=Meineke〕, S.152

（25）Stuart Hughes, Consciousness and Society, The Reorientation of European Social Thought 1890-1930, New York 1958, p.46-47——生松敬三／荒川幾男訳　S・ヒューズ著『意識と社会——ヨーロッパ社会思想　1890-1930』みすず書房、一九八四年、33頁

（26）Walter Lenel, Die Entstehung Venedigs an der Adria, Strassburg 1897, S.Ⅲ. また、茨木竹二「歴史社会学としてのヴェーバー社会学の生成と特性〈Ⅱ〉」（『いわき明星大学人文学部研究紀要』第12号、一九九九年）135頁も参照。

(27) Benedetto Croce, Die Geschichte auf den allgemeinen Begriff der Kunst gebracht, Hamburg 1984, S.23

(28) Werner Sombart, Der moderne Kapitalismus, München und Leipzig 1902, S. XXI-XXX. また「生成と特性〈Ⅲ〉」、132～134頁も参照。

(29) 如上の文化・社会的状況に関しては、特に Fritz Stern, Kulturpessimismus als politische Gefahr, Eine Analyse nationaler Ideologie in Deutschland, Bern/Stuttgart/Wien 1963――中道寿一訳 F・スターン著『文化的絶望の政治』三嶺書房、一九八八年

(30) W. Windelband, Die deutsche Philosophie im deutschen Geistesleben des XIX. Jahrhunderts, Tübingen 1909〔=Windelband〕, S. 115――吹田順助訳 W・ヴィンデルバント著『19世紀独逸思想史』岩波書店、一九二一年〔=『思想史』〕、179頁

(31) 〔Julius Langbehn〕Rembrandt als Erzieher, Leipzig 1909〔=Erzieher〕

(32) „Der Rembrandtdeutsche", in: Die Zeit, Nr. 2-5. 1990, S. 29-30

(33) George L. Mosse, The Crisis of German Ideology, New York 1964 p.39-40 ――植村和秀／大川清丈／城達也／野村耕一訳 G・L・モッセ著『フェルキッシュ革命』柏書房、一九九八年、62頁

＊＊＊ 以下は以前の拙稿、茨木竹二「〈文化科学方法論〉の再検討にむけて――もう一方の〝関係価値〟と〝一面的観点〟」（『思想』第八一五号、一九九二年、152～223頁）の「三　ヒルデブラントにおける〝関係価値〟との共通性」及び「四　フィードラーにおける〝一面的観点〟との合致」を、注記の冒頭でふれた起稿に際しかなり大幅に削除し、且つ幾分加筆して改訂したものであるため、詳しくはそれら拙稿を参照されたい。

(34) そこで、そのように「知（視）覚」の「内容」が、むしろ「形式表象」によって「比較・総括・加工」されるとなると、そうした「空間的定位」は、いかにもカントのいわゆる「経験」を、そしてまた、この「定位」が依拠する「特定の観点」も、それによって「本質・必然的なもの」が「選択・構成」されるとなると、同様にヴ

ェーバーの「価値関係づけ」に伴う「一面的観点」を、いずれも想起せしめる。

(35) そのように、ここで「合法的関係」が唯表象に対してのみ認められるべきであるように、敢て断られているのは、先に「序論」で「この研究は形式と現象との関係に……関するもの」と、また直後の（長い）引用の冒頭で「外界がわれわれの眼に対してのみ存在する限り」ともあったように、それ相応に理由が察知されるべきである。すなわち、そもそも「外界」を〝事物の存在〟ないし〝実在〟として、しかもそうした〝対象（の内容）と概念の一致〟、つまり〝摸写〟を〝認識（の真理）〟とみなす、およそ〝唯物論〟も含めた〝実在論〟、ないし〝（素朴）実証主義〟の立場に対し、ヒルデブラントの立場は、むしろ「外界」を「現象」として、しかも――カントのいわゆる「経験的実在論」においてのように――およそ「対象の表象と概念構成――但しここでは「形式表象」――による認識との一致」を、そのように――またここでは「形式視の必然性」とも――見る「現象主義」と解されるべきなのである。

更に、その次の引用で「三次元的なもの」の「表出」、ないし「現われ」を「静視」する根拠を、そうした「もの」自体の〝存在〟に――ヴェーバーに従えば――〝実在根拠〟としてというのではなく、むしろ「同時並存」と把握される「標徴」に「認識根拠」として求めているのも、また同様な立場に帰されてしかるべきである。

(36) そうした「知（視）覚－表象」の働きについては、ヤスパースの「客観的というのは感覚的に知覚できる現象としてあらわれるものをいう」（Psychopathologie, S. 17――『精神病理学』、33頁）とする見解、及びまたそれら双方の（元々はカンディンスキーの内省による）対比（a.a.O., S. 36――同上、54～55頁）も、格別参照に値する。

因みに、また「知覚」は、上述のように本来「受動的」であるが故に、誰の目にも――これといって障害がないかぎり――対象が同じように「見える」ため、〝実証主義〟もその認識を、〝客観的〟とか〝価値無前提〟とか〝欺瞞〟してしまっているのであろう。しかし、例えばいわゆるO・コントの〝有用な事実〟や、同じくE・デュルケムの〝反抗すると抵抗を感じるような社会的事実（慣習や宗教）〟は、そのように一定の〝事実・内容（素材）〟に、既に〝価値判断〟が加えられていることから、それはむしろ――感覚的判断や特に――「表象」の「目的論的評価作用」の――ヴェーバーによれば、そもそも「価値理念」の「作用」の下で、ということになろうが――しからしめるところと見なされるべきであり、だからこそそうした認識には、更に「価値自由」が要請される、ともいえようものである。

(37) Conrad Fiedler, Über die Beurteilung von Werken der bildenden Kunst, 1876〔=Beurteilung〕, in: (Hg.) H. Marbach, Schriften über Kunst, Leipzig 1896――「美術品の評価について」(金田廉訳『フィードレル　芸術論』第一書房、一九三五年)〔=美術品の評価〕、及び Ders., Über den Ursprung der künstlerischen Tätigkeit, 1887〔=Ursprung〕, in: Ebd. ――山崎正和／物部晃二訳「芸術活動の起源」(『世界の名著15―近代の芸術論』中央公論社、一九六四年)〔=「起源」〕

(38) そのように「本質的なもの」としての「事物の可視的で把握可能な形姿」は、また後出もするが、特に「起源」では例えば〔das Sichtbare〕とか「可視的現実〔sichtbare Wirklichkeit〕」とも言い表され、且つ盛んに用いられ（Ursprung, S. 268-273――「芸術活動」、１１０〜１１４頁）、基本的には「純粋可視性〔reine Sichtbarkeit〕」として、フィードラー「芸術論」の一つの中心概念となる。そしてそれが、既に見たヒルデブラントやヴェルフリンの「視形式」で受継がれていることは、何ら疑いがない。

(39) そのように、まず「(造形) 芸術」を「科学」と同様、「現実の認識」であると見る「芸術観」は、但しもとより前者の「表現（描写）手段」は「形体・図像」であり、また後者の「叙述手段」は「概念・記号」であるから、せいぜい「直観（知覚・表象）」の次元のそれら双方の共通性を意味していよう。しかし、それにしてもそのような観方は、そもそも「古代ギリシャ」以来のいわゆる「自然模倣―装飾」としての「(造形) 芸術観」を根本的に革新し、またそれによって従来の〝熱狂・主観性・芸術的理念〟といった「昔の理論」も克服した、と見られることから、そうした変革を例えばウド・クルターマンは、神林恒道／太田喬夫訳『芸術論の歴史』（勁草書房、一九九三年、169〜171頁）において、「エポック・メイキング」としてさえ評価している（巻末の太田による「解説」、318頁も参照）。次に、また如上の「精神」の「世界を照らし出す明澄な光」が、ヴェルフリンによるかの「ダイヤモンドを輝かしめる光」の比喩に敷衍されていることも、既に明らかであろう。

(40) と同時に、そうした「一致」を示す「完了した形式」こそ、先に見たヴェルフリンの「完了したもの（das Fertige）」が、正に踏襲しているわけである。

(41) 「形式主義的美学・芸術史」におけるそうした継承・発展については、U. Kultermann, Geschichte der Kunstgeschichte, Der Weg einer Wissenschft, Wien/Düsseldorf 1990, S. 162-164（フィードラー）, S. 168-171（ヴェルフリン）を参照。またクルターマンは、この学派がそもそもカント美学、ないし彼の「判断力批判」に依拠していることも指摘していて、それはおそらく当を得ているに違いない。ただ、私見によれば、他にも主に「芸術法則／観点／現象／直観」等について、例えば特に（J. J.）ヴィンケルマンのいわゆる「古典的理想型」をむしろ〝理念型〟と批判したと見られるレッシングの『ラオコーン』（一七六六）や、「美」を「現象における自由」として捉え、更にそれを「美的自由」として展開したシラーの『カリアス書簡』（一七九三）、及び特に「理想的仮相」を提示した『人間の美的教育について』（一七九五）等は、まちがいなくある程度踏まえられているように思われる。より詳しくは、「生成と特性（Ⅱ）」を参照。

(42) そのように、以上においてはほぼ専ら上記四者間の、主に認識・概念論理上の共通性を論証してきた。しかし、だからといって少なくとも細部においてあるいは周辺的に、また差異も認められなかったわけでは、決してない。ただ、それについては、却って大筋や核心におけるものではなかっただけに、また紙数の制約上も、敢えて論及しなかったにすぎない。

(43) Max Weber, Der Sinn der »Wertfreiheit« der soziologischen und ökonomischen Wissenschaften, 1917〔但し、初出は一九一三〕in: WL, S. 523――木元幸造訳『社会学・経済学の「価値自由」の意味』日本評論社、一九七二年）、92頁

(44) Max Weber, RS I, Vorbemerkung, S. 13-14――大塚久雄／生松敬三訳『マックス・ヴェーバー　宗教社会学論選』（みすず書房、一九七二年）24〜25頁。尚、この個所の直後で、「〈直観的に捉えること〉を願う人びとは、映画館へでも行くがよい」と警告されていることは、よく知られていよう。但し、そうゆう〝人びと〟とは、当時の〝流行〟や〝作家熱〟のように、むしろ〝直感（覚）〟に頼って、〝醒めきった論証的叙述とは縁遠いディレッタント〟を指していて、またそうした〝直感〟も、ヴェーバーやヴェルフリンの醒めた「直観」とは、やはり〝縁遠い〟ものである。

(45) Joseph Gantner, Schönheit und Grenzen der klassischen Form, Burkhardt・Croce・Wölfflin, Wien 1949, S. 104-105――中村二柄訳『ガントナーの美術史学』（勁草書房、一九七九年）、112〜113頁

(46) Heinrich Brunn, Hera Farnese, 1846〔=Hera〕, in: H. Brunn, Griechische Götterideale, München 1893

(47) Ders., Die Komposition der Wandgemälde Raffaels im Vatikan, 1867〔=Komposition〕, in: (Gesammelt von H. Bulle u. H. Brunn) Heinrich Brunn's Kleine Schriften, Dritter Bd., Leipzig/Berlin 1906

(48) Ders., Archäologie und Anschauung, 1885〔=Archäologie〕, in: Ebd.

(49) 因みに、これほどまで透徹した洞察に長けた「合理主義者」のブルンが、あれほどまで激しく〝主観性・直観・個性〟を訴えた〝非合理主義者〟ラングベーンの学位論文の指導教員であったとは、正に〝歴史の皮肉〟とでもいうべきであろうか。
序に、ブルンに関するヴェーバーの言及は、何ら見当たらない。但し、前者といえば、上記一八八五年のうちに、また講演「ラファエロのシクトスの聖母」（Heinrich Brunn, Raffaels sixtinische Madonna, 1885, in: Ebd.）

も著している。この絵画といえば、少なくとも西洋において専門家の間で最も評価が高く、且つ芸術愛好家にもあまりに有名な「聖母像」として、しかもそれに初めて前者が「合理的解明」を施したとなると、後者も殆んどすべての「方法論稿」で、この絵画に必ずといってよいほど言及している以上、前者を知らなかったはずはない。更にヴェーバーは、一九一〇年創刊の国際的な学術誌『ロゴス』の「共同監修者」として、数年間ヴェルフリンと共に名を連ねている。しかし、少なくとも目下刊行中の『ヴェーバー全集』には、両者の「往復書簡」など、何ら見当らないようである。

いや、その前に本稿は、そうした関係者間の交渉を証すような実在根拠には、殆んど関心がない。何故なら、仮にそうした資料が発見されたところで、両者の上述の如き思惟の発展や相互影響の関係を解明するには、何ら決定的とはならないであろう。すなわち、ヴェルフリンの「匿名の芸術史」におよそ倣えば、本稿もいわば「匿名の思惟史」として、むしろその認識根拠を当該「作品」に求め、また特にその「認識形式」を明らかにしようとしてきたからである。

文献

Antoni, Carlo, Vom Historismus zur Soziologie (übers. von W. Goetz) Stuttgart（カルロ・アントーニ著 讃井鉄男訳『歴史主義から社会学へ』未來社、一九七三年）
Brunn, Heinrich, Hera Farnese, 1846, in: H. Brunn, Griechische Götterideale, München 1893
Brunn, Heinrich, Die Komposition der Wandgemälde Raffaels im Vatikan, 1867, in: (Gesammelt von H. Bulle u. H. Brunn) Heinrich Brunn's Kleine Schriften, Dritter Bd., Leipzig/Berlin 1906
Brunn, Heinrich, Archäologie und Anschuung, 1885, in: Ebd.
Croce, Benedetto, Die Geschichte auf den allgemeinen Begriff der Kunst gebracht, Hamburg 1894

„Der Rembrandtdeutsche", in: Die Zeit, Nr. 2-5. 1990

Friedrich H. Tenbruck, Die Genesis der Wissenschaftslehre Max Webers; I. Allgemeiner Teil—Die Genesis der Methodologie Max Webers, in: Kölner Zeitschrift für Soziologie und Sozialpsychologie, 11 Jahrgang, 1959（フリートリッヒ・H・テンブルック著　住谷一彦／山田正範訳『マックス・ヴェーバー方法論の生成』未來社、一九八五年）

Fiedler, Conrad, Über die Beurteilung von Werken der bildenden Kunst, 1876, in: (Hg.) H. Marbach, Schriften über Kunst, Leipzig 1896（コンラート・フィードラー著　金田廉訳『フィードレル　芸術論』第一書房、一九三五年）

Fiedler, Conrad, Über den Ursprung der künstlerischen Tätigkeit, 1887, in Ebd.（コンラート・フィードラー著　山崎正和／物部晃二訳「芸術活動の起源」、『世界の名著15—近代の芸術論』中央公論社、一九六四年）

Hildebrand, Adolf, Das Problem der Form in der bildenden Kunst, Strassburg 1913（アドルフ・ヒルデブラント著　清水清訳『造形芸術における形式の問題』岩波書店、一九二七年）

Hughes, Stuart, Consciousness and Society, The Reorientation of European Social Thought 1890-1930, New York 1958（スチュアート・ヒューズ著　生松敬三／荒川幾男訳『意識と社会—ヨーロッパ社会思想　1890-1930』みすず書房、一九八四年）

Jaspers, Karl, Allgemeine Psychopathologie, Berlin 1913（カール・ヤスパース著　西丸四方訳『精神病理学原論』みすず書房、一九八八年）

Jellinek, Georg, Allgemeine Staatslehre, Berlin 1900（ゲオルク・イェリネク著　芦部信喜／阿部照哉／石村善治／栗城寿夫／小林孝輔／丸山健／宮田豊／室井力／結城光太郎／和田英夫訳『一般国家学』学陽書房、一九八一年）

Kultermann, Udo, Geschichte der Kunstgeschichte, Der Weg einer Wissenschft, Wien/Düsseldorf 1990（ウド・

クルターマン著、神林恒道／太田喬夫訳『芸術論の歴史』勁草書房、一九九三年）
〔Langbehn, Jlius〕 Rembrandt als Erzieher. Von einem Deutschen, Leipzig 1909
Lenel, Walter, Die Entstehung Venedigs an der Adria, Strassburg 1897
Meinecke, Friedrich, Autographische Schriften, Stuttgart 1969
Mosse, George L. The Crisis of German Ideology, New York 1964（G・L・モッセ著　植村和秀／大川清丈／城達也／野村耕一訳『フェルキッシュ革命』柏書房、一九九八年）
Schiller, Johann Christoph Friedrich von, Kalias oder Über die Schönheit, 1793（フリートリッヒ・シラー著　草薙正夫訳『美と芸術の理論　カリアス書簡』岩波文庫、一九七四年）
Schiller, Johann Christoph Friedrich von, Über die ästhetische Erziehung des Menschen, 1795（フリートリッヒ・シラー著　石原達二訳『人間の美的教育について』、『美学芸術論集』冨山房百科文庫、一九七七年）
Sombart, Werner, Der moderne Kapitalismus, München und Leipzig 1902
Stern, Fritz, Kulturpessimismus als politische Gefahr, Eine Analyse nationaler Ideologie in Deutschland, Bern/Stuttgart/Wien 1963（フリッツ・スターン著　中道寿一訳『文化的絶望の政治』三嶺書房、一九八八年）
Tyrell, Hartmann, Protestantische Ethik und kein Ende, in: Soziologische Reveau, Jg. 17, Heft 4, Oldenbourg 1994
Wölfflin, Heinrich, Die klasische Kunst, München 1899（ハインリッヒ・ヴェルフリン著　守屋謙二訳『古典美術　イタリア・ルネッサンス序説』美術出版社、一九六四年）
Wölfflin, Heinrich, Die kunstgeschichtliche Grundbegriffe, München 1915（ハインリッヒ・ヴェルフリン著　守屋謙二訳『美術史の基礎概念――近世美術に於ける様式発展の問題――』岩波書店、一九六五年）
Weber, Max, Die ≫Objektivität≪ sozialwissenschaftlicher und sozialpolitischer Erkenntnis, 1904, in: Gesammelte

Aufsätze zur Wissenschaftslehre, Tübingen 1922〔=WL〕（マックス・ヴェーバー著　富永祐治／立野保男訳『社会科学方法論』岩波書店、一九七〇年）

Weber, Max, Die protestantische Ethik und der „Geist“ des Kapitalismus, in: Archiev für Sozialwissenschaft und Sozialpolitik, Bd. 20, Bd. 21, Tübingen 1904, 1905. Ders., Die protestantische Ethik und der Geist des Kapitalismus, in: Gesammelte Aufsätze zur Religionssoziologie, Bd. I, Tübingen 1920（マックス・ヴェーバー著　大塚久雄訳『プロテスタンティズムの倫理と資本主義の精神』岩波書店、二〇〇二年）

Weber, Max, Wissenschaft als Beruf, in: WL（マックス・ヴェーバー著　出口勇蔵訳「職業としての学問」（『世界の大思想Ⅱ—7　ウェーバー宗教・社会論集』河出書房、一九六四年〔=『宗教・社会論集』〕）

Weber, Max, R. Stammlers »Überwindung« der materialistischen Geschichtsauffassung, 1907, in: WL（マックス・ヴェーバー著　松井秀親訳「R．シュタムラーにおける唯物史観の克服」、『宗教・社会論集』）

Weber, Max, Roscher und Knies und die logischen Probleme der historischen Nationalökonomie, in: WL（マックス・ヴェーバー著　松井秀親訳『ロッシャーとクニース（一／二）』未來社、一九六八年）

Weber, Max, Über einige Kategorien der verstehenden Soziologie, in: WL（マックス・ヴェーバー著　海老原明夫／中野敏男訳『理解社会学のカテゴリー』未來社、一九九〇年）

Weber, Max, Soziologische Grundbegriffe, in: Grundriss der Sozialökonomik, Ⅲ. Abteilung, Wirtschaft und Gesellschaft (Erster Teil, Kap. I.), Tübingen 1922; in: WL（マックス・ヴェーバー著　阿閉吉男／内藤莞爾訳『社会学の基礎概念』角川書店、一九六五年）

Weber, Max, Kritische Studien auf dem Gebiet der kulturwissenschaftlichen Logik, in: WL（マックス・ヴェーバー著　森岡弘通訳「文化科学の論理学の領域における批判的研究」、同訳『エドアルト・マイヤー　マックス・ウェーバー　歴史は科学か』みすず書房、一九六八年）

Weber, Max, Agrarverhältnisse im Altertum, in: Handwörterbuch der Staatwissenschaften, Erster Bd., 3. Aufl., Jena 1909（マックス・ウェーバー著　上原専禄／増田四郎監修　渡辺金一／弓削達訳『古代社会経済史——古代農業事情——』東洋経済新報社、一九六四年）

Warnke, Martin, Ein kunsttheoretischer Splitter, in: T. Buddensieg / M. Winner〔Hg.〕MUNUSCULA DISCIPULORUM, 1968

Windelband, Wilhelm, Die deutsche Philosophie im deutschen Geistesleben des XIX. Jahrhunderts, Tübingen 1909（ヴィルヘルム・ヴィンデルバント著　吹田順助訳『19世紀独逸思想史』岩波書店、一九二二年）

茨木竹二「もう一つの〝理想型〟（上）」（『社会学史研究』第13号、いなほ書房、一九九一年）

茨木竹二「もう一つの〝理想型〟（下）」（『社会学史研究』第14号、いなほ書房、一九九二年）

茨木竹二「〈文化科学方法論〉の再検討にむけて——もう一方の〝関係価値〟と〝一面的観点〟」（『思想』第八一五号、一九九二年）

茨木竹二「歴史社会学としてのヴェーバー社会学の生成と特性〈Ⅱ〉」（『いわき明星大学人文学部研究紀要』第12号、一九九九年）

茨木竹二「歴史社会学としてのヴェーバー社会学の生成と特性〈Ⅲ〉」（『いわき明星大学人文学部研究紀要』第13号、二〇〇〇年）

茨木竹二「マックス・ヴェーバーにおける独断論の克服と歴史社会学の生成」（鈴木幸壽／山本鎮雄／茨木竹二編『歴史社会学とマックス・ヴェーバー（下）』理想社、二〇〇三年）

齋藤理恵「19世紀転換期ドイツにおける芸術問題——教養市民層の文化・社会的退行とそのイデオロギー形成の本質的契機」（『理想』第671号、二〇〇三年）

〈M・ヴェーバーの社会学〉

ニーチェからヴェーバーへ――「ルサンティマン」説をめぐって

横田理博

一　序

学問の分野にせよその方向性にせよ、フリードリヒ・ヴィルヘルム・ニーチェ（一八四四〜一九〇〇年）とマックス・ヴェーバー（一八六四〜一九二〇年）という二人の人物がとりくんでいたものの間には大きな隔たりがある。ニーチェは古典文献学の素養のもとで今日の文化・道徳の堕落、人間の「畜群」化を批判することを主眼とした。これに対して、ヴェーバーはそういう価値評価よりもむしろ近代西洋文化の本質は何なのか、その原動力は何だったのか、といった経験科学的な課題にとりくんでいた。そして、ニーチェが古代ギリシア・ローマとキリスト教世界との対照を考察の主軸としていたのに対して、ヴェーバーの場合には、一方では、中国やインドといった異文化の世界を、また他方では、政治や経済や法の固有の世界を丹念に観察・吟味していくという多角的な視野があった。

このように異質なタイプの学者であるニーチェとヴェーバーの思想の間に、それにもかかわらず或る共通性がある、という点についてはこの約三十年の間に少なからず論じられてきた。[1]とはいえ、〝ニーチェとの共通点と相違点〟という形で論じるタイプのヴェーバー論にはいまだに残された課題がいくつかあるように思われる。ニーチェとの関係という問題意識をヴェーバーの仕事の総体の中に一層深く踏み込ませて、たとえば、ニーチェ思想はヴェーバーの宗教社会学の中でどのように位置づいているのか（どのような視角が共有されているのか）、また、キリスト教批判を試みたニーチェにヴェーバーがくみしないとすれば、ヴェーバーのキリスト教論とはどのようなものなのか（歴史論のレヴェルと価値評価のレヴェルとの双方において）、といった問題にまで話を進めていくことが求められているのではなかろうか。つまり、ニーチェという扉を設定することによって、ヴェーバーの仕事の全体を貫くどのような局面に光をあてることができるのかが問われているのである。

二　ヴェーバーがニーチェに言及する箇所

最初に、ヴェーバーがニーチェないしニーチェの概念に言及している箇所を確認しておきたい。書かれた時期が確定できないものもあるが、わかる範囲で、時代順に挙げてみよう。[2]

①キルケゴールやニーチェやジンメルで頭の神経を酷使している、と書かれた一八九四年七月二十六日のマリアンネ夫人宛ての書簡（この書簡が所収予定の全集版 MWG Ⅱ/2 は未刊行だが、ヘニスがこの書簡の一部を引用している。[3]）

②『プロテスタンティズムの倫理と資本主義の精神』（以下『プロ倫』と略記する）（初出段階）末尾における、

将来ありうる人間像の一つとしての「末人」への言及（RS I 204，大塚訳三六六頁）
③ジンメルの『ショーペンハウアーとニーチェ』（一九〇七年）へのヴェーバーの書き込み(4)
④ニーチェの「高貴性の道徳」を評価した上で、それを継承しようとしないでニーチェの「生物学的」な考えを踏襲するオットー・グロースを批判する一九〇七年九月十三日のエルゼ・ヤッフェ宛ての書簡（MWG II/5 402–403）
⑤『社会心理学的アンケート調査の方法とその加工について』（一九〇九年）の冒頭で、労働者の意識調査とその分析をおこなったレーヴェンシュタインが「ニーチェ的」理想を宣伝していたと記述（MWG I/11 388，鼓訳二三九〜二四〇頁）
⑥『宗教社会学』草稿で、「詩編」における「復讐欲求」を指摘する一方で、イエスのルサンティマン拒否を指摘（WG298–304，MWG I/22–2 252–265，武藤ほか訳一三九〜一五二頁）
⑦『政治ゲマインシャフト』の中で、特権層と被抑圧層との品格感情の違いを主張してニーチェの『道徳の系譜学について』のルサンティマン説を批判（WG536–537，MWG I/22–1 264，政治一三一頁）
⑧『支配の社会学』の中で、王制や国家の成立は征服を起源とするというような「ニーチェの考えに依拠する」立場を恣意的だとして批判（WG670，MWG I/22–4 515，支配四六二頁）
⑨『理解社会学のいくつかのカテゴリーについて』（一九一三年）の中で、行為者が主観的に意識していないが客観的な合理性があるというケースの一例として「ニーチェのルサンティマン理論」を例示（WL434，海老原ほか訳一二五頁）
⑩「世界宗教の経済倫理」の『序論』で、宗教の階級的制約性を導く理論の一つとしてニーチェのルサンティ

マン説をとりあげ、苦難の評価（神義論）の諸相や、特権層と被抑圧層との品格感情の対照性を挙げてルサンティマン説を批判（RS I 240–249, MWG I /19 87-97, 大塚ほか訳三八～五二頁）

⑪『中間考察』の中の註で、宗教的同胞愛倫理の立場と恋愛の立場との対比を示すものとして『力への意志』に言及（RS I 562, MWG I /19 509, 大塚ほか訳一四四～一四五頁）

⑫『ヒンドゥー教と仏教』における、ニーチェの「小市民的な俗物性（Philistrosität）」と「芸術家としての神（Artistengott）」への言及（RS II 174, MWG I /20 270, 深沢訳二二八～二二九頁）

⑬『ベルーフとしての学問』の中の、学問を幸福への道と考える人々をニーチェのいう「末人」のようだとして批判する叙述（WL598, MWG I /17 92, 尾高訳四二頁）

⑭同じく『ベルーフとしての学問』の、「神々の争い」論の中でのニーチェへの言及（WL604, MWG I /17 99-100, 尾高訳五四頁）

⑮群衆に対して「貴族主義的」と自認するニーチェ主義者の軽率さを批判する『ドイツにおける選挙法と民主主義』（一九一七年）の一節（PS273, MWG I /15 389–390, 中村ほか訳三〇五頁）

⑯『古代ユダヤ教』で、捕囚の民におけるルサンティマンを指摘（RS III 381, MWG I /21-2 732-733, 内田訳八六六～八六八頁）

⑰『ファリサイびと』で、「詩編」におけるルサンティマンを指摘し、また、タルムードのユダヤ教が原始キリスト教のルサンティマンを反省によって克服していると指摘（RS III 421–422, MWG I /21-2 814, 内田訳九五六～九五八頁）

⑱『プロ倫』の註の中（加筆部分）の、ニーチェの「永遠回帰」説に関するコメント（RS I 111, 大塚訳一九三頁）

右記の一覧からもわかるように、ヴェーバーが意識的にニーチェの思想をとりあげて、最も多く言及しているのは「ルサンティマン」論である（⑥⑦⑨⑩⑯⑰）。このルサンティマン論から入っていきながら、ヴェーバーの宗教展開論やキリスト教論に視野を広げていき、結局のところ〝ニーチェと同じか違うか〟という形で見えてくるもの（しかも、従来のヴェーバー研究ではあまりクリアーにされてこなかったもの）を明らかにすることが本稿の目的である。(5)

三　『序論』における「ルサンティマン理論」批判

「ルサンティマン理論」(6)に対するヴェーバーの批判が最もまとまった形で論じられているのは、「世界宗教の経済倫理」の『序論』である。そこでは、「ルサンティマン理論」によれば、

「憐憫の情（Erbarmen）や同胞愛（Brüderlichkeit）は、――自然的素質によるにせよ、運命に基づく生活機会の巡り合わせによるにせよ――不利な状態に置かれている人々の企てた、倫理の世界における〈奴隷一揆〉であり、したがって、〈義務〉を課する倫理は、労働と営利へと呪いの軛を打ちつけられた俗物どもが、何らの義務もなく暮らしている主人身分の生活態度に対して抱くが、無力なるがゆえに〈抑圧される〉復讐感情のもたらす所産」

だといわれる。宗教倫理はその宗教の主な担い手たる社会層の置かれていた社会的状況（利害状況）のたんなる

「関数」（反映）にすぎないというような解釈の一形態（その意味で史的唯物論と並ぶもの）として「ルサンティマン理論」はとりあげられている。そして、宗教形態の形成・展開にとって決定的な役割をもつものとして、「苦難」をめぐる「神義論」が挙げられ、これが「ルサンティマン」と対置される。また、社会的強者と社会的弱者との間にある、「救済欲求」の多寡や「品格感情」の質的相違といった対照性が、「ルサンティマン理論」の代替理論として提示される。結局、「宗教倫理における苦難の評価」においてはこの「ルサンティマン理論」は「或る種の正当性」を示すとされながらも、「ルサンティマン」という「この本質的に否定的な力が、救済宗教にその特性を付与するような、本質上形而上学的な構想の源泉となることは、知られている限りでは、どこにおいてもなかった」といわれる。こうして、「ルサンティマン理論」が批判されるとともに、宗教倫理の「階級的制約性」一般もまた批判される。すなわち、

「経済的ならびに政治的に制約された社会的影響が、個々の場合にたとえどれほど根本的だったにもせよ、宗教倫理は第一次的には宗教という源泉から刻印を受けた。何よりもまず当の宗教の告知と約束の内容からである。」

ということになる。

さて、ここでヴェーバーはニーチェの「ルサンティマン」説を批判しているわけであり、これを文字通りに受け取れば、我々はニーチェに対するヴェーバーの否定的評価を受け入れざるをえない。しかし、問題となるのは、ここでヴェーバーがニーチェのルサンティマン説として提示しているものが果たしてニーチェ本人の思想に即し

ているのかということである。私は、少なくとも次の点においてヴェーバーの理解はニーチェとはズレていると考える。

ルサンティマンを抱く主体としての〈弱者〉は、ニーチェでは、かなりフィクショナルなモデルとして設定されたもので、社会的（政治的・経済的）範疇であるとともに、身体的範疇であり、さらに、心理的範疇でもあると考えられる。ニーチェの〈弱者〉規定の背景には、社会的・身体的状況と心理的あり方とは取り替え不可能な結合関係にあるという考え方がある。彼によれば、「奴隷道徳」の担い手が当人の意志次第で「主人道徳」の担い手たりうるというようなことはありえない（Vgl. GM I〔13〕）。強者は弱くもなれるのに敢えて強さを表しているのであり、弱者は強くもなれるのに敢えて弱いままでいる――弱くなることは功業（Verdienst）である――、というふうに、自由な「主体（Subjekt）」を仮構することは、弱者の側が作り出した偽りにすぎないとニーチェは主張している。

これに対して、ヴェーバーが「消極的特権層（negativ privilegierte Schicht）」と呼ぶ〈弱者〉は、社会的（主に経済的）範疇に限られている。だからこそ「ルサンティマン理論」を、史的唯物論と並び、宗教の「階級的制約性」を示す理論と位置づけたわけである。

ニーチェのルサンティマン説は、たしかに歴史上の事柄に言及しながら語られている。しかし、荒削りなモデルとして示されたルサンティマン説を語るニーチェにとって重要だったのは、現代人がいかに生きるべきかということだったのであり、ルサンティマン説が歴史理論として妥当がどうかということではなかった。このニーチェのルサンティマン説をヴェーバーが歴史理論として批判しようとすること自体に実は或る種のチグハグさが感じられるのは否めない。

四 「詩編」と原始キリスト教における「ルサンティマン」

『序論』でルサンティマン説を批判したヴェーバーが宗教の担い手たちに「ルサンティマン」が存在することを全く認めていないかというと、実はそうではない。実際、宗教社会学のいくつかの箇所でヴェーバーは「ルサンティマン」を指摘している。捕囚の民と「詩編」の宗教型、そして原始キリスト教の場合がそれにあたる。

(一) 捕囚の民と「詩編」のルサンティマン

ヴェーバーは『古代ユダヤ教』のエゼキエル論の中で、捕囚の民の中にルサンティマンが生成したことを次のように指摘している。

「捕囚の人々の中では、経済的分化が成立・先鋭化し、一方では、恵まれた人々の［宗教上の］無関心や適応への傾向が成長し、他方では、敬虔な貧しき人々のルサンティマンが成長した。」（RSⅢ381, MWG I/21-2 732, 内田訳八六六頁）

そこに成立した「富める者や権力者が軽薄なのとは対照的に、謙遜な〈敬虔なる人々〉だけが救拯への資格を十分に備えている」という二極化の観点が、「のちには、とりわけ『詩編』においてユダヤ教的宗教型の烙印を押した」と述べている（RSⅢ382, MWG I/21-2 733, 内田訳八六七〜八六八頁）。

ヴェーバーは、『経済と社会』所収の『宗教社会学』において、「『詩編』の宗教型」を「復讐欲求に満ちている」とし、「『詩編』の大部分のものは、……一つのパーリア民族（Pariavolk）が、あからさまな、もしくは努めて抑制してきた復讐欲求を、道徳主義的に満足させ正当化させるものを含んでいるということは、全く明白である」と見做す（WG301, MWG I/22-2 258, 武藤ほか訳一四五頁）。

『古代ユダヤ教』の末尾では、「都市デーモス」と呼ばれる下層の社会層について、

「捕囚前の預言においてはまだ預言者やレビびとや特に申命記関与者によって説教されたカリテート〔慈善〕の対象にすぎなかった敬虔なる者たちは、今や彼ら自身の側で所懐を表白し始め、また自分たちはその敵たちとは対照的にヤハウェに選ばれた民であると感じ始める。我々の資料の中で彼らの宗教的気分を最もはっきりと表現している場所、それは『詩編』である。」

と述べる（RSⅢ400, MWG I/21-2 756, 内田訳九〇七～九〇八頁）。捕囚後の社会構成の中で、「都市デーモス」という社会層が形成され、彼らは、自分たちこそ神の救済に与るべき人間であるという宗教的自覚をもち、現実には幸福そうだが神を無みしているゆえにいつか必ず破滅に導かれるであろう人々を「敵」として自分たちと対峙させせた。「彼らの宗教的気分」とは、「都市デーモス」が自分たちを宗教的に敬虔だと意識し、その敬虔さゆえに必ずや神による救済を被るはずであり、逆に、彼らにとって宗教的に不虔と見做される「敵」は、その不虔ゆえに必ずや破滅に導かれるはずだという意識だと考えられる。

この意識をヴェーバーが「ルサンティマン」と見做したことは、『ファリサイびと』という遺稿の中で「詩編」

の宗教型には「繁栄せる神なき者たちに対する激情的な怒りや憎しみ、あるいは激しいルサンティマンが幾重にも浸透している」（RSⅢ421, MWG Ⅰ/21-2 814, 内田訳九五六頁）と表現されていることによって裏付けられる。

（二）原始キリスト教のルサンティマン

ところで、ヴェーバーは、「新たな宗教的約束の徹底化によって除去されるのが、このパーリア民族の、特有のしつこさをもつルサンティマンにほかならない」として、「ルサンティマン」がイエスにおいて否定されていると見る（WG303, MWG Ⅰ/22-2 263, 武藤ほか訳一五一頁）。しかし、（イエスその人の教説と必ずしも一致しているとはいえない）原始キリスト教徒のエートスにおいては、ユダヤ教に特有の選民思想に結びついた「ルサンティマン」は確かに否定されたようだが、「ルサンティマン」という心理そのものは存在していたことが指摘される。自らは手を下さず神に敵への復讐を委託しようという期待（Vgl. WG350, MWG Ⅰ/22-2 371-372, 武藤ほか訳二六四頁；RSⅢ277, MWG Ⅰ/21-1 601-602, 内田訳六三三〜六三四頁）は、のちのユダヤ教のラビたちほどには反省の対象とならなかった。「反省によって打ち砕かれることの少ない（ungebrochener）」原始キリスト教のもとでは、「タルムードのユダヤ教においては克服しようと努力された、かなりあからさまなルサンティマン倫理の実例が、周知のごとく幾つも見出される」（RSⅢ421-422, MWG Ⅰ/21-2 814, 内田訳九五七〜九五八頁）といわれている。

以上の例において見てきたところからわかるように、確かにヴェーバーは、捕囚の民と「詩編」の宗教型、そして原始キリスト教において「ルサンティマン」が見出されると明言しているのである。とはいえ、ヴェーバーが「詩編」や原始キリスト教に指摘している「ルサンティマン」は果たしてニーチェ本人のいう「ルサンティマン」と同質のものなのかを再び検討してみよう。私見では、「ルサンティマン」の関与によって生成する宗教思想の内容に関して両者の間には次のようなズレが認められる。

「ルサンティマン」が創造するとされる宗教思想の内容は、ニーチェでは、主として、「同情」等を称揚する宗教倫理（「奴隷道徳」）であると考えられる。そして、ヴェーバーの『序論』においても、その立場は踏襲されている。ところが、その他の叙述においてヴェーバーが「ルサンティマン」に規定されていると見做す宗教思想の内実は、自らの敬虔と敵の不虔を根拠として、弱者の救済と強者の破滅〔＝「復讐」〕を約束してくれる救済論なのである。

ニーチェが宗教倫理に重点を置くのは、あくまでも、「道徳」の内実と生成契機についての「系譜」の探究が彼の主眼だったことに基づく。一方、ヴェーバーには、人間の社会生活への宗教の内面的影響のあり方如何を解明せんとする見通しがあり、その際、自分は救済されうるのか・されえないのかという切羽詰まった衝動的・パトス的な疑念に衝き動かされ、救済されるためにこそ宗教倫理に忠実になるというモチーフを想定しており、その結果、宗教倫理の内容自体よりもむしろ救済論の方が第一次的には重要だという見地があった。

この点と関連して、ヴェーバーの場合の「復讐（Rache）」という概念は、かなりストレートな形のものであり、此岸的にであれ彼岸的にであれ、〈強者－弱者〉という現実での状況が逆転し、弱者が現存の強者よりも優位に立つことと捉えられる。したがって、この「復讐」は、待望されるものであって、現実に生起しえたものではない。

ところが、ニーチェが、

「道徳上の奴隷一揆が始まるのは、ルサンティマン自体が創造的になり価値を産出する時である。このルサンティマンを担っているのは、本来の反発すなわち行為による反発が拒まれているために想像上の復讐によってのみその欠損を補償させるような人々である。」(GM I 〔10〕)

と言うときの「復讐」とは、「奴隷道徳」が「主人道徳」にとってかわることそれ自体なのであり、したがって、「奴隷道徳」が「近代的理念」を支配するに至った(JGB〔260〕)のである以上、この「復讐」は、すでに達成されたことになる。

このように、ヴェーバーが「詩編」や原始キリスト教に指摘した「ルサンティマン」もまたニーチェ本人の「ルサンティマン」とはズレている。しかも、見落とされてはならないのは、ヴェーバーが価値評価を差し控え、あくまでも経験科学的な議論に自己定位していることである。ニーチェが或る思想にルサンティマンを認めるとき、それはその思想をネガティヴに評価して拒否することに帰結するのだが、ヴェーバーの場合には、歴史上の思想形成の要因としてルサンティマンという感情を指摘するものの、だからといってその思想をネガティヴに評価して拒否するわけではない。

五　残された問題

さて、ここまでの話を整理してみよう。キリスト教批判を通じて現代人の望ましい生き方を提唱することに基軸を置いていたニーチェのルサンティマン説を、ヴェーバーは『序論』で、「階級的制約性」を示す歴史理論と見做して批判するという、やや筋違いともいえる対応を示していた。また、具体的な古代ユダヤ教論や原始キリスト教論においては、〝自分達は正しいから勝利するが「敵」は不正だから滅亡する〟という救済論にヴェーバーはルサンティマンを指摘するものの、そこではニーチェがルサンティマン説に込めた批判意識はなくなっていた。こう見てくると、ヴェーバーの明示的なルサンティマン説批判から〝ニーチェとヴェーバーとの思想的関係〟をストレートに導出することもできないし、ヴェーバーが或る宗教思想にルサンティマンを指摘しているからといってそこにニーチェと同質の批判意識を認めることもできない。

このようなスレ違いを、とりあえずは確認したのだが、この先は、ヴェーバーの意識的・明示的な対応を超えたところで考えていきたい。すなわち、ヴェーバーの仕事の総体を踏まえて、ヴェーバー自身が意識していたり明示していたりしていなくても、そもそもニーチェがルサンティマン説に込めた問題意識や人間観がヴェーバーにおいていかに共鳴し、いかに反発しているのかを明らかにしていきたい。

まずは、ヴェーバーが宗教社会学において諸宗教の生成・展開を論じる視角の中に、ニーチェがルサンティマン説において表現した問題意識と重なるものが含まれているのかどうか（これが第一の問題　→第六章）を検討したい。ニーチェはキリスト教倫理はルサンティマンに基づくものとして拒否したのだが、ヴェーバーはキリスト教倫理がルサンティマンに基づくとは考えなかった。ではヴェーバーはキリスト教倫理はどういう経緯で成立したと考えたのか（これが第二の問題　→第七章）、そして、この倫理を拒否するのか肯定するのかという価値評価の問題（これが第三の問題　→第八章）、これらの問題を順次考察していく。

六　宗教社会学における「弱者」の視点

「ルサンティマン」をいったんは措いてヴェーバーの宗教論総体に着目してみると、ニーチェがルサンティマン説に込めた洞察・価値関心は、ヴェーバーの中で、「ルサンティマン」とは別の形で吸収され展開されているように思われてくる。

（一）救済欲求

「救済欲求（Erlösungsbedürfnis）」に関してヴェーバーは次のように考えていた。

宗教的世界像を形成するのが概して上層階級の知識層だとしても、それが倫理性を重んじ、しかもそれを根拠として救済が与えられるという思想を含むときには、社会的弱者は、その「救済欲求」の切実さゆえに「共鳴板（Resonanzboden）」となってその世界像を受容し、のみならず、〈倫理的ならば救済〉という「応報性」をことさらに強調するような宗教型へと変容させることもある。

ただし、ヴェーバーの着目する「救済欲求」には、それ自体が主導権をもって宗教的世界像を創造するような能動性はなく、この点、ニーチェの「ルサンティマン」とは異なっている。しかも、ヴェーバーによれば、社会的弱者（「消極的特権層」）が「救済欲求」を社会的強者（「積極的特権層」）に比べてより多く抱くことは確かだが、その「救済欲求」は必ずしも強者に対する復讐願望（ルサンティマン）を伴うとは限らない。ヴェーバーにおいて「ルサンティマン」は、「救済欲求」の一特殊形態として位置づけられている。

(二) 苦難の意味

一方、苦難の意味の希求について、ヴェーバーは次のように考えていた。

既存の世界像に向かって疑義を提し、より納得のいく弁明の成立を促すのは、何らかの「苦難（Leiden）」（経済的苦難である必要はない）の担い手であることが多かった。これは、ヴェーバーが着目した「神義論（Theodizee）」の場にほかならない。ヴェーバーの用語としての「神義論」は、ライプニッツなどが使用していた、人間一般の「悪」を問題とする抽象的な意味のものではなく、「苦難」を担う当人の切実な問いかけに応じ、ほかの誰でもなくまさにその人が苦難を負っている根拠は何なのかを弁明しようとする具体的・個別的・主体的な問いを核とする。[7] 苦難を担う人々というのは、必ずしも社会的弱者（「消極的特権層」）であるわけではなかった。「苦難」の内実は、社会的上下関係に基づく下層階級の困窮・圧迫のほかにも、たとえば病気や死という身体的契機であったりもする。このような苦難の事態に直面している人々は、そうでない人々と対照させる場合には、身体的・精神的に〈弱き者〉である。十全な充足を恣にはできない人間は、時に〈弱き者〉たらざるをえない。ヴェーバーには、ニーチェのように、強者をよしとし弱者を貶価する価値評価はない。

ヴェーバーは、このような〈弱者〉の視点に着目し、そこに宗教的世界像形成の一つの原動力を見出した。ニーチェもまたルサンティマン説において〈弱者〉の視点に着目し、そこにこそ宗教的世界像（「奴隷道徳」）を創造する力があると見た。ヴェーバーは、ニーチェがルサンティマン説において設定した〈弱者〉をニーチェ本人の意に反して社会的弱者に限定していたわけだが、「神義論」を考える際には、社会的な弱者のみならず非社会的（身体的）な弱者の立場をも考慮した。そして、ヴェーバーの場合、「神義論」という一般化しうる概念の設定により、〈弱者〉のもとで形成される宗教的世界像がニーチェのように「奴隷道徳」に限定されることはなかった。古代イスラエル・インド・中国・ゾロアスター教など多様な宗教思想の中にヴェーバーはそれぞれの「神義論」のあり方を探っていった。

先に検討したように、ヴェーバーの用いる「ルサンティマン」概念は、ニーチェ本人の概念とはズレたものだった。しかし、ニーチェがルサンティマン説に込めた意味合い自体は、ヴェーバーにあっては、①社会的弱者の「救済欲求」の強さという視角、および、②総じて「弱者」なる者の、その弱者たる所以としての「苦難」の「意味」追究への志向という視角、という二点において、明らかに継承されている。ヴェーバーは、ニーチェのルサンティマン説の骨子を受け入れつつもそれと現実とを突き合わせることによって、ニーチェの箴言的言明を社会科学の土俵にひきあげても遜色のないように吟味を重ねた、つまり、ニーチェの視点を継承してその分析概念を彫琢した、ということができる。

七　キリスト教倫理の成立史についてのヴェーバー説

ところで、キリスト教倫理の前提となっている、古代ユダヤ教における「同胞愛（Brüderlichkeit）」倫理はどのように生成・展開していったとヴェーバーは見ていたのだろうか。(8)

（一）ベリース

『古代ユダヤ教』によれば、「倫理的十戒」を始めとする同胞愛規定は、イスラエルの団体形成とそれへの神の関わり方に源をもっていた。古代イスラエルにおいて遍在していた、宗教的な契約（「ベリース」）のもとでの「同胞的結束（Verbrüderung）」という団体形成の形態は、そもそも「誓約仲間関係（Eidgenossenschaft）」としての「イスラエル」の結束自体の形態であった（RSⅢ82, MWG I/21-1 347, 内田訳一九四頁）。その際、同胞的結束の媒介たるベリースは、神を〝保証人〟として人間同士の間に取り結ばれるような、イスラエル以外にも一般的に見られる形のものではなく、神を〝契約当事者〟として神と人間との間に締結される、イスラエルに特殊な形態のものであった（RSⅢ86, MWG I/21-1 352-353, 内田訳二〇三〜二〇四頁）。神とのベリースであるから、契約違反は神への裏切りに直結する。そこから、イスラエルの民にとってベリースの規定に忠実たることは、神の絶対性の意識と相俟って独特の重みをもつ要請となった。そして、そのベリースの規定の中に、まさに「同胞愛」の諸規定が含まれていたことから、そうした誡命を忠実に履行することは、神への儀礼的な「犠牲」よりもむしろ重要なことと考えられた（RSⅢ146, MWG I/21-1 432, 内田訳三三六頁）。このように、イスラエルにおいては、同胞的結束を媒介した神とのベリースの中に同胞愛規定が含まれていたゆえに、同胞愛の履行は独特な形で価値づけられていたのである。それは団体形成と神との不可分の関係の所産であった。

ヴェーバーは、このような形態をもつイスラエルの「同胞愛倫理」の発展を促した要因を、一方では社会構造の転換によるかつての「同胞」の零落という事態への対応として捉え、他方では「レビびと祭司」や「預言者」の宗教的活動の所産と見做す。社会経済史的要因をあくまでも切り捨てず、かといってそれのみに還元させないのが、ヴェーバーの宗教生成論の特徴である。

(二) 社会構成の転換

同胞愛を具体的に示す社会倫理的規定が現れてくる背景として、ヴェーバーはイスラエルの社会構成の転換を指摘する。この転換によって零落していく社会層の衰退を防ぎ保護しようとする動機が、同胞愛の社会倫理的規定を含む法集成の「精神」だというのである(RSⅢ66, MWG I /21-1 321-322, 内田訳一五七頁)。

イスラエル古来の社会構成の根幹は、「戦闘力をもつ土地所有農民氏族および牧羊者氏族」と「手工業者・日雇い・楽人から成る、被保護関係にある客人氏族」とが相対峙する関係であった(RSⅢ66, MWG I /21-1 321, 内田訳一五六頁)。しかし、この社会構成は、ダビデの都市王国の台頭を一つの大きな契機として変動していく。それは、かつての「同胞」の階層分解という形をとる。かつてイスラエル誓約連合軍の担い手だった自由農民は、軍備自弁の原則のもとでの、歩兵中心から戦車騎士中心への戦争技術の転換という状況にあって、増大した軍備費用を経済的に賄えない状態に追い込まれる。その結果、軍備を自弁できない者たちは軍事団体から閉め出される(RSⅢ29, MWG I /21-1 273, 内田訳七四頁)。一方で、自らの所有地を拡大しようとする都市定住貴族は、彼ら自由農民を搾取し、債務奴隷化させてしまう(RSⅢ26, MWG I /21-1 269, 内田訳六八頁)。こうして自由農民は没落の一途を辿り「平民層(Plebs, Plebejer)」へと収斂されていく(RSⅢ33, MWG I /21-1 278-279, 内田訳八四〜八五頁)。ほかならぬ「同胞愛」の諸規定は、この社会構成の転換において没落してきた人々をその社会的零落から救い保護しようとする態度に裏付けられている、とヴェーバーは論じている。(9)

(三) レビびと祭司の「魂への配慮」

このような社会的事情を宗教倫理に反映させたのは、神と平信徒とを媒介する人々の宗教的活動にほかならない。

打ち続く外圧の脅威の中で、イスラエルの人々は「いったいどうしたわけでイスラエルの政治的・軍事的状況はこのようにおもわしくないことになったのか」という切実な問いを発する（これは、「神義論」への問いである）。しかし、神ヤハウェとイスラエルとの特殊な関係を想起するとき、その問いへの答えは、「神の怒りがイスラエルの民の上に重くのしかかっている」というものでしかありえなかった。そして、「神の怒り」は、イスラエル人の何らかの「罪」の結果だと考えられた。では、それはいかなる罪なのか、そして、その罪を贖うためにはいかなる手段をとればよいのか（RSⅢ176–177, MWG Ⅰ/21–1 471–473, 内田訳四一三〜四一四頁）。こうした問いが深刻に打ち出されるようになったとき、何らかの解答を下す者として威信を高めたのが「レビびと祭司」であった。自らの苦難をかかえた人々が、その苦難を何らかの罪の結果としての神の怒りに帰し、その罪の解明と贖罪手段の教示を求めてレビびと祭司のもとを訪れ、それに応じてレビびと祭司は、自らの律法の知識に依拠して指示を与える。これが「魂への配慮（Seelsorge）」と呼ばれる営みである（RSⅢ186, MWG Ⅰ/21–1 484, 内田訳四三三頁）。そして、レビびと祭司が「魂への配慮」に備えて、相談に来る顧客の問いとそれへの解答の範例をカズイスティッシュに（場合ごとに応じて）固定化していく過程で、「罪のカタログ」が生成し、それと対をなして儀礼的・倫理的諸規定も明確にされてくる（RSⅢ254–255, MWG Ⅰ/21–1 573–574, 内田訳五八五〜五八六頁）。

（四）「心意倫理的昇華」

こうして、レビびと祭司の「魂への配慮」を通じて倫理の「実質上の内容」が刻印づけられた。そして、その倫理の実質上の内容に「効力」を与える上で重要な働きをなしたのが「預言者」たちであった（RSⅢ250–251,

MWG I/21-1 568, 内田訳五七五頁)。彼らは既成の倫理を「心意倫理的に昇華(gesinnungsethisch sublimieren)」[10]、すなわち、内面化・統一化したといわれる(RSⅢ254, MWG I/21-1 572, 内田訳五八四頁)。「心意倫理的昇華」を経た古代ユダヤ教の「同胞愛倫理」は、すでに外面的儀礼主義に対する内面的動機の尊重という契機を含んでいた。しかし、古代ユダヤ教における「同胞愛」は、「イスラエルの民」という枠を越えるような「普遍主義的同胞愛」に導かれることはなく、局在的なものであり続けた。そこには「対内道徳と対外道徳との二元主義」(RS I 542, MWG I/19 486, 大塚ほか訳一一〇頁)という厳然たる原則が存在していた。

ところが、イエスにおいては、「隣人団体の原生的な救難倫理」は「『心意倫理的に』同胞間の愛心意(Liebesgesinnung)へと体系化された」といわれ、とりわけ、神の国の到来が間近に迫っているという終末論的期待のもとでは現世内の享楽には価値が見出されないという「現世への無関心」が、「心意倫理的昇華」の促進力として作用していたことが示されている(WG380, MWG I/22-2 445-447, 武藤ほか訳三三五〜三三七頁)。同胞愛は、そのつどまさに「隣人」であるすべての人に「普遍主義的に」適用されるべきだとされた。

以上のように、ヴェーバーの「同胞愛倫理」成立論は、比較思想的視座のもとでの宗教の特性の把握、社会構成の歴史的変化、祭司と預言者という宗教の担い手たちの活動、といった側面から説明していくものであった。弱者のルサンティマンが「想像上の復讐」として新たな倫理をつくりだすというニーチェの立場と比べてみると、たしかに先述の「弱者」の視点は共有されているのだが[11]、両者の根本的な違いは明らかである。ヴェーバーの場合には、ニーチェとは異なる経験科学・社会科学としての「比較宗教社会学」の特質が如実に現れている。このような両者の歴史理解の性質の違いを踏まえないままに〝ニーチェとヴェーバーとの共通性〟にばかり目を向けることは控えるべきだろう。

八　キリスト教倫理についてのヴェーバーの価値評価

言うまでもなく、ヴェーバーは、キリスト教倫理への価値評価をストレートに表現してはいない。たとえば、『ベルーフとしての学問』の中に、「神々の争い」といわれる価値の多元的相剋の事態がキリスト教的一元論のもとで長い間おおいかくされてきた、といった叙述はある（WL605, MWG I/17 101, 尾高訳五七頁）が、それはあくまでも歴史的な経過を述べているだけであって、必ずしもキリスト教へのネガティヴな価値評価というわけではない。とはいえ、ストレートな価値評価の表明はないとしても、価値評価を間接的に示している叙述はいくつか見出される。たとえば、『ベルーフとしての政治』における著名な「心意倫理（Gesinnungsethik）」と「責任倫理（Verantwortungsethik）」の議論（PS537–548, MWG I/17 233–252, 脇訳八五～一〇六頁）がその一つである。

（一）「心意倫理」

「倫理的に方向づけられたすべての行為は、互いに根本的に異なり、決着がつかないほどに対立する二つの原則（Maximen）のもとに立ちうる、すなわち、『心意倫理的』に方向づけられている場合と、『責任倫理的』に方向づけられている場合とがある、ということを我々ははっきり自覚しなければならない。……人が心意倫理の原則のもとで行為する――宗教的に言えば『キリスト教徒は正しいことをおこない、結果（Erfolg）を神にゆだねる』――か、それとも、人は（予見しうる）結果（*Folge*）の責任を負うべきだという責任倫理の原則のもとで行為するかは、底知れぬほど深い対立である。……」（PS539-540, MWG I/17 237-238, 脇訳八九～九〇頁）

「心意倫理」と「責任倫理」の第一義的な特性は、一方は、ある堅固な信念のもとに「結果」を顧慮せず行為する倫理、他方は、「結果」を顧慮しそれに責任を負う倫理、というものである。これらは、特定の規範や人物や状況に限られた倫理ではなく、一種の心構え・心的態度における力点の置き方という、〈形式〉に関わる範疇である。ところが、ヴェーバーの前後の文脈を考慮すると、「心意倫理」と「責任倫理」には、それぞれ〈実質〉的要素を配分されていることが明らかになる。すなわち、「心意倫理」は、山上の説教の「絶対的な倫理」、「責任倫理」は、暴力性を不可避の属性とする「政治」の領域において政治家のとるべき倫理、という〈実質〉を割り当てられた上で、各倫理の属性や両倫理の関係が説かれているのである。

従来〝「心意倫理」を克服して「責任倫理」へ〟という優先順位のもとに解釈されることが多かったのだが、ヴェーバーの論旨を忠実に読むなら、〈形式レヴェル〉においても〈実質レヴェル〉においても、二つの倫理はどちらかが一方的に優位だとは考えられておらず、それぞれ対等の重さをもつものとして設定されている。

「心意倫理」の〈実質レヴェル〉にあたる「山上の説教」の倫理は、「今日この掟を好んで引用する人々の考えているより、もっとゆゆしい事」であるから現実においてこの倫理を貫くことは不可能といえるほどに至難の業であり、これを貫徹しえない凡人にとってはこの倫理は「品格の欠如（Würdelosigkeit）」と映るが、それにもかかわらずかつての聖人の如く貫徹しえたとすれば、それは「品格の表現（Ausdruck einer Würde）」となる、とヴェーバーはいう（PS538, MWG I/17 234-235, 脇訳八六～八七頁）。つまり、彼は、その実行が困難であることを知悉してはいるが、実行が困難だからといってこの倫理を放棄しているのではなく、困難なこの倫理を敢えて貫く生き方に尊敬の念を抱いているのである。

イエスの倫理へのヴェーバーの態度は、賛否の一言で言えるほど単純ではない。非暴力主義などの、イエスの倫理の実質そのものを貫くことをヴェーバーが自らの生き方としているわけではない。ただし、それを貫く生き方をしてきた人間への賞讃の気持ちを彼は抱いており、そこに「品格（Würde）」を見出している。それは、体裁とか面子とか威厳といったものではなく、人間としての尊厳・崇高さ・誇りという意味での「品格」である。つまり、イエスの倫理の〈実質〉については、ヴェーバー自身がそれを信条としているわけではないが、それを信条としている人々に尊敬の念をもっている。そして、イエスの倫理の〈形式〉にあたるもの、つまり、正しいと信じることを妥協せずに貫く生き方については、ヴェーバー自身もそれを自らの信条の一つとしていると言ってよい（もちろん、結果に注意を払う「責任倫理」とともに、という形であるが）。

（二）「英雄倫理」と「平均倫理」

ヴェーバーは一九〇七年九月十三日のエルゼ・ヤッフェ宛て書簡（MWG II/5 393-403）の中で、すべての倫理は、その実質的内容がどのようなものであっても、「英雄倫理（Helden-Ethik）」と「平均倫理（Durchschnitts-Ethik）」という二つに分けられるという。「英雄倫理」は「その生涯の大きなクライマックスを除いては人間が一般にそれに対応することができないような、また、彼が限りなく努力してゆく（*Streben*）上での照準点として指針となるような、原理的な要求を人間につきつける」倫理であり、一方、「平均倫理」は「要求しうる最大限として人間の日常的本性を受け入れるような十分に『控え目（genügsam）』な」倫理、つまり、日常的本性を超えるような無理な要求を人につきつけることのないような倫理である。「英雄倫理」だけが「理想主義」と名乗ることができ、「不屈の（ungebrochen）原始キリスト教の倫理とカントの倫理」がこれに属する、とヴェーバーは言う。

この倫理の二類型が言及されるのは、フロイト主義の行き過ぎを批判する文脈の中である。当時一部の人々の間でフロイト理論は「世界観」にまでもちあげられていた。何らかの規範を守ることが神経の健康に好ましくないからといってその規範を拒否できるというような発想、すなわち、「抑圧」をなくすことだけを掲げる「神経倫理（Nerven-Ethik）」をヴェーバーは批判する。この種の「神経倫理」をヴェーバーは「平均倫理」と見做しているものと考えられる。

この手紙は、実は、ニーチェ主義者の一人オットー・グロースの書いた論文を批判するものである。ヴェーバーには、ニーチェ当人の思想をどう捉えるべきかという問題とは別の問題として、当時の〝ニーチェ主義者〟をどう捉えるべきかという問題が意識されていた。グロースによるニーチェの継承の仕方に関して、彼は、「ニーチェにおいて永続的なもの」である「高貴性の道徳（Moral der Vornehmheit）」ではなく、ニーチェの最も弱い部分である「生物学的」な話を継承している、とも書いている。ヴェーバーはニーチェの「高貴性の道徳」は一種の「英雄倫理」だと考えていたのではないかと推測される。

困難な倫理だから放棄するという発想は現代の文化の中で採られやすい発想なのかもしれない。しかし、実現の困難さがその倫理の価値を貶める——ニーチェの言葉を使えば、それは「ルサンティマン」である——というのは間違った考えである。むしろ、現実には実行しきることが無理でもそれに少しでも近づいていこうと人々を牽引するところに倫理の意義はある。そのような倫理にヴェーバーが名前を与えたのが「英雄倫理」であった。

ヴェーバーが批判するのは、どうせできないから、そういう高邁な生き方は最初から放棄・断念する、できることしかやらない、という態度（「平均倫理」・「適応」）であり、たとえ貫徹できなくても、それを目指して鋭意邁進する生き方（「英雄倫理」）こそが望ましいものと考えられている。

そもそも「不可能なこと」に敢えて挑むという態度はヴェーバーがしばしば表明するものでもあった。

「しかし、可能なものの彼岸にある不可能なものをつかもうとすることによってのみ、きわめて多くの場合、可能なものが達成されたということも、それに劣らず正しいのである。……」（WL514, 価値自由三二七頁）

「もし世の中で、不可能なことをつかみとろうとすることを繰り返さなかったら、可能なことにも到達できないということは、全く正しく、すべての歴史上の経験がこれを確証している。……」（PS548, MWG I/17 251-252, 脇訳一〇五～一〇六頁）

このような態度には、困難・苛酷さを積極的にうけいれて自己を向上させようとするニーチェの「超人（Übermensch）」思想（Vgl. ASZ Vorrede）との或る種の近さがあるともいえるだろう。[12]

九　結

本稿では、まずはヴェーバーがニーチェに言及する箇所を一覧し、ニーチェに関してヴェーバーが最も関心を寄せていたのは「ルサンティマン」説であることを見出した（第二章）。その上で、ルサンティマン説に対するヴェーバーの明示的な対応――『序論』におけるルサンティマン説批判と、「詩編」や原始キリスト教におけるルサンティマンの指摘——を追った（第三章・第四章）。そして、残された問題を確認した（第五章）のち、宗教展開における弱者の視点というヴェーバーとニーチェに共有されている問題意識を明らかにし（第六章）、さらに、ニーチェのルサンティマン説についてネガティヴな態度をとっていたヴェーバーは、キリスト教倫理の生成プロセスをどのように捉えているのか（第七章）、キリスト教倫理へのヴェーバーの価値評価はどのようなものなのか（第八章）、といった問題に光を当ててみた。

〝ヴェーバーとニーチェ〟という問題を一層深めていくためには、ヴェーバーについてもニーチェについてもさらに掘り下げていくことが求められる。本稿はなお暫定的な中間報告にとどまる。

註

（1） Wolfgang J. Mommsen, „Universalgeschichtliches und politisches Denken", in: idem, *Max Weber: Gesellschaft, Politik und Geschichite*, Frankfurt a.M. 1974（中村貞二・米沢和彦・嘉目克彦訳『マックス・ヴェーバー——社会・政治・歴史』）; Johannes Weiß, „Max Weber: Die Entzauberung der Welt", in: *Grundprobleme der großen Philosophen*, hrsg. von Josef Speck, Göttingen 1981, 2. Aufl., 1991, S.9–47; Wilhelm Hennis, „Die Spuren Nietzsches im Werk Max Webers", in: idem, *Max Webers Fragestellung: Studien zur Biographie des Werks*, Tübingen 1987（雀部幸隆ほか訳『マックス・ヴェーバーの問題設定』）; Detlev J.K.Peukert, *Max Webers Diagnose der Moderne*, Göttingen 1989（雀部幸隆・小野清美訳『ヴェーバー——近代への診断』）; Wolfgang Schluchter, „Zeitgemäße Unzeitgemäße. Von Friedrich Nietzsche über Georg Simmel zu Max Weber", in: idem, *Unversöhnte Moderne*, Frankfurt a.M. 1996; Klaus Lichtblau, *Kulturkrise und Soziologie um die Jahrhundertwende: Zur Genealogie der Kultursoziologie in*

Deutschland, Frankfurt a.M. 1996; 山之内靖『ニーチェとヴェーバー』一九九三年、未來社。

（2）バウムガルテンが伝える次のようなヴェーバーの談話も重要である。

「今日の学者の実直さ（Redlichkeit）、とりわけ今日の哲学者の実直さは、ニーチェとマルクスに対してその人がどういう態度をとるかによって測ることができる。……」(Eduard Baumgarten, *Max Weber: Werk und Person*, Tübingen 1964, S.554-555.)

そのほか、ニーチェの思想についてコメントするわけではないが、ニーチェ的表現を使っているようなケースはいくつかある。たとえば、>Viel-zu-viele< (MWG I/15 231; PS273, MWG I/15 389, 中村ほか訳三〇五頁), >Ressentiment< (MWG I/15 231; PS521, MWG II/5 205, 脇訳五六頁), >trachten nach seinem Werk< (PS496, MWG I/17 161, 脇訳一三頁), >ewige Wiederkehr< (MWG II/5 365).

（3）Hennis, a.a.O., S.172.（雀部ほか訳『マックス・ヴェーバーの問題設定』二二一頁）

（4）ミュンヘンのバイエルン学術協会に保存されているヴェーバーの蔵書への書き込みについては、二〇〇一年九月、二〇一〇年三月、二〇一一年三月、そして二〇一二年三月に現地で調査してきた。拙著『ヴェーバーの倫理思想——比較宗教社会学に込められた倫理観』（二〇一一年、未來社）第一章第四節と第五章第九節で論じている。

（5）このルサンティマン説をヴェーバーがどのように受けとめたかについては、すでに一度、拙稿「ヴェーバーにおける『ルサンティマン』概念のゆくえ」（日本社会学会編『社会学評論』第一七〇号、一九九二年九月、一六〜二九頁）〔拙著『ヴェーバーの倫理思想』第五章第五・六節〕で論じた。本稿は、それを与件とした上で、ヴェーバー思想・ニーチェ思想の全体像に視野を広げていったときに見えてくるものを探る試みである。

（6）ニーチェの「ルサンティマン理論」とはどのようなものかについては、拙稿「『ルサンティマン』論から自律的主体像への照射」（平成三年度科学研究費補助金総合研究A研究成果報告書『自由論についての基礎的研究』〔研究代表者：濱井修〕、一九九二年三月、三四〜四五頁）〔拙著『ウェーバーの倫理思想』第五章第二・三節〕で考察した。

（7）ヴェーバーの「神義論」概念については、拙稿「ウェーバーにおける『神義論』の意義」（日本倫理学会編『倫理学年報』第四〇集、一九九一年三月、一三三〜一四八頁）〔拙著『ウェーバーの倫理思想』第四章〕で考察した。

（8）拙稿「ウェーバーの『同胞愛倫理』生成論」（平成二年度科学研究費補助金一般研究B研究成果報告書『キリスト教倫理思想における愛の問題』〔研究代表者：濱井修〕、一九九一年三月、五二〜六三頁）〔拙著『ウェーバーの倫理思想』第三章第二・三節〕、参照。

（9）たしかに、社会的弱者が宗教型の担い手である場合には宗教倫理が変容してくるという観点自体はヴェーバーの『古代ユダヤ教』の中に見受けられる。たとえば、小家畜飼育者の非軍事化とともに「族長」像が「平和主義」化するという観点（RSⅢ59–61, MWG Ⅰ/21-1 313–316, 内田訳一四三〜一四六頁）や、イスラエル人の階層分解の深刻化とともに「同胞愛倫理」が拡張されていくという観点（RSⅢ66-81, MWG Ⅰ/21-1 321–344, 内田訳一五七〜一九〇頁）である。だが、それらは「ルサンティマン」という契機なしに説明されている。

（10）ヴェーバーの「心意倫理」概念については、拙稿「ウェーバーにおける『心意倫理』の位相」（日本倫理学会編『倫理学年報』第四二集、一九九三年三月、六九〜八四頁）〔拙著『ウェーバーの倫理思想』第二章〕で考察した。

（11）もっとも、〝弱者の視点〟においてニーチェとヴェーバーとが共通するとしても、それを果たしてヴェーバーが〝ニーチェから〟継承したのかどうかという点については再考を要する。

（12）実はニーチェは、『道徳の系譜学について』では、ユダヤ教からキリスト教への連続性の中にイエスを位置づけて、もろともに批判しているのだが、『アンチ・キリスト教徒』や遺稿集『力への意志』の中では、教会や教義を重視し始めたパウロを批判する一方で、それらを拒否していたイエスの生き方・実践を好意的に評価しており、ニーチェのイエス論もまた決して単純ではない（Vgl. AC〔20〕,〔21〕,〔32〕,〔39〕,〔40〕,〔42〕, ASZ S. 262〔吉沢訳（下）一三二頁〕, WM〔158〕-〔216〕）。ただ、ヴェーバーとニーチェとの間にイエスへのポジティヴな評価において重なるところがあるとしても、ヴェーバーにはパウロ批判（さらには、その後のキリスト教一般への批判）といったものはないのである。『ツァラトゥストラはこう語った』におけるイエス論については、拙著『ヴェーバーの倫理思想』第五章第七節（3）を参照していただきたい。

文献一覧

ヴェーバーとニーチェの著作については次のような略号を用いることにする。略号の後に付した数字は頁を示している。訳文においては、隔字体および斜字体の部分にはいずれも傍点を施し、≫≪は〈〉と表記した。邦訳のあるものについては参照させていただいたが、訳文は必ずしもそれらに従っていない。［］内は引用者の挿入である。

Max Weber:
RS : *Gesammelte Aufsätze zur Religionssoziologie*, 3 Bde., 1920-21, Tübingen: J.C.B.Mohr (Paul Siebeck)
WG : *Wirtschaft und Gesellschaft*, 5.Aufl., 1976, Tübingen: J.C.B.Mohr (Paul Siebeck)
WL : *Gesammelte Aufsätze zur Wissenschaftslehre*, 3.Aufl., 1968, Tübingen: J.C.B.Mohr (Paul Siebeck)
PS : *Gesammelte Politische Schriften*, 2.Aufl., 1958, Tübingen: J.C.B.Mohr (Paul Siebeck)
SS : *Gesammelte Aufsätze zur Soziologie und Sozialpolitik*, 1924, Tübingen: J.C.B.Mohr (Paul Siebeck)
MWG : *Max Weber Gesamtausgabe*, 1986-, Tübingen: J.C.B.Mohr (Paul Siebeck)

I /11 (1995), I /15 (1984), I /17 (1992), I /19 (1989), I /20 (1996), I /21–1 (2005), I /21–2 (2005), I /22–1 (2001), I /22–2 (2001), I /22–4 (2005), II /5 (1990).

本稿でヴェーバーの著作に言及する際、全集版がすでに刊行されている場合には、その巻と頁を併記した。

大塚訳……大塚久雄訳『プロテスタンティズムの倫理と資本主義の精神』一九八九年、岩波文庫
内田訳……内田芳明訳『古代ユダヤ教（上・中・下）』一九九六年、岩波文庫
大塚ほか訳……大塚久雄・生松敬三訳『宗教社会学論選』一九七二年、みすず書房
武藤ほか訳……武藤一雄・薗田宗人・薗田坦訳『宗教社会学』一九七六年、創文社
政治……濱島朗訳『権力と支配』一九五四年、みすず書房〔『経済と社会』第二部第八章「政治ゲマインシャフト」の邦訳を所収〕
支配……世良晃志郎訳『支配の社会学　I・II』一九六〇年・一九六二年、創文社
海老原ほか訳……海老原明夫・中野敏男訳『理解社会学のカテゴリー』一九九〇年、未來社
価値自由……中村貞二訳「社会学・経済学における『価値自由』の意味」〔『（完訳・世界の大思想1）ウェーバー社会科学論集』一九八二年、河出書房新社、所収〕
尾高訳……尾高邦雄訳『職業としての学問』一九三六年、一九八〇年改訳、岩波文庫
脇訳……脇圭平訳『職業としての政治』一九八〇年、岩波文庫
中村ほか訳……中村貞二・山田高生・林道義・嘉目克彦・脇圭平訳『政治論集　1・2』一九八二年、みすず書房
鼓訳……鼓肇雄訳『工業労働調査論』一九七五年、日本労働協会

Friedrich Wilhelm Nietzsche;

ASZ : *Also sprach Zarathustra: Ein Buch für Alle und Keinen*, 1883-1885 (in: *Nietzsche Werke: Kritische Gesamtausgabe*, Abt.6, Bd.1, 1968, Berlin: Walter de Gruyter & Co.)〔吉沢伝三郎（訳）『（ニーチェ全集9・10）ツァラトゥストラ（上・下）』（一九九三年、ちくま学芸文庫）〕
JGB : *Jenseits von Gut und Böse*, 1886 (in: *Nietzsche Werke: Kritische Gesamtausgabe*, Abt.6, Bd.2, 1968, Berlin: Walter de Gruyter & Co.)〔信田正三（訳）『（ニーチェ全集11）善悪の彼岸・道徳の系譜』（一九九三年、ちくま学芸文庫）所収〕
GM : *Zur Genealogie der Moral*, 1887 (in: Ebenda.)〔信田訳、同書、所収〕
AC : *Der Antichrist*, 1888-1889 (in: *Nietzsche Werke: Kritische Gesamtausgabe*, Abt.6, Bd.3, 1969, Berlin: Walter de Gruyter & Co.)〔原佑（訳）『（ニーチェ全集14）偶像の黄昏・反キリスト者』（一九九四年、ちくま学芸文庫）所収〕
WM : *Der Wille zur Macht: Versuch einer Umwertung aller Werte* (1996, Stuttgart: Alfred Kröner Verlag)〔原佑（訳）『（ニーチェ全集12・13）権力への意志（上・下）』、一九九三年、ちくま学芸文庫〕
ローマ数字は章を表し、〔〕内の数字はアフォリズム番号を示す。

Baumgarten, Eduard, *Max Weber: Werk und Person*, 1964, Tübingen: J.C.B.Mohr (Paul Siebeck)
Hennis, Wilhelm, „Die Spuren Nietzsches im Werk Max Webers", in: idem, *Max Webers Fragestellung: Studien zur Biographie des Werks*, 1987, Tübingen: J.C.B.Mohr (Paul Siebeck)〔雀部幸隆・嘉目克彦・豊田謙二・勝又正直（訳）『マックス・ヴェーバーの問題設定』（一九九一年、恒星社厚生閣）〕
Lichtblau, Klaus, *Kulturkrise und Soziologie um die Jahrhundertwende: Zur Genealogie der Kultursoziologie in Deutschland*, 1996, Frankfurt am Main: Suhrkamp

Mommsen, Wolfgang J., „Universalgeschichtliches und politisches Denken", in: idem, *Max Weber: Gesellschaft, Politik und Geschichite*, 1974, Frankfurt am Main: Suhrkamp〔中村貞二・米沢和彦・嘉目克彦（訳）『マックス・ヴェーバー——社会・政治・歴史』（一九七七年、未來社）〕

Peukert, Detlev J. K., *Max Webers Diagnose der Moderne*, 1989, Göttingen: Vandenhoeck & Ruprecht〔雀部幸隆・小野清美（訳）『ヴェーバー　近代への診断』（一九九四年、名古屋大学出版会）〕

Schluchter, Wolfgang, „Zeitgemäße Unzeitgemäße. Von Friedrich Nietzsche über Georg Simmel zu Max Weber", in: idem, *Unversöhnte Moderne*, 1996, Frankfurt am Main: Suhrkamp

Weiß, Johannes, „Max Weber: Die Entzauberung der Welt", in: *Grundprobleme der großen Philosophen*, hrsg. von Josef Speck, 1981, 2. Aufl., 1991, S.9-47, Göttingen: Vandenhoeck & Ruprecht

山之内靖『ニーチェとヴェーバー』（一九九三年、未來社）

横田理博「ウェーバーにおける『神義論』の意義」（日本倫理学会編『倫理学年報』第四〇集、一九九一年三月、一三三〜一四八頁）

横田理博「ウェーバーの『同胞愛倫理』生成論」（平成二年度科学研究費補助金一般研究B研究成果報告書『キリスト教倫理思想における愛の問題』（研究代表者：濱井修）、一九九一年三月、五二〜六三頁）

横田理博「『ルサンティマン』論から自律的主体像への照射」（平成三年度科学研究費補助金総合研究A研究成果報告書『自由論についての基礎的研究』（研究代表者：濱井修）、一九九二年三月、三四〜四五頁）

横田理博「ウェーバーにおける『ルサンティマン』概念のゆくえ」（日本社会学会編『社会学評論』第一七〇号、一九九二年九月、一六〜二九頁）

横田理博「ウェーバーにおける『心意倫理』の位相」（日本倫理学会編『倫理学年報』第四二集、一九九三年三月、六九〜八四頁）

横田理博『ウェーバーの倫理思想——比較宗教社会学に込められた倫理観』（二〇一一年、未來社）

付記　本稿は、二〇一〇年十一月二十二日、いわき明星大学における第三回日本―ドイツ社会学会議での発表原稿に若干の修正を加えたものである。発表の折り、カール・アッハム先生、ヨハネス・ヴァイス先生、折原浩先生より貴重なコメントをいただいたことに感謝している。その後いくたびかカッセル大学のヴァイス氏を訪問し、種々有益なアドバイスをいただいた。また、本稿執筆後、拙著『ウェーバーの倫理思想——比較宗教社会学に込められた倫理観』（二〇一一年、未來社）を上梓する機会を得た。その第五章「ルサンティマン」は本稿の論旨を一層多角的・包括的に捉え直したものである。二〇一一年三月の大地震・大津波・原発事故は、近代化とは何なのかという問いを改めてウェーバーに投げかけることを促している。末筆ながら、被災地の復興をお祈りします。

範疇論文とトルソの頭——『経済と社会』（旧稿）の社会学的基礎範疇

折原　浩

（要旨）『経済と社会』（「旧稿」）は、マックス・ヴェーバーがかれの社会学を初めて体系的に展開した主要著作と目され、この間、無数の文献に引用され、論じられてきた。しかし、執筆開始から一〇〇年にもなる今日、なお全体として精確には読まれていない。その理由のひとつは、テクストの誤編纂により、「旧稿」が、それ自体の社会学的基礎範疇から切り離され、「合わない頭をつけたトルソ」（初～五版）に仕立てられたり、「そもそも頭のない五死屍片」（『全集』版）に解体されたりして、本来の社会学的基礎範疇が見失われてきた事情に求められよう。本稿は、「旧稿」の社会学的基礎範疇が定立されている「範疇論文」と「旧稿」の概念的導入部との関連を論証することにより、「トルソの頭」を復元し、五分巻に解体されて刊行を終えた『全集』版「旧稿」該当巻（I/22-1～5）にも、なお「範疇論文」編纂の側から「扇の要」を据える可能性が残されていることを明らかにする。

問題の所在——誤編纂による読解不全の現状

筆者は、本日のテーマ「『経済と社会』（旧稿）の社会学的基礎範疇と体系的統合」に寄せて、この「日本－ドイツ社会学会議」の前回（第二回、二〇〇一年）にも、同じ趣旨の報告をした。[1] また、二〇〇六年春の京都シンポジウム「マックス・ヴェーバーと現代社会――ヴェーバー的視座の現代的展開」でも、『ヴェーバー全集』版編纂者のヴォルフガンク・シュルフター氏を迎え、「旧稿」に「理解社会学のいくつかの範疇について」（以下「範疇論文」）を前置すべきかいなか、という長年の争点をめぐって、議論をたたかわせている。[2]

ではなぜ「旧稿」の編纂問題に拘るのか、といえば、原著者の執筆開始から今年で一〇〇年にもなるのに、「旧稿」はなお、全体として精確には読まれていない。というのも、テクストの編纂が、読者を誤導するか、全篇の読解から遠ざけるか、どちらかだからである。[3]『経済と社会』の初～五版は、原著者のふたつの未定稿を、執筆順とは逆に、「改訂稿」（一九一九―二〇）を「第一部」、「旧稿」（一九一〇―一四）を「第二（三）部」に配置し、「二（三）部構成の一書」として世に送り、読者を、「第一部」第一章《社会学的基礎概念》[4]（以下《基礎概念》）の、改訂・変更後[5]の術語で、改訂・変更前の（じつは「範疇論文」で定立された術語が適用されている）「第二（三）部」「旧稿」を読むように仕向け、「旧稿」自体の社会学的基礎範疇と体系的統合の看過をまねいた。『全集』版は、「羹に懲りて膾を吹く」かのように、「旧稿」全篇の再構成を初めから断念し、初～五版から継承されたテクストを題材別の五分巻（第一「もろもろのゲマインシャフト」、第二「宗教ゲマインシャフト」、第三「法」、第四「支配」、第五「都市」）に解体した。五版までの「旧稿」が、「合わない頭を付けたトルソ Torso mit einem verkehrten Kopf」であったとすれば、『全集』版「旧稿」該当巻（I/22-1～5）は、（各分巻ごとには相応の編纂がなされているとはいえ、全体としては）「そもそも頭のない五死屍片 fünf Stücke einer Leiche ohne Kopf」というほかはない。原著者本来の構想と基礎範疇が、冒頭に明示されていない。そのため、五分巻を相互に繋げ、ひとつの企画として、「相応の統合性をそなえた全体」として読むことができず、その手掛かりさえ、『全集』版編纂者または各分巻編纂担当者の「解説」「解題」としても）与えられていない。

それにたいして筆者は、「全体として精確に読める」という要件に拘り、[6] 編纂陣の解体方針には反対してきた。編纂陣には、「範疇論文」を前置し、その社会学的基礎範疇にもとづいて「旧稿」全篇を再構成し、「全体として精確に読める」テクストを、全世界のヴェーバー読者に提供してほしかった。それに必要な「参照指示ネットワーク一覧」「術語一覧」などの基礎資料も、独自に作成し、そのつど独訳して編纂陣に送り届けた。[7]

しかし、編纂陣の解体方針は貫徹され、五分巻が出揃った。筆者がここに、「範疇論文」と「旧稿」（とくに冒頭の概念的導入部「トルソの頭」）との関連を、再度論証して示そうとするのは、いまなお、こんどは「範疇論文」編纂の側から、当の関連を読者に明示し、バラバラな五分巻に「扇の要を据える」可能性が残されている、と考えるからである。

一　叢書『社会経済学綱要』の包括的問題設定と「範疇論文」

「範疇論文」で、ヴェーバーは、「ロッシャーとクニース」以来の方法論的思索の成果を積極的に集約し、「第一部」（§§Ⅰ～Ⅲ）で「理解社会学」を方法として定礎し、「第二部」（§§Ⅳ～Ⅶ）では、その理解社会学の「一般社会学」的・具体的展開（「旧稿」）に向けて、独自の社会学的基礎範疇を定立する。[8] 他方、「旧稿」とほぼ同時に研究を進め、少し遅れて『社会科学・社会政策論叢』に発表し始める「世界宗教の経済倫理」シリーズでは、「旧稿」のその「一般社会学」を、中国、インド、古代パレスチナなど、非西洋文化圏に「個性化的」に適用し、それぞれの文化総体の特性を「（「旧稿」で一般的に規定され、性格づけられている）普遍的諸要素の、それぞれ個性的な互酬－循環構造」として把握し、そのうえで、「(同じく「旧稿」で一般的に規定され、性格づけられている) 普遍的諸要因のそれぞれ個性的な布置連関 Konstellationen」に因果帰属している。[9] ただし本稿では、「旧稿」と「世界宗教の経済倫理」との関連には、[10] これ以上立ち入らず、問題を「範疇論文」と「旧稿」(とくにその概念的導入部「トルソの頭」) との関連に絞る。「旧稿」の側から論を起こし、論脈をたどって「範疇論文」に移り、また「旧稿」に戻って「トルソの頭」を復元しよう。

ヴェーバーは、みずから編集に携わった叢書『社会経済学綱要』に「序言 Vorwort」を寄せ、つぎのような包括的問題設定を提示している。すなわち、歴史を貫いて存続してきた人間協働生活の、経済・技術・社会・政治・法・宗教・芸術・性愛といった諸領域について、一方ではそれぞれの相対的「自律性Autonomie」「固有法則性 Eigengesetzlichkeit」を認め、他方では、各領域の「合理化 Rationalisierung」を、「人間生活全般の『合理化』の、それぞれ特別の部分現象 Teilerscheinung」として捉えようという。[11] そこで、かれの分担寄稿 (当初には「経済と社会」、やがて「一九一四年構成表」では「経済と社会的秩序ならびに社会的勢力」) でも、その視点から、経済の展開を、「社会」との関連において (「社会」を媒介とする政治・法・宗教など「経済外的諸要因」との「相互制約関係」において)、それも「生活全般の『合理化』の特別の部分現象」として、(同じく全般的「合理化」の「部分現象」としての)「『社会』の合理化」との関連において、捉えようとするわけである。

そのさいヴェーバーは、「社会」の「実体化」を避けるため、(他の諸領域と並ぶ一領域として概括的に呼ぶばあいを除いて) あえて「社会」概念は立てず、「行為 Handeln」と「秩序 Ordnung」という二概念から、「社会諸形象 soziale Gebilde」を「さまざまな方向 (行為の意味内容上の分節化) と度合いにおいて秩序づけられた協働行為連関」として概念的に再構成する。したがってまずは、そうした概念構成において「社会」の「合理化」とはどういう事態か、「行為」と「秩序」のいかなる佇まいを指すのか、諸個人の「バラバラな」(互いに「意味 Sinn」関係のない「孤立的」)併存という「社会以前」の状態を起点に据えれば、そこからどういう経過をたどり、どういう事態になったら、「合理化」が達成されたと見るのか、――そういう経過の全体を見通し、おおよその見取り図を描き、研究の道標を立てなければならない。さもないと、「舵も羅針盤もなしに大海に乗り出し」、「難破して漂流する」羽目に陥るであろう。

とすると、まさにそうした概念構成の基礎工事が、「範疇論文」でなされている。その冒頭には、重要な注記がふたつある。ひとつには、「この論文の第二部は、かなりまえに書き下ろされていた論稿から抜いてきた断片で、もとの論稿は、じっさいの事象にかかわる諸研究、なかんずく間もなく出版される叢書への一寄稿(「経済と社会」)の方法的基礎づけに役立てられるはずであった」[12]とある。この注が書かれた一九一三年には、ヴェーバーの『綱要』寄稿はまだ「経済と社会」と題されていたから、この注記は、「範疇論文」「第二部」が元来「旧稿」の方法的基礎づけとして書かれた、という事情を、原著者みずから証言していることになろう[13]。

いまひとつ、こんどは内容にかかわる重要な指摘がある。「読者は容易に気がつくであろうが、わたしの概念構成は、……シュタムラーの(『経済と法』が)提示するそれと、一見類似していながら、内実としてはこのうえなく対立する関係にある。これはまさに、意図してそうしたのである。……後に(§§Ⅴ－Ⅶで)提示する範疇のすべては、……ある程度、シュタムラーが『いうべきであったはず』のことを示すために展開されている」[14]。すなわち、「範疇論文」「第二部」の社会学的基礎範疇は、シュタムラー批判の積極的展開[15]として定立されている。そこで、「シュタムラーによる唯物史観の『克服』」(一九〇七、以下「シュタムラー論文」)に遡って、当の「対立関係の内実」を突き止めることにしよう。

二　シュタムラー批判と「範疇論文」の社会学的基礎範疇

ヴェーバーはまず、時の「学問」概念を批判的に集約し、⑴「客観的意味」について「理念ないし当為としての妥当性」を問う「規範学 Dogmatik」と、⑵「主観的意味」について「存在と因果的意義」を問う「経験科学」とを区別する。[16] そして、この区別を堅持しつつ、「規則 Regel」の概念を検討し、①規範学の対象としての「規範 Norm」「命令 Imperativ」と、②経験科学の対象としての「経験的規則性 empirische Regelmässigkeit」に加えて、③行為の一規定根拠＝因果的一契機として、(「適合的」には「経験的規則性」を引き起こす)「規範表象 Normvorstellung」＝「(規範的) 格率 Maxime」という第三の範疇を定立する。そのうえで、「法 Recht」も、シュタムラーの主張とは異なり、「社会生活」の普遍的「形式 Form」ではなく、「(規範的) 格率」として、「質料 Materie」の一部をなすと見る。

したがってヴェーバーは、「社会生活」の概念についても、シュタムラーが、「制定規則によって外的に規制された協働」と「規制のない併存(諸個人の孤立的棲息)」という(論理上は非和解的な)対立を、(誤って)経験的現実に持ち込み、後者から前者への移行は「絶対に不可能」で、両者間に「第三の範疇」が存立する余地はない、と説いていた[17]のにたいして、それを「概念と現実(規範学と経験科学)との混同」として斥け、経験的現実においては、両対極間に「流動的な相互移行関係」があり、「第三の範疇」も存立する、と見る。「範疇論文」の「第二部」では、§Ⅳで「ゲマインシャフト行為」、§Ⅴで「ゲゼルシャフト行為」、§Ⅵで「諒解(行為)」、§Ⅶで「団体」と「アンシュタルト」といった範疇が、順次定立されるが、それらはまさに、当の「流動的相互移行関係」を分析

する指標をなし、その意味でシュタムラー批判の積極的展開と見られよう。したがって、それらは、

【①「同種の大量行為 gleichartiges Massenhandeln」（複数個人間にまだ「意味」上の関係はない、あっても無視できるほど稀薄な、自然現象への同種反応、機械的「模倣」、「群衆行動」、「群集行動」、など）
②「無定型のゲマインシャフト行為 amorphes Gemeinschaftshandeln」（「意味」上の関係は発生しても、まだ「秩序」は生成しない、無秩序のゲマインシャフト行為）
③「諒解行為 Einverständnishandeln」（非制定秩序に準拠するゲマインシャフト行為）
④「ゲゼルシャフト行為 Gesellschaftshandeln」（「目的合理的に制定された秩序」に、目的合理的に準拠するゲマインシャフト行為）」】

の一尺度に編成される。

ここでこの【①-②-③-④】を、「ゲマインシャフト行為（ないしはその秩序）の『合理化』の度合いを示す形式的（行為と秩序の、経済・政治・宗教といった意味内容上の分節化にはかかわりのない）四階梯尺度」、簡潔には「ゲマインシャフト行為の『合理化』にかんする四階梯尺度」と呼ぶことにしよう。ここでとくに、「ゲマインシャフト」が「ゲゼルシャフト」の上位概念として用いられることに注意したい。フェルディナント・テンニエスに由来する学界通念では、双方が対概念の関係にあり、ヴェーバーも《基礎概念》では《理解しやすいように》[18]通念に歩み寄って、対概念に変更している。しかし、変更前の概念規定では、そうではない。「ゲマインシャフト」を「ゲゼルシャフト」の上位概念とする、この「範疇論文」と「旧稿」に特有の概念規定によって初めて、「ゲマイン

シャフトへのゲゼルシャフト形成 Vergesellschaftung zu einer Gemeinschaft」「ゲゼルシャフト形成に媒介されたゲマインシャフト vergesellschaftete Gemenschaft」「ゲゼルシャフト関係のなかに『原生的』ゲマインシャフト関係が『持ち越され』て『重層関係』をなす[19]」というような動態的把握が可能とされているのである。

三 「アンシュタルト」と「団体」

ところで、「ゲマインシャフト関係」(＝社会関係一般)は、一時的・臨機的か、繰り返し生起し、関与者をあとから「補充する」までに「多年生 perennierend」となるか、どちらかであろう。そのうち、多年生で、かつ「閉ざされた geschlossen」類型に、「アンシュタルト Anstalt」と「団体 Verband」がある。アンシュタルトとは、「制定秩序 gesatzte Ordnung」と「強制装置 Zwangsapparat」をそなえた「ゲゼルシャフト形象」で、そこでは構成員の補充が、「当事者の意思表示なしに、なんらかの客観的標識にもとづいて」なされる[20]。ちなみに、補充が、加入志望者の意思表示にもとづき、多くのばあい資格審査を経てなされる「ゲゼルシャフト関係」の合理的理念型が、「目的結社 Zweckverein」である。そこでは、制定秩序も、上級の権威から「授与 oktroyieren」されるのではなく、原則上は、すべての関与者ないし構成員によって「協定 paktieren, vereinbaren」される。

他方、「団体」は、制定秩序と強制装置を欠く「諒解ゲマインシャフト」にとどまる点で、両者をそなえた「アンシュタルト」からも「目的結社」からも、区別される。ただし、団体でも通例、特定の権力保有者が、「諒解」によって所属のきまる関与者の行為に、「諒解」によって効力をもつ「格率」を発令し、「諒解」に反する行為には、そのつどなにほどか物理的ないし心理的な強制を行使して、秩序を維持している[21]。

ちなみに、この「団体」と「アンシュタルト」も、《基礎概念》では、語形は同一のまま、語義が変更される。すなわち、《団体 Verband》は、対外的に閉鎖された《社会関係》で、その秩序維持が、一定の人びと——ひとりの《指揮者 Leiter》か、(ばあいによっては)《代表権》を与えられた《行政幹部 Verwaltungsstab》か——の、秩序の貫徹に特別にそなえた行動によって保障されているばあい、と定義され[22]、その《社会関係》が《ゲマインシャフト関係》か《ゲゼルシャフト関係》かは問わない、とされる。そのうえで、《結社 Verein》が、《協定による団体 vereinbarter Verband》で、その制定秩序が、個人加入による関与者にだけ適用されるばあい、と規定され、《アンシュタルト》は、その制定秩序が、一定の標識に当てはまる一定の行為に、(比較的)効果的に強制される団体 Verband、と定義される[23]。つまり《団体》が、「範疇論文」における「諒解関係」という限定を取り払われ、《結社》と《アンシュタルト》とを包摂する上位概念に変更されている。一見些細なこの変更が、どういう意味をもつか、追々明らかにされよう。

さて、上掲「四階梯尺度」で、①から②③をへて④にいたる(「飛び越し」もありうる)移行は、経験的現実において流動的であるばかりか、「可逆的 umkehrbar」でもある。たとえば、「ほとんどあらゆるゲゼルシャフト関係からは、通例、その合理的な目的「の範囲を越える übergreifend」(「ゲゼルシャフト関係に制約された vergesellschaftungsbedingt」) 諒解行為が当事者間に発生」する[24]。たとえば「宗教的ゼクテ」(という「目的結社」)は、加入のさいに厳格な資格—行状審査を実施するので、加入者は「(厳格な審査に耐えた)信頼の置ける人物である」という「諒解」と、これにもとづく「信用」(という「諒解関係」)が、(当事者間また第三者にたいしても)「創成 stiften」される。この「諒解」は、ゼクテ構成員の(宗教的目的外の)社会経済活動にも「ものをいい」、やがてはこの派生機能のほうが重きをなし、もっぱらこの「信用保証」を当て込み、(宗教上の目的は抜きに)ゼクテ加入を申請する人びとも輩出する。[25] そのように、ゲゼルシャフト形成は通例、その合理的な目的「の範囲を越える」諒解行為を「創成」「派生」させ、両者の「重層関係」「重層構造」（松井克浩）において力点が後者に移動する現象をともなう。

四 「社会（秩序）の合理化」の意味——その普遍的随伴現象

さて、ヴェーバーは、「範疇論文」の末尾近く、以上の社会学的基礎範疇を総動員して、かれの歴史観（＝「合理化」史観）を、留保を交えながら慎重に表明している。「［歴史］発展の道は、なるほど、個々のばあいには再三再四、具体的で合理的な目的団体的秩序から『その範囲を越える』諒解行為の創成へと通じている。しかし、全体としては、われわれが見通しうる歴史発展の経過において、なるほど、ゲゼルシャフト関係による諒解行為の『置換え Ersatz』を一義的に認めることはできないとしても、諒解行為が制定規則によってますます包括的かつ目的合理的に秩序づけられ、とくに団体が、目的合理的に秩序づけられたアンシュタルトへとますます変化することが、確認できる」[26]と。

では、「ゲマインシャフト（社会関係一般）の秩序」がそのように「合理化」されるとは、じっさいには何を意味するのか。今日、「合理化」された世界に生きる「文明人」は、電車・エレベーター・パソコンその他、現代技術の合理的所産を、日常的に利用して暮らしている。しかしそれらが、どんな自然科学上の原理や法則を基礎とし、どのように製作されたものか、については通例、何も知らない。ただ、自分にとって重要な関心の範囲内で、それらの製作品がどう「はたらくか」を「予想」し、そのはたらきを「あてにして」利用しているだけである。とすると、「貨幣」のような（カール・メンガーのいう「無反省的 unreflektiert」に生成した）社会制度についても、「法律」や「結社規約」のような、合目的的（同じくメンガーによれば「実用主義的 utilitarisch」）に制定された秩序についても、同じことがいえよう。

すなわち、アンシュタルトなり目的結社なりの秩序について、新しい法律や規約の制定が日程に上って議論されている間は、それらの「目的」や「意味」が、少なくとも利害関係者には見抜かれていよう。ところが、そのようにして制定された秩序が、じっさいに「定着」し「馴染まれ」ると、当初の目的や意味は、忘れられるか、「意義変化」によって覆われ、その執行に携わる「機関 Organ」の構成員も、紛争の処理にあたる裁判官や弁護士も、ごく少数しか、当初の「意味」は知らない、という事態に立ちいたる。ましてや「公衆 Publikum」や「大衆 Masse」となると、制定秩序の「目的も意味も、さらには秩序の存在さえ、まったく知らず」に、ただ「制定秩序の平均的に理解された意味に近似的には一致する行為を、事実上はまもっている」のが常態であろう。この傾向は、秩序が複雑化し、社会生活が分化するにつれて、ますますつのってくる。つまり「ほかならぬ『合理的』秩序の経験的『妥当』が、大部分ふたたび、習慣となったもの、慣れ親しんだもの、教え込まれたもの、いつも繰り返されるものには服従する、という諒解のうえに成り立」ち、その諒解の「主観的構造についてみれば、いかなる意味関係ももたない、多少とも一様な大量行為 gleichmässiges Massenhandeln」[27]の類型に近づくのである。

したがって、技術や秩序の「合理化」が進展すると、それらにじっさいに適応し、かかわりあっている圧倒的多数の人びとは、それらの合理的な基礎から、ますます疎隔されてくる。この事態を、ヴェーバーは、「呪術者の仕種の意味が、未開人に隠されているのとまったく同様である」[28]と看破する。

それゆえ、ゲマインシャフト行為の「合理化」は、当のゲマインシャフト行為の条件や関連にかんする知識の「普遍化 Universalisierung」(そうした知識が、秩序を制定する側と、制定された秩序に適応する側とへの分化を越えて、あまねくいきわたり、共有されること)によって引き起こされるのではない。むしろ、まったく逆に、そうした知識が、秩序制定者側に「偏倚」「集中化」し、かれらが、当の制定秩序を「授与—指令 oktroyieren」する支配権力も掌握して、これを梃子に、[29]ゲマインシャフト行為を「合理化」し、これが翻って、制定者側と適応者側とへの分化と、後者における合理的基礎からの疎隔を、いっそう拡大—固定化するのである。したがって、合理的な日用財と制定秩序に適応し「飽満した gesättigt」「文明人」は、自分の生活条件について、(比較的単純な「自分の生活条件」を経験的に熟知している)「未開人」に比べて、じっさいにははるかに少しのことしか知らない。[30]

それにもかかわらず、「文明人」の状況が、なお一般には「合理的」と思われているのは、なぜか。それはかれが、現代技術の所産や制定秩序からなる日常生活の諸条件を、原理的には「合理的」な、つまり(自分ではないけれども、誰か他の人間が)製作し、制定した、(自分ではないが)人間の製作物・制定秩序で、呪術者が呼び出す(超感覚的)諸力のように、(「予測不可能」という意味で)「非合理的」には振る舞わず、「合理的に」(誰か人間に知られた規則にしたがって)「はたらく」ので、そのはたらきを「予測」でき、自分もその「はたらき」を「あてにして」やっていけると信じている、という一点に尽きよう。秩序の合理化は、広汎な諸個人の「主知化 Intellektualisierung」と「行為の合理化」はもたらさず、むしろ、「諒解行為」から「同種の大量行為」への「流動的『逆移行』」をともなうのである。

ここで、「社会(秩序)の合理化」が、「ゲゼルシャフト関係が諒解関係に一義的にとって代わる(『発展段階論』的)『置換』」や、「諒解関係からゲゼルシャフト関係への一方向的な(『進化論』的)『移行』」として概念構成されているのではない、という点に注意しよう。既存のゲマインシャフト関係のなかに台頭するゲゼルシャフト形成が、その制定秩序のもとに、一方では旧い諒解関係を引きずり、他方では（いま見たように）新たな諒解関係を創成・派生させ、そうした（新旧の）諒解関係に足を捕られ、力点移動や鈍化を被りながら進む、そうした「複雑な流動的相互移行過程」であること、また、ゲゼルシャフト関係のもとで「『諒解行為』から『同種の大量行為』への『逆移行』」が、ゲゼルシャフト形成の拡大―深化につれて「最終的には払拭される」というのではなく（なにか「一時的」「前期的」ないし「過渡的」現象といったようなものではなく）、「社会（秩序）の合理化」の進展につれてかえって拡大・深刻化する普遍的な随伴現象として捉えられていること、この点にも注意を止めよう。

こうした動態は、「ゲマインシャフト関係における諒解関係とゲゼルシャフト関係との流動的相互移行」という「範疇論文」の基礎範疇を適用すれば、少なくとも比較的容易かつ的確に読解され、把握される。ところが、《基礎概念》では、「諒解」概念の脱落と「団体」概念の変更（上位概念への一般化・抽象化）のために、文面からは読み取れなくなっている。[31]

ヴェーバーの「合理化」論については、[32]これまで散々語られ、一時期の「合理化万歳論」はさすがに影を潜めたにせよ、なお「進化論」的ないし「発展段階論」的に解する向きは多く、いま剔出したような複雑な陰影が看過されてはいまいか。これには、解釈者側の先入観（「ゲマインシャフトからゲゼルシャフトへ」といった「近代主義」的偏見）による歪曲・隠蔽もさることながら、テクストの誤編纂に引きずられ、テンニエス流の通念をかぶせて怪しまず、「範疇論文」と「旧稿」に独自の社会学的基礎範疇を取り出して厳密に論ずることを怠ってきた「学界」の実情とも、けっして無関係ではあるまい。[33]

「1910年題材分割案」	1913年12月30日付書簡	「1914年構成表」	『経済と社会』初－3版 部・章	『経済と社会』4－5版 部・章・節	筆者編 「旧稿」 篇・章・節
a)経済と法(1.原理的関係2.今日に至る発展の諸時期)		1.社会的秩序のカテゴリー 経済と法の原理的関係	Ⅱ.ゲマインシャフトとゲゼルシャフトの諸類型	Ⅱ.経済と社会的秩序ならびに社会的勢力 1.経済と社会的秩序	Ⅰ.概念 1.社会ー行為と秩序 2.法と経済
b)経済と社会集団	ゲマインシャフト形態と経済との関係	団体の経済的関係一般	1.経済と社会一般	2.ゲマインシャフトの経済的関係一般	3.社会と経済
(家族団体とゲマインデ団体、身分と階級、国家)	家族と家ゲマインシャフト、経営氏族	2.家ゲマインシャフト、オイコスと経営 3.近隣団体、氏族、ゲマインデ	2.ゲマインシャフトとゲゼルシャフトの諸類型	3.ゲマインシャフトとゲゼルシャフトの諸類型	Ⅱ.社会 1.家、近隣、氏族、経営とオイコス
	種族ゲマインシャフト	4.種族的ゲマインシャフト関係	3.種族ゲマインシャフト	4.種族ゲマインシャフト関係	2.種族
c)経済と文化(史的唯物論の批判)	宗教(救済教説と宗教倫理の社会学)	5.宗教ゲマインシャフト、宗教の階級的被制約性;文化宗教と経済志操	4.宗教社会学	5.宗教社会学	3.宗教
		6.市場ゲマインシャフト関係	5.市場 6.経済と秩序 7.法社会学 8.都市 Ⅲ.支配の諸類型 1.支配	6.市場ゲゼルシャフト関係 7.法社会学	4.市場
		7.政治団体 法の発展諸条件 身分、階級、党派、国民	2.政治ゲマインシャフト 3.勢力形象「国民」 4.階級、身分、党派	8.政治ゲマインシャフト	5.政治 6.法 7.階級、身分、党派 8.国民 Ⅲ.支配
	社会学的支配理論	8.支配 a)正当的支配の三類型	5.正当性	9.支配社会学 1)支配の構造形式と機能様式	1.支配一般 2.正当的支配の三類型
			6.官僚制 7.家産制	2)官僚制 3)家父長制と家産制	1)合理的支配 2)伝統的支配
			8.家産制と封建制の作用	4)封建制、身分制国家および家産制	
			9.カリスマ制 10.カリスマの変形	5)カリスマ的支配とその変形	3)カリスマ的支配
		b)政治的支配と教権制的支配 c)非正当的支配 都市の類型学	11.国家と教権制	6)政治的支配と教権制的支配 7)非正当的支配(都市の類型学)	3.俗権と教権 4.都市
	社会学的国家理論	d)近代国家の発展	未稿		
		e)近代政党	未稿		

五 「範疇論文」と「旧稿」のⅠ．「概念」篇—2．「法と経済」章

以上が、「範疇論文」で定立されている社会学的基礎範疇と「合理化」史観の骨子である。では、この基礎範疇と史観をおさえたうえで、改めて「旧稿」との関連を問うとどうか。

まず、「旧稿」を繙き、「かの合理化とゲゼルシャフト形成の過程 jener Rationalisierungs- und Vergesellschaftungsprozessが、すべてのゲマインシャフト行為を捉えて拡大—深化するありさまを、あらゆる領域について［だから、たんに法の領域についてのみでなく］、全発展のもっとも本質的な駆動力として追跡する」(34)という文言に出会うとき、これは、上記の社会学的基礎範疇と「社会の合理化」史観を踏まえた、「旧稿」全篇の課題設定である、と読むほかはない(35)。ところが、この文言は、『経済と社会』の第三版までは「経済と秩序」と題された章のなかにあり、この章は、「第二部」第七章「法社会学」の直前に置かれ、「法社会学」章のみへの概念的導入部であるかのように扱われていた。それを、第二次編纂者のヴィンケルマンが、「経済と秩序」章は「一九一四年構成表」の「1.［2］経済と法の原理的関係」に相当すると見て、第四版以降、(「経済と社会的秩序」と改題したうえ)「第二部」の冒頭に繰り上げたのである。かれが、「一九一四年構成表」の妥当性を「改訂稿」にまで拡大して解したのは(その間の「抜本的改訂」を無視する)誤りというほかはないが、この章の配置替えそのものにかぎっては、「一九一四年構成表」が妥当する「旧稿」の範囲内にあったので、幸運にも適正であった。したがって、第二次編纂のテクストでは、かの文言を、「旧稿」全篇の課題設定に相応しい、冒頭の位置で読むことができたのである。

ところが、『全集』版は、その章を、ふたたび第一次編纂の旧位置に戻して、第三分巻「法」に割り振った。

その結果、「旧稿」に該当する『全集』Ⅰ／22の冒頭、すなわちモムゼン編の第一分巻「もろもろのゲマインシャフト」は、第一次編纂と同じく、「経済と秩序」章をとばして、いきなり（「一九一四年構成表」の1．〔3〕「団体の経済的関係一般」に対応する、第一次編纂の）「経済と社会一般」章に相当する部分から始まっている。読者は、第一分巻中に、全篇の課題設定に当たる文言を見出すことができないのである。[36]

ところで、この「経済と秩序」章は、本来はどこに配置されるべきなのか。

その議論に立ち入るまえに、ここで「旧稿」の構成を、筆者が独自に見通し、その篇・章・節に、できるだけ簡潔な名称を付すと、別表のとおりである。「旧稿」全体は、Ⅰ「概念」、Ⅱ「社会」、およびⅢ「支配」の三篇からなり、そのうちⅠ「概念」は、1「社会――行為と秩序」、2「法と経済」、および3「社会と経済」の三章によって構成される。さらに（「経済と秩序」に相当する）2「法と経済」章は、§1「法の社会学的概念」、§2「習俗―慣習律―法」、および§3「法と経済との原理的関係」に分けられる。この構成で、冒頭に（Ⅰ―1「社会――行為と秩序」章として）「範疇論文」（あるいは、その詳細な解説）を配置すれば、全篇が適正に編成され、「整合する頭の付いたトルソ」に蘇生する、というのが、筆者の持論で、本稿の立証目標でもある。

さて、§1では、冒頭いきなり「社会学的考察方法」が導入され、「法」概念が、「規範学」的な「観念的当為」の平面から、「経験科学」的＝社会学的な「ゲマインシャフトにおける現実の生起」の平面に移される。[37] 当の「社会学的考察方法」は、「ゲマインシャフト行為に関与する人間が、特定の秩序を、妥当する geltend と主観的に見なし、じっさいにそのようなものとして取り扱う――つまり、自分の行為をそうした秩序に「準拠」させる――シャンス（客観的可能性）が存在することによって、当のゲマインシャフトの内部に、事実、何が起こるか、を問う」とされ、「法と経済との原理的関係も、この社会学的考察方法によって規定されなければならない」と述べられている。[38] ここには、「行為」、「ゲマインシャフト行為」、「秩序」、「妥当」、「準拠」、「シャンス」といった——それら抜きには、原著者の「社会学的考察方法」を理解できない——基礎概念が、無規定のまま初出している。ところが、それらの規定はいずれも、「範疇論文」で与えられている。とくに「ゲマインシャフト行為」は、「範疇論文」で定立される「基礎範疇中の基礎範疇」で、「ゲゼルシャフト行為」を包摂する《社会的行為》一般を意味する。これを、語形が似ているというので《基礎概念》の《ゲマインシャフト》(《ゲゼルシャフト》の対概念)と混同すれば、「旧稿」における「社会学的考察方法」の適用範囲を、初めから(《ゲゼルシャフト関係》は除外して)《ゲマインシャフト関係》に制限してしまうことになろう。[39]

さて、考察方法のそうした転換によって、「法 Recht」は、現実の人間行為(の所産で、翻ってはそれ)を規定する根拠のひとつ、すなわち「シュタムラー論文」で導入された「格率」の一種として捉え返され、「『強制装置』によって経験的妥当を保障された制定秩序」と定義される。[40]

そのように客観的に制定された法の「経験的妥当」からは、関与者個々人に、(たとえば財にたいする処分力の確保や取得について)「強制装置」の援助を期待する計算可能なシャンスが生まれる。これが、「法によって(直接)保障された主観的権利」である。ただし、あるシャンスが、別の法規範や(支配者によって任意に設定された)行政規則の経験的妥当から、その「反射効果」として派生しているばあいもあろう。これも、「間接に保障された権利」として、社会学上は同等に重視される。

さて、今日の法秩序は、「国家アンシュタルト Staatsanstalt」の強制装置によって保障されており、法規範学はこの状態を前提としている。しかし、「法」を上記のように社会学的に定義すれば、すべてが「(国家によって保障された)国家法」とはかぎらない。「教会・教権制 Hierokratie」の「強制装置」によって保障された「教会法」

も、「血讐義務 Blutrachenpflicht」の「格率」にしたがい、いざというときには氏族員全員が結集して「強制装置」を構成する「氏族法」も、「非国家法」として存立してきた。

そういうわけで、「法」概念の社会学的意味転換は、「国家法」を理論的に相対化すると同時に、「法秩序」一般の（「強制装置」が国家アンシュタルトによって独占されるようになった）特例、したがって特殊「近代的」階梯として、歴史的にも相対化し、その発生—発展とその諸条件を問うパースペクティーフを開くことになる。

さらに、§2では、「非国家法」も含む法そのものが、（「同種の大量行為」が事実上準拠する）「習俗 Sitte」、（「諒解行為」が準拠する非制定秩序としての）「慣習律 Konvention」と並ぶ、人間行動の社会的諸秩序の一種として、これまた比較的後代の所産として、理論的また歴史的に相対化される。それと同時に、いずれにせよ「規則性」に志向している諸秩序のなかに、いかにして「なにか新しいこと」「革新 Neuerung」が生じうるのか、が問われ、「革新ないし革命（秩序転覆）の社会学」の台座が据えられる。[41] ただし、それと同時に、「慣習律」から「法」への（「転覆」ではなく）漸進的移行のパターンについても、五つの類型が設定される。[42] ヴェーバーの『綱要』寄稿が、当初の「経済と社会」から「経済と社会的秩序ならびに社会的勢力」と改題された所以であろう。

そのあと、「社会学にとっては、習俗から慣習律を経て法にいたる移行は流動的である」という書き出しのもとに、（異説との対質には小活字を用いるという『綱要』の執筆要領にしたがって）シュタムラー批判の要旨が箇条書き風に書き出される。その総括として、「法規範学者にとっては、法規範の観念的妥当が概念上先にあるので、法的規制の欠如が、法そのものの端的な不在ではなく、むしろ法的に許容された状態とみなされる」のにたいして、「（経験科学者としての）社会学者にとっては、逆に、行動が先にあり、法、とりわけ合理的に制定された法による行動規制は、ゲマインシャフト行為の動機づけの一構成要素にすぎず、しかも後代に登場してくる一要因で、経験的効力の度合いもさまざまである」という命題が定立される。そしてここで、この命題を受け、「制定秩序の介入の増大は、われわれの［社会学的］考察にとっては、かの合理化とゲゼルシャフト形成過程のとりわけ特徴的な構成部分をなすにすぎない」と断ったうえ、当の「合理化とゲゼルシャフト形成の過程が、あらゆるゲマインシャフト行為を捉えて拡大・深化するありさまを、われわれは、［法領域のみでなく］あらゆる領域にわたり、全発展のもっとも本質的な駆動力として、［ここから］追跡していくことになろう」と、「旧稿」全篇の課題が予告されるのである。

これにつづく§3では、このI－2「法と経済」章の冒頭で予告されていたとおり、社会学の平面上で、「経済秩序[43]」と「法秩序」との原理的関係が問われる。前者は、もともと人間行為の一分節化領域なので、「法秩序」のようには、考察方法の変換は必要とされず、ここでただちに社会学の平面に置かれて議論される。ここで、『綱要』全体の包括的視点から、両秩序の原理的関係が、双方の「自律性」「固有法則性」の確認のうえ、「相互制約関係（具体的な親和—背反関係、適合—不適合関係）」（法の「経済的被制約性」と「経済的意義［経済制約性］」）として、典型的な事例を例示に用いて、一般的に定式化される。そして最後に、特殊「近代」法と特殊「近代」経済との「適合的」関連が予告される。

以上が、I－2「法と経済」章の内容骨子である。全章の叙述が（§2後半に置かれた明示的シュタムラー批判の部分のみではなく）、「法」を「社会生活」の「普遍的『形式』」と見たシュタムラーの「法規範学的・観念論的実体化」にたいして、それを「質料」の一要素として相対化し、「習俗」「慣習律」といった「第三の範疇」も加え、包括的な「社会生活」概念に敷衍して歴史的パースペクティーフを開き、そのもとに「法秩序」を位置づけ直す、という方向と順序で、首尾一貫して展開されている。その一環として、「旧稿」の包括的課題設定もなされたわけである。

また、比較的短いI－2「法と経済」章には、十九箇所に参照指示が挿入され、そのうちの十二個は、前出参照指示である。ところが、そのうちの四個が、「範疇論文」に被指示箇所をもつ、いいかえれば、この章、あるいは他の（「旧稿」中にあって、この章の前にくることが形式的には可能な）どの章にも、被指示箇所を見出せない「不整合指示」（C類型）である。ところが、それらにはいずれも、「範疇論文」中に、内容上正確に照応する被指示叙述があり、「範疇論文」を前置すれば、不整合が解消される。(44) これまた、「範疇論文」「第二部」が抜き出された元稿のなかで、「範疇論文」「第二部」が、「法と経済」章の直前に置かれ、参照を指示しただけで論点内容がただちに思い出せる、あるいは、念のため再読すれば「法と経済」章をこんどは「精確に読める」、そういう直近の緊密な関係にあった、という消息を伝える、有力な「テクスト内在的証拠」といえよう。

そういうわけで、「旧稿」のI－2「法と経済」章は、「範疇論文」が前置され、その直後に連結されて初めて、I.「概念」篇を構成する一章として「精確に読める」ようになり、その位置価が回復される。(45) この結合関係が、同章の術語用法からも、内容構成からも、「参照指示ネットワーク」からも、立証されたといえよう。

六　「範疇論文」と「旧稿」のI.「概念」篇－3.「社会と経済」章

つぎのI「概念」篇－3「社会と経済」章も、三つの節から構成されている。しかし、I－2章とは異なり、§1で、早くも「社会と経済との原理的関係」が定式化され、§2では「ゲマインシャフト（社会）の経済的被制約性」が、「経済的利害関心にもとづくゲマインシャフトの閉鎖と拡張」の四類型によって、§3では逆に、「ゲマインシャフト（社会）の経済的意義［経済制約性］」が、「ゲマインシャフトにおける（ゲゼルシャフト関係を維持するための）給付調達—必要充足様式」の五類型によって、それぞれ例解される。

§1は、「圧倒的多数のゲマインシャフト関係 Vergemeinschaftungen は、経済となんらかの関係にある」との書き出しに始まり、「経済行為 Wirtshaften」が、目的合理的行為一般ではなく、「経済的事態」に主観的に準拠してなされる目的合理的行為に限定される。[46] ここで初めて、「経済的事態」が、「ある欲求ないし欲求複合にたいして、その充足に必要な手段および可能的な行為の準備が、行為者の評価において相対的に稀少 knapp な事態」と定義され、そのうえで、「経済行為」が、主観的に抱かれた目的の観点から「必要充足 Bedarfsdeckung」（W—G—W'）と「営利 Erwerb」（G—W—G'）とに区分される。

そのあと（第2段）に、「社会的行為 das soziale Handeln は、経済にたいして多種多様な関係にある」[47] という一文があって、突如《社会的行為》という《基礎概念》の術語が出現する。[48] しかしこれは、第一次編纂者による書き入れとしか考えられない。というのも、つぎの段ではすぐに、当の「多種多様な関係」につき、①「経済ゲマインシャフト Wirtschaftsgemeinschaft」、②「経済にも携わるゲマインシャフト wirtschaftende Gemeinschaft」、③「多目的中のひとつとして経済的目的も追求するゲマインシャフト」、④「経済とはかかわりのないゲマインシャフト」、および⑤「経済を統制するゲマインシャフト wirtschaftsregulierende Gemeinschaft」という分類（「類的理念型」）が導入されるが、そのうちの①②および⑤は、それぞれつぎのように定義されている。すなわち、①は「関与者の主観的意味において、もっぱら経済的成果（必要充足ないし営利）を目指すゲゼルシャフト行為によって基礎づけられた begründet ゲマインシャフト」、②は「主観的に目指された別の成果にたいする手段として、みずからの経済行為も利用する、そういうゲゼルシャフト行為によって基礎づけられたゲマインシャフト」、

⑤は「（漁業組合仲間や入会権組合仲間のように）関与者の経済行為の統制を固有の目的とするゲゼルシャフト形成に媒介されたゲマインシャフト vergesellschaftete Gemeinschaft」と規定される。これらは、「範疇論文」で定立され、「旧稿」に適用された基礎範疇——すなわち、「ゲマインシャフト関係」を「ゲゼルシャフト関係」の上位概念とし、しかも、ゲゼルシャフト形成は通例、その合理的目的「の範囲を越える」ゲマインシャフト関係を「創成する」という含意のある基礎範疇——を念頭に置いて、初めて意味が通る。ところが、《基礎概念》で変更されている、《ゲマインシャフト》と《ゲゼルシャフト》の（テンニエス流）対概念を持ち込むと、「《ゲゼルシャフト形成》によって基礎づけられた、あるいは媒介された《ゲマインシャフト》」とは何のことか、分からない。ところで、術語変更の追跡を怠って《基礎概念》の基礎範疇をそのまま「旧稿」に持ち込んでいた第一次編纂者は、これら（①②および⑤）の規定に直面して戸惑い、「これでは読者も当惑するにちがいない」と、じつは同義反復の上記一文を冠して、読者の「理解」を「助け」ようとしたのではないか。ところが、そのあと、（かれらには）「不可解な」術語用法の類例がつぎつぎに出てくるので、不得要領のまま、それ以上のテクスト介入は断念したのであろう。

　さて、そのように多種多様であっても、圧倒的多数のゲマインシャフトは、一方ではその発生・存続・構造形式・経過において「経済によって制約され」、他方では、それ自体として「固有法則性」をそなえ、経済以外の原因によっても構造形式を規定され、それはそれで「経済的意義を帯び」「経済を制約」する。

　そこで、ヴェーバーは、そうした「相互制約関係」（とはいえ、経済とゲマインシャフト行為との双方が、それぞれどの程度、互いに促進し合っているか、それとも逆に、阻止ないし排除しあっているか、互いに「適合的」か「不適合的」か、の関係）に、以下「じっさいの事象にかかわる諸章」（Ⅱ「社会」篇とⅢ「支配」篇）で繰り返し論及するであろう、と予告したうえ、§2で、まず「ゲマインシャフト行為の経済的被制約性」につき、四つの類型を挙げて例解する。

一、ある経済的シャンスが「稀少性」を帯びて競争が激化すると、特定のメルクマール（属性または業績）を決め、その該当者で当のシャンスを独占し、ゲマインシャフトを閉鎖 schliessen するが、内部では、そのようにして独占されたシャンスが、該当者に配分され、「輪番から、返還条件付き、終身、一定条件付きを経て、自由な『専有 Appropriation』（私的所有）へ」と、対内的閉鎖が強められる、という一般経験則。そのさい、独占と配分＝「（対外的―対内的）閉鎖」のため、秩序が制定され、「ゲゼルシャフト関係」が形成される。「特定のメルクマール」が「業績」に求められるばあいが「ツンフト Zunft」で、この一般概念には、「手工業ツンフト」の他、「戦士ツンフト」なども含まれる。

二、一群の人びとが、あるゲマインシャフトの観念的―物質的利害関心を「代表 vertreten する」役割を引き受け、規約を制定して「機関 Organ」を設立すると、かれら自身の「職業的 berufsmässig」利害関心が、当のゲマインシャフトの存続 Existenz と（こんどは）拡張 Propagierung への有力な支柱となり、従来の（間歇的で非合理的な）「臨機的行為 Gelegenheitshandeln」も（計画的で合理的な）「経営 Betrieb」（「継続的ゲゼルシャフト関係」）に組織化される、という一般経験則。

三、自発的加入にもとづく「目的団体 Zweckverband」が、加入志願者にたいして、当の目的達成に必要な資格や能力「の範囲を越えて übergreifend」、行状や人柄までも審査し、加入を認められた構成員は、まさにそれゆえ、審査に耐えて認証された「人物」として「正当化 legitimieren」され、内部的にもさまざまな

「コネ Konnexionen」を培うことができる（という「範疇論文」で導入された）一般経験則から、そうした「諒解関係」のメリットを既得権として独占しようとして、（上記一、のばあいとは異なる）「閉鎖」が招来される法則的傾向性。

四、第一次的には経済外的なゲマインシャフトが、その「存続と拡張」への利害関心から、対外的に、経済上その他の「利益」を約束したり、[49]他のゲマインシャフトに参入したり、みずから「経営」に乗り出したりする一般経験則。

これらはいずれも、ゲマインシャフトがゲゼルシャフト形成をともないながら、あるいはゲゼルシャフト形成が諒解関係を派生させながら、「閉鎖」されたり、あるいは逆に「拡張」されたりするさい、背後ではたらいている経済的利害関心を鋭く取り出して定式化している。

他方、（経済によってそのように制約される）ゲマインシャフトのほうも、いったん成立し、構造形式がととのえられると、翻って経済を制約する。ヴェーバーは、こんどはこの側面について、§3で、ゲゼルシャフト形成をともなうゲマインシャフトにおいて、当のゲゼルシャフト行為を維持していくのに必要な「給付 Leistungen」（財貨とサーヴィスの両方）が、どのようにゲマインシャフトの構成員に割り振られ verteilt、調達され aufgebracht、充足され gedeckt るか、という観点から、つぎの類型を設定する。そして、そのうえで、それぞれの様式が、当のゲマインシャフトの経済に、どう反作用するか、を問う。すなわち、①オイコス的 oikenmässig（純共同経済的 rein gemeinwirtschaftlich、純実物経済的 rein naturalwirtschaftlich）、②（貨幣）貢租と市場（購入）による abgaben- und marktmässig、③みずからの営利経営による erwerbswirtschaftlich、④賛助と後援による mäzenatisch、および、⑤積極的ないし消極的な特権付与＝負担配分 positiv od. negativ privilegierende Belastung（ライトゥルギー Leiturgie）による給付調達＝需要充足、という五類型である。

このうち、たとえば①③および⑤が、私的な資本形成を排除したり、営利追求の方向転換を強いたりするのにたいして、②はひとまず、資本の形成と発展に有利と見られよう。しかし、それには、大衆課税のため、合理的に機能する「官僚制 Bürokratie」（という行政技術上の条件）が必要とされる。また、草創期の幼弱な「産業資本主義 industrieller Kapitalismus」が、「動産 beweglicher Besitz」にたいする過重な貢租賦課によって窒息させられないためには、「動産にたいする事実上の優遇措置」としての「重商主義 Merkantilismus」が、（少なくとも幼弱期を脱して資本蓄積の軌道が敷かれるまでの期間）維持されなければならない。

ヴェーバーはここで、動産への課税という（一見特殊な）問題に踏み込み、近世初頭以降のヨーロッパの「世界史的特異性」に論及する。すなわち、そこでは、（「封建制」から「身分制（等族）国家」をへて「合理的官僚制」にいたる）独特の支配構造をそなえ、ほぼ同等の勢力をもった政治形象が、ヨーロッパ亜大陸の覇権をめぐって互いに競争―闘争し合い、さればこそ「移動―離脱が自由な」動産をそれぞれの勢力下に引き止めておこうと、「重商主義」を採用し、それぞれのゲマインシャフト内部の、これまた独特の「産業資本主義」と提携し、その発展を促した、というのである。

つまり、ヴェーバーはここで、I「概念」篇を結ぶにあたり、（そういう「（近代産業資本主義）経済の（政治）社会的被制約性」を一環として含む）「普遍的諸要素の（ヨーロッパ近世に特有の）個性的な互酬―循環構造」の一端を前景に取り出し、同時に、（そうした構造が成立する前夜における）「普遍的諸要因の（ヨーロッパ中世に特有の）個性的な布置連関」への「因果帰属」を示唆している。そのようにして、以下のII「社会」篇、III「支配」篇で、何に照準を合わせて一般概念（類—類型概念）を構成していくのか、「じっさいの事象にかかわる諸章」における「関心の焦点 focus of interest」の所在を予示している、と見ることができよう。

以上が、I「概念」篇—3「社会と経済」章の内容骨子である。「社会の合理化」としての「ゲゼルシャフト形成」と「経済行為」（とくに、その合理的展開としての「近代産業資本主義」）との「適合的」関係が、一般的に定式化され、例解されて、以下（II「社会」篇、III「支配」篇）における具体的展開への礎石が据えられ、あわせて、概念構成の方向と比重を規定する「関心の焦点」の所在が示されているのである。

しかも、「範疇論文」との密接不可分の関連は、術語の一致と理論展開の脈絡ばかりでなく、前後参照指示のネットワークによっても立証される。すなわち、この章には、全部で十一個の参照指示が付され、そのうちの五個が前出参照指示であるが、上記§2中の三、すなわち「ゲゼルシャフト形成は通例、その合理的目的『の範囲を越える』ゲマインシャフト関係（諒解関係）を創成する」というすでにお馴染みの論点に付された、ふたつの前出参照指示 Nr. 24 と Nr. 25 が、いずれも「旧稿」中の前段を飛び越え、「範疇論文」第二十九段の末尾に、（論点内容ばかりか、「宗教的ゼクテ」「社交クラブ」「ボーリング・クラブ」という例示・認識手段さえ一致する）被指示箇所を見出すのである。

七　原著者自身による「旧稿」全篇の内容構成予示

また、このI—3章の末尾には、従来版ではII「社会」篇—1「家、近隣、氏族、経営とオイコス」章の冒頭に置かれ、「唐突」という印象を免れなかったつぎの一節を、繰り上げて配置するのが適正であろう。そうすれば、

II－1章の不自然な出だしが是正され、この一節自体も、I「概念」篇から「じっさいの事象にかかわる諸章」（IIとIII）への「架橋句」、後者全体の「構成（にかんする）予示句」として、その位置価を回復する。

「もろもろのゲマインシャフトの必要充足は、それぞれに特有の、しばしばきわめて複雑な作用をそなえているので、その究明は、この（個別事例はもっぱら一般概念の例示として参照される）一般的考察には属さない。

ここではむしろ、われわれの考察にとってもっとも重要な種類のゲマインシャフトにつき、その本質を手短に確定することから始める（もろもろのゲマインシャフトを、ゲマインシャフト行為の構造・内容・および手段を規準として体系的に分類する課題は、一般社会学に属し、［その種の「一般社会学」は］ここではいっさい断念する）。そのさい、ここで論及されるのは、個々の文化内容（文学・芸術・学問など）にたいする経済の関係ではなく、もっぱら『社会』にたいする経済の関係である。そのばあい『社会』とは、人間ゲマインシャフトの一般的構造形式 allgemeine Strukturformen menschlicher Gemeinschaften にほかならない。したがって、ゲマインシャフト行為の内容上の方向が考慮されるのは、それらが特定の性質をそなえ、同時に経済を制約するような、ゲマインシャフトの構造形式を生み出すばあいにかぎられる。これによって与えられる限界［内容上、どのような方向性をそなえたゲマインシャフト行為を、どのくらいの比重をかけて、どれだけの紙幅を割り当てて論ずるか］は、徹頭徹尾流動的である。いずれにせよ、ここで取り扱われるのは、きわめて普遍的な種類のいくつかのゲマインシャフトにかぎられる。以下ではまず、そうしたゲマインシャフトの一般的な性格づけ allgemeine Charakteristik がなされ、それらの発展諸形態 Entwicklungsformen は、やがて見るとおり後段で、『支配』の範疇と関連づけて初めて、いくらか厳密に論じられよう」[50]。

冒頭の「ゲマインシャフトの必要充足」とは、明らかに、I－3章§3の例解に採り上げられた題材「ゲマインシャフトにおける給付調達―必要充足」を受けており、この一段が元来、当該§3の末尾にあって、そこでの議論を締めくくる一文であったことを示している。そのあと、続篇の構成にかんする予示の範囲も、Ⅱ―1「家、近隣、氏族、経営とオイコス」章ばかりでなく、Ⅱ「社会」篇のみでさえなく、Ⅲ「支配」篇も含む、後続「じっさいの事象にかかわる諸章」の全体におよんでいる。全篇が大きく、Ⅱ「社会」篇とⅢ「支配」篇とに二分されることも、確言されている。

そのうえ、この一節には、続篇の叙述全体にかんする、きわめて重要な限定が含まれている。Ⅱ「社会」篇とⅢ「支配」篇では、なるほど、古今東西の「社会諸形象」に、Ⅰ「概念」篇の基礎範疇と一般概念が具体的に適用―展開されていくが、なにもかも採り上げて体系的に分類する、というのではなく（その意味の「一般社会学」ではなく）、「われわれの考察にとってもっとも重要な」、しかも「普遍的な種類の」ゲマインシャフトで、「経済との関連をそなえているもの」というふうに（著者ヴェーバーの価値理念―価値観点―問題設定から）選定規準が立てられ、絞りがかけられる。じっさいには、このあと、当の規準に該当するものとして、（Ⅱ「社会」篇の）家、近隣、氏族、経営（商会）、オイコス、種族、（宗教ゲマインデとしての）教団、市場、政治団体、法仲間、階級、身分、党派、国民、および（Ⅲ「支配」篇の）「正当的」（合理的、伝統的、カリスマ的）支配類型、身分制等族国家、俗権―教権関係（皇帝教皇体制―教権制―神政政治体制）、都市（とりわけ、「非正当的支配」として「合法律的支配」を樹立した「西洋中世内陸都市」類型）、（未稿ながら）近代国家および近代政党、など、数多の「社会諸形象」が、順次選び出され、それぞれにつき、「（われわれにとって知るに値する）本質を手短に確定し」、「一般的な性格づけ」がなされていく。

したがって、「一般社会学」ではない、といっても、さりとて、個別事象をその個性に即して特質づけ、そうした特性を「現実の因果連関の一環」として被説明項に見立て、しかるべき先行特性＝説明項に「因果帰属」する

「個性化」的・「現実科学」的（ないし「歴史科学」的）考察でもない。ここでは、個別事象はあくまで例示・認識手段として、一般概念（類—類型概念）を構成する「一般化」的・「法則科学」的考察が意図され、このあとじっさいに展開される。この「旧稿」で、そのようにして構成される一般概念（類—類型概念）の「決疑論」体系を、中国、インド、古代パレスチナといった個別の文化圏に、こんどは「個性化」的に適用し、各文化総体の特性把握と因果帰属を企てるのが、「世界宗教の経済倫理」シリーズである。「旧稿」の一般概念構成は、そうした「個性化」的な考察との「相互補完」関係を認めたうえで、なおかつそれと区別しようとするばあいにかぎり、「（ヴェーバー流）一般社会学」と呼ぶのが適切であろう。

つぎに、（文学・芸術・学問・宗教といった）文化内容を、どのように取り扱い、考察の射程に取り込むか、についても絞りがかけられる。それらと経済との関係は、直接にではなく、「社会」を媒介とする関係として、つまり、それらによって規定された社会の構造形式が「経済的意義」を帯びるばあい、そのかぎりで採り上げ、当の意義の大小に応じて論ずる、というのである。ところで、ヴェーバーの「（理解）社会学的考察方法」によれば、「個々の文化内容」とは、「ゲマインシャフト行為が、行為者の主観的に抱かれた意味の内容に即し、特定の方向に分節化して開ける領域の、人間行為の所産にして規定根拠」を指すから、この提言は、それぞれの（文化）領域ごとに、経済外的に制約されて生ずる、ゲマインシャフト行為の構造形式を、それが経済を制約する「経済的意義」の度合いに応じて、しかるべき比重をかけ、しかるべき紙幅を費やして（したがって当然、量的には不均等に）論じようという意図の表白と受け止められよう。このあと「じっさいの事象にかかわる諸章」では、宗教と（政治と法を含めての）支配というふたつの文化領域が、確かに他に優って、大きな比重をかけて、取り扱われる。しかし、それはなにも「未定稿ゆえの量的不均衡」ではなく、むしろ著者自身によって意図された整合的結果と解されよう。

八　小括と今後の課題

以上が、「範疇論文」を1「社会――行為と秩序」章として編入し、2「法と経済」章、3「社会と経済」章と結合して構成されるⅠ「概念」篇（「トルソの頭」）の概要で、これをⅡ「社会」篇、Ⅲ「支配」篇に冠して初めて、本来の「整合する頭」が復元され、トルソ本体も蘇り、「全体として精確に」読めるようになる、と筆者は考える。

そこで、つぎの課題は、「範疇論文」で定立され、Ⅰ「概念」篇に継受された社会学的基礎範疇が、Ⅱ「社会」篇、Ⅲ「支配」篇で、どのように「家」以下の「社会諸形象」に適用され、それらのゲマインシャフトに台頭する「合理化とゲゼルシャフト形成の過程」およびそれぞれの帰趨が究明されていくのか――いいかえれば、それら「じっさいの事象にかかわる諸章」が、「範疇論文」の社会学的基礎範疇によって、どのように体系的に統合されているのか――を検証していくことに求められよう。本来ならば、Ⅱ「社会」篇、Ⅲ「支配」篇の全内容に立ち入り、この問いに全面的論証をもって答えるべきところであるが、それは一巻の書を著すにひとしい大仕事で、本日はとても時間と紙幅が足りない。

他方、『全集』版の「そもそも頭のない五死屍片」も、第三分巻「法」を最後に、すべて出揃い、シュルフター編著のⅠ／24「作品史と文書資料」も昨年刊行された。ということは、『全集』版への筆者の「批判的協力」も「打ち止め」となり、そろそろ独自の「積極的展開」に移ってもよい頃合いかと思われる。そこで、『ヴェーバー「経済と社会」（旧稿）の再構成――トルソの頭』（一九九六、東大出版会）の続篇『同――全体像』の執筆を再開し、できるだけ早く上梓したい。今日のところは、「編纂論文」を前置すると「旧稿」のⅠ「概念」篇（「トルソの頭」）が整合性を回復し、全篇に「扇の要」が据えられるという所見を、「範疇論文」の編纂者ヨハンネス・ヴァイス氏に、論証をもって直接お伝えして、報告の責めを塞ぐこととする。

注

（1）「ヴェーバー全集I／22（『経済と社会』「旧稿」該当巻）編纂の諸問題」、鈴木幸壽、山本鎮雄、茨木竹二編『歴史社会学とマックス・ヴェーバー――マックス・ヴェーバーにおける歴史と社会』下、二〇〇三、理想社：93～127.

（2）Cf. Orihara, Hiroshi, Max Weber's 'Four-Stage Rationalization-Scale of Social Action and Order' and its Significance to the 'Old Manuscript' of his 'Economy and Society': A Positive Critique of Wolfgang Schluchter, in: *Max Weber Studies*, vol. 8. 2., July 2008: 141–62.

（3）誤編纂から生じている不都合の詳細については、拙稿「マックス・ヴェーバー『経済と社会』（旧稿）の基礎範疇と体系構成」、『名古屋大学社会学論集』32、二〇一一：「はじめに」、参照。

（4）改訂後の《基礎概念》の術語と、改訂前の「範疇論文」および「旧稿」の術語との混同を避けるため、前者にはそのつど《》を付けて区別する。

（5）原著者自身は、《基礎概念》の《緒言 Vorbemerkung》で、《『ロゴス』誌第四巻の論文に比べて、ここではできるだけ理解しやすいように、術語は極力、簡潔に改め、したがって幾重にも変更されている mehrfach verändert》と断っていた。Cf., *Wirtschaft und Gesellschaft*, 5. Aufl., 1972, Tübingen（以下WuG）: 1, 阿閉吉男・内藤莞爾訳『社会学の基礎概念』一九八七、恒星社厚生閣（以下阿閉・内藤訳）: 5、強調は筆者、以下同様。ところが、編纂者も研究者も、原著者のこの言表を重視し、優先させて、「変更」を追跡し、編纂と読解を是正しようとはしなかった。

(6) その理由については、前掲拙稿「基礎範疇と体系構成」、第2節、参照。

(7) Orihara, Über den „Abschied" hinaus zu einer Rekonstruktion von Max Webers Werk: „Wirtschaft und Gesellschaft", II. Das Authentizitätsproblem der Voraus- und Zurückverweisungen im Text des „2. und 3. Teils" der 1. Auflage als eine Vorfrage zur Rekonstruktion des Manuskripts 1911-13, in: *Working Paper* 36, 1993, University of Tokyo, Komaba; Ders., III. Wo findet sich der Kopf des Torsos: Die Terminologie Max Webers im „2. und 3. Teil" der 1. Auflage von „Wirtschaft und Gesellschaft", in: *Working Paper* 47, 1994.

(8) ここで「独自の」とは、フェルディナント・テンニエスら、他の社会学者とは異なり、しかも「範疇論文」と「旧稿」に特有で、「改訂稿」の《基礎概念》では早くも変更されてしまう、という意味である。

(9) その方法を、「ヒンドゥー教と仏教」における「カースト制」の特性把握と因果帰属を例証として解説した拙稿「比較歴史社会学――マックス・ヴェーバーにおける方法定礎と理論展開」、小路田泰直編『比較歴史社会学へのいざない――マックス・ヴェーバーを知の交流点として』二〇〇九、勁草書房：58〜95、参照。

(10) 前注に引用した拙稿の他、『マックス・ヴェーバーにとって「社会学」とは何か』二〇〇七、勁草書房；『マックス・ヴェーバーとアジア――比較歴史社会学序説』二〇一〇、平凡社、参照。

(11) Cf. „Vorwort" zu *Grundriss der Sozialökonomik*, 1. Abt., 1914, Tübingen: vii.

(12) *Gesammelte Aufsätze zur Wissenschaftslehre*, 7. Aufl., 1988, Tübingen（以下WL）: 427, 海老原明夫・中野敏男訳『理解社会学のカテゴリー』一九九〇、未來社（以下海老原・中野訳）: 6-7.

(13) 従来、この「第二部 der zweite Teil」とは「範疇論文」の§§IV〜VIIを指す、と解されてきた。しかし最近、『全集』版第三分巻「法」の編纂担当者（とくにそのうちのひとりジークフリート・ヘルメス）が、「第二部」を「それ以外の部分 der andre Teil」と解して、§§I〜IVと見る新説を提起し、編纂陣と筆者の通説を批判している。これについては稿を改めて論評したい。

（14）WL: 427, 海老原・中野訳: 6.

（15）ここで「積極的批判」とは、相手の誤謬を剔抉する「否定的批判」を前提としながらも、それだけに終わらず、当の誤謬に遮られて相手には見えなかった正しい核心を、相手が本来『いうべきであったはず』のこととして取り出し、前景に引き出す「産婆役」の謂いであろう。

（16）「旧稿」「経済と秩序」章の冒頭に、無規定のまま初出する「法（規範）学的考察方法と社会学的考察方法との区別」は、この基本的区別にもとづいている。

（17）Stammler, Rudorf, Wirtschaft und Recht, 2. Aufl, 1906, Leipzig: 106–07.

（18）前注（5）、参照。この《理解しやすいように》という原著者の意図にもとづく概念変更が、当の変更を看過ないし無視する別人の編纂によって、約一世紀間、理解を妨げてきたわけである。

（19）この重要な視点については、松井克浩『ヴェーバー社会理論のダイナミクス——「諒解」概念による「経済と社会」の再検討』二〇〇七、未來社、参照。

（20）たとえば、新生児が一定の出生条件（出生地、両親の国籍ないし所属宗派）をみたせば、それだけで編入が決まる——そのなかに「生み込まれ hineingeboren」、そのなかで「育て上げられる hineinerzogen」——「国家 Staat」（と呼ばれる「政治ゲマインシャフト」）や、「教会 Kirche」（という術語があてられる「宗教ゲマインシャフト」）。

（21）たとえば「家長」を権力保有者とする「原生的 urwüchsig」な「家ゲマインシャフト」、「君侯 Fürst」を戴いても合理的制定規則は欠く「家産制的 patrimonial」政治形象、「予言者」をカリスマ的権力保有者とする「使徒」たちの「即人的 persönlich」結集態、など。

（22）Cf., WuG: 26, 阿閉・内藤訳: 74.

（23）Cf., WuG: 28, 阿閉・内藤訳: 80.

(24) Cf. WL: 461, 海老原・中野訳: 97. たとえば「ボーリング・クラブも、構成員間の行動について『慣習律的 konventionell』帰結をともない、ゲゼルシャフト関係の埒外にあって『諒解』に準拠するゲマインシャフト行為を創成」するという。

(25) この視点は、ヴェーバーが北米旅行のさい、プロテスタンティズムの「ゼクテ」を観察し、その社会経済的機能にかんする洞察を獲得し、これを理論的に一般化して、「旧稿」におけるいっそう広汎な適用にそなえたものであろう。

(26) WL: 470-71, 海老原・中野訳: 120.

(27) WL: 473, 海老原・中野訳: 124.

(28) WL: 473, 海老原・中野訳: 125.

(29)「旧稿」の「じっさいの事象にかかわる諸章」がⅡ「社会」篇とⅢ「支配」篇とに二大分されるほど「支配」が重視されるのも、「合理化への梃子」というこの意義ゆえであろう。

(30) そのうえ、「文明人」の行為が、「未開人」に比べて「いっそう主観的に目的合理的に」経過するのかといえば、かならずしもそうではない。なるほど、「未開人」は、特定の目的にたいする効果を求めて、(「文明人」から見れば)「客観的には整合非合理的 objektiv richtigkeitsirrational」な「呪術」にも頼る。しかし、所期の効果が達成されないと、当初に頼った呪術者とその背後に想定された「デーモンや神々」(「超感覚的諸力」)は見捨てて、別の呪術者にサーヴィスを依頼する。このスタンスは、所期の目的が達成されるまで手段を取捨選択するという点にかけては「主観的に目的合理的 subjektiv zweckrational」である。それにたいして、ある「文明人」が、(ある神信仰のもとで、どんなに不可解な不如意がつづいても、当の神を見捨てないばかりか、そうした苦境を「自分たちの不信にたいする神の怒りの現れ・懲罰・愛の笞」と解し、かえって信仰心を強め、そうした「敬虔」が当の神に嘉納されることをひたすら希求するという)「志操宗教性 Gesinnungsreligiosität」にコミットすればするほど、超感覚的諸力にたいするスタンスは、それだけ「価値硬直的」「価値合理的 wertrational」したがって「目的非合理的」になろう。「脱呪術化 Entzauberung」が即「主知化」「目的合理化」とは速断できないのである。

（31）そうした動態把握は、（原著者の意図としては）《できるだけ理解しやすいように》《幾重にも変更された》術語・基礎範疇の（こんどは）運用に委ねられる予定であったろう。

（32）矢野善郎『マックス・ヴェーバーの方法論的合理主義』二〇〇三、創文社、参照。

（33）「マルクス主義」という二元論的発展段階論も含む「敗戦後近代主義」のヴェーバー研究は、そういう「先入観投射と読解不全との互酬—循環構造」の例証をなす。そうであってみれば、「旧稿」を「全体として精確に読む」ことは、けっして「スコラ的文献学」には止まらない。

（34）WuG: 196, *Max Weber Gesamtausgabe*（以下 MWG）, I /22-3, 2010, Tübingen: 241, 世良晃志郎訳『法社会学』一九七四、創文社（以下世良訳『法』）: 57.

（35）この文言中、「ゲゼルシャフト形成の過程がすべてのゲマインシャフト行為を捉えて拡大—深化する fortschreitendes Umsichgreifen in allem Gemeinschaftshandeln」という表記も、「ゲマインシャフト」を「ゲゼルシャフト」の対概念とする《基礎概念》の術語を当てたのでは意味をなさず、前者を後者の上位概念とする「範疇論文」の術語を適用して初めて、「先行の原生的ゲマインシャフト行為にたいする後発ゲゼルシャフト形成の重層関係」（松井克浩）という動態も含めて、十全に理解することができよう。

（36）『全集』版編纂者のひとりモムゼンは、「ヴィンケルマン批判の急先鋒」と伝えられていた。しかし、否定的批判がどんなに鋭く、激しくとも、積極的批判に転じ、批判相手以上の実績を挙げられるとはかぎらない。モムゼンは、自分の編纂するテクストを精確に読んではいなかった。Cf., 拙稿「『合わない頭をつけたトルソ』から『頭のない五肢体部分』へ——『マックス・ヴェーバー全集』（『経済と社会』『旧稿』該当巻）編纂の現状と問題点」、橋本努他編『マックス・ヴェーバーの新世紀――変容する日本社会と認識の転回』二〇〇〇、未來社: 296-313.

(37) ここには、(さきほど要約した)「シュタムラー論文」における「規範学」と「経験科学」との区別、および(その区別を踏まえた)「範疇論文」「第一部」における「理解社会学」の(「経験科学」としての)方法定礎が前提とされている。当時は新参の「社会学」には馴染みのない(教科書的叢書)『綱要』の読者には、「範疇論文」における方法定礎の参照が求められたにちがいない。

(38) Cf. WuG: 181, MWG, Ⅰ/22-3: 191, 世良訳『法』: 3.

(39) 念のために付言すれば、ヴェーバーは術語をいい加減に扱う学者ではなく、用語法の首尾一貫性には殊更拘っていた。その点は、「ここで堅持している用語法からすれば aus der hier festgehaltenen Terminologie heraus」(WuG: 185, MWG, Ⅰ/22-3: 204, 世良訳『法』: 21)とか、「われわれの用語法に移し替えていえば in unsere Terminologie übersetzt」(WuG: 192, MWG, Ⅰ/22-3: 226, 世良訳『法』: 45)とかの表記からも窺えよう。その他、cf. WuG: 531-33, MWG, Ⅰ/22-1: 253-55, 浜島朗訳『権力と支配』一九五四、有斐閣: 217-20.

(40) 「強制装置」は、「特別の(物理的ないし心理的)強制手段(法強制)による秩序の貫徹を、固有の目的とし、そのために常時準備をととのえているひとりもしくは複数のスタッフ」と定義される。ところが、この「強制装置」という概念標識も、《基礎概念》では姿を消している。

(41) ただしここでは、「カリスマ」という術語は用いられていない。この論点は、Ⅱ－6「法」章§3中の「新しい法規範の成立」と、Ⅲ－2.－3)「カリスマ的支配」章における「『内からの変革』としてのカリスマ革命と『外からの変革』としての官僚制的合理化」に継受され敷衍される。

(42) 一時期、ヴェーバー史観を一面的に「カリスマと官僚制との循環」と捉える説もあった。

(43) 「経済秩序」については、§1の第2段落で、『経済的事態』をめぐる利害の闘争がなんらかの妥結に達する、そのときどきのあり方に応じて、諒解によって成立する、財や給付にたいする事実上の処分力の配分、および、財と給付が、この諒解にもとづく処分力により、(主観的に) 思われた意味にしたがって利用される、その事実上の様式」と暫定的に定義されていた。ここにも「諒解」という術語が、無規定のまま初出している。そこでは「経済秩序」にかんする議論が、当の「経済的事態」とは何か、の定義もないまま、「法」の概念転換をめぐる叙述の背後に隠れて姿を消す。「経済的事態」は、つぎのⅠ-3「社会と経済」章の冒頭で、初めて定義される。

(44) Cf.,『ヴェーバー「経済と社会」の再構成——トルソの頭』: 52-55, 301; Orihara, Über den ‚Abschied' hinaus zu einer Rekonstruktion von Max Webers Werk: „Wirtschaft und Gesellschaft", II, in: *Working Paper* 36: 15-19, 117; Ders., Eine Grundlegung zur Rekonstruktion von Max Webers „Wirtschaft und Gesellschaft": Die Authentizität der Verweise im Text des „2. und 3. Teils" der 1. Auflage, in: *Kölner Zeitschrift für Soziologie und Sozialpsychologie* 46: 103-21, 鈴木宗徳・山口宏訳『「経済と社会」再構成論の新展開：ヴェーバー研究の非神話化と「全集」版のゆくえ』二〇〇〇、未來社: 17~46

(45) ヴェーバーは、一九一三年九月五日付けリッカート宛て書簡に、「範疇論文」の成立事情につき、「三〜四年(3/4 Jahre) 前に仕上げておいた元稿 ursprünglicher Teil を取り出して推敲し、『純論理学的叙述は最小限に切り詰め』た序論を書き加えて前置し、九月一五日の原稿締め切り日までに、『ロゴス』誌の編集者リヒャルト・クローナー宛てに送る」(MWG, II/8: 318) と記している。とすると、そのさいかれは、「三〜四年まえに書き下ろされていた」このⅠ-2「法と経済」章の趣旨を、「範疇論文」の§Ⅲ「法規範学との関係 Verhältnis zur Rechtsdogmatik」に要約したのではなかろうか。その末尾には、「社会学においては、日常的によく知られ『馴染まれた』意味上の連関［A］が、他の連関［B］の定義に利用され、その後に、前者の連関［A］のほうが、また、後者［B］の定義によって定義される、といった取り扱いが、絶えずなされなければならない。……われわれはここで、そうしたいくつかの定義［B］に立ち入ってみよう」(WL: 440, 海老原・中野訳: 41) とある。この一文で、連関Bが、このあと「第二部」で、(「家」、「家産制」的政治形象、予言者を戴く「使徒団」から、

「国家」と「教会」などの）「馴染まれた意味連関」Aを例示に用いながら定義される（「同種の大量行為」から「団体」にいたる）社会学的基礎範疇を指す、と解せる。そして「その後に、Bの定義によって定義される」、Aに相当する「社会諸形象」として、「旧稿」で順次採り上げられていく、（Ⅱ「社会」篇の）家、近隣、ほか、（Ⅲ「支配」篇の）正当的な（合理的、伝統的、カリスマ的）支配体制、身分制等族国家、ほか、が念頭に置かれている、と読めるであろう。とすると、「範疇論文」「第一部」末尾のこの文言は、まさにこの位置にあって、「範疇論文」「第二部」と「旧稿」との架橋句をなしていることになる。

(46) 宗教上の教理にしたがってなんらかの内面的「救済財」を合目的的に追求する祈禱、「最適性」の規準にしたがう技術などは、それだけではまだ「経済行為」ではない、というわけである。

(47) WuG: 200.

(48) 「旧稿」中に《社会的行為》が出現するのはここだけで、あとは、無冠詞の「社会的な行為 soziales Handeln」が、別の意味で、やはり一箇所に出てくるだけである。

(49) たとえば、存続を賭けて競争しているアメリカの宗派ないし宗教的ゼクテが、勧誘の手段として離婚—再婚条件を「ダンピング」する、というように。

(50) WuG: 212. MWG, I/22-1: 114.

マックス・ヴェーバーの社会学を理解するための一つの接近方法

――社会経済学のプログラムの文脈における社会学の形成

コンスタンス・ザイファート
鈴木宗徳　訳

一　問題提起

この講演で私が示そうと思うごく一般的で荒削りなテーゼは、ヴェーバー社会学を、古典でありながら、なお多くの点でアクチュアルな研究の視座を与える生産的なものとして学ぼうと考えるならば、けっして手放すことのできないものだと思う。ヴェーバーが行った試みの輪郭と展開になお解釈の余地が残っていることは、その古典としての地位を考えれば大きな課題であると言える。よって、いまだに新たな解釈や再構成等々が続けられていることは、驚くにあたらない。社会学のような学問分野にとって、それは必然である。

私は、ヴェーバーが「社会学的」「社会学」というレッテルをどのように用いたか、そして、『社会経済学綱要 *Grundriß der Sozialökonomik*』（ＧｄＳ）という共同企画によって実現しようとした社会経済学のプログラムの文脈において、彼がこの言葉の使用をどのように変化させていったか、そして、ＧｄＳへの彼の中心的な寄稿、

『経済と社会 *Wirtschaft und Gesellschaft*』（WG）をすでに一九一四年、そして〔第一次大〕戦後、ヴェーバーがどのようにして特殊に「社会学的」であると見なすに至ったかについて、描き出そうと思う。奇妙なことに、彼が自らの研究手法を徐々に社会学であると認識してゆく形成過程におけるこうした観点は、その多面的な過程のなかでも、これまで詳細に描き出されたことはなかった。[1]

したがって、ヴェーバーにおける社会学の形成についての解釈仮説は、大半が中途半端なものである。あえて言えば、それらは二種類に分けられる。第一の解釈は、比較的はっきりした発展を主張している。つまり、国民経済学に始まり、社会経済学を経て（——第二の解釈によれば、歴史学に始まり）、社会学に至る。社会学というのは、「社会学の基礎」（つまり「社会理論」の類）に至るとされることもあれば、宗教社会学、文化社会学、支配の社会学、あるいは——最近好まれる考え方だが——経済社会学を中心とする歴史的比較社会学理論に至るとされることもある（もちろん両方に至るとされることもある）。[2] 発展の第二の解釈は、社会学以外の研究者が中心に主張している。その前提は、理論的な国民経済学と史的唯物論による挑戦という課題の中で、自身の著作を「社会学的」と呼ぶ後期においても、ヴェーバーは変わらず歴史学派と社会経済学——歴史学派を発展させ、体系化し新たに調整したもの——という研究手法から離れなかったとするものである。[3]

私はまず三つの考察をおこない、それからそれぞれ展開させていこうと思う。

（一）ヴェーバーは、社会的なものについての独自の包括的・社会理論的な科学を、さらには「基礎的」、社会理論的／構造理論的な科学を打ち立てることには、懐疑的であった。「社会経済学が〈社会的〉諸関係を取り上げる」ことは、「それを〈一般的社会科学〉の必然的な先駆形態と考える」理由にはならない（客観性 166＝64）。厳しい言い方をすれば、ヤスパースが伝えるところによると、一九〇〇年頃かそれ以降に社会学の成果とされるもののほぼすべてを、ヴェーバーは、まったくのぺてんではないにせよ、せいぜいあまり生産的なものではないと考えていた。もちろん彼は、社会経済学が社会学の類について議論の対象としなければならないことは理解していた。一九〇〇年前後の国民経済学理論、政治経済学、社会経済学、国家学・社会科学をめぐる議論、またほかならぬ社会学という新顔をめぐる議論、「社会学者」による権利の主張、そして、これらの問題に対するヴェーバー自身によるコメントがあるとしても、それは以上の点に疑いを差しはさむものではない（一八八〇年代以降の社会経済学と社会学をめぐる議論については、たとえば［Nau 1997］や［Quensel 2007］が詳しい説明をしている）。

（二） ヴェーバーが社会学を拒否したのは、研究者の多くが「哲学的」で「価値判断的」傾向をもっていたことだけが、その理由ではない。あらゆる「社会学」に対して根深い懐疑を抱いていた体系的な理由は、ヴェーバーにとって「社会的なもの」は「内容を示す述語」、つまり方向性を与える観点がなければ空虚なものであり、価値自由な学問を構成する十分な潜在力をもっていないことにあった。

「まったく一般的な意味をもつように見える〈社会的なもの〉の概念がどのように使われているかを調べると、たいていの場合無規定ではあるが、つねにきわめて特殊な、特有の色彩を備えた意味を持っているということは、偶然ではない。実際この概念は、まさしくそれが未規定であること以外に、一般的なことは言えないのである。〈社会的なもの〉の概念を、その〈一般的〉な意味でとると、特定の文化要素の意義に光を当てることのできる、およそいかなる特殊な観点も、当の概念からは出てはこないのである。」（客観性 166＝65）

（社会理論によって基礎づけられる社会学、ないし特殊社会学的な社会理論についての）社会的なものの独自の一般的な科学に対するヴェーバーの懐疑は、まさに、自らの研究を社会学的とみなした晩年でも変わらなかったと思う。

(三) ヴェーバーは、遅くとも一九〇四年以降、近代資本主義の社会的意義と結びつけて時代に合った社会科学の特色を打ち出す上で、自覚的に一面化した社会経済学のプログラムが有望であると考えていた。つまり、「人間の共同生活とその歴史的組織化形態の社会経済的構造がもつ一般的な文化意義を、科学的に探究する」というプログラムである（客観性 165=62、原文一部強調）。この研究の視座がもつ核心は、経済的諸制度と諸勢力の構造と動態を分析し、経済が多様な社会的文化的諸領域に対してどのような影響を及ぼし（諸領域の「経済的被制約性 ökonomische Bedingtheit」）、逆にそれらの領域が経済に対してどのような影響を及ぼしているのか（諸領域の「経済上の意義 ökonomische Relevanz」）を分析することにある。のちに『経済と社会』との関連で、経済構造とほかの社会構造との「選択親和的」関係という問題、そして他の社会構造がそれぞれもつ「固有法則性」という問題が付加されることがはっきりしてくる。こうした細部の展開とはかかわりなく、客観性論文で輪郭を示した社会経済学の一般的プログラムは、徐々に展開してゆくヴェーバーの社会学にとって、準拠枠としての妥当性を最後まで失ってはいないのである。

これからまず、社会的なものという問題と社会経済学のプログラムを常に視野に入れながら、ヴェーバーの「社会学」および「社会学的」観点との関係について、不完全ではあるがごく簡潔に概観したいと思う（一一）。それは、それを受けて次に、ヴェーバーの社会学を理解する上での基本的問題をいくつか、少なくとも示唆的に論じてみようと思うためである（三）。全体を通して、私の先鋭的なテーゼに、それを説明してくれる証拠を結びつけるつもりである。

二　一九一三／一四年までのヴェーバーの社会学理解についてのいくつかの観点

（一）このプログラムについての初期の――客観性論文における――概略説明の後、数年間は社会学についての言及はない。初期のものでは、R・ミヘルスに宛てた一九〇六年三月二十六日の手紙のなかで肯定的に言及し、その手紙で展開したような「党派的生活の社会学にどうしても無視できない業績となると、自分にはこれまで、そもそもアメリカの政党についてのものしか（ない）」と述べている（MWG Ⅱ/5, 57)。すると、まさに――相互作用という意味で――社会的なものの独自の論理という考え方に貫かれた、ジンメルの『社会学』（一九〇八）という偉大な著作は、ヴェーバー自身にとって大いなる挑戦に感じられたと思われる。ただし私は、（もちろんここで十分に証拠を挙げることはできないが）ヴェーバーはすでに（シェーンベルクの『政治経済学ハンドブック』への協力について出版社のジーベックが打診した）一九〇五年から、自分の社会経済学の考え方を体系的に用いるチャンスを実は待っていたのだろうと思う。一九〇八年にシェーンベルクが亡くなると、絶版になっていたハンドブックの代わりとなるシリーズの責任者として、その機会が訪れる。新しい著作は一九一四年から――それは偶然の（もっともな）理由のみによって一九一四になったわけではない――『社会経済学綱要』（GdS）という新しい表題で刊行された。この時期にヴェーバーは、社会学と表現されているもののうち何を知りたいと思っていたのだろうか。

(二) ドイツでも一九〇八年ごろから、社会学会設立の計画が始まった。ヴェーバーが設立に関わった最初の頃、大学に社会学の講座はなく、むしろ多彩な論文、雑誌、漠然としたイメージがあるだけで、ジンメルの『社会学』やそれ以前のテンニースの著作は例外であった。ヴェーバーにとって「ドイツ社会学会」は、社会政策を扱う組織である「社会政策学会」とは相補的に、価値自由な経験的研究のためのフォーラムであった。[4] 彼が求めていたのは、社会学的と呼ばれたこの新しい研究の視座をもっと広げて理解すること、なかでも自分の社会経済学の考え方をそのために適用することであった。もちろん、国民経済学者、統計学者、法学者などが参加しそれに対応する部門を設定することも、ヴェーバーには重要だった。彼がおこなった社会学会が取り組むべき調査の提案を見ても(新聞社アンケート、結社と自由業の調査)、ヴェーバーはやはり、「社会的なもの」という近代の中心的な観点を広く経験的に分析することが重要であるとし、テンニースやジンメルらが考えたような、これらの現象を分析する上での特殊「社会学的」な方法を第一に考えているわけではないことが分かる(ご存知のとおり、これらの調査は実現せず、多くの人々が価値自由の要請を拒否するという問題などから、すぐにヴェーバーは社会学の「運営 Betrieb」から距離をとるようになり、のちに退会してしまう)。

(三) 出版社に宛ててハンドブックの計画について書いた一九〇八年十二月二十六日の手紙には、(経済的)「理論」についての質問および経済史の概略とならんで、「〈社会学〉をどのくらい入れるべきか」という質問もなされている(MWG II/6, 705)。同じように、その後のGdS第一巻の「序言」(一九一四)には、「(国民経済学的――ザイファート）理論および社会学に対する（社会経済学の——同）位置づけは変化している」との言及がある。もちろん、こうした言い方が正確に何を意味し何を意図しているのか、そして社会学をどのように組み込もうと考えていたのかについて、さしあたり明言はしていない。一九一〇年の「題材分担案 Stoffverteilungplan」や一九一四年のＧｄＳの「全巻の構成 Einteilung」でも、表題には（「経済学的」と同様に）社会学の文字はみられない（Winckelmann 1986, の付録を参照）。いずれにせよ、この時期のヴェーバーが国民経済学と社会学を社会経済学のようなものへ綜合しようとしていたと考えるのは、誤りであろう。むしろ、客観性論文で提起されていた方法論的に新たに基礎づけられた現実科学としての社会経済学が、国民経済学と社会学双方の「視座」から何を得ることが出来るのか、あるいは、社会経済学のプログラムにこの両者をどのように組み込むことが出来るのか、と考えることの方が、重要だったのである。

（四） その後ヴェーバーは、「文化内容の社会学」、音楽社会学、宗教社会学など、まずはとくに部分領域を論ずるときに社会学という語を用いている。社会学の要素を社会経済学へ「融合」させるというテーゼにとって特に印象的なのは、（のちに『経済と社会』の改訂で脇に追いやられる）「物質的経済的文化社会学 materiale ökonomische Kultursoziologie」という言い方である。(5) こうした多様な部分社会学の可能性を規定するものとして、次の二つのメルクマールが重要である。

（ａ）個別の部分領域には、宗教にとっての「同胞性 Brüderlichkeit」のように、それぞれ「社会的なもの」の（理念型的に鋭くされた）「内容を示す述語」ある。こうした述語に関連して、個別領域は、それぞれ「原初的」な初期形態から分化した「近代的」形態まで、経済に対する「選択親和的」および因果的な関係という観点から分析することが可能だし、そうすることによって、それほど問題なく社会経済学の諸部分と見ることができるのである。そこで、「社会的なもの」それ自体が何かという問いは立てられない。

（b）ヴェーバーは（すでにプロテスタント研究で分かるとおり）とりわけ音楽、文化、宗教のような「上部構造の領域」に関心を向け、それはとくに史的唯物論とは逆方向の因果的分析をおこなうためであった（それと同時に、そこかしこに見出し得る合理化という傾向を見つけ出すためであった）。そこで、「社会学」ないし「社会学的」諸要因が、際立って関係してくる。つまり「社会学的」というのは、（「経済学的」と同様）分析される過程にとって重要な「下部構造の要因」の指摘と密接に結びついている。例えばヴェーバーは、宗教社会学のなかで、神強制としての魔術と神奉仕としての宗教を、それらの「社会学的」側面にもとづいて、呪術師が典型的な自由業であることと、祭司が組織化された持続的経営の一部という機能をもつことを、選択親和的関係として「相関させる korrelieren」のである（vgl. WG 259ff.＝宗教40ff.，一般的には 201＝集団531）。こうした選択的親和性を示すものとして、「合理主義の社会学の類型論」に対する寄与という言い方（RS I，537＝倫理101）や、正当的支配の三つの純粋類型――ご存知のように、さしあたりは正当性の根拠による区別であると理解されている――を「社会学的性格ごとに」行政構造に対応させていることが（WG 549＝支配27）が挙げられる。[6]

（五）より分化・自律化し、「まとまった」社会学へ向かう重要な一歩が、――ＧｄＳの文脈で――一九一三年になされる。ヴィンケルマンによれば［Winckelman 1986, 75, Fn 23］、『経済と社会』にとって社会学という概念が初めて現れるのは、一九一三年十一月三日、出版社とのやり取りにおいてで、「私自身、私の寄稿をひとつの社会学として仕上げました」とある。一九一三年十二月三十日には、またも出版社あての手紙でその動機が述べられている。「これらの本では――「発展段階」(つまりGdS全体の序論となる章「経済の時期と段階 Epochen und Stufen der Wirtschaft」――ザイファート)――はやはりまったく不十分なので、私がまとまった理論と説明を仕上げました…」。このヴェーバーの言う「社会学」が、ジンメルの一九〇八年の『社会学』と競い合うものと誤解する人はほとんどいないだろう。しかしそれはまだ、本質的には、ヴェーバーの「社会学」理解を構成する体系的かつ概念的な基礎をもたないままに作られた「社会学」であった。彼は、「社会学固有の」分析は、カズイスティークを区分して行わねばならないと強調するものの(WG 212=集団554, 238ff=種族72ff. など)、まだこの時期はそのための概念構成には着手していない。その理由として、まずはその前提として分析する素材がなければ始まらないということが考えられるだろう。こうした「欠落」が、一九一三年の末に出版社や同僚に宛てた手紙にあるように、ヴェーバーが仕上げた「社会学」をそれでも「そうとは呼べなかった」ことの、主たる理由なのかもしれない(一九一三年十一月六日、F. Gottl-Ottlilienfeld への手紙)。ヴェーバーは一度――本当にこの箇所一回きりである!――、序論にあたる重要な文章のなかで「一般社会学 Allgemeine Soziologie」という言い方をし(WG 212=集団554)、領域ごとに特殊な概念的なカズイスティークを作ることが(も)その課題であると述べている。ヴェーバーはのちにこの「一般」社会学を彫琢し、「基礎概念」がその主要なものにあたるとする解釈が、少なくない。しかしこの文脈で「一般社会学」という言い方が指しているのは、とくに、部分社会学をカズイスティッシュに根拠づけることなのである。のちにヴェーバーが自分の寄稿を特別に「社会学」とも呼ぶようになると、「一般社会学」という言い方は二度とされなくなる。ここで重要なのは、「社会学固有の作業」には、区分された概念的カズイスティークによる基礎付けが不可欠であるものの、それはこの段階では存在せず、それが社会経済学のきわめて一般的な諸カテゴリーに繋がるか（(六) 参照)、社会経済学の「核」である経済理論の諸カテゴリーに繋がるか（(七) 参照）は、まだ決まっていなかったということである。

(六) 社会学的要素を社会経済学に融合させる試みの頂点をなすのは、いわゆる「カテゴリー論文」である。一九一三年に発表されたこの論文は、ヴェーバーの諸著作において次第に形成されてゆく理解社会学という方法を基礎づけるというよりは、社会経済学およびそれと関連する他の諸科学を社会学的に基礎づける試みなのである。カテゴリー論文で展開される概念的な視座は、社会経済学のプログラムを構成する一部として計画されたものである。それは、この論文が一九一〇年に計画され（ヴェーバー自身が執筆する予定だったが、その後ＧｄＳから切り離された）節「対象と問題設定の論理的性格 Objekt und logische Natur der Fragestellung」と密接な関係にあることからも分かるし、ヴェーバーが（一九一三年に新たに書いた）導入の数節でこの「理解社会学」という視座を心理学および法教義学と区別し、それが、彼が理解する社会経済学全体に妥当していることからも、分かる。のちに「基礎概念」において、社会学は概念構成と出来事の一般的規則に関心をもつ社会的行為についての特殊な科学であるとされるが、この新しい科学にとって歴史学と理論的国民経済学との区別が重要であることと、これは対照的であると言えるだろう（これについては後述する)。

社会経済学全体にとってカテゴリー論文が構成的な意義をもつことを示すもっともよい証拠は、よく引用されるものの充分正確には読まれていない、次の箇所である。

「…理解可能な諸連関を社会学的に（！）分析するにあたっては、合理的に解明可能な行動が適した〈理念型〉（となることが）非常に多い。社会学および歴史は、まずは〈プラグマーティッシュに〉、つまり行為の合理的に理解可能な連関から解明を行う。たとえば社会経済学は、〈経済人〉という合理的な構成を用いてこれを行うのである。ただし理解社会学一般も同様である。理解社会学に固有の対象は、〈内面の状態〉ないし外面的行動といった任意のものではなく、われわれには行為だと思われるからである」（WL 429＝12f.）。

こうした言い方から分かるのは、ヴェーバーがカテゴリー論文で「理解社会学」の対象としているのは有意味な社会的行為にとどまらず、まずもって有意味な行為一般でもあること、そして彼が「社会学」についてより具体的にひと息に語っているが、それは歴史と社会経済学ないし国民経済学の水準においてである、ということだ。[7]ところが、数行あとにはこのようにある。「理解社会学にとって特に重要な行為は、特殊には、1．行為の主観的に思念された意味の上で他者の行動に関係づけ（られた）行動である…」（ebd. 社会的行為の概念を規定する他のメルクマールがこれに続く）。つまり、ヴェーバーは「社会学」というキーワードを二つの区別された意味で用いているのである。社会経済学（など）の基礎であり、「上位の」ないし「基礎的な」科学である「理解社会学」では、ヴェーバーは有意味な行為という一般的な概念に照準をあわせ、そこで社会的行為にはあまり明確ではない規定的な仕方で（「特に重要な…、特殊には…」）特別な地位が与えられている。そうした意味で、理解社会学なのである。カテゴリー論文では、社会的なものないし社会的行為についての科学としての独立した理解社会学の基礎付けはあまり重要ではなく、むしろ社会経済学の基礎付けの方が重要で、それは有意味な行為一般に対する社会的行為の意義によって理解できるのである。[8]——発展のこの段階では、理解社会学は社会経済学の構成的な一部であると理解できる。

（七）ヴェーバーが、GdSの基礎となるべきフォン・ヴィーザーの寄稿（初めは「経済理論」、のちに「社会的経済の理論」という表題が付けられる）を了承しなかったとき――その理由としては、自分自身の『経済と社会』への寄稿を十分に接続できないということが大きい――、彼はついに独自の経済社会学の諸概念の彫琢を決意する。一九一四年の夏にようやく取りかかったと思われるが、それは八月に自分の寄稿の表題に初めて「社会学」の文字を入れるためであった。のちに『経済と社会』の新版第二章として印刷される、こうした概念構成を用いて、社会経済学の枠内での社会学の自律化がさらに前進したのである。そして同時に、ヴェーバーは「経済」ないし「経済行為」をどのように理解しようとしたのか――様々な形態のゲマイシャフトの発展がこれらに関係づけられる――をみずから説明することで、「社会学」はこの枠組みの中にさらに明確に位置づけられたのである。ここでその過程を描き出すことはできないが、その後、『経済と社会』の執筆が中断された戦時中および戦後に、『経済と社会』を理解社会学の体系的な実例として完成させようという考えが生まれたのは確かである。ヴェーバーは一九一九年十一月十三日の出版社宛ての手紙のなかで、「〈社会学〉を、最終的に厳密に内容に即して学問的に扱うためには、『経済と社会』を無数の哲学者のようなディレッタント的な仕事ではなく、〈教育的〉な形式にするのが適切だと思う」と書いている（Roth 1979, 324 からの引用）。経済と社会の関係を論じることによって、このように社会学の実例を体系的に示すことは、体系的に展開された概念構成によって基礎づけられねばならないであろう。こうした概念構成は、一般的な（領域横断的）カズイスティークと領域に特殊なカズイスティークからなるが、そうした仕事はそれまで手付かずで、さらに概念の適用方法と結びついた概念構成を含むものであるが、そうしなければ、「出来事の一般的規則」という目的を十分具体的に視野に入れることが全くできなくなってしまうからである（『経済と社会』「基礎概念」§1）。

三　社会経済学に対するヴェーバーの特殊かつ相対的に自律した寄与としての社会学

（それ以外の社会学についての考え方と対決しながら！）社会経済学のプログラムのなかに特殊に社会学的要素を組み込む試みを、様々に展開した結果、そして、それによる問題とそもそもGdSに伴う問題の結果として、一九一九年夏以降、そして戦後、ヴェーバーは自分の寄稿である『経済と社会』の構想をあらためる。彼が新たに展開したのは、きわめて彼独特のやり方で社会経済学を扱うこと、これを社会学として、新しい「経験科学」として、厳密に社会的行為の分析に限定した研究方法として扱うことである。その輪郭を描き出すことは、与えられた時間内ではできない。その代わり、ヴェーバーの社会経済学のプログラムという文脈における彼の社会学の展開について、これまで展開した所見を要約するとともに、ヴェーバーの社会学についてのその他の解釈と対比してみようと思う。

（一）新しい経験科学としての社会学の展開の出発点であり文脈でもあるのは、方法的に新たに確立された現実科学としての社会経済学のプログラムである。その核心は理論的国民経済学であり、それは目的とされる特殊に「社会的」な関係づけについての説明に繋がるものでなければならない。ヴェーバーは一九一三／一四年まで、理解社会学を社会経済学のカテゴリー的な基礎であると理解するとともに、双方とも、彼の主張を多く含む社会経済学の現実科学的な研究プログラム・理論プログラムを構成する要素であると理解していた。ヴェーバーは一九一三年に出版社に宛てた手紙においても、こうしたプログラムを「われわれの学問分野」と呼んでいた。

(二) ヴェーバーは、彼独自の意味での社会学を、できるだけさりげなく折に触れて語るかたちで、しかしまたまぎれもなく構成的な部分(カテゴリー論文)として、これを社会経済学に――具体的には『経済と社会』つまりGdSに――組み込もうとするなど様々な試みを行ったのちに、ようやく社会学のさらに分化した理解をひきつづき展開しはじめる。これを決定づけたものとして、GdS全体の問題のためにひとまとまりの共著を実現するという目論見が不可能であることがますます明白になったという事情に加え、一方では、彼自身の研究が進展して「確信」が得られたことと、しかし他方では、有意味な行為一般にとっての「社会的なもの」の特別な意義を明らかにするというカテゴリー論文で宣言した困難な問題が、とくに挙げられるかもしれない。これらの問題がヴェーバーをいっそう分化した社会学へ動機づけたというのは、一九一三年から手紙のなかで、そして一九一四年の夏からは公然と語られている事柄である。しかしそれは、この最終段階において、社会経済学の全体プログラムがヴェーバーの社会学の方向性を規定する枠組みとして決定的なものであるのを止めたということを意味するものではない。しかしヴェーバーはこの時点で、社会学、つまり社会学を扱う彼の方法を、もはや社会経済学を構成する部分として、統合された研究プログラムないしひとつの「学問分野」として、理解するのではなく、社会経済学的な研究の相対的に独立した視座と理解していたのである。

(三) ヴェーバーは「基礎概念」の序言でカテゴリー論文との関連を示唆しているとはいえ、ここで理解社会学が厳密に「社会的行為」に限定されていることは見逃せない。[9] 社会経済学全体——これにとって重要なのは、有意味な行為についての経験的科学として社会的行為を組み込むことであるが——にとって構成的な、心理学や法教義学との区別はもはや中心ではなく、この新しい社会学と歴史学および国民経済学との区別が、つまり社会経済学内部での区別が中心となるのである。特殊な意味で社会学と理解されていた、ヴェーバー独自の社会経済学的な研究のプラグマティークは、理論的国民経済学や経済史との分業による協働関係のなかで、社会経済学の全体プログラムを実現するはずのものであった。もちろんそればかりでなく、歴史的、文化的、経験的な現代の科学、例えば統計学とも関係づけられていた。理論的国民経済学、(経済)史、社会学は、このようにして社会経済学的研究における相対的に自律した三つの視座ないし科学となるのである。ただしそれらは分業によって相互に関係したままではある(なにより資本主義的経済の刻印を受けた近代社会は、社会経済学というプログラムを必要とするから)。ミュンヘンでのヴェーバーの講座の名称は、この文脈で興味ぶかい理由から(それだけの理由ではないのは確かだが)、「社会学説、経済史、国民経済学 Gesellschaftslehre, Wirtschaftsgeschichte, Nationalökonomie」というものであった(Lepsius 2006, 19 による)。ヴェーバーはR・リーフマンに宛てた手紙の中で(一九二〇年三月九日付、Nau 1997, 217f. からの引用)、「社会学と経済史と理論(つまり「純粋な」国民経済学的理論)はけっして代替できないというのが、私の根本的な確信です」と述べている。ほかのヴェーバーの発言をみても、社会経済学のプログラムは彼にとって依然として重要であるものの、理論・社会学・経済史による分業にもとづく協働のかたちで実現すべきものであることが明言されている。すでに客観性論文において一般的な社会科学という理念を一面化した社会経済学によって代替させているように、同時にこのことと結びついているのは(経済学者、歴史学者、あるいは社会学者として、つねに社会経済学の理念に導かれた)専門分化および専門的教育がもつ長所であって、そしてその全体は、他の箇所で述べられるように、「最終的にはすべての道はふたたび一つになる」という希望が導いていたのである（GdS Bd I, 序言）[10]。

（四）J・ヴァイスによる、今日なお教えるところの多いヴェーバーの『社会学の基礎 Grundlegung der Soziologie』（一九七五、増補版一九九二）の解釈は、これについて次のようにまとめている。社会学は、歴史的な文化科学・社会科学にとって概念形成的・理論形成的な部分として比較的連続的に発展し、つまり、結局のところ社会学も比較的はっきりと分化した「経験科学」として重要な位置を占めるべきものであり、それは、ヴェーバー自身がいつも、歴史的な方向性をもつ現実科学にとっての概念構成および理論構成に与えていた位置なのである。ヴァイスが、こうした学問プログラムにおいて歴史科学や理論的国民経済学がもつ中心的な役割を強調しているのは、正当なことである。もちろん、社会学がここに埋め込まれるようになる輪郭線については、比較的漠然としたままにとどまっている。社会学は、一度は「包括的な歴史的社会科学の理論的な部分」であると考えられ（173）、別のところではよりはっきりと（理論的国民経済学部と並ぶ／と結びついた）「歴史的な文化科学・社会科学の理論的部分」とされている（175）。ここでヴァイスの観点を次のように特殊化することができるだろう。ヴェーバーは最後まで社会経済学に関わっていた（文化科学・社会科学の方法論に関する初期の著作も、本質的にこのプログラムに関わっていた）。そして、国民経済学、経済史、社会学はこのプログラムを実現する主要な礎石となるべきもので、様々な歴史的精神科学・文化科学ならびに現代のすべての経験的諸科学は、一方では（生の）素材の供給者であるとともに、他方では社会学的に昇華された問題設定にとっての消費者なのである。

（五）近年のヴェーバー受容において「エコノミック・ターン」が宣伝されているが、この転回は詳細な検討に値する課題と言える。それは、社会学への（彼の理解における理解社会学への！）無視できない転回〔という見方〕に単純に反対したり、ヴェーバーを社会経済学者（ヘニス、クヴェンゼル）、あるいは第一に、そして本質的に経済社会学者（スウェドバーグ）であるとしなければならないということではない。[11] 社会経済学のプログラムは、ヴェーバーにとって最後まで社会学なるものへの接近を規定するものであり続けた。しかし、当初の社会経済学のプログラムは社会学を構成的部分とする「ひとまとまりの」ものであり、ヴェーバーによる仕事の最終段階でもそれは変わらないという（とくにクヴェンゼルが用いる）見方は、単純に過ぎる。クヴェンゼルは、「歴史と理論の間の社会経済学」（彼の著作の副題）という立場を前提にし、ヴェーバーにおいてそれは「社会経済学としての政治経済学の社会学的基礎」と関係があることを示そうとしている（二〇〇七、56）。先にのべたように、カテゴリー論文の時期と対決の方向性を考えれば、少なくともひとつの試みの仕方としてそれなりに妥当性をもつのかもしれない。しかし、GdSの仕事によって冷静になった、のちの「社会学的」ヴェーバーは、このように「統合された」社会経済学のプログラムをもはや望んではいなかった。社会学を社会経済学のプログラムに融合させる様々な試みが意味をもち得るのは、このプログラムが実現できると思われていたかぎりにおいてだったのである。もはやその実現が難しくなったとき、ヴェーバーは社会経済学を扱う彼独自の方法を発展させ、それを社会学と名付けた。それは、社会学をもちだす他の多様な試みとの競合関係にある、彼独自の新しい「経験科学」としての社会学である。もちろんこの社会学はカテゴリー論文で説明されたとおり変わらず「理解的」なものであるが、ここでは理解的な社会科学のひとつとなり、社会経済学ないし社会諸科学そのものを包括的に基礎づけるものではなくなるのである。

（六）第二章（「経済行為の社会学的諸カテゴリー」）という重要な章があるにもかかわらず、『経済と社会』は経済社会学ではない。スウェドバーグが引きだす結論いかんに関わらず、ヴェーバーの社会学が（少なくとも『経済と社会』から読み取れるかぎりは）この章で展開される概念構成なしには（少なくとも中心的な諸概念と「視座」なしには）まったく理解できないものであることは間違いない。いくつか挙げると、技術的ないし経済的に方向づけられた行為と区別される経済的行為、交換、形式合理性と実質合理性、職業などは、――『経済と社会』で模範として示されるむしろマクロ社会学的な分析だけでなく――考え得るあらゆる実質的な分析にとって、無くてはならないものである。しかしもちろん、次のそれぞれを厳密に区別しなければならない。つまり、『経済と社会』全体（とその枠内にある実質的な経済社会学）にとって意味をもつ「経済行為の社会学的基礎カテゴリー」、特殊な経済社会学（例えば一九一四年の計画における「市場ゲゼルシャフト関係」という表題の章）、数多くの個別テーマと部分社会学を含む、ＧｄＳに対する寄稿としての『経済と社会』全体である。特殊な「経済社会学」は、一九一九／二〇年のヴェーバーにとって、おそらくとくに緊急なものではなかっただろうし、扱われるほかのすべての部分社会学における経済に関連する観点は、いっそう緊急ではなかったのである。したがって、『経済と社会』は単純に、経済社会学といった性質の一連の「多次元的」に展開された部分社会学群から成り立っていると言えるものではないし、シュルフターが考えるように、ヴェーバーはＧｄＳへの自分の寄稿を密かに「経済的諸秩序と諸勢力およびその他の社会的諸秩序と諸勢力」という著作に書き換えようとしていたわけではない。『経済と社会』はＧｄＳへの社会学に特化した寄稿として、依然として『経済と社会』のままなのである。

（七）これまでスケッチした展開を見ると、社会経済学のプログラムは最終的に基礎付けを欠いたままであることが明らかになる。明らかにこうした基礎付けを視野に収めた――主観的に有意味な社会的行為を特殊に強調しつつ有意味な行為という一般的概念をもつ――カテゴリー論文の延長線上にある「社会理論」的な研究は、中断されたのである。それは何より、「基礎概念」では、「文化」、「諒解」、「規則」、「構造」、「秩序」等の概念が、方法的な意味をもつ形ではもはやほとんどわずかの役割しか果たしていないことから明らかである。「基礎概念」は少なくとも修辞的であり、社会的行為の分析のみに限定され、対象を構成する「カテゴリー」というよりはむしろ、とくに社会的行為の（常に多様な観点で先行的に了解された）連関を経験的に分析するための単純に（基礎）概念的でとりわけ類型論的な道具なのである。ゲマインシャフトの諸形式が経済との関係のなかでどのように展開するかについての特殊な作業を行うための「基礎カテゴリー」（強調はザイファート）は、つづく第二章にあるのだ。「カテゴリー」という概念の使用における一九一三年から一九二〇年の間のこうした変化は、瑣末だと片づけられるような事柄ではないと思う。私は、スウェドバーグのように、「社会学の基礎概念」を「経済行為の基礎カテゴリー」とともに経済社会学の概念的・理論的基礎付けであると読むようなことまでは、するつもりはない。しかしいずれにせよ、ヴェーバーがこの二つの章を特殊に「社会学的」な概念構成であるとして際立たせていたからこそ、その連関が強調されていることは、知っておくべきである。

（八）いずれにせよ、「基礎概念」の解釈が充分に多様であるためには、合理化とゲゼルシャフト形成という主要な観点のもとで経済と社会との関係について論ずるための社会学的な基礎概念として、まずはこれを読むことが、有意義であろう。その後で、この「基礎概念」が社会学をより一般的な「社会理論」によって基礎付ける上でどれだけ開かれており、どれだけ接続可能であるかについて、そして「限界」が生ずる場合もあるとして、それがヴェーバーのアプローチの限界なのか、社会学にとっての社会理論的基礎付けの限界なのか、あるいは社会科学全体の基礎付けに対する社会的なものの一般理論としての寄与の限界なのかについて、的確な理解がなされるのである。さしあたり重要なのは、わたしたちが、かくあるものとしてのヴェーバーの「基礎概念」におけるこうした基礎付けを、なにより手に持ってはいないことを見抜くことだけであろう。「基礎概念」をカテゴリー論文の延長にあるものとして考え過ぎたり、ましてや社会的なものについての一般科学の基礎付けであると理解するなら、ヴェーバーの社会学の展開を見誤ることになる。こうした科学という観点でのヴェーバーの懐疑は、一九〇四年と同様に晩年にも見られる。ヴェーバーが扱い、扱うのを見たいと思ったような社会学は、「社会的なもの」についての一般的な科学の「危機」が魅了されていた「内容を示す述語」を多数用いていた。彼が理解する社会学とは、社会的行為の分析のみに限定される、社会経済学の文脈ではっきりと分化した、研究のための新しいプラグマティークであり、まだようやく使用に耐えるか確かめなければならないものであった。ヴェーバーはこうした社会学に、社会経済学の基礎付けという課題も、社会（諸）科学一般の基礎付けという課題も、任せたくはなかったのである（そして、新しい研究の視座として実証される以前に、――そうしたい人がいるなら――個別の学問分野としての社会学自身の基礎付けをすることも）。彼の方法論的・社会学的著作には、社会学の概念的、方法的、理論的基礎を明らかにする試みのための手がかりが多数含まれているというのは間違いないが、基礎付けのプログラムとして読むことを許すような文脈では、何も含まれていない。社会学の古典としてのヴェーバーの意義は、その内容が一般的に刺激的である以外には、まさしく、その概念構成と分析が簡明的確であると同時に開かれており、体系化、基礎付け、さらなる展開といった試みを絶えず刺激してきたことによって根拠づけられるものか

もしれないし、ヴェーバーのアプローチはこうしたすべての試みを超えて生き延びてきたのである。(12)

注

(1) 私の印象では、歴史的―批判的なマックス・ヴェーバー全集は、とくに『経済と社会』の新編纂およびコメンタールさえ、これについて多くを改めるものではない。

(2) こうした解釈もきわめて多様である。とくにW・J・モムゼン、W・シュルフター、F・H・テンブルックを、経済社会学を「目指す方向性」についてはとくにR・スウェドバーグの著作を参照。

(3) 同時代の文脈におけるヴェーバーの社会経済学のプログラムについては、例えば［Nau 1997］や最近では緻密な［Quensel 2007］を、これらの著作の背景として［Hennis 1987, 1996］、［Osterhammel 1988］も参照。

(4) とくに最初の二回のドイツ社会学会大会（一九一〇、一九一二）における会務報告で、ヴェーバーは、社会学が研究の視座として制度的に浸透すべきであり、教授されるべきであると強く述べている。しかし、「学問分野」という言葉を使っているにもかかわらず、彼が自分の社会経済学のプログラムの意味での価値自由な経験的研究に信頼を置いていることも明らかだろう。ヴェーバーにとって社会学の相対的自律性は、とくに統計学や理論的国民経済学のような出来る限り自律的な研究をしている研究集団や部門に存するものである。

(5) この延長線上で、価値自由論文の改訂版では（WL, 489-540）、明らかに相対的に自立していると理解される経済社会学、法社会学、芸術社会学について述べている。これらはそれぞれ「理論的な」中核分野とそれに対応する部分的な歴史科学に関係づけられている。「社会学的および経済学的諸科学の『価値自由』の意味」という表題も、こうした相対的に自律した部分社会学を指しているのかもしれない。

(6) 〔先に提出した一次草稿に〕注として括弧の中に挿入した“Weber gebraucht ... geht”の段落は削除。

(7) のちの「基礎概念」では逆に、「社会的行為」は社会学の唯一の対象ではありえないとされる（例えば「社会的」

行為とは捉えられない経済行為 Wirtschaften も主題となる）ものの、経験科学として分化した社会学にとっては、主観的に思念された意味による社会的行為が「構成的」であるとされる。すなわち、行為者が社会的なものが帰責される決定的な審級であって、「社会的なもの」についての科学の「基礎」によって、あるいは例えばジンメルがやってみせたような技で、社会学者がいつも新しい現象から「社会的なものの論理」を引き出すのではない。

（8）カテゴリー論文と「基礎概念」の違いを明確にしたのは、特にハーバーマスと言えるが、それは、自分のコミュニケーション的行為の構想のためにカテゴリー論文の批判に取りかかるためである。カテゴリー論文では失敗したとされる有意味な行為と特殊に社会的な行為との間の「不明確さ」を、ハーバーマスは、労働と相互行為の区別（道具的行為とコミュニケーション的行為との区別）によって正そうとする。その他の点では、「基礎概念」は全体としてカテゴリー論文を改善した新版として悪くないと見なされている（最近では Lichtblau 2006）。

（9）以下で問題にしているのは、注（7）や（8）で既にあつかい、のちに三節の（六）や（七）であつかう、マックス・ヴェーバーにおける社会学の基礎づけの問題あるいは社会学の「社会理論的」根拠づけの問題である。

（10）経済史の観点からの三つの礎石の関係については、Bruhns の著作、とくに二〇〇六年のものが興味深く、多くの示唆を与えてくれる。

（11）スウェドバーグについては最近の論文集、Maurer 2010 を参照。

（12）結論の続きは以下である。マックス・ヴェーバーの社会学へのこうした「接近」をさらに進めるためには、まずは、戦後の『経済と社会』の改訂において理解社会学が被った、その体系的な例示について説明しなければならない。次に個別の進展として、まずは研究の方法論として、そしてそれに応じた概念構成と結びつく形で、ヴェーバーに厳密に依拠した理解社会学の「より一般的な」基礎付けにとって、そして『経済と社会』にとって、すなわち、とりわけ合理化とゲゼルシャフト形成の過程という観点から経済と社会の関係を扱うために、どのような視座が作り上げられたのかという問題を探究することである。すると、社会学の（第一の）古典としてのヴェーバーの地位のゆえに、こうした読解によって得られた認識を、ヴェーバーの「社会学」やとりわけ彼の社会学の「基礎付け」であると考えられているものを扱う普通の研究と比較することだけでなく、他の古典（デュルケム、テンニース、ジンメル）からシュッツやパーソンズを経て現在に至るまでの社会学の概念的・理論的基礎付けの発展およびその展開と比較することにまで進むことになる。かくして、ヴェーバー社会学とヴェーバーの「遺産」が今日なお新しい仕方で刺激的な内容をもち得るかどうかについて、判断することができるかもしれない。

文献

H.Bruhns: Max Webers ,Grundbegriffe' im Kontext seiner wirtschaftsgeschichtlichen Forschungen, in: K.Lichtblau, a.a.0., 151–83

J.Habermas: *Theorie des kommunikativen Handelns*, 2 Bde., Frankfurt 1981（河上倫逸他訳『コミュニケイション的行為の理論』上・中・下、未來社、一九八五、一九八六、一九八七年）

W.Hennis: *Max Webers Fragestellung*, Tübingen 1987（雀部幸隆他訳『マックス・ヴェーバーの問題設定』恒星社厚生閣、一九九一年）

Ders.: *Max Webers Wissenschaft vom Menschen*, Tübingen 1996

M.R.Lepsius: Münchens Beziehungen zu Max Weber und zur Pflege seines Werkes, in: K.-L-Ay/K.Borchardt (Hg.): *Das Faszinosum Max Weber*, Konstanz 2006, 17–28

Kl.Lichtblau (Hg.): *Max Webers ,Grundbegriffe'*, Wiesbaden 2006

A. Maurer (Hg.): *Wirtschaftssoziologie nach Max Weber*, Wiesbaden 2010

H.H.Nau: *Eine „Wissenschaft vom Menschen". Max Weber und die Begründung der Sozialökonomik in der deutschsprachigen Ökonomie 1871 bis 1914*, Berlin 1997

J.Osterhammel: Spielarten der Sozialökonomik: Joseph A. Schumpeter und Max Weber, in: W.J.Mommsen/J.Schwentker (Hg.): *Max Weber und seine Zeitgenossen*, Göttingen 1988, 147–95（鈴木広他監訳『マックス・ヴェーバーとその同時代人群像』ミネルヴァ書房、一九九四年）

B.K.Quensel: *Max Webers Konstruktionslogik. Sozialökonomik zwischen Geschichte und Theorie*, Baden-Baden 2007

J.Radkau: *Max Weber. Die Leidenschaft des Denkens*, München 2005

G.Roth: Abschied oder Wiedersehen? Zur fünften Auflage von Max Webers ‚Wirtschaft und Gesellschaft', *KZfSS* 31 (1979), 318–27

W.Schluchter: *Individualismus, Verantwortungsethik und Vielfalt*, Weilerswist 2000

R.Swedberg: *Max Weber and the Idea of Economic Sociology*, Princeton N.J. 1998

Ders.: Verstehende Wirtschaftssoziologie. Über die Beziehung zwischen Max Webers ‚Soziologischen Grundbegriffen' und seiner Wirtschaftssoziologie, in: Lichtblau, a.a.0., 292–315

S.Takebayashi: *Die Entstehung der Kapitalismustheorie in der Gründungsphase der deutschen Soziologie. Von der historischen Nationalökonomie zur historischen Soziologie Werner Sombarts und Max Webers*, Berlin 2003

F.H.Tenbruck: *Das Werk Max Webers. Gesammelte Aufsätze zu Max Weber*, Tübingen 1999（住谷和彦他訳『マックス・ヴェーバーの業績』未來社、一九九六年）

M.Weber: *Ges. Aufs. zur Wissenschaftslehre*, 3.Aufl. Tübingen 1968 (zit. als WL). Darin „Die ‚Objektivität' sozialwissenschaftlicher und sozialpolitischer Erkenntnis“, 146–214;（客観性：富永祐治・立野保男訳、折原浩補訳『社会科学と社会政策にかかわる認識の「客観性」』岩波書店、一九九八）；„Über einige Kategorien der verstehenden Soziologie“, 427–74（海老原明夫・中野敏男訳『理解社会学のカテゴリー』未來社、一九九〇）；„Der Sinn der Wertfreiheit der soziologischen und ökonomischen Wissenschaften“, 489–640.（松代和郎訳『社会学および経済学の「価値自由」の意味』創文社、一九七六）

Ders.: *Wirtschaft und Gesellschaft*, 5. Aufl., Tübingen 1972 (WG)（集団：厚東洋輔訳「経済と社会集団」『世界の名著61　ヴェーバー』一九七九、485–598；種族：中村貞二訳「種族的共同社会関係」『みすず』9–10、一九七七；宗教：武藤一雄・薗田宗人・薗田坦訳『経済と社会　宗教社会学』創文社、一九七六；支配：世良晃志郎訳『経済と社会　支配の社会学Ⅰ』創文社、一九六〇）

Ders.: *Briefe*, MWG Ⅱ

J. Weis: *Max Webers Grundlegung der Soziologie*, München 1975. 2. überarb. NA 1992

J.Winckelmann: *Max Webers hinterlassenes Hauptwerk: Die Wirtschaft und die gesellschaftlichen Ordnungen und Mächte*, Tübingen 1986

学会会議報告　「第三回　日本 ― ドイツ社会学会議」

フォルカー・クルーゼ
茨木竹二　訳

日本「ドイツ社会学」研究会［主催］の第三回［日本―ドイツ社会学］会議、二〇一〇年一一月二〇〜二二日、於いわき明星大学＊

二〇一〇年十一月二〇日から二二日までいわき明星大学において、日本「ドイツ社会学」研究会（ＪＡＤＳ）によって組織された標記会議が行われた。この［会議の］形式は、一九九一年に［元西ドイツ社会学会会長、エアランゲン＝ニュルンベルク大学教授］故ヨアヒム・マッテス氏及び［元東京外国語大学学長・教授］故鈴木幸壽氏によって設立され、二〇〇一年にはその第二回［会議］により（ドイツと日本における歴史社会学について）継続された。［今回の］会議は、フランクフルトで行なわれた第1回ドイツ社会学会会議の一〇〇周年に当たる。会議の主題は、「草創期ドイツ社会学の固有性と現代的意義」であって、冒頭でＪＡＤＳの会長であり、会議を組織した茨木竹二氏によって表明された。

第一部会では、ドイツ社会学の成立と影響が取り扱われた。ヨハネス・ヴァイス（カッセル大学名誉教授）は、

第1回ドイツ社会学会会議の永続的意義を問い、特にG・ジンメルとM・ヴェーバーの寄与による、「社会学についての」学問上の反省と自己限定に関する諸々の基準は、持続的で且つ後退せざるものとして設けられた、という見解を主張した。カール・アッハム（オーストリア・グラーツ大学名誉教授）によっては、オーストリア＝ハンガリー帝国当時、ドイツ社会学会設立以前、既に社会科学の三つの学会が存在し、一九一八年の没落以前、部分的には役員や実質的な継続性により、二重の君主制と双方の精神的中枢からなる一つの印象深い眺望を輪郭づけたことが、示された。フォルカー・クルーゼ（ビーレフェルト大学教授）は、特殊にドイツ的な、「すなわち」精神科学的及び歴史学的志向の社会学の成立にたいする「歴史主義革命」（W・ディルタイ、W・ヴィンデルバント、H・リッカート、M・ヴェーバー）の構成的意義として、ドイツ社会学が、それまで実践されてきた実証主義・自然主義的社会学（コント、スペンサー、デュルケム）の根本的な対案をなしえたことを、指摘した。クレメンス・アルプレヒト（コブレンツ大学教授）がアメリカの文化人類学者、ルース・ベネディクトの『菊と刀』によって示したことは、マックス・ヴェーバーとヴィルヘルム・ディルタイの歴史主義は、またドイツ本来の領域以外にも伝播したことである。

第二の重点は、日本側の報告者によって寄与され、マックス・ヴェーバーの社会学として形成された。富永健一（東京大学名誉教授）は、ジンメルとヴェーバーを行為理論家として比較し、広範囲の合致を確認した。竹林史郎（ビーレフェルト大学講師）は、ヴェルナー・ゾンバルトとマックス・ヴェーバーの資本主義精神理論の系譜を論題にし、彼等の「資本主義的精神」の概念が、歴史派国民経済学の「行為精神」の概念に基いていることを、示した。茨木竹二（いわき明星大学教授）は、理想型概念の生成を取扱い、数多くの原典比較により、芸術領域における特にハインリッヒ・ヴェルフリンの形式主義的美学の議論との親和性を探り出した。佐野誠（奈良教育大学教授）は、ゲオルク・イェリネクとマックス・ヴェーバーを、人権の起源及び国家社会学との関連において比較し、イェリネクが主権者の観点から国家の正当性を、それに対しヴェーバーは支配者と被支配者の相互関係の観点から構想したという見解を、特に展開した。横田理博（東京電気通信大学准教授）が原典分析による比較で示したことは、ヴェーバーのニーチェ受容がルサンチマン理論（「道徳上の奴隷一揆」）に関わっていて、ニーチェとは異なりヴェーバーは、社会の下層民を持続的とも全体的に弱体とも見ず、むしろ経済・社会的に不利な、［但し］決してあらゆる時代に永続するはずのない立場に置かれているものと、診断したことである。折原浩（東京大学名誉教授）が自ら改訂した数多くの原典参照指示を引照して主張した見解は、『マックス・ヴェーバー全集』において個別に編集された、「経済と社会」の諸原稿は再構成がほぼ可能な統一性を示していて、それらの［再］編成の提案を物語っている、ということである。コンスタンス・ザイファートは、不都合で欠席であったが、彼によるマックス・ヴェーバーの社会経済学の綱領に関する寄稿は読み上げられた。

［以上の］諸報告は、日―独参加者の間で集中的な議論に及び、主題に即してとりわけ以下が重要な問題とされた。すなわち、科学的研究の限界は、例えばマックス・ヴェーバーに対して認識可能性の点で、しかしまた認識の適確性にも関して、どこに存するのか。緻密な原典解釈以上に、時事的な現実をマックス・ヴェーバーを援用して分析することの試みを、例えばルース・ベネディクトが日本文化にたいして行なったように、強化すべきなのか。高度工業化の時代に成立した理論は、情報技術の時期にも応用可能なのか、可能な場合には、どのように。日本の［社会］科学者にとって、どの点でヴェーバーは意義があるのか。アジア諸国の科学者は、より適切に独自のその文化的伝統に基づく認識綱領を創案すべきではないのか。歴史主義は認識綱領として依然時事的なのか、それとも近代の社会形成が自己法則性を第一次的に、あるいはそれどころか専ら法則論的方法を要求して

いるのか。［日―独双方で］意見の一致をみた点は、ヨハネス・ヴァイスが詳述したように、草創期ドイツ社会学は四つの標徴、すなわち反省性、歴史性、繊細な判断力及び人間的価値への関係づけによって特徴づけられる、ということである。日本の社会学について議論の余地が残された点は、依然西欧的な模範を志向、それとも独自な日本的及び東アジア的な方途に向うべきか、ということであった。

報告原稿はすべて、ドイツ語や日本語の翻訳で用意されていて、両国語及び英語でも討論が行われた。その活発な討論は、島村賢一氏（放送大学講師）のすばらしい通訳なしでは、可能でなかったであろう。いわき明星大学は、二五年前の創立であり、諸々の施設を完備していて、いわき市からは当会議の支援が、少なからず行われた。格別感謝されてしかるべきは、茨木教授と彼の協働者［開催事務担当］齋藤理恵氏、及び［同僚］研究者や補助学生も関与した見事な開催組織である。茨木教授は、報告論文集の日本語での出版を企画している。

フォルカー・クルーゼ

追伸、二〇一一年三月十五日：この寄稿を完成した直後［三月十一日］に［押寄せた］津波の壊滅的災害に、東京から約一五〇㎞以北［の太平洋沿岸］に位置する［上記］会議の開催地いわき市が、殊に見舞われた。［しかし］茨木教授と他の日本側参加者は、［全員］生存無事である。

＊V. Kruse, Tagungsbericht, in: KZfSS, 63. Jg. Juni 2011, S. 347-348

あとがき——総括にかえて

本来であれば、編集に当たりその責任者としては、本書所収の論稿すべてを改めて逐一読返し、上記「会議」の主題に即して、必要なかぎり論評も加えて、成果として総括すべきところである。しかし、言訳けに限りがないとはいえ、特に去る三月十一日から二、三日中に発生した〝未曾有の大事態〟以降は、単に編集作業にのみ限っても、時間的余裕を得るのに、決して容易な事情ではなかった。したがって、遺憾ながら、そのような総括を果すことはできなかった。但し、誠に幸いなことに、前掲のとおり、V・クルーゼ氏が『ケルナー社会学・社会心理学誌』に、上記「会議の報告」を既に寄稿してくれているので、大変救われた想いである。しかも、各々の報告内容を当を得た形で端的に且つまた総括討論の概容までも、手際よくまとめてくれていることにたいしては、少なくとも討論参加者の殆んどすべてが、賛同するところである。

そこで、若干付言のみ許されるなら、以上の諸論稿は、また全体討論も——時間的には制約されたが——必ずしも主題に即しているとは言い難い。しかし、従来ドイツ社会学の枠内ではあまり取上げられなかったイェリネクやヴェルフリンの所論が加えられ、またヴェーバーはじめジンメルやゾンバルトのそれも改めて検討され、更にドイツ社会学に関して、その出立が学会設立前後の経緯において、特に「自己反省・規定」に関しても吟味され、とりわけ「自然・実証主義への対案」が指摘されたことは、確かである。

ただそれは、以後却って実証主義的社会学が国際化したため、しだいに影を潜めることになったものの、やはりドイツ社会学の本来的な「固有性」として、改めて顧慮されてしかるべきであろう。何故ならそれは、今やそのように国際化した現代社会学にとって、それがまた社会調査の普及の反面、理論構成が立遅れたり、あるいはまた現代人の生の「意味」解明も不足している現状では、改めて実証主義を問い直す上で、少なからず重要な意義を有していようからである。

さて、ようやく最近ここいわき市でも、〝余震〟が小さく且つ少なくなってきた。しかし、少なくとも〝原発〟の〝低温冷却〟に対する見通しは、未だに時折不測の事故が発生しているため、大事に至っていないまでも、決して確定的とはなっていない。それにしても、現在日本列島は、既に五〇基を越えた沿岸の〝原発〟によって囲まれてしまっている。ところが、にも拘らず今からおよそ半世紀前、自民党政府がいわゆる〝不沈戦艦〟の建造に喩え、〝原発政策〟の実施に踏切った際、内閣と当の事業所はおろか、原子力研究の分野でさえ、〝高濃度（放射能）汚染物質の最終処理〟に関して、技術的に未だ全く見通しが立っていなかったことは、既に世論において周知のところである。そして、それに対してはこれまで長きに渡って——国民も含め——いわゆる〝安全神話〟に浸ってきたことが、よく反省されている。そこで、こうした経緯は、大雑把な見方であろうが、元はといえば日本社会が、戦後の工業化や近代化をそもそも技術的進歩を前提とした〝原発政策〟によって促進し、且つ何より物質的利益や生産効率及び生活の利便性等の〝価値〟の向上を目ざし、しかしそれらに気を取られ、此度のような悲劇的顚末は、何ら想定しなければ、むしろしようとしなかった、というのが実情であろう。

ところで、以下はM・ヴェーバーの『宗教社会学』冒頭の断章として、よく知られている。

「近代ヨーロッパの文化世界の息子は、普遍史的問題を必ずや当を得て、次のような問題設定の下で取扱うであろう。すなわち、どのような諸状態が連鎖となって、正に西洋の地盤で且つここでのみ、何といっても——少なくともわれわれがとかく観念しがちであるような——普遍的な意義と妥当性を有する発展方向にあった文化諸現象が現れた、という結果に至ったのか、と。」

ヴェーバーが西洋近代化を「徹底的合理化」の過程として捉えたことは、また周知のところであるが、その「普遍史的視座」が、ここで端的に表明されている。すなわちそれは、まず「近代合理主義文化」の「価値理念」に照らし、ないしその実現を前提し、但し彼自身は、大方のようにこの「文化」を〝価値あり〟と認めるのではなく、むしろ保留してその量的拡大を遍く「重要」と見て、更に「如何なる諸状態（自然・文化・社会的条件の総体）の連鎖（歴史的関連）」としての「歴史社会学的観点」において、構成されているわけである。

とすると、学術分野では社会学や社会科学も、国の内外を問わず、此度の〝未曾有の大事態〟に鑑み、また近代化研究の上でも、改めて大いに反省すべき点があろう。というのは、〝原発政策〟は、今や〝グローバル〟な規模、あるいは欧米・ロシア・東アジアならたいていどの国でも、正に「近代西洋文化」のように、〝遍く価値がある（通用する）〟とみなされ、盛んに推進されている。但し、ヴェーバーに倣えば、そうした〝政策〟の理念実現が拡大してゆくとすると、いったいどのような結果に至るものか、というような上記の「観点」は、およそ〝実証主義〟においてのように、また〝価値がある〟、あるいは〝ない〟とも、いずれにせよ〝価値判断〟から出発すると、やはり上記〝価値〟の向上等の〝内容〟に囚われて、ほぼ専ら工業化や都市化、人口移動等に関心が向かい、更に自然破壊や環境汚染が問題となっても、逆に〝地震〟や〝津波〟等の「自然的制約」が「歴史的関連」において顧慮されることは、まずなかったであろうからである。

因みに、側聞するところ、昨年一〇月発行の『歴史学研究』（緊急特集、884号）の一論文によれば、現在の国道六号線でも、水戸からいわきを経て岩沼（宮城県）あたりまで相双地区沿岸を走るかっての陸前浜街道（旧国道）の設定は、従来幾度か見舞われた地震・津波の大被害を教訓に、「津波浸水域」の安全性を目途として行われていたことが、指摘されているとのことである。しかし以後沿岸地域は、周知の通り工業化すれば都市化もし、更に人口も移動したどころか、こともあろうに、〝福島第一・二原発〟さえ設置されたわけである。

但し、またこうした立地は、今や少なくとも我国の他の〝原発〟にも、すべておよそ当てはまっていよう。となると、正にそうした「歴史的関連」こそは、社会学や社会科学の当該研究にも、とりわけ重視されるべきである、といわねばならない。

編　者

（〝原発事故〟がより深刻となった日からようやく八ヶ月が経った　平成二三年十一月十五日）

謝辞―本書の刊行に際しては、日本学術振興会より平成二四年度科学研究費助成事業（科学研究費補助金〈研究成果公開促進費〉）の御交付を、またいわき明星大学からも多大な御支援を賜った。更に、時潮社社長相良景行氏からは、格別な御配慮もいただいた。それらすべてにたいし、茲で改めて厚く御礼申し上げる次第である。

平成二四年十月吉日

執筆者紹介

鈴木宗徳　法政大学・社会学部・准教授
「ヴェーバー」［X章］（須藤訓任編『哲学の歴史 9　反哲学と世紀末』）中央公論新社、2007年
『21世紀への透視図』（古茂田宏／中西新太郎／鈴木宗徳編）青木書店、2009年
『リスク化する日本社会』［共編］岩波書店、2011年

富永健一　東京大学名誉教授・日本学士院会員
『社会学原理』岩波書店、1986年
『戦後日本の社会学』東京大学出版会、2004年
『社会学わが生涯』ミネルヴァ書房、2011年

佐野　誠　奈良教育大学・教育学部・教授
『ヴェーバーとナチズムの間』名古屋大学出版会、1993年
『近代啓蒙批判とナチズムの病理』創文社、2003年
『ヴェーバーとリベラリズム』勁草書房、2007年

竹林史郎　（ドイツ）ビーレフェルト大学・社会学部・客員研究員
「ヴェーバーとゾンバルトにおける〈社会科学の概念〉」（『社会分析』29号、日本社会分析学会）、2001年
「ドイツ語圏におけるマルサス人口論の受容史」（『マルサス人口論の国際的展開』）昭和堂、2010年

横田理博　電気通信大学・理工学部・准教授
「ウェーバー宗教社会学の新しい読み方」（橋本努／矢野善郎編『日本マックス・ウェーバー論争』）ナカニシヤ出版、2008年
『ウェーバーの倫理思想』未來社、2011年

折原　浩　東京大学名誉教授
『マックス・ヴェーバー基礎研究序説』未來社、1988年
『学問の未来』未來社、2005年
『マックス・ヴェーバーとアジア』平凡社、2010年

コンスタンス・ザイファート（Constans Seyfarth）（ドイツ）チュービンゲン大学・名誉教授
Max Weber Bibliographie: Eine Dokumentation der Sekundärliteratur von C. Seyfarth / G. Schmidt, Enke Stuttgart 1994
Religion und gesellschaftliche Entwicklung von C. Seyfarth / W. M. Sprondel, Suhrkamp 1995

執筆者紹介

齋藤理恵　日本アイ・ビー・エム㈱
「19世紀転換期ドイツにおける芸術問題」(『理想』第671号)、2003年
フォルカー・クルーゼ「1900〜1960年ドイツにおける歴史社会学の歴史」[共訳](鈴木幸壽／山本鎮雄／茨木竹二編『歴史社会学とマックス・ヴェーバー〈上〉』)理想社、2003年

ヨハネス・ヴァイス（Johannes Weiss）（ドイツ）カッセル大学・名誉教授
Max Webers Grundlegung der Soziologie, München 1975
Max Weber heute. Eriträge und Probleme der Forschung (Hg.), Suhrkamp 1989
Vernunft und Vernichtung, Opladen 1993

大鐘　武　大妻女子大学元教授
「初期ジンメルの社会学」(阿閉吉男［編］『ジンメル社会学入門』)有斐閣、1979年
「ジンメルにおける個人と社会」(居安／副田／岩崎編『21世紀への橋と扉』)世界思想社、2001年
「『社会文化論』――ジンメル社会学の出発点――」(早川／菅野編『ジンメル社会学を学ぶ人のために』)世界思想社、2008年

クレメンス・アルブレヒト（Clemens Albrecht）（ドイツ）コブレンツ大学・第1学部・教授
Die intellektuelle Gründung der Bundesrepublik: Eine Wirkungsgeschichte der Frankfurter Schule von C. Albrecht / G. C. Behmann / M. Bock / H. Homann, Campus Verlag Frankfurt am Main 2007
Populäre Kultur als repräsentative Kultur: Die Herausforderung der Cultural Studies von U. Göttlich / C. Albrecht / W. Gebhardt, Halem Köln 2010

伊藤美登里　大妻女子大学・社会情報学部・教授
『共同の時間と自分の時間』文化書房博文社、2003年
『現代人と時間』学文社、2008年
「U.ベックの個人化論」(『社会学評論』59［2］)、2008年

執筆者紹介

茨木竹二　いわき明星大学・人文学部・教授
「文化科学方法論の再検討にむけて」（『思想』No.815）、1992年
『歴史社会学とマックス・ヴェーバー（上・下）』［共編］理想社、2003年
『「倫理」論文の解釈問題』理想社、2008年

カール・アッハム（Karl Acham）（オーストリア）グラーツ大学・名誉教授
Handbuch Philosophie: Philosophie der Sozialwissenschaften, Freiburg / München 1982
Geschichte der österreichischen Humanwissenschaften, Bd.6/1, Wien 2004
Kunst und Wissenschaft aus Graz: Rechts-, Sozial- und Wirtschaftswissenschaften aus Graz: 3, Weimar 2011

小林　純　立教大学・経済学部・教授
『マックス・ヴェーバーの政治と経済』白桃書房、1990年
「自由のプロジェクト」（『現代思想』11月）、2007年
『ヴェーバー経済社会学への接近』日本経済評論社、2010年

フォルカー・クルーゼ（Volker Kruse）（ドイツ）ビーレフェルト大学・社会学部・（員外）教授
Historisch-soziologische Zeitdiagnosen in Westdeutschland nach 1945, Suhrkamp 1994
Geschichts-Sozialphilosophie oder Wirklichketiswissenschaft, Suhrkamp 1999

小松君代　四国大学・経営情報学部・教授
「新明正道の社会学研究史におけるマンハイム問題」（『新明社会学研究』第7号）、2002年
『社会理論と社会システム』［共著］弘文堂、2009年

ドイツ社会学とマックス・ヴェーバー
——草創期ドイツ社会学の固有性と現代的意義——

2012年10月31日 第1版第1刷 定 価＝4952円＋税
編 者 茨 木 竹 二 ©
発行人 相 良 景 行
発行所 ㈲ 時 潮 社
174-0063 東京都板橋区前野町 4-62-15
電 話 (03) 5915-9046
FAX (03) 5970-4030
郵便振替 00190-7-741179 時潮社
URL http://www.jichosha.jp
E-mail kikaku@jichosha.jp
印刷・相良整版印刷 製本・仲佐製本

乱丁本・落丁本はお取り替えします。
ISBN978-4-7888-0682-5

時潮社の本

新明正道編著 社会学辞典〈復刻・増補版〉

「社会学辞典」復刻版刊行会　編

Ａ５判・上製箱入・976頁・定価12000円（税別）

日本を代表する社会学者、綜合社会学の確立者として知られる新明正道が1944年に刊行した我が国初の体系的「社会学辞典」を復刻。初版の劣化を憂慮して「モニュメンタルな一大金字塔」（金澤實）を後世に伝えるために新版を発行。『日本経済新聞』『週刊読書人』等書評多数。

資本主義の限界と社会主義

社会主義理論学会　編

Ａ５判・並製・240頁・定価2800円（税別）

ソブリン危機に端を発した世界金融危機の淵にあって、日本は折からの消費増税で新たな危機のスポンサー役を自ら買って出ようとしているかのようにも見える。しかしこうした事態の本質はどこにあるのか。社会主義理論学会の精鋭がそれぞれの論点から現状を分析、世界の実像の「現在」に迫る。日ごとに深刻さを増す３・11後の世界、いままた注目される社会主義のあらたな到達点を示す警世の書がここに誕生！

グローバリゼーション再審

――新しい公共性の獲得に向けて――

平井達也・田上孝一・助川幸逸郎・黒木朋興　編

Ａ５判・並製・304頁・定価3200円（税別）

かつてない混迷の時代に人文科学／社会科学に何が期待され、何が可能か。それぞれ多彩な専門に依拠しつつ、現在と切り結ぶ若き論客たちの咆哮は現実を鋭く切り拓き、未来を照射してやまない。現在に向かって始められる限りなき疾走がいま、ここから始まる。

展開貿易論

小林　通　著

Ａ５判・並製・164頁・定価2800円（税別）

今や市民生活の隅々にまで影響を与えている貿易は、もはや旧来の壁を劇的なまでに突き崩し、史上かつてない規模にまで拡大していることは周知の通りである。しかしその実態となるとさまざまなベールに覆われ、なかなか見えていないという現実もある。本書はそのような貿易の流れを歴史や理論から平明に説き起こし、現実の貿易のノウハウまで懇切に追いかけた貿易実務のコンパクトな入門書である。